ERNESTO
GEISEL

CB046154

Fundação Getulio Vargas
PRESIDENTE: Carlos Ivan Simonsen Leal
DIRETORA DA FGV EDITORA: Marieta de Moraes Ferreira

Universidade Federal de Santa Maria
REITOR: Paulo Afonso Burmann
VICE-REITOR: Luciano Schuch
DIRETOR DA EDITORA UFSM: Daniel Arruda Coronel

MARIA CELINA D'ARAUJO E CELSO CASTRO
ORGANIZADORES

ERNESTO GEISEL

6ª EDIÇÃO

FGV EDITORA

editora**ufsm**

Copyright © 2021 Amália Lucy Geisel

Direitos desta edição reservados à
FGV EDITORA
Rua Jornalista Orlando Dantas, 9
Botafogo | CEP: 22231-010
Rio de Janeiro, RJ | Brasil
Tel.: (21) 3799-4427
editora@fgv.br | pedidoseditora@fgv.br
www.fgv.br/editora

EDITORA UFSM
Prédio da Reitoria | Campus Universitário
Camobi | CEP: 97105-900
Santa Maria, RS | Brasil
Tel./fax: (55) 3220-8610
editufsm@gmail.com
www.ufsm.br/editora

Impresso no Brasil | *Printed in Brazil*

Todos os direitos reservados. A reprodução não autorizada desta publicação, no todo ou em parte, constitui violação do copyright (Lei nº 9.610/98).

Os conceitos emitidos neste livro são de inteira responsabilidade do entrevistado.

1ª-4ª edição: 1997
5ª edição: 1998
6ª edição: 2021

EDIÇÃO DE TEXTO: Dora Rocha
EDITORAÇÃO: Jayr Ferreira Vaz e Simone Ranna
REVISÃO: Aleidis de Beltran e Fatima Caroni
CAPA E ATUALIZAÇÃO ORTOGRÁFICA: Ilustrarte Design e Produção Editorial
FOTOS DE CAPA E QUARTA CAPA: FGV CPDOC

Este livro resultou de um depoimento prestado pelo general Ernesto Geisel ao Centro de Pesquisa e Documentação de História Contemporânea da Fundação Getulio Vargas (FGV CPDOC).

Dados Internacionais de Catalogação na Publicação (CIP)
Ficha catalográfica elaborada pela Biblioteca Mario Henrique Simonsen/FGV

Ernesto Geisel / Organizadores Maria Celina D'Araujo e Celso Castro. - 6. ed. - Rio de Janeiro: FGV Editora; Santa Maria: Editora UFSM, 2021.
  512 p.

  Inclui bibliografia e índice.
  ISBN da FGV Editora: 978-65-5652-084-1
  ISBN da Editora UFSM: 978-65-5716-042-8

  1. Geisel, Ernesto, 1908-1996. 2. Brasil - Política e governo. 3. Brasil - História. I. D'Araujo, Maria Celina. II. Castro, Celso, 1963-. III. Fundação Getulio Vargas.

CDD – 923.181

Elaborada por Rafaela Ramos de Moraes – CRB-7/6625

Sumário

Apresentação   7

PRIMEIRA PARTE

Formação e carreira   13

1   A educação pela disciplina   *15*

2   Uma geração de cadetes revolucionários   *31*

3   A Revolução de 30 e a experiência do Nordeste   *43*

4   O Exército e as revoltas dos anos 30   *65*

5   A ditadura de Vargas e o mundo em guerra   *83*

6   Os militares, a política e a democracia   *99*

7   Desenvolvimentismo e cisões militares   *119*

8   A renúncia de Jânio Quadros   *135*

9   A conspiração contra João Goulart   *147*

10 O governo Castelo Branco   *165*

11 De Castelo a Costa e Silva   *185*

12 O fechamento do regime   *203*

13 O governo Médici   *219*

14 A Petrobras e a presença do Estado na economia   *235*

Segunda Parte

A Presidência da República   255

15 Preparando o terreno   *257*

16 Um estilo de governar   *275*

17 A opção pelo crescimento   *287*

18 Diretrizes para o desenvolvimento econômico   *301*

19 Princípios para o desenvolvimento social   *317*

20 Política externa e pragmatismo responsável   *335*

21 Problemas com a linha dura   *361*

22 Congresso, governadores e oposição civil   *381*

23 Preparando a sucessão   *401*

Terceira Parte

O Brasil da transição   417

24 Balanço de governo   *419*

25 O governo Figueiredo   *431*

26 Os governos civis   *447*

27 Este país tem jeito?   *457*

Cronologia   *465*

Índice onomástico e remissivo   *475*

Apresentação

Durante anos o Centro de Pesquisa e Documentação de História Contemporânea do Brasil (CPDOC) da Fundação Getulio Vargas (FGV) tentou realizar uma entrevista com Ernesto Geisel. O momento adequado surgiu quando iniciamos, de maneira sistemática, um projeto sobre a memória militar recente do país. Esta entrevista foi o ponto alto de nossos esforços, e com ela encerra-se uma etapa do projeto iniciado em 1992. Desde então foram ouvidos cerca de 20 oficiais que haviam ocupado importantes posições no interior do regime militar, principalmente nos órgãos de informação e repressão. A maior parte destas entrevistas foi doada ao CPDOC, que as editou e publicou em três livros: *Visões do golpe: a memória militar sobre 1964*; *Os anos de chumbo: a memória militar sobre a repressão* e *A volta aos quartéis: a memória militar sobre a abertura*.[1]

A entrevista com Geisel foi muito mais longa que as demais. Dada a importância do entrevistado, decidimos que seu depoimento

---

[1] Estes livros foram organizados por Maria Celina D'Araujo, Gláucio Soares e Celso Castro e publicados pela Relume-Dumará (Rio de Janeiro, 1994 e 1995). A pesquisa contou, além da FGV, com o apoio da Finep, através do projeto "1964 e o regime militar", coordenado por Maria Celina D'Araujo; do CNPq, através do projeto "O Estado durante o regime militar brasileiro, 1964-1985"; da Universidade da Flórida e do North-South Center, através do projeto "The national security State during the military regime, 1964-1985", os dois últimos coordenados por Gláucio Soares. Além da trilogia mencionada, desta pesquisa resultaram várias outras publicações, entre elas a coletânea *21 anos de regime militar: balanços e perspectivas* (Rio de Janeiro, Fundação Getulio Vargas, 1994).

A edição final e o preparo para publicação deste livro ocorreram já na vigência dos projetos "Brasil em transição: um balanço do final do século XX", apoiado pelo Programa de Apoio a Núcleos de Excelência (Pronex), e "Democracia e Forças Armadas no Brasil e nos países do Cone Sul", apoiado pela Finep.

deveria ter a forma de uma história de vida, e não ser uma entrevista temática como as que vínhamos realizando. Tratava-se de um general ex-presidente da República ao qual sempre foram atribuídos um grande poder, pessoal e militar, e uma importância decisiva na mudança de rumo do regime militar e na consolidação do processo de abertura política. Além do mais, um depoimento seu teria a característica do ineditismo, visto tratar-se de alguém que sempre se mostrara avesso a entrevistas. Exceto por breves conversas com jornalistas de sua confiança, a maior parte em caráter pessoal, Geisel sempre evitou falar com a imprensa e com historiadores.

Conseguir este depoimento foi obra de insistência e paciência de nossa parte, mas, principalmente, produto da responsabilidade e do senso histórico do general Gustavo Moraes Rego Reis, ex-auxiliar de Geisel e um de seus amigos mais próximos. Sem ele e sem seu empenho, certamente este depoimento não teria acontecido. O general Moraes Rego foi um valioso colaborador desde o início da pesquisa sobre o regime militar, dispondo-se a contar o que sabia e a nos colocar em contato com outras pessoas. Por seu intermédio, soubemos que Geisel ficara curioso a respeito do que ele, Moraes Rego, e os outros militares estariam dizendo nas entrevistas que concediam ao CPDOC. Moraes Rego tomou a iniciativa de entregar-lhe uma cópia de seu depoimento transcrito e revisto, antes de ser publicado. Geisel o leu mas jamais fez qualquer comentário.

Tudo isso foi gerando um clima propício para que iniciássemos as conversações. Assim, após vários telefonemas, o primeiro encontro com o ex-presidente ocorreu em 3 de março de 1993, em seu gabinete na Norquisa, na Praia de Botafogo, Rio de Janeiro, quando foram combinadas as condições da entrevista. Em primeiro lugar, Geisel nos pedia para não divulgarmos o trabalho que iria ser feito. Temia que outras pessoas também lhe solicitassem entrevistas ou, mais ainda, que sua anuência ao nosso pedido soasse como uma desfeita para aqueles a quem se havia recorrentemente negado a atender. Trabalhar em segredo foi nosso primeiro compromisso. A pedido dele acertou-se que as sessões seriam realizadas na Fundação Getulio Vargas, com o início previsto para dali a alguns meses, e que após a transcrição das fitas ele faria uma revisão pessoal do texto.

As sessões iniciaram-se em 13 de julho de 1993. Desde a primeira entrevista, estabeleceu-se uma rotina que seria sempre mantida. Em dias previamente combinados, quase sempre na parte da manhã, Geisel entrava de carro, discretamente, pela garagem da

Fundação Getulio Vargas, na Praia de Botafogo, e tomava o elevador privativo até o 12º andar, onde está instalada a Presidência da FGV. As sessões eram realizadas no salão nobre e duravam, sempre, duas horas. Afora os entrevistadores, participava das sessões apenas o técnico de som do CPDOC, Clodomir Oliveira Gomes.

Assim, durante mais de um ano, além das diretorias da FGV e do CPDOC, pouquíssimas pessoas tinham conhecimento do que estávamos fazendo. Aos que se deparavam conosco nos corredores privativos da Presidência da FGV, acompanhando o ex-presidente, dizíamos que se tratava apenas de uma visita. Alguns rumores apareceram na imprensa e tivemos que desmenti-los. Finalmente, em agosto de 1994, o próprio Geisel declarou a uma jornalista da *Gazeta Mercantil* que nos havia concedido uma longa entrevista. Naquele momento, já havíamos terminado a série principal de 19 sessões realizadas nos quase oito meses compreendidos entre 13 de julho de 1993 e 9 de março de 1994. Mesmo após essa notícia, mantivemos a discrição prometida, e o conteúdo da entrevista permaneceu em sigilo até a presente publicação.

As sessões transcorreram em duas etapas. Após as quatro primeiras, realizadas no mês de julho de 1993, houve uma interrupção nos meses de agosto e setembro, devido a problemas de saúde de Geisel. Seguiram-se 15 sessões entre outubro de 1993 e março de 1994, realizadas aproximadamente uma a cada semana. Tínhamos então 33h20min de gravação e aproximadamente 800 páginas de transcrição, que foram minuciosamente revistas e anotadas por ele, numa dedicação surpreendente para quem relutara em aceitar esse tipo de compromisso. A partir daí, e até nova internação de Ernesto Geisel em maio de 1995, tivemos cerca de 10 encontros, agora em seu gabinete na Norquisa, para pequenas entrevistas complementares e para acompanhar o processo de revisão das transcrições.

Desde os primeiros encontros, chamou-nos atenção a maneira bem-humorada com que Geisel nos recebia, destoando da imagem que tínhamos a seu respeito. Graças a isso, o constrangimento que sentíamos no início para fazer algumas perguntas foi sendo desfeito. Muitas vezes ele mesmo antecipava o assunto quando o sabia mais delicado ou pessoal. Assim o fez para narrar o início de seu namoro com dona Lucy e para falar de assuntos para ele mais penosos, como a morte do filho adolescente e as divergências com seu irmão Orlando Geisel, quando da escolha do ministro do Exército de seu governo.

Durante a revisão das transcrições, Geisel alterou pouco o conteúdo do que havia dito. A maior parte dessas alterações visava principalmente à forma: diminuir um pouco a informalidade da fala oral, corrigir vícios de linguagem ou completar algumas lacunas factuais. Acrescentou, contudo, um longo trecho expondo seu ponto de vista em defesa da intervenção do Estado na economia. Segundo seus familiares e o general Moraes Rego, Geisel dedicou-se com afinco à tarefa, passando grande parte de seus fins de semana em Teresópolis trabalhando na entrevista.

O depoimento, na verdade, foi revisto por ele duas vezes. A primeira, para conferir o conteúdo do que havia sido transcrito, e a segunda, quando a entrevista já estava montada em capítulos e o texto editado, tarefa em que Dora Rocha nos auxiliou. No essencial, o depoimento agora publicado reproduz o conteúdo do que ficou gravado e, principalmente, representa o que Geisel quis deixar como testemunho para a posteridade.

Mas, se a intenção de deixar um testemunho para ser lido pelo público era evidente, as conversas sobre a publicação da entrevista constituíram uma negociação mais delicada. Quando tocávamos no assunto, Geisel não descartava a possibilidade, mas dizia que não achava conveniente publicar seu depoimento em vida e que o assunto seria resolvido por sua mulher depois de sua morte.

Em maio de 1995, Geisel foi internado devido a problemas decorrentes de um câncer. Nos 16 meses seguintes, passou por um longo tratamento médico. Nesse período, nosso contato foi mantido através do general Moraes Rego, que o visitava regularmente. Foi também por seu intermédio que, em janeiro de 1996, Geisel assinou o termo de cessão de sua entrevista ao CPDOC que trazia, ao final, a seguinte frase: "Fica, contudo, vedada a publicação sem autorização do depoente ou de seu representante legal".

O último encontro aconteceu em 7 de agosto de 1996. Fora do hospital, ele nos recebeu para uma breve visita, no apartamento de sua filha, Amália Lucy, em Ipanema. Estava enfraquecido mas lúcido. Conversamos apenas sobre generalidades. Duas semanas mais tarde, veio a última internação. Geisel faleceu no dia 12 de setembro de 1996, aos 89 anos.

Após sua morte, o depoimento foi entregue a Amália Lucy, a quem a viúva, dona Lucy Geisel, delegou a tarefa de decidir sobre o destino a lhe ser dado. Novas conversas, novas ponderações, diga-se de passagem sempre pautadas pela seriedade com que a filha do ex-presidente, também historiadora, lidou com o assunto. Ela nos pediu tempo e, ao fim, fez o que todos esperavam: autorizou a publicação. Graças a essa decisão, podemos entregar ao público uma obra significativa não só pelo que traz de novo mas principalmente pelo que permite conhecer a respeito dos princípios, concepções e ações de um dos mais importantes personagens da política e do Exército brasileiro dos últimos tempos.

A realização de todo esse trabalho foi possível, como estamos vendo, graças à ajuda de várias pessoas. Nosso primeiro agradecimento já foi dedicado ao general Moraes Rego. Em todas as etapas do trabalho contamos também com a colaboração decisiva de Celina Vargas do Amaral Peixoto. Celina intercedeu nos contatos iniciais, e o respeito que Geisel lhe dedicava foi central para que seu depoimento viesse a ser tomado na FGV. Outras pessoas precisam ser mencionadas, e todas, à sua maneira, foram importantes pela ajuda que nos deram e pela postura ética de respeitar "nosso segredo": o dr. Jorge Oscar de Mello Flôres, presidente da FGV, foi um incentivador; Alzira Alves de Abreu e Lúcia Lippi Oliveira, diretoras do CPDOC, estiveram sempre na retaguarda, zelando pelo sucesso da entrevista; Fernando de Holanda Barbosa auxiliou na elucidação dos pontos mais importantes da política econômica do governo Geisel; Letícia Pinheiro colaborou com informações sobre o pragmatismo da política externa; Clodomir Oliveira Gomes, técnico de som, foi um grande parceiro de silêncio; Carla Siqueira, Adriana Facina, Denílson Botelho e Luiz André Gazir Soares auxiliaram na coleta de dados e na organização das informações necessárias para a realização da entrevista e do livro.

Finalmente, nosso agradecimento maior é dirigido à família do ex-presidente, dona Lucy Geisel e Amália Lucy Geisel, que sempre compreenderam o valor histórico deste depoimento, autorizaram sua publicação e nos auxiliaram cedendo fotos de seu acervo particular.

Maria Celina D'Araujo
Celso Castro

Nota dos organizadores à quarta edição: as opiniões constantes neste livro são da inteira responsabilidade do depoente, Ernesto Geisel. Atendendo, porém, a solicitação da Comissão de Direitos Humanos da Câmara dos Deputados, em ofício nº 1.192/97-P, estamos transcrevendo os textos dos incisos III e XLIII do artigo 5º da Constituição Federal de 1988, que dispõem, respectivamente: "ninguém será submetido a tortura nem a tratamento desumano ou degradante;" e "a lei considerará crimes inafiançáveis e insuscetíveis de graça ou anistia a prática de tortura, (...)".

Nota à 6ª edição (2021)

Esta nova edição surge 24 anos após a publicação original. Nesse meio-tempo, o arquivo pessoal de Ernesto Geisel foi doado em 1998 por sua filha, Amália Lucy, ao Centro de Pesquisa e Documentação de História Contemporânea do Brasil, da Fundação Getulio Vargas (FGV CPDOC). Com um total de 15.723 documentos, concentrados principalmente no período da Presidência da República, o arquivo encontra-se organizado e digitalizado, disponível para consulta pública online no Portal CPDOC (cpdoc.fgv.br).

O exame de parte importante desse arquivo resultou num livro por nós organizado, que contou com a análise de vários especialistas: *Dossiê Geisel* (FGV Editora, 2002). Vale registrar que em 2006 foi publicado, pela editora Zahar, *Ideais traídos*, livro de memórias de Sílvio Frota, ministro do Exército de Geisel, por ele demitido em 1977.

Há muitos anos esgotado, o livro que resultou da longa entrevista que realizamos com Geisel em 1993-1994 consolidou-se como uma fonte importante para a compreensão da história recente do Brasil, na versão de um de seus mais expressivos protagonistas.

Maria Celina D'Araujo
Celso Castro

PRIMEIRA PARTE

Formação e Carreira

1

A educação pela disciplina

Presidente, vamos começar pelo início, por suas origens e sua infância. Qual é a história de sua família?

Meu pai, Augusto Guilherme Geisel, nasceu em Hefborn, Hesse, na Alemanha, em 6 de abril de 1867, filho de um professor-reitor. Aos três anos ficou órfão de mãe. Meu avô casou de novo, mas algum tempo depois faleceu. Aos sete anos, meu pai ficou com uma madrasta, três irmãs e um irmão mais velhos. Dessas três irmãs uma era Teresa, solteira, professora e preceptora; a segunda era Maria, que se tornou freira católica; e a terceira, Carolina, que casou e deixou descendência na Alemanha. O irmão, Ernesto, foi farmacêutico no subúrbio de Berlim.

Meu pai foi para um orfanato em Halle, Saxônia, onde estudou, fez o curso ginasial e aprendeu jardinagem. Aos 16 anos emigrou para o Brasil com uma companhia de colonização. Na época havia interesses recíprocos do Brasil e da Alemanha, e também da Itália, em desenvolver as correntes migratórias. O grave problema da mão de obra no Brasil, a exigir a libertação dos escravos, requeria braços livres para o desenvolvimento da agricultura e o povoamento do território. Com este objetivo, o governo incentivou, inclusive com financiamentos, a vinda de imigrantes alemães e italianos para o sul do país. Na Alemanha, o aumento demográfico em território limitado e, por outro lado, a unificação do país sob a coroa da Prússia e a consequente militarização foram fatores que estimularam a migração para países da América. Foi nesse quadro, e possivelmente animado pelo espírito de aventura e a perspectiva de uma nova vida mais promissora, que meu pai migrou para o Rio Grande do Sul, mesmo sem ter aqui nenhum laço familiar.

Chegou em 1883 e foi para o atual município de Venâncio Aires. Não teve muito sucesso e mudou-se para Estrela, onde foi trabalhar numa fundição que fazia facas e ferramentas agrícolas — arados, enxadas, ceifadeiras etc. Desde logo, dedicou-se ao estudo do português. Tinha uma boa base cultural, estudara latim e francês. Às tardes, encerrado o trabalho na fundição, enquanto os demais empregados iam para o botequim, ele se punha a ler o jornal de Porto Alegre, auxiliado por um dicionário. Poucos anos depois, fez concurso público para professor primário. Aprovado, foi lecionar no interior do município de Estrela, na picada denominada Novo Paraíso. Nessa época conheceu meu avô materno, Henrique Beckmann, e sua esposa Guilhermina Wiebusch. Os dois vinham de famílias numerosas, originárias de Osnabrück, Hanôver, que também tinham emigrado da Alemanha para o Rio Grande do Sul, onde se relacionaram e foram estabelecer-se em propriedades vizinhas, doadas pelo governo, na picada Boa Vista, no município de Estrela.

Meu avô materno exercia a profissão de médico — o único da região — e, além disso, era pastor luterano, atividades que o mantinham sempre atarefado. De seu casamento com minha avó Guilhermina nasceram nove filhas e um filho, que sobreviveram, além de dois que faleceram cedo. A vida era muito trabalhosa. Além do estudo na escola local, os filhos, hoje todos mortos, trabalhavam na roça, ordenhavam as vacas e faziam os variados trabalhos caseiros exigidos por família tão grande. Meu pai se enamorou da filha mais velha, Lydia, nascida em 20 de novembro de 1880 — 13 anos mais jovem do que ele. Antes de casar, minha mãe, e também mais tarde as irmãs, estiveram em Porto Alegre, onde fizeram um curso completo de prendas domésticas, principalmente de costura, e estudaram português. Meus pais se casaram em 23 de julho de 1899 e foram morar junto da escola em Novo Paraíso, onde nasceram meus irmãos Amália, Bernardo e Henrique.

De Novo Paraíso meu pai passou para a cidade de Estrela. Aí adquiriu o cartório do civil e crime, do qual se tornou o escrivão. Aí também nasceu meu irmão Orlando. Estrela é uma cidade de baixa altitude, na planície, à beira do rio Taquari, e meus irmãos viviam doentes por causa do clima. Meu pai fez então uma permuta com o escrivão equivalente de Bento Gonçalves, e para lá a família se mudou. Naquele tempo o transporte ou era em carreta ou a cavalo, não havia trem nem automóvel. A viagem, feita em fins de 1906 ou início de 1907, em dois dias, não teve conforto para minha mãe, que estava novamente grávida. Alguns meses depois, nascia eu, o caçula. Nasci em Bento Gonçalves em 3 de agosto de 1907, embora nos meus assentamentos militares figure a data de 1908. É que havia uma idade limite máxima para entrar no Colégio Militar, e, como era procedimento comum na época, muitos alteravam a data de nascimento.

Onde funcionava o cartório de seu pai?

Houve ocasiões, nesse período em Bento Gonçalves, em que o cartório estava no edifício da Prefeitura, mas houve outras em que funcionava na nossa casa. Ocupava uma sala grande, onde meu pai trabalhava. As audiências de que ele funcionalmente participava realizavam-se na Prefeitura, presididas ou pelo juiz municipal ou pelo juiz de comarca, com a assistência do promotor. Meu pai era responsável pelo registro das audiências e pela confecção e guarda dos processos, e ainda acumulava o serviço eleitoral: livros, revista de eleitores, expedição de títulos. Já no fim, viúvo, quando deixou o cartório, algum tempo depois da Revolução de 30, foi nomeado juiz municipal de Bento Gonçalves. Aposentou-se como juiz municipal e mais tarde foi morar em Cachoeira, onde residia minha irmã. Tinha muita força de vontade, estudou muito e evoluiu em sua posição social aqui no Brasil. Mas acho que evoluiu pela tradição familiar. Seu pai tinha sido professor. Quando veio para o Brasil, meu pai, como já disse, tinha o curso ginasial. Naquele ambiente, embora se dedicasse nos primeiros anos ao trabalho manual, era um homem de cultura.

Em sua casa se falava alemão?

Em casa, enquanto crianças, falávamos normalmente em alemão. Falávamos também em português, principalmente com meu pai, preocupado em que o fizéssemos sem sotaque. Ele falava e escrevia português corretamente, e apenas às vezes, pela pronúncia defeituosa do "r", notava-se que seu português não era genuíno. O alemão que falávamos era caseiro, da vida cotidiana, tanto que meu conhecimento da língua é muito limitado. Não sei ler, sou analfabeto, nunca me familiarizei com a letra gótica.

Onde o senhor fez seus primeiros estudos?

Aprendi a ler com minha mãe, relutantemente. Não queria saber daquilo, mas ela me premiava com um vintém por lição aprendida — naquele tempo ainda tínhamos o vintém de cobre — e assim fui aprendendo a ler. Com cinco anos e meio fui para a escola. O colégio que existia ali era estadual, denominado Colégio Elementar. Era um curso primário de seis anos, muito bom. Tínhamos cinco horas de aula diárias, inclusive aos sábados, nada de férias em julho, exames finais escritos e orais em dezembro, e férias em janeiro e fevereiro. Em março recomeçavam as aulas. No verão, entrávamos no colégio às sete e meia da manhã, e a aula terminava ao meio-dia e meia. O intervalo do recreio era de meia hora. No inverno, como a região era muito fria, havia aula de nove ao meio-dia, e depois de uma às quatro da tarde. As professoras eram formadas pela Escola Normal de Porto Alegre. Eram quatro ou cinco e, assim como os dois professores, um dos quais era o diretor, tinham muito prestígio na sociedade. Frequentavam-na e eram tratadas com toda consideração e respeito.

Acho que o êxito do colégio residia nisso, diferentemente de hoje, quando o professor não tem mais valor. Ele hoje não tem salário, não tem *status* social, faz greve, e o ensino vai se deteriorando. Não é com Cieps nem com Ciacs que se vai resolver o problema do ensino.[2] O problema está fundamentalmente ligado ao professor. A base de conhecimentos que formei nesse colégio no interior do Rio Grande do Sul, na vila de Bento Gonçalves, me valeu para toda a vida. Nunca tive dificuldades no meu estudo, nos problemas escolares, graças à base que havia adquirido. Chegávamos em casa todo dia com deveres a cumprir. A ortografia ainda era muito complicada, no início havia cópia por fazer, para aprimorar a letra e conhecer os problemas ortográficos. Havia aritmética, multiplicação, divisão, raiz quadrada, raiz cúbica, redação, interpretação de textos, história, geografia, desenho etc. Não se tinha folga para brincar enquanto não se

---

[2] O primeiro Ciep (Centro Integrado de Educação Pública) foi inaugurado em 1983 pelo então governador do Rio de Janeiro, Leonel Brizola. Em 1991, durante o governo Collor, o governo federal pôs em funcionamento o primeiro Ciac (Centro Integrado de Apoio à Criança). O projeto teve seu nome modificado em 1992, durante o governo de Itamar Franco, passando a chamar-se Caic (Centro de Atenção Integral à Criança).

tivesse concluído o dever. E aí minha mãe, ou meu pai quando estava em casa, fazia a sua revisão. Se estava certo, muito bem, senão tinha-se que fazer de novo. A assistência em casa, no ensino, era muito grande.

O que fazia sua mãe no dia a dia? Como era o ambiente em sua casa?

Minha mãe era essencialmente dona de casa, não tinha muitos estudos. Em Porto Alegre havia aprendido costura, bordados e português. Durante muito tempo minha roupa foi feita por ela — pijama, camisa etc., tudo era ela quem fazia. Cuidava da casa, da cozinha, dos estudos, cuidava de tudo. Eu era muito ligado a ela. Meu pai, quando éramos crianças, era severo, exigente. Quando, de manhã, íamos para o colégio, ele estando presente, fazia uma inspeção: sapatos lustrados, unhas limpas, cabelos penteados...

O ambiente em Bento Gonçalves tinha características próprias da colonização italiana. Quase a totalidade das famílias que lá viviam eram italianas, muito cordiais, muito boas, mas com outro estilo de vida, diferente do estilo alemão. Os garotos eram malcriados, cheios de palavrões, sujos. Folgavam na rua jogando e brigando. Meus pais mantinham boas relações com essas famílias, mas não admitiam que andássemos na rua como os outros, feito moleques. Eu tinha os meus amigos entre eles, mas meus pais só admitiam as nossas brincadeiras se eles viessem à nossa casa, para evitar que nos contaminássemos com os seus defeitos educacionais. Note-se que esses italianos, depois, quando cresciam, se tornavam gente muito decente, muito boa e correta.

Minha família era de classe média, relativamente pobre. A vida era modesta. Tínhamos tudo de que precisávamos, não nos faltava nada, mas não havia desperdício, não havia exageros. Às refeições, tínhamos que estar na mesa quando meu pai chegava. Ele tinha que ser o último a se sentar, não admitia que um de nós chegasse depois dele. E assim era todos os dias. Criança não falava à mesa. Meu pai conversava com minha mãe, ou com meus irmãos mais velhos, já crescidos, ou com uma visita que almoçasse lá em casa. E nós ouvíamos.

Cada um de nós, em casa, tinha as suas tarefas, trabalhava. Naquele tempo não havia energia elétrica, usava-se lampião de querosene e, quando se ia dormir, levava-se um castiçal com vela. Um de nós era encarregado diariamente da limpeza e abastecimento dos lampiões da casa. Outro cuidava das galinhas, um terceiro varria, o quarto ia rachar lenha para o fogão. Fogão elétrico ou a gás não existia, era a lenha. Não havia água encanada, era água de poço, tirada em balde ou com bomba manual. Aquelas tarefas eram um pretexto para dar ocupação a todo mundo e criar uma certa disciplina através do trabalho.

Nós não tínhamos bicicleta, pois o dinheiro da casa não dava. Não tínhamos bola de borracha, jogávamos futebol com bola de meia, enchida de trapos ou papelão. Havia muitas brincadeiras, de bola de gude, de roda etc., que praticávamos como todas as crianças. No colégio, durante o recreio, brincava-se muito. Naquele tempo não havia rádio, não havia televisão, não havia nada disso. Às vezes íamos ao cinema, aos domingos. Havia um único cinema na cidade. Vivíamos satisfeitos. Sempre tínhamos uma boa horta, criação de galinhas, de vez em quando criação de pintos. Sempre se tinha ovos e frangos para a alimentação.

Como era sua casa? Grande, pequena?

Em Bento Gonçalves nós moramos em várias casas. Não eram muito grandes. Casas de andar térreo, com quartos, sala, sala de almoço, cozinha, despensa. Havia sempre um sótão, onde nós crianças geralmente dormíamos. Como em toda casa italiana, havia um bom porão com adega para vinho. Toda casa italiana, no interior, era em regra feita de alvenaria de pedra na parte do porão, e em cima de madeira. Mas as casas em que moramos, na vila de Bento Gonçalves, eram todas de alvenaria. O telhado era de zinco. No verão era quente e no inverno era frio, um frio muito rigoroso. Quando chovia, o barulho que a água fazia, batendo naquele telhado, dava uma sensação agradável que induzia ao sono.

Sua família era religiosa?

Não. Minha mãe era a mais religiosa entre nós porque meu avô era pastor. Meu pai já era mais livre-pensador, ia raramente à igreja. Havia em Bento Gonçalves uma igreja luterana, muito hostilizada pelos católicos italianos, o que naquele tempo era comum. Às vezes, aos domingos, eu ia com meu pai e minha mãe ao culto na igreja, mas era muito raro. Meu pai dizia: "Essa questão de religião, vocês, quando forem maiores e tiverem condições de compreender, façam a sua escolha. Escolham a religião que quiserem". Eu achava que meu pai era muito severo. Hoje em dia compreendo por quê. Queria nos dar uma boa educação. A válvula por onde descarregávamos os nossos problemas e conseguíamos o que pretendíamos era nossa mãe. Através dela obtínhamos as coisas da parte dele. Era com ela que nos entendíamos, eu principalmente, que era o benjamim da família. Mas ela só me atendia se fosse justo e razoável. Senão, não. Todos os meus irmãos, de um modo geral, também me tratavam muito bem porque eu era o menor, embora a diferença de idade entre nós não fosse tão grande. Do mais velho para o mais novo a diferença era de sete anos.

Seus pais tinham algum tipo de vida social?

Meu pai tocava violino e tinha uma bonita voz de barítono. Tanto ele como minha mãe, lá na zona de colonização alemã, participavam de sociedades onde todos se divertiam com cantos, jogos e bailes. Havia sempre um coral misto que aos sábados à noite passava horas cantando. Essas sociedades, em geral, também tinham clubes de tiro ao alvo. Era ali que se fazia a vida social, que os rapazes e moças namoravam e se formavam as relações que depois geravam casamentos.

Já em Bento Gonçalves, nós nos relacionávamos com algumas famílias de ascendência alemã que lá residiam e com a sociedade italiana. Criou-se um clube social — o Aliança — que ainda existe e de que meu pai foi um dos fundadores, que congregou o meio social. Ali, afora reuniões domingueiras, davam-se festas, bailes, representações teatrais, campeonatos esportivos etc., principalmente no Carnaval e nas comemorações do Natal e Ano Novo.

O senhor também gostava de música?

Devo dizer que, apesar da influência paterna, nunca tive pendor para o canto e para a música. Meu pai uma vez me fez aprender a tocar piano. Foi num colégio de freiras que ficava perto de casa. Havia uma freira muito simpática, muito dedicada, que me dava aulas. Cheguei a tocar regularmente, mas não gostava, não tinha bom ouvido.

Na sua infância, o senhor tinha contatos com outros membros da família, além da sua casa?

Sim. As férias escolares — e mesmo mais adiante, quando eu e meus irmãos éramos maiores — íamos passar com os parentes no município de Estrela. Meus avós moravam no distrito colonial, chamado naquele tempo de Teutônia ou picada Boa Vista. Ficávamos na casa da avó — meu avô falecera em 1911 —, com bastante liberdade, cavalos, roça e essas coisas todas do interior, de que gostávamos muito. Passávamos um mês ou dois ali, ou visitando alguma tia casada nas vizinhanças. Uma delas era casada com um comerciante, outra com um farmacêutico, que naquele tempo fazia o papel de dentista, às vezes de médico. Outra era casada com um professor. Uma se casou com um pastor norte-americano. A família toda vivia naquela região. Íamos visitá-las a cavalo.

O governo dava algum tipo de assistência à colonização alemã e italiana no Rio Grande?

O governo não dava nenhuma assistência à colonização, o que foi um grave erro, porque custou muito depois para se fazer a nacionalização. As escolas, por exemplo, eram da comunidade, os professores eram sustentados pela comunidade. Havia duas igrejas, uma ao lado da outra, uma protestante e outra católica: o padre e o pastor eram dali daquele meio, sustentados pela comunidade. O clube social também era da comunidade. Era pela união que a comunidade se defendia, suprindo as deficiências do governo. Outro exemplo: as estradas eram conservadas pelos colonos, cada um cuidava do trecho que correspondia à sua propriedade. Um dia na semana, estava ele lá com os seus, de enxada na mão, fazendo os consertos necessários. Eram estradas de terra, e quando chovia ou aumentava o tráfego havia problemas, mas graças ao trabalho dos colonos continuavam transitáveis. Havia um serviço telefônico, ligando as diversas propriedades: era particular, custeado e construído por iniciativa dos colonos. O espírito comunitário fazia tudo isso.

O senhor também convivia com brasileiros em Bento Gonçalves?

Na escola, meus colegas eram praticamente todos italianos, raramente havia um brasileiro. Mas as autoridades locais eram quase todas brasileiras. Era o regime do Borges de Medeiros, que se manteve quase 30 anos no governo do Rio Grande do Sul. O prefeito de Bento Gonçalves, que também esteve no cargo quase 30 anos, era descendente de português. O delegado de polícia era brasileiro. O juiz municipal, o promotor público, o juiz de comarca, o tabelião e o coletor estadual, também. Toda a estrutura administrativa era de nacionais. Só mais tarde é que os italianos começaram a ocupar essas posições, depois da Revolução de 1923, quando o Borges começou a perder o poder.[3] O mesmo acontecia nos municípios vizinhos e também nos de colonização alemã.

Por que o senhor se encaminhou para a carreira militar?

Aí a história é comprida. Meu pai se preocupava muito com a educação dos filhos, achava que todo o futuro deles estaria na educação. Os dois mais velhos, Amália e Bernardo, foram para Porto Alegre estudar depois de terminar o curso primário em Bento Gonçalves, porque lá não havia escola secundária. Escolas de segundo grau eram poucas no Rio Grande do Sul: havia em Porto Alegre, Pelotas, Santa Maria, e assim, quem quisesse prosseguir nos estudos, tinha que sair de casa e ir para outra cidade. Amália foi cursar a Escola Normal, e Bernardo foi fazer os preparatórios, como eram chamados os exames finais do curso secundário. Para entrar para a universidade era preciso ter os preparatórios de aritmética, álgebra, geometria, português, francês, inglês, latim, física, química, história natural, geografia geral e do Brasil e história do Brasil e universal.

No primeiro ano em que Amália e Bernardo ficaram em Porto Alegre, foram para a casa de uma família amiga. Depois, para o internato. Amália já tinha 15, 16 anos, e naquela época era comum a moça sair de casa para estudar, tanto que ela tinha várias colegas do interior. Mas era estudar para ser professora! Naquele tempo, para a mulher, não havia outra profissão. Já pensou uma mulher naquele

---

[3] A Revolução de 1923 teve origem na reeleição de Borges de Medeiros, chefe do Partido Republicano Rio-Grandense (PRR), para o quinto mandato consecutivo como presidente do estado. Sob a alegação de fraude, teve início uma série de levantes regionais liderados pelo candidato derrotado, Assis Brasil, do Partido Libertador, e seus correligionários. Somente a assinatura do Pacto de Pedras Altas, em 14 de dezembro de 1923, pôs fim à revolução. O acordo garantia a permanência de Borges de Medeiros no governo, mas reformava a Constituição estadual, proibindo a reeleição do presidente do estado.

tempo estudar medicina, ou engenharia? A profissão de mulher que se admitia era a de professora.

Em 1916, meu pai ganhou na loteria do estado, em que normalmente jogava. O prêmio era de cem contos de réis e, após os descontos, ainda representava bom dinheiro. Foi uma injeção substancial nas finanças da família e permitiu que nossa educação prosseguisse. Foi a oportunidade de Henrique e Orlando, que em 1916 concluíram o curso primário, irem para Porto Alegre. Mas estudar em que ginásio? Havia o Anchieta, considerado muito bom, de padres jesuítas, circunstância que, para nós, o tornava impróprio. Havia o Júlio de Castilhos, do governo do estado, mas que não tinha internato. E havia o Colégio Militar, do governo federal, com internato e de custo relativamente módico. Foi o escolhido.

Assim, Henrique e Orlando foram matriculados no primeiro ano do Colégio Militar, após aprovação nos exames de admissão. É possível, e esta é uma apreciação pessoal minha, que mais outra consideração tivesse influído na escolha do Colégio Militar. Refiro-me ao ambiente do Rio Grande do Sul. Era um estado belicoso, com grande tradição militar. Participou de nossas guerras no Prata, no Uruguai, na Argentina, no Paraguai e em seu próprio território. Tinha sido campo de luta, durante 10 anos, na Revolução Farroupilha e, mais tarde, já na República, em 1893, na Revolução Federalista do Silveira Martins contra o regime de Júlio de Castilhos.[4] O prestígio do militar na sociedade em geral, em todo o estado, era muito grande. E estávamos ainda em plena Primeira Guerra Mundial. É possível, pois, que tudo isso tivesse influído na decisão de meu pai.

Por falar nisso, como a colônia alemã via a guerra na Europa?

Não vou dizer que eles ali não estivessem torcendo pelo resultado. Mas as nossas relações em Bento Gonçalves com os italianos, que ficaram do outro lado, eram boas, não havia hostilidade. Lembro-me de uma cena que me impressionou muito. Parte dos italia-

---

[4] A Revolução Farroupilha, desencadeada pelos federalistas, estendeu-se de 1835 a 1845. A Revolução Federalista de 1893 opôs os federalistas (maragatos) aos republicanos (ximangos) ligados ao governo estadual de Júlio de Castilhos e ao governo federal de Floriano Peixoto, só se encerrando em 1895.

nos que lá moravam eram tiroleses, outros eram de Vêneto. Vinham de áreas que tinham pertencido à Áustria antes da unificação italiana. Quando, durante a guerra, em 1916, morreu o imperador Francisco José da Áustria, esses italianos mandaram rezar uma missa solene na igreja matriz de Bento Gonçalves. Foi uma missa cantada, com catafalco, a igreja internamente toda revestida de preto, cheia de italianos. Fui assistir, levado por meu pai, e fiquei impressionadíssimo.

Voltando à sua formação, o senhor também foi mandado para o Colégio Militar.

Em 1920 achou-se que era época de ver o que seria de mim. Minha mãe achava que eu devia estudar uma outra profissão, direito, qualquer coisa assim, mas meu pai, não sei se por causa do bom resultado dos meus irmãos ou porque eu ia ter maior assistência, achou que eu também devia ir para o Colégio Militar. Além disso, concluído o Colégio Militar com os 12 preparatórios, havia a opção de fazer o vestibular em qualquer faculdade, não sendo obrigatória a ida para a Escola Militar no Rio de Janeiro.[5] Quanto a mim, eu estava louco para ir para o Colégio Militar. Os outros chegavam em casa nas férias, vinham fardados, contavam como era a vida, como era o colégio, como eram os companheiros, e isso me influenciou.

Mas em 1920, quando pensaram em me colocar no Colégio Militar, não houve matrícula. O que fazer? A ideia do meu pai foi me mandar estudar em algum curso e, em vez de entrar no primeiro ano do colégio em 1921, talvez entrar já no segundo ou no terceiro — o estudante podia entrar até o terceiro ano. Fui mandado para Porto Alegre, e lá fiquei na casa do sr. Pires Pereira, um militar português, revolucionário, que estava exilado. Era engenheiro e trabalhava na Secretaria de Obras do Estado. Era também professor, tinha um curso com um pequeno internato, e lá fiquei com meu irmão mais velho Bernardo e mais um ou dois rapazes. Passei um ano na casa do sr.

---

[5] Antes da Academia Militar das Agulhas Negras (Aman), instalada em 1944 em Resende (RJ), existiram na República as seguintes escolas militares superiores no Brasil: Escola Militar da Praia Vermelha, no Rio (até 1904), Escola de Guerra de Porto Alegre (1906-11) e Escola Militar do Realengo, no Rio (1913-44).

Pires Pereira, que era um homem culto, interessante, com os hábitos de português: beber um bom vinho verde, comer um bom bacalhau. Mas isso era apenas para ele e sua família. Nós não tínhamos direito a essas coisas. Nossa alimentação era toda em separado e relativamente pobre.

O português tinha uma grande biblioteca, com romances, livros históricos etc., e acabei por frequentá-la. Foi uma época em que li muito, passei o ano todo lendo. Lia todos os livros: Alexandre Dumas, Eça de Queirós... Aliás, lá em casa, isso vale a pena contar, líamos muito. Comecei a ler num domingo em que eu estava parado dentro de casa, garoto, sem ter o que fazer, impaciente, e minha mãe me disse: "Por que não vais ler um livro?" Eu nunca tinha lido um livro, a não ser livros escolares. Apanhei *As minas do rei Salomão*, uma tradução de Eça de Queirós. Foi o primeiro livro que li. Gostei, fiquei animado, e comecei a ler os livros que meu pai tinha. Todo ano ele comprava uma série de livros que nós, depois, nas férias, líamos. E houve livros que li várias vezes. Num Natal, ganhamos de presente oitenta e tantos livros de Júlio Verne. Eram muito interessantes, porque o autor era muito inventivo. Mas eram 80 livros! Todo ano, quando chegávamos em casa de férias, íamos ver os livros novos que meu pai tinha comprado. E quando esses se esgotavam, quando terminávamos de ler, íamos reler, entre outros, Machado de Assis, José de Alencar, Joaquim Manuel de Macedo. Em geral era mais literatura francesa, portuguesa e brasileira. Meu pai também tinha livros alemães que eu não sabia ler, pois era analfabeto. Francês eu lia, mas pouco. Li mais e melhor depois, quando fui estudar a língua francesa.

Passei um ano na casa do português estudando, aprendendo coisas que nem interessavam para o ingresso no Colégio Militar. Comecei a aprender álgebra, que não fazia parte do concurso. Eu tinha uma base muito boa, mas quando cheguei em casa nas férias — o concurso era em meados de fevereiro — meu pai chamou meu irmão Orlando e disse: "Vê se o Ernesto está preparado para a admissão no Colégio Militar". Orlando, depois de conversar comigo um pouco, virou-se para meu pai e disse: "Ele não sabe nada, não entra nem no primeiro ano". Orlando ficou então sendo meu professor durante um mês e meio. Não me ensinou nada, só me marcava a lição e me tomava a lição. Eu ficava em casa, na sala, estudando, toda manhã e toda tarde, enquanto os outros iam brincar, se divertir. Voltei para Porto Alegre, fiz o concurso e passei, muito bem, para o terceiro ano. Havia quarenta e tantos candidatos e só foram aprovados quatro.

Dos meus irmãos, Orlando era o mais próximo de mim. Nós dois éramos muito amigos desde crianças, talvez pela proximidade de idade. Na preparação para entrar para o Colégio Militar, Orlando foi rigoroso comigo, mas fez ele muito bem. Só assim venci no concurso. Quando voltei para casa, já aprovado, passei um mês como um rei. Todo mundo me agradava, tudo que havia de bom era para mim...

Cursei o Colégio Militar durante quatro anos. Havia gente de todas as origens: da fronteira, da zona da campanha, da capital e do interior, das colônias. Descendentes de italianos, de alemães. Havia um espírito de corpo muito grande. Todos ali nos considerávamos homens. Havia a preocupação de ser homem, de não ser mais criança. O ambiente era de muita camaradagem, e geralmente os mais velhos procuravam tratar bem os mais moços. É claro que, no primeiro ano, quando se chegava, havia o trote. Isso também existe nas universidades, nas escolas privadas. Durava pouco, e logo se formavam grupos de amigos. Fui encontrar ali um rapaz que era órfão de pai e mãe, que vinha transferido do Rio de Janeiro. O apelido dele era "Carioquinha". E eu, descendente de alemão, era chamado de "Alemão". Nos tornamos muito amigos. Éramos como irmãos, cursamos juntos também a Escola Militar, e fomos nos separar mais tarde por questões de orientação política. Era o Agildo Barata Ribeiro.[6]

Durante os anos de Colégio Militar ocorreram alguns fatos que influíram muito na minha formação futura. Um foi a Revolução de 1923. Entrei em 1921 no colégio e já estava no quinto ano quando houve a revolta dos libertadores de Assis Brasil contra Borges de Medeiros. Meu pai era borgista, funcionário do estado. No colégio, alguns eram Borges, mas a maioria era contra. Nós todos líamos as notícias dos jornais sobre a revolução, sobre Zeca Neto, Honório Lemes e outros chefes maragatos que passamos a admirar e que influíram na nossa mentalidade, criando um espírito de revolta.

---

[6] Agildo Barata (1905-68) foi revolucionário em 1930 e em 1932. Em 1934 entrou para o PCB e, no ano seguinte, liderou o levante comunista no 3º Regimento de Infantaria, na Praia Vermelha. Expulso do Exército e preso várias vezes, ficou no PCB até 1958.

Nossa simpatia pela Revolução de 1923 decorria, em parte, do idealismo do moço. O moço é geralmente contra a situação estabelecida. Eu não sei, vocês na sua mocidade, como é que foram, mas em regra o moço é mais idealista e mais ou menos contra a situação existente. Acha que está tudo errado, que quando ele for gente ele é que vai fazer, vai consertar. Esses fatos influíram na nossa formação, que foi mais ou menos de rebeldes. Antes tinha havido o levante de 1922, aqui no Rio de Janeiro, em que surgiram Eduardo Gomes e Siqueira Campos.[7] E o que aconteceu então também teve influência sobre nós. Tinham convivido conosco, no ano de 1921, alunos do último ano do Colégio que foram para a Escola Militar do Realengo e lá participaram do levante de 1922. Em função disso, foram desligados e voltaram para Porto Alegre para servir na tropa, para completar seu tempo de serviço como soldados. Esses colegas mais velhos que voltavam do Rio eram vistos com simpatia, eram amigos da maioria dos alunos, nos visitaram no Colégio e nos contaram o ocorrido, o idealismo da revolução, a questão da candidatura do Bernardes, essa história toda. Isso, como a Revolução de 1923, foi formando em nós a mentalidade revolucionária.

Aí veio a Revolução de 1924 de São Paulo, a marcha da Coluna Prestes, motivando nosso crescente interesse pela revolução.[8] Quero mostrar que a geração que se formou naquele tempo no Colégio Militar de Porto Alegre, e em outros colégios, era francamente revolucionária.

---

[7] O levante de 1922 teve origem numa conspiração militar para impedir a posse do presidente eleito Artur Bernardes. A insurreição iniciou-se na Vila Militar, no Rio, na noite de 4 para 5 de julho, mas os rebeldes foram facilmente dominados. Ao mesmo tempo ocorreram levantes na Escola Militar do Realengo e no Forte de Copacabana, cuja ocupação terminou na marcha dos "18 do Forte". Quase todos os participantes morreram, mas sobreviveram os tenentes Eduardo Gomes e Siqueira Campos. Este levante marcou o início do movimento tenentista, isto é, da mobilização da baixa e média oficialidade militar contra a política oligárquica da República Velha.

[8] Em 5 de julho de 1924, aniversário do levante de 1922, ocorreu em São Paulo novo levante militar. O objetivo era derrubar o presidente Artur Bernardes. No final do mês, os revoltosos paulistas, encurralados pelas forças legais, dirigiram-se para Foz do Iguaçu. Ao mesmo tempo, outras tropas revoltosas comandadas pelo capitão Luís Carlos Prestes marcharam do Sul. O encontro dos dois grupos deu-se em abril de 1925, formando-se então a Coluna Miguel Costa-Prestes. Utilizando táticas de guerrilha, a Coluna realizou uma marcha de aproximadamente 24 mil quilômetros, atravessando 11 estados. Com o fracasso das esperadas revoluções de apoio e sofrendo duras perseguições, dissolveu-se em 1927, quando seus remanescentes exilaram-se na Bolívia.

Era contra o governo, tanto do Epitácio, do Bernardes, como, mais tarde, do Washington Luís. Pensávamos que o governo era dos corruptos, dos incapazes, que o que havia era politicagem, era o Borges ficando 30 anos no poder, sem renovação, sem dinamismo, sem coisa nenhuma. Sempre esses males, que mais tarde fomos vendo que não eram bem assim. Vocês sabem o que é o jovem. O jovem é do contra.

Em 1925, afinal, eu e meus companheiros viemos para a Escola Militar do Realengo. Essa história básica do Rio Grande, das lutas do passado, o ambiente militar do Colégio, a legenda dessas revoluções de 22, 23 e 24, tudo isso fazia com que tivéssemos um pendão para a carreira militar. Meus dois irmãos já estavam na Escola, e meu caminho natural era esse. E era o caminho mais fácil, porque a Escola Militar era de graça. A gente cursava a Escola como soldado, tinha compromisso como soldado. A alimentação não era boa, era imprópria para jovens em formação, mas vivíamos ali sempre com um ideal. Inclusive se dizia: "Nós, quando formos oficiais, vamos influir para melhorar este país". Era essa a mentalidade deformada que tínhamos.

O senhor não chegou a cogitar de uma profissão civil?

Não. Minha mãe, como já disse, queria que eu me dedicasse a uma profissão civil. Uma vez fui visitar minha avó e ela disse: "Por que você vai ser soldado?" Minha avó vinha da Alemanha, era contra o serviço militar. Dos quatro irmãos, três — Henrique, Orlando e eu — seguimos a carreira militar. Bernardo, depois que fez os preparatórios, em Porto Alegre, fez um vestibular e entrou na Escola de Química, uma escola nova que se criara na Universidade de Porto Alegre. Na época em que estudava, ele trabalhava como funcionário dos Correios, o que era muito comum. Trabalhava no Correio à noite, das sete até meia-noite, uma hora da manhã, e aos domingos trabalhava de manhã. Ganhava o quê? Duzentos, trezentos mil-réis por mês. Com isso pagava suas despesas de aluguel da pensão e de comida. Afinal formou-se em engenharia química e mais tarde aperfeiçoou-se na Alemanha. Viveu em Porto Alegre como químico, trabalhou muito nos problemas do carvão, inclusive aqui no Rio, no Plano do Carvão Nacional, no tempo do Getúlio.[9] Foi professor durante

---

[9] O Plano do Carvão Nacional foi aprovado pela Lei nº 1.886, de 11 de junho de 1953.

muitos anos, era professor emérito, dirigiu a Faculdade de Filosofia de Porto Alegre. Era o paisano da família.

Quais eram as matérias de que o senhor gostava mais nos seus tempos de colégio?

    Gostava mais de matemática. Era muito bom em aritmética, álgebra e geometria. A gente terminava o terceiro ano do Colégio Militar fazendo os preparatórios de aritmética e de geografia. No quarto ano, preparatórios de álgebra, história universal, português e francês. No quinto ano eram física e geometria. No sexto ano, o último, química, história natural e, vejam bem, de novo geografia e história do Brasil. Fazia-se, no último ano, um curso de agrimensor, que dava título e direito de exercer a profissão. Eu era bom aluno, estudava bem. Quando fui para a Escola Militar também estudei bem. Uma das vantagens que eu tinha, tanto no Colégio quanto na Escola Militar — parece que estou me gabando —, é que eu era professor de colegas. Dava aulas de graça. Quando um companheiro estava em dificuldades, eu ensinava. Eles tinham o hábito de tomar notas das aulas em cadernos, ou então tinham livros. Eu não tinha livros nem cadernos, primeiro, porque não gostava, segundo, porque o dinheiro era escasso. Minha mesada no Colégio Militar era de três mil-réis por semana, que meu pai me dava. Era uma ninharia. Eu prestava muita atenção às aulas e ensinava. Vinham a mim, dizendo: "Vem cá, não consigo resolver esse problema, como é?" Eu dizia: "Deixa ver as tuas notas". Via e ensinava como era. Depois das aulas ia à biblioteca, para tirar as minhas dúvidas. O difícil era memorizar, guardar aquilo, mas ensinando, eu ficava com tudo muito bem sedimentado. Aprendi muito mais ensinando do que estudando.

2

Uma geração de cadetes revolucionários

Como foi a sua vinda para a Escola Militar em 1925?

Era a minha primeira viagem ao Rio. Meus irmãos Henrique e Orlando, que iam cursar o último ano da Escola, viajariam comigo. Acontece que Henrique tinha uma namorada, talvez já noiva, que estava com a família na praia de Cassino, na cidade do Rio Grande. Como havia tempo disponível, ele resolveu interromper a viagem em Rio Grande e passar alguns dias em companhia da namorada. Eu e Orlando lhe demos quase todo o dinheiro que nosso pai nos havia dado para que pudesse namorar à vontade. No navio viajavam muitos alunos militares e também civis. A distração a bordo era a jogatina: pôquer e bacará, principalmente. Tivemos, durante toda a viagem, muita sorte, e ganhamos quase sempre. Nos portos de escala — Florianópolis, Paranaguá e Santos — desembarcávamos e íamos com alguns amigos almoçar lautamente, depois de passear. Quando chegamos ao Rio, estávamos com bastante dinheiro e resolvemos ficar alguns dias na cidade, numa pensão. Depois que começassem as aulas era obrigatório morar na Escola, mas estávamos ainda no período de férias, faltavam uns seis ou sete dias para a apresentação. Eu aí passeei um bocado pelo Rio de Janeiro com o Orlando, fui a cinemas, fui para cá, para lá... Foi quando comi mamão pela primeira vez! Era minha primeira viagem à capital, e gostei muito. Chegamos ao Rio de madrugada, e de longe a gente via um grande clarão da iluminação da cidade. O Rio naquele tempo era muito diferente do que é hoje. Copacabana não era nada, estava começando. Depois conheci Copacabana toda de casas, chalés.

Fiz o curso da Escola Militar em 1925, 26 e 27. Vejam o que era naquele tempo a falta de assistência e de preocupação dos chefes com os problemas dos seus subordinados. Havia um prêmio instituído pelo comandante do Lloyd Brasileiro, que era um oficial de Marinha. O prêmio era concedido aos primeiros alunos do primeiro e do segundo anos, e consistia numa passagem de navio, ida e volta, a Hamburgo, Alemanha. Ganhei o prêmio em 1925 e 1926. Não fui nenhuma das vezes porque não tinha dinheiro nem roupa adequada para viajar ao exterior. A direção da Escola limitou-se a me dar conhecimento do prêmio e não procurou saber se eu necessitava de auxílio para a viagem. Não havia o mínimo interesse em prestar qualquer apoio. Fui ao diretor do Lloyd e solicitei a troca da passagem da Europa por outra para Porto Alegre. Assim, pude gozar as férias em casa. O mesmo aconteceu no segundo ano e, mais uma vez, fui gozar minhas férias no Rio Grande do Sul.

Minha família nunca veio ao Rio me visitar. Meu pai me escrevia sua carta mensal e fazia questão de resposta. Suas cartas não tratavam de assuntos políticos, mas de problemas familiares, de saúde, estudos. Eram mais assuntos da vida íntima. Ele nos dava muita assistência. É interessante notar que à medida que crescíamos, ele ia reduzindo sua severidade e nos tratando com mais liberdade. No fim, quando estávamos formados e encarreirados, era um grande amigo que tínhamos, com o qual conversávamos tudo, com absoluta liberdade, de igual para igual. Acho que o sistema dele foi um sistema interessante. Rigoroso no começo, e ao longo dos anos liberando. Lembro-me que no quarto ano do Colégio Militar eu estudava com um companheiro que estava mal nos exames, para ajudá-lo. Ele fumava, e eu então aprendi a fumar. Foi uma estupidez, tinha 15 anos. Nas férias cheguei em casa, minha mãe viu logo — pelo dedo um pouco sujo e talvez pelo hálito —, disse a meu pai, e ele me chamou e perguntou: "Você fuma, não fuma?" Respondi: "Fumo, sim senhor". Ele: "Não devia fumar, por isso e isso... Mas já que você fuma, vai fumar na minha frente, não vai fumar escondido não, porque aí todo mundo vai pensar que você está me enganando". Trouxe o cigarro para eu fumar. Achava que eu não devia fumar porque estava com o organismo em crescimento e o fumo seria prejudicial, mas não proibiu. Ele também fumava.

O senhor já havia sido o primeiro colocado no Colégio e depois também foi na Escola Militar. Manteve o mesmo sistema de estudar ensinando?

Sim. Eu não tinha família aqui no Rio. A Escola ficava em Realengo, e eu era do grupo que nós chamávamos "laranjeiras". O "laranjeira", geralmente nordestino, era o que ficava sábado e domingo na Escola, não saía. Eu tinha muitos convites de companheiros que moravam em Copacabana, Botafogo, Ipanema, mas não aceitava, porque não tinha roupa adequada. Achava que para mim seria um vexame chegar lá mal vestido, e então ficava na Escola. Os companheiros que estavam atrasados, que tinham maus resultados nas sabatinas mensais, nas provas, às vezes ficavam também, e aí eu ensinava.

Na Escola Militar eu estudava por necessidade e por gosto, mas também estudava, confesso, porque dava alegria a meu pai. Sabia que ele ficava vaidoso com isso, e correspondia ao sacrifício que tinha feito e estava fazendo por nós. Minha irmã, que era professora, que se formou antes, foi lecionar em Bento Gonçalves e, com o dinheirinho que ganhava, ajudava. Ficou solteira, não casou. Mora comigo há 20 anos. Somos os remanescentes. Ela a mais velha, e eu o mais moço. Está com 94 anos de idade.[10] Não participa muito da vida da família por causa da surdez, mas está lúcida. Como solteira habituou-se a ser independente, a mandar; agora, quando tem que obedecer, reage.

Como se dividia o curso da Escola Militar? Quando se escolhia uma arma?

O curso da Escola Militar era de três anos. No primeiro e no segundo ano fazíamos curso de infantaria, que era a base, a arma fundamental, e no terceiro ano é que, de acordo com a classificação de curso que se tinha, se podia escolher a arma. Uns, principalmente nordestinos, escolhiam infantaria, os do Sul cavalaria, outros artilharia, outros engenharia.

---

[10] Este trecho do depoimento foi concedido em julho de 1993. Amália Geisel faleceu em 3 de fevereiro de 1996.

Por que o senhor escolheu a artilharia? Os gaúchos não escolhiam geralmente a cavalaria?

Meus dois irmãos foram para a artilharia, e eu também fui, por influência. Mas a artilharia também era uma arma montada, os canhões eram puxados por parelhas de cavalos. A maioria dos gaúchos escolhia a cavalaria não só por tradição, mas porque depois eles iam servir nas cidades de onde eram originários. Havia regimentos de cavalaria em várias cidades do interior do Rio Grande.

Como era estruturado o ensino na Escola Militar? Horários e tudo mais?

Havia a parte científica e havia a parte profissional. Dos seis dias da semana, três eram reservados para o ensino militar e três para o ensino teórico. Nos três dias de ensino teórico, no primeiro ano se estudava geometria analítica, cálculo diferencial e integral, geometria descritiva e física. No segundo ano, as matérias teóricas eram mecânica racional, química, topografia, direito público e administração militar. No terceiro, balística, fortificação, história militar, tática geral e materiais e emprego da artilharia. Nos outros dias, durante o primeiro e o segundo ano saía-se para o exterior, com mochila, fuzil no ombro, para fazer exercício de infantaria pelo terreno, marchas e combates. À tarde havia aulas teóricas sobre armamento, sobre noções de tiro e demais assuntos relacionados com o ensino militar. No terceiro ano, o ensino prático era relativo à arma que se cursava. Na artilharia consistia em equitação, condução das viaturas, manejo do canhão, topografia, marchas e tiro. Esses três dias de ensino militar começavam pela ginástica.

O ensino terminava pelas quatro horas da tarde, e às quatro e meia era o jantar. Aí abria-se o portão da Escola e a cadetada podia espairecer pela cidadezinha do Realengo. Quem tinha dinheiro ia comer alguma coisa, ou então passear. Uns iam namorar... Às seis horas tocava a "revista", todos voltavam para a Escola, iam para os alojamentos, e o oficial de dia passava a revista para ver se alguém estava ausente.

E como era a convivência com a população do Realengo?

Eu caminhava muito com os amigos, andava pelo Realengo, mas frequentei a localidade muito pouco. Havia grande influência de um padre da igreja local, o padre Miguel, que depois deu o nome a uma localidade próxima. Alguns iam conversar com ele, havia estudantes muito religiosos. Mas eu não tive muito contato, pois não ligava à religião.

A Escola tinha coisas interessantes. Havia uma Associação do Estudante Pobre, em que os associados contribuíam com uma certa quantia de dinheiro, utilizada na compra de livros e material escolar para alunos reconhecidamente pobres. Esse material era colocado, sem que ninguém visse, debaixo dos seus travesseiros. Conservava-se o anonimato, tanto do beneficiado quanto do doador. Quem formava a sociedade eram os próprios alunos. Cheguei a participar dela. Havia também uma sociedade atlética, com sede no terceiro pátio da Escola. Ali se praticava esporte depois das quatro e meia, até as seis. Havia, ainda, jogos. Jogava-se bilhar, vôlei e basquete. Havia uma sociedade cívico-literária, que tinha a sua própria biblioteca e a sua revista e realizava periodicamente sessões literárias. Eu frequentava a sociedade, mas não era sócio atuante. Faziam-se discursos, discussões. Às vezes convidavam uma figura preeminente, que ia lá, passava horas, ou o dia, recitando, declamando e convivendo com os alunos. Lembro-me que Rosalina Coelho Lisboa passou um dia com os cadetes.[11] Tudo era feito por iniciativa dos alunos, que, além disso, contribuíam para o monumento que está na Praia Vermelha, da Retirada da Laguna e Dourados, da Guerra do Paraguai. A propósito de dinheiro, esclareço que no meu tempo um aluno ganhava cinquenta mil-réis por mês e, no terceiro ano, cem mil-réis. Isso era nada. Com esse dinheiro pagávamos a lavadeira, o barbeiro, lápis, papel, cigarro, as sociedades e, às vezes, quando sobrava um saldo, ou no dia em que saía o soldo, íamos jantar no Sans Souci, um restaurante português onde comíamos bife com ovos e batatas fritas, para variar o cardápio.

Como eram as relações entre os colegas? Todos se conheciam, conviviam?

O relacionamento se dava mais entre os alunos do mesmo ano escolar. O meu era naturalmente maior com os companheiros que

---

[11] Rosalina Coelho Lisboa Larragoiti (1900-75) era jornalista e escritora.

tinham vindo do Colégio Militar de Porto Alegre e já eram amigos velhos. Nosso quadro de formatura como agrimensores tem a fotografia de 37 formandos, e a maioria veio para o Realengo. Mas eu também tinha amigos vindos de outras regiões, principalmente do Rio e do Nordeste. Fazíamos novas e boas relações com os companheiros. No primeiro e no segundo ano, morávamos em grandes alojamentos, em que dormiam cerca de 100 alunos. E lá ficávamos por ordem numérica — cada um de nós tinha um número que correspondia também à letra do nome. Eu era Ernesto, e então os companheiros que ficavam nas camas ao lado eram da letra E. Ali também se faziam amigos. Atrás das camas havia armários, e cada um tinha direito a um armário — havia alojamentos em que, por falta de armários, usava-se uma mala de madeira que chamávamos de "arataca". Tudo que era seu era guardado no armário e não se admitia que fosse fechado a chave. Não era admitida a suspeita de roubo. Eu me relacionava bem com os companheiros do lado, mas o meu bloco mesmo era o do pessoal do Rio Grande. Pelo hábito do Sul, tomávamos chimarrão. De tarde, às vezes, em vez de sairmos e irmos para o Realengo, ou de manhã, quando havia um certo tempo antes do almoço, formávamos a rodinha, tomando chimarrão. Era sempre com companheiros do Rio Grande.

Qual era, em geral, a origem social dos alunos da Escola Militar?

Havia de tudo. Havia alunos pobres que, como já disse, eram socorridos pela Associação do Estudante Pobre, e também alunos ricos. Muitos tinham pais militares. A maioria era do Rio Grande, daqui do Rio de Janeiro e do Ceará, onde também havia um Colégio Militar. Os cearenses em regra eram pobres. Entre os do Rio Grande havia grandes diferenças: filhos de estancieiros, de gente rica de fazendas etc., que iam para a carreira militar por pendor e por causa das tradições, e pobres também. Mas entre nós, na Escola, não se fazia distinção social nem de fortuna.

Havia paulistas na Escola Militar?

Não, não havia. Os paulistas só começaram a ir para a Escola depois da Revolução de 32, quando sentiram que lhes faltava maior penetração no Exército.

Quais são suas lembranças da vida material na Escola? Era confortável?

Não era, não. A comida era ruim, o que acho um erro gravíssimo. Era uma escola que se destinava a formar oficiais que depois iriam servir pelo menos 30 anos ao Exército. A saúde desses futuros oficiais devia ser muito importante, e eles deviam começar por uma alimentação mais adequada. Mas faziam economia na comida, faltava comida. Então nós nos "forrávamos" nas férias. Em casa, minha mãe preparava tudo que era bom, que a gente gostava... Era quando engordávamos um pouco, porque na Escola todos eram magros.

Havia um serviço de saúde com uma enfermaria. Os doentes, ou iam à revista médica para justificar a falta à instrução e à aula, ou, conforme a doença, baixavam à enfermaria, ou às vezes iam para o Hospital Central do Exército. Eu tive, logo no começo, um desentendimento com o capitão médico. Levei a questão a capricho e passei três anos na Escola sem nunca ir à enfermaria nem à visita médica. Muitas vezes estava com febre ou com gripe, resfriado, mas nunca fui. Era magro, mas era sadio.

Uma das maiores deficiências da Escola era o abastecimento de água. Era normal a falta de água. Quando voltávamos da instrução e íamos tomar banho, os chuveiros muitas vezes estavam secos.

O prestígio da profissão militar no Rio de Janeiro também era grande? Um jovem cadete era bem-visto pelos civis?

Não posso dizer, porque vivia dentro da Escola, no Realengo. Mas os cadetes, sábado, após a instrução que ia até quatro e meia da tarde, tomavam um trem especial e iam para a cidade. Voltavam domingo à noite, contando muitas histórias das praias, dos namoros no Méier e no Boulevard 28 de Setembro, dos bailes de sábado etc. Contavam muitas vantagens, mas certamente havia, nas narrações, um fundo de verdade.

No Colégio Militar, no último ano, a turma que saía dava um baile dedicado à sociedade de Porto Alegre, no próprio Colégio. O alojamento e suas dependências eram esvaziados e transformados num grande salão de baile. O comércio e as casas familiares forneciam os doces, as tortas, as bebidas para o *buffet*... Fazia-se a festa sem um tostão de dinheiro dos alunos. No Realengo não havia baile de formatura. Realengo fica muito longe e seu clima é horrível.

Havia muito trote?

Os trotes eram dados nos novos cadetes, nos "bichos". O fato de ter dois irmãos veteranos acho que me ajudou, porque meus irmãos tinham os seus amigos, e eu me relacionava bem. Havia também a turma que fugia à noite. Ia, principalmente, roubar laranjas. Mas não havia mais as brigas com colégios civis. Em Porto Alegre, no Colégio Militar, havia conflitos, mais com os alunos do Anchieta. Nós éramos os "cardeais", porque o nosso quepe, nossa cobertura, era vermelha. Eles usavam uma espécie de batina preta, e eram os "urubus". De vez em quando havia surra na rua, pancadaria. Coisa de rapazolas!

O Realengo era o fim do mundo. Não havia nada. Muito quente... Demorava-se uma hora de trem para chegar ao centro do Rio. Raramente eu saía para passear. Não tinha dinheiro, não tinha roupa adequada, só tinha a farda de cadete. Muitos saíam de farda, mas para ir à cidade mudavam de roupa. Recordo que meu pai, quando viemos para o Rio, nos deu várias cartas de recomendação para pessoas daqui, inclusive militares, conhecidos dele ou de seus amigos. No fim do ano, quando chegamos em casa nas férias, demos todas as cartas a ele de volta. Não entregamos as cartas de recomendação, por escrúpulo. Era o espírito de independência, de autonomia: "Não quero favor de ninguém, quero resolver pessoalmente o meu problema". Vaidade nossa. Alguns colegas cultivavam essas amizades e usavam o pistolão. Éramos contra esse sistema. Achávamos que não precisávamos daquilo e não usávamos. E era por isso mesmo que eu ficava no Realengo. Nós cultivávamos muito essa história de sermos homens, embora ainda fôssemos adolescentes, e de termos independência, não sermos subservientes, não dependermos dos outros... Coisa do moço, um pouco orgulhoso.

Quer dizer, a carreira militar permitia à pessoa ter uma ascensão por mérito próprio, não precisava ter dinheiro nem nome de família.

Não precisava, não. Se o aluno se comportasse direito e fosse um estudante mediano, não fosse medíocre ou não tivesse base deficiente, ele vencia. Havia companheiros que ficavam para trás. Havia companheiros que eram desligados da Escola, por falta de aproveitamento. Mas a grande maioria tinha êxito. Na nossa formação a grande preocupação era buscarmos a independência: independência de atitude, independência de ação, não precisarmos de favores... Quando se via um aluno falando com um oficial, sem ser a chamado deste, nós dizíamos: é um "corredor". Estava fazendo a "corrida" junto ao oficial, estava querendo qualquer coisa, e por isso era malvisto.

Os alunos da Escola Militar tinham algum contato com os alunos da Escola Naval?

Pouco. O que havia todo ano era um campeonato esportivo entre Escola Naval e Escola Militar. O Exército sempre se saía muito bem. A Marinha ganhava, naturalmente, as provas náuticas, natação, *water polo*. Mas, no resto, a Escola Militar era campeã. Havia atletismo, lançamento de peso, lançamento de dardo, futebol e, mais tarde, vôlei e basquete. Eu não competia, não era muito dado ao esporte. No Colégio Militar fazia mais exercícios, corridas, salto em distância e em altura e aparelhos de barra e paralelas. Mas nunca procurei competir. Meu irmão Henrique era mais dedicado à parte física. Orlando, menos ainda do que eu.

Os alunos da Marinha eram diferentes dos do Exército em termos de origem social?

Acho que sim. Um pouco diferentes. Eram talvez de origem social mais elevada. Para entrar na Escola Naval era exigido um enxoval. Era caro! Muitos não conseguiam entrar na Escola Naval porque não tinham dinheiro para comprar o enxoval.

Na sua turma havia algum estudante negro ou mulato?

Havia. Chamava-se Claudionor, não lembro do sobrenome. Saiu oficial. Havia inclusive professores negros. O velho João Manuel já não ensinava mais no meu tempo, mas tinha tradição de bom professor. Havia um outro que era ridículo e nós chamávamos de "Miquimba". Esse ensinava organização militar e emprego tático. Não chegou a ser meu professor, mas foi professor dos meus irmãos. Era muito pernóstico, safado. Havia um cadete, o Baltazar, negro, que não saiu oficial, pois não teve bom aproveitamento e deixou a Escola, mas jogava muito bem futebol. Era goleiro de um clube no subúrbio.

Havia craques na Escola Militar?

Havia alunos que jogavam em primeiro time, até no Fluminense... Alunos que vinham de times de Porto Alegre, como o Grêmio, o Internacional etc. Médici era bom jogador de futebol, desde Porto Alegre. Estava um ano na minha frente, no Colégio Militar e na Escola. Ele e o general Adalberto Pereira dos Santos, que depois foi vice-presidente da República no meu governo, eram de uma turma intermediária entre a minha e a dos meus irmãos. E desde o Colégio Militar eram meus amigos, todos os dois. Médici era muito benquisto. Era originário da fronteira, onde se fala muito espanhol, e tinha o apelido de "Milito", derivado do nome Emílio. Era um aluno mediano. Adalberto foi o primeiro aluno da sua turma no Colégio e depois na cavalaria da Escola Militar.

A Missão Militar Francesa estava presente na Escola na sua época?[12]

Sim. Havia um oficial francês que orientava o ensino militar. Houve um com o qual não cheguei a ter maiores contatos porque ele se dedicava mais ao terceiro ano, e eu ainda não havia chegado lá. Quando cursei o terceiro ano, conheci um outro que era muito bom e benquisto por todos. Participava das aulas de tática geral, acompanhava as instruções das diferentes armas e influía na direção do ensino. Seu nome era Panchaud. Recordo uma aula de tática geral em que ele deu ênfase à distinção entre o problema técnico e o problema tático; salientou a dificuldade de encontrar o limite, onde acabava a técnica e onde começava a tática, porque num certo momento há uma superposição. Sua explicação, em francês, dava uma forte ressonância à expressão "*technique-tactique*".

Que personagens militares eram mais admirados?

Da Antiguidade, Aníbal, César e Alexandre; dos tempos modernos, Napoleão; do Brasil, Caxias. Entre nós se destacava um homem que foi nosso instrutor e professor de tática: o major Fiúza de Cas-

---

[12] A Missão Militar Francesa chegou ao Brasil em princípio de março de 1920, contratada pelo governo para modernizar o Exército brasileiro e unificar doutrina e métodos. Foi a partir do regulamento de 1924 que a Escola Militar passou a sentir sua influência.

tro, que mais tarde foi chefe do Estado-Maior do Exército. O primeiro comandante que tivemos foi o general Antônio Gil de Almeida, que depois foi vítima da Revolução de 30, quando comandava a região militar em Porto Alegre e foi preso. Outro comandante que tivemos não era grande coisa.

Nós éramos muito independentes, mas disciplinados. O regime disciplinar era severo, havia prisão. Já no Colégio Militar havia prisão. Aquele meu colega do Colégio Militar que me ensinou a fumar tinha o apelido de "rei da cadeia". Vivia preso. Acabou expulso do Colégio. Mais tarde conseguiu ingressar na Escola Militar, foi para a Aeronáutica e tornou-se um oficial brilhante, chegando ao posto de brigadeiro.[13]

Os senhores tinham alguma crítica a fazer em relação à orientação francesa?

Não. A crítica, desde o Colégio Militar, era com relação aos velhos chefes militares da época. Tínhamos entretanto alguns tenentes instrutores que admirávamos, eram muito bons. Subindo na escala hierárquica, o conceito era pior. Da maioria dos professores nós gostávamos. Todos, em regra, eram militares que tinham abandonado a carreira das armas e se dedicado ao ensino. Havia alguns muito bons. O professor de física tinha um curso particular de ensino — o Freycinet — aqui no Rio de Janeiro, dedicado à preparação de estudantes para o vestibular, que na época era célebre. Essa geração de professores já desapareceu. Um tenente instrutor de artilharia tornou-se muito meu amigo. Era Júlio Teles de Meneses, chegou a general. Mais tarde, como segundo-tenente, saí do Rio e fui servir numa unidade de artilharia que ele comandava, em Santo Ângelo das Missões, no Rio Grande do Sul.

O senhor continuou lendo muito em seu tempo de Escola Militar?

Sim. Lia muito romance, gostava de ler os romances históricos sobre a França da Idade Média de autoria de Michel Zevaco. Estudávamos muito sobre a França porque nossos livros, no Colégio como na Escola Militar, eram na maioria franceses. Toda a nossa formação cultural era francesa, não por influência da Missão Militar, mas pela

---

[13] Trata-se de João Adil de Oliveira.

tradição da época. A língua francesa era a língua da diplomacia, era a língua universal, o que é hoje em dia o inglês. Estudávamos inglês durante dois anos, no quinto e sexto anos do Colégio Militar, e no fim fazíamos o preparatório. Mas o que aprendíamos de inglês não se comparava ao que sabíamos de francês.

Quando o senhor entrou na Escola Militar, a Coluna Prestes estava se iniciando. Discutia-se isso na Escola, acompanhava-se pelos jornais?

Sim, líamos os jornais, líamos os discursos da Câmara, do Senado... Já saíamos da Escola Militar revolucionários, não por influência dos professores, mas por influência dos colegas, sobretudo de turmas mais avançadas. Nós, que éramos do Sul, tínhamos a tradição revolucionária do Rio Grande, que vinha desde os Farrapos, depois a chamada Revolução Federalista de 93, a Revolução de 23, contra o regime do Borges de Medeiros, que era o regime positivista do Júlio de Castilhos. Mais recentes eram os acontecimentos de 22 e 24. Tudo isso, e ainda a conversa com companheiros mais antigos, nos empolgava. Achávamos que o país vivia entregue ao regime dos coronéis do interior, que dominavam. No Rio Grande do Sul havia uma estagnação, o governo era imutável, o prefeito de Bento Gonçalves durante 30 anos havia sido o mesmo. Era um homem ronceiro, vivia no dia a dia despachando papel e não se preocupava com a cidade, com a vida, com o progresso, com o desenvolvimento. Era essa também a impressão que nos traziam os companheiros do Nordeste. Daí resultou uma geração quase toda contaminada pelo espírito revolucionário. É claro que também havia companheiros que não participavam desse sentimento, pensavam de maneira diferente, mas a grande maioria saía da Escola Militar com o ideal revolucionário. E todos fomos depois aderir à Revolução de 30.

Segundo a tradição militar alemã e francesa, o Exército deveria ser o "grande mudo". Mas nós não aceitávamos isso. A Missão Militar Francesa teve sobre nós uma influência estritamente profissional. Ela queria transmitir ao Exército os novos ensinamentos colhidos durante a guerra de 1914-18, estava preocupada com a organização militar do Brasil. Com relação à nossa mentalidade, à nossa orientação política, não teve maior importância. Éramos profissionais, todos procurávamos ser eficientes, tínhamos amor à carreira, vontade de ser bons oficiais, mas sofríamos a influência política do quadro nacional.

3

A Revolução de 30 e a experiência do Nordeste

Onde o senhor foi servir quando terminou a Escola Militar?

Quando concluí o curso, em janeiro de 1928, fui declarado aspirante a oficial e classificado no 1º Regimento de Artilharia, na Vila Militar. Pelo regulamento da Escola, os três primeiros colocados de cada arma tinham direito a sair como segundos-tenentes, desde que tivessem a aprovação "plenamente" (grau 6) em todas as matérias durante o curso. Fui o primeiro aluno de toda a Escola, na minha turma. Minha menor aprovação foi com grau 8. Mas ninguém foi promovido na época, porque havia uma questão entre dois primeiros alunos da arma de engenharia. Um deles não tinha grau 6 numa matéria, mas grau 5,5, e achava que se poderia arredondar para 6. Nesse caso, ele seria promovido. Ficou essa história sem solução, e consequentemente eu, que não tinha nada com esse problema, não fui promovido. Resolvi não reclamar, de acordo com o meu temperamento, a minha mentalidade. Apenas anotei no meu caderninho, sob a epígrafe: "O que eu não farei". Intimamente fazia as minhas críticas e as anotava, desde o tempo do Colégio Militar. Quando via um ato de um superior que, na minha crítica, achava errado, malfeito ou injusto, registrava-o sob o título "o que eu não farei"...

Enquanto servi no 1º Regimento de Artilharia, havia amigos meus que estavam no 1º Regimento de Infantaria: Juracy Magalhães, Bizarria Mamede, Agildo Barata. Éramos muito amigos e nos encontrávamos seguidamente. Recordo que num sábado Juracy me levou a uma casa, aqui em Botafogo, onde conheci Juarez Távora. Já estávamos conspirando... Mas logo em seguida eles foram para o Norte e eu fui para o Sul. Em 1929, um oficial a quem já me referi, Júlio Teles de Meneses, que foi meu instrutor na Escola Militar e que nós cadetes admirávamos muito pelas suas qualidades profissionais, foi promovido a capitão e designado comandante de uma bateria de artilharia em Santo Ângelo. Convidou-me para servir com ele, e eu, que não tinha nada aqui no Rio que me prendesse, ao passo que minha família toda estava no Rio Grande, concordei e fui transferido para a 1ª Bateria do 4º Grupo de Artilharia a Cavalo.

Como era a guarnição de Santo Ângelo?

Naquele tempo, Santo Ângelo tinha como guarnição um regimento de cavalaria e uma bateria de artilharia. Era um município muito grande, do qual vários outros se desmembraram com o decorrer dos anos — Santa Rosa é um deles. A guarnição ficava próxima à fronteira com a Argentina, assim como as guarnições de São Borja, São Luís e Itaqui, integrantes do antigo território das Sete Missões Jesuíticas. A unidade era muito boa, pequena, apenas uma bateria com três ou quatro oficiais, uns cento e poucos soldados e quatro canhões. Fazia-se muito exercício, trabalhava-se muito no campo. O inverno era muito frio, com geada quase todos os dias. E foi dali que saí em outubro de 1930 para a revolução. O capitão Teles não era revolucionário, mas pouco antes foi transferido, o que para mim foi um alívio.

Em Santo Ângelo as instalações eram boas, os quartéis haviam sido construídos na época em que Calógeras foi ministro da Guerra, depois de 1918. O quartel da nossa bateria era simples, mas tinha as instalações necessárias. Nossa grande preocupação eram os cavalos. Naquele tempo, a artilharia toda era hipomóvel. Cada canhão era tracionado por três parelhas de cavalos. O cavalo era fundamental para nós, porque, se faltasse ou adoecesse, a bateria não funcionava. Cuidávamos dos cavalos em primeiro lugar e dos soldados em segundo. Depois vinham os sargentos e por último os oficiais.

Na Revolução de 1923, contra o Borges, na qual o Exército não participou diretamente, muitas unidades ajudaram os revolucionários com armamento e munição. Na Revolução de 1924, na Coluna Prestes, participaram muitos oficiais do Exército, em diferentes guarnições. Como consequência, o Exército ficou muito desfalcado em seus recursos. Para reorganizar e reequipar as unidades do Sul foi nomeado um bom chefe militar, o general Gil de Almeida, que tinha sido meu comandante na Escola Militar, a quem já me referi. Era um sergipano meio atrasadão, mas um chefe de primeira ordem. Com o apoio que teve do ministro da Guerra, conseguiu recuperar as unidades da 3ª Região Militar equipando-as com todos os meios: armamento e munição, cavalos, arreamentos, alimentação etc. Desse modo, a guarnição de Santo Ângelo tinha todos os recursos, tudo o que nós necessitávamos.

Como as pessoas da sua geração viam os chefes militares mais antigos?

Achávamos que eram ultrapassados, acomodados, burocratas, não reagiam, só queriam usufruir a vida militar sem se engajar, sem se dedicar a ela. Nós generalizávamos, no que acho que éramos injustos, porque, se muitos realmente se enquadravam neste quadro que estou apresentando, havia muitos outros que, ao contrário, eram bons oficiais. O jovem é radical, e a tendência dele é generalizar. Basta ver o seguinte: no Colégio Militar havia tenentes que controlavam a disciplina e a formação militar dos alunos — fazíamos exercícios, aprendíamos a atirar, praticávamos muita educação física, marchas etc. Esses oficiais que controlavam a disciplina davam serviço de oficial de dia. Às vezes, um defeito, uma falha que achávamos num deles, era suficiente para depreciá-lo em nosso conceito: "Fulano não presta". Alguma coisa que não nos agradasse, por aí fazíamos o julgamento de que o oficial não prestava. Era uma radicalização própria dos jovens.

Na minha geração achávamos que os chefes militares mais antigos deviam, sobretudo, trabalhar mais, se preocupar mais com a instrução, com a capacidade combativa das diferentes unidades. Víamos, por exemplo, um major. Ele trabalhava na burocracia, entrava no quartel de manhã, saía de tarde, e quando se ia ver o que tinha produzido, o que tinha rendido, chegava-se à conclusão de que era zero. Contudo, no fim do mês ele ia receber os vencimentos. Acho que o nosso julgamento em parte era razoável, mas, em parte, possivelmente, era injusto, e isso porque, no nosso modo de julgar, éramos muito radicais.

Sua geração tinha um projeto para o país?

Não, não havia um projeto específico, inclusive não tínhamos cultura para isso. Achávamos apenas que a nação tinha que respirar, tinha que ser diferente, tinha que trabalhar mais. Não encarávamos só o problema do ponto de vista do Exército, olhávamos o quadro geral do país, principalmente o político. Achávamos que o país estava acomodado. Era o regime do coronelismo, dos favores recíprocos, que hoje em dia, infelizmente, ainda existem muito na área política. Vejam por exemplo o que havia no Congresso na época do Pinheiro Machado e mesmo depois, até a Revolução de 30. Havia a Comissão de Reconhecimento de Poderes. O deputado era eleito, e essa comissão ia examinar a sua eleição e verificar se ele deveria ser reconhecido como deputado. O poder do Pinheiro Machado, que foi um líder, dominou toda a política nacional durante anos e anos, decorria em grande parte disso, pois ele era o dono dessa comissão, controlava-a. Na eleição de 1930, ainda no governo do Washington Luís, eles cortaram toda a bancada da Paraíba. Essa era a política do Brasil. Não vou dizer que ela hoje em dia esteja melhor, acho mesmo que a Revolução de 30 fracassou em muitas e muitas coisas. Talvez nós quiséssemos andar depressa demais e não tivéssemos nem poder nem força para fazer com que tudo se endireitasse.

No entanto, empreendeu-se uma modificação no Brasil. O Brasil depois de 30 é outro, não é mais o Brasil de antes. O que era o Brasil antes de 30? Era um Brasil que produzia café. Quase tudo de que se precisava era importado. Importava-se manteiga! Em Bento Gonçalves comia-se manteiga francesa. Quando se queria uma água mineral, para tratar de um doente, era a água de Vichy. Cimento vinha em barricas importadas. Era tudo assim. Fazenda, carretel de linha, agulha, botão, tudo isso era importado. Depois de 30 o Brasil passou a ser outro. Mas a revolução fracassou na formação do povo, na conscientização política, na formação do cidadão mais patriota, mais preocupado com as coisas públicas, mais independente. Hoje em dia o cidadão não tem independência devido ao quadro econômico, cheio de dificuldades. Antes de 30, além do voto ser manipulado, com atas pré-redigidas, pois não havia o voto secreto, votava-se também por puro interesse material. Na Paraíba distribuía-se ao eleitor roupa, sapatos, comida etc. para ele votar. Se não recebesse um par de sapatos, ou uma roupa, ou uma coisa qualquer, ele não votava. Para ele votar, o coronel tinha que dar tudo isso.

O senhor votou em 30?

Votei no Getúlio. Quando Washington Luís, como presidente da República, lançou a candidatura de Júlio Prestes para seu sucessor, todo mundo achou ruim. Era uma sucessão quase que dentro de casa, dentro da família, na área de São Paulo. Desde logo teve a repulsa do governo de Minas Gerais, que se considerou esbulhado, pois achava que era a sua vez de indicar o candidato. Até então tinha havido aquela história de troca entre São Paulo e Minas, Minas e São Paulo, o "café com leite".[14] Isso era uma decorrência da situação geral, mas nós achávamos que havia uma oligarquia que se instituía no país, atrasando-o, e que era necessário renovar. Com a campanha da Aliança Liberal pelo Brasil inteiro,[15] ficamos cada vez mais motivados. Mas com a derrota do Getúlio, como sempre, achamos que tínhamos sido esbulhados. Maus perdedores... Passou-se então a conspirar: os militares, principalmente os de 22 e 24, e os políticos derrotados. No meio civil, o mais ardoroso foi Osvaldo Aranha. Getúlio, indeciso, não se definia claramente. Depois de a conspiração ter atingido um nível promissor, sofreu um desalento, e chegou-se praticamente a desistir do movimento revolucionário. Mas algum tempo depois ocorreu o assassinato de João Pessoa em Recife. Esse fato causou forte impacto na opinião pública e deu lugar ao ressurgimento da ideia e da efetivação da revolução. Não fora isso, Júlio Prestes teria tomado posse. Getúlio não ia fazer revolução, nem os outros. Tinham desanimado. Mas a repercussão da morte de João Pessoa fez com que os políticos da Aliança Liberal resolvessem partir para a luta bélica. Eram Osvaldo Aranha, João Neves, Flores da Cunha, Luzardo, do Rio Grande de Sul, e outros políticos prestigiosos de Minas, Pernambuco e Paraíba.

Eu conhecia a atuação desses políticos gaúchos, mas não tinha relações pessoais. João Neves era conhecido dos meus irmãos.

---

[14] A expressão "política do café com leite" refere-se à alternância, no governo federal, entre representantes de São Paulo, o estado mais rico e grande produtor de café, e de Minas Gerais, o estado mais populoso e grande produtor de leite. Este foi um fenômeno característico da Primeira República (1889-1930).

[15] A Aliança Liberal foi uma coligação formada em 1929 com o objetivo de apoiar as candidaturas de Getúlio Vargas e João Pessoa, respectivamente à presidência e à vice-presidência da República, nas eleições de março de 1930, contra a candidatura oficial do paulista Júlio Prestes.

Era de Cachoeira, e meus irmãos serviam lá. Durante as conspirações, tínhamos certas vinculações em Santo Ângelo com o pessoal de Cachoeira, de Cruz Alta, mas sempre com muito cuidado, para evitar denúncias. Quem assumiu o papel de chefe militar da revolução foi Góes Monteiro. Era tenente-coronel e servia em São Luís das Missões, que fica vizinho de Santo Ângelo. Depois convivi muitos anos com o general Góes, e houve épocas em que estive servindo sob suas ordens. Era um homem muito inteligente e tinha também boa cultura.

Mas Góes Monteiro não era um chefe militar típico da aspiração que os senhores tinham na época.

Não era, não. Góes Monteiro inclusive tinha servido num destacamento do Paraná, comandado pelo general Mariante, que combateu a Coluna Prestes. E lá ele se destacou. Teve uma promoção excepcional nessa ocasião. Mas depois, não sei por que ele mudou. Talvez a situação nacional o tivesse convencido da necessidade de uma revolução. Não tenho base para formar um julgamento a esse respeito.

Houve uma coisa que influiu — não sei se posso afirmar isso tão positivamente — na preparação da revolução. Toda vez que um oficial de certo mérito era promovido por merecimento, Nestor Sezefredo dos Passos, que era o ministro da Guerra de Washington Luís, mandava esse oficial servir no Rio Grande. Isso porque a guarnição do Rio Grande era a mais importante e, como já disse, em consequência das revoluções de 23 e 24, precisava de chefes para reorganizar novamente o Exército local. Os oficiais achavam que a ida para o Rio Grande era um castigo. Gostavam de servir na "corte", como nós dizíamos. Muitos desses oficiais participaram da revolução talvez por isso, porque não queriam ficar longe da "corte"! Gostavam de ficar aqui no Rio, em São Paulo, num grande centro. O Rio Grande era província.

Como sua família via a revolução? Seus irmãos, seu pai?

Meus irmãos Henrique e Orlando também participavam da conspiração. Quando houve o levante de 24, eles, na Escola Militar, passaram a ser revolucionários. Às vezes nós três conversávamos sobre isso. Já meu pai era contrário. Achava que não devíamos nos envolver, mas não dizia nada, pois já nos considerava independentes. Ele, de certa forma, sabia da conspiração, mas não a fundo. Não lhe contávamos muito essas coisas, e os nossos contatos com ele eram poucos, em geral nas férias. Embora eu servisse em Santo Ângelo e ele residisse em Bento Gonçalves, lembro-me que só uma vez tive uns dias de licença e fui a Bento Gonçalves fazer uma visita em casa.

Como foi afinal sua participação na Revolução de 30?

Quando estourou a Revolução de 1930, revoltei a bateria de artilharia em que servia em Santo Ângelo e cooperei com os camaradas da cavalaria para o levante do regimento. Segui, depois, comandando a bateria, para a frente de Itararé, na divisa Paraná-São Paulo. Era uma viagem difícil, porque dispúnhamos de duas composições: num trem iam os canhões, todos os materiais, inclusive a munição, as viaturas e a tropa, e no outro ia a cavalhada. Eram 120 cavalos. Às vezes tínhamos que parar numa estação para tirar os cavalos dos carros, fazer a limpeza, alimentá-los melhor etc. A preocupação básica era sempre o cavalo.

A estrada de ferro estava congestionada. Era toda a tropa do Rio Grande, de Santa Catarina e mesmo depois do Paraná, seguindo pela via férrea para a fronteira de São Paulo. Chegava-se a uma estação e era necessário abastecer a locomotiva. O combustível era lenha, nó de pinho e água. O maior problema era a água, as caixas d'água estavam sempre vazias! O tráfego era contínuo, um trem atrás do outro, noite e dia. Recordo-me que uma vez paramos em cima de uma ponte e abastecemos a locomotiva de água, com os soldados fazendo um cordão e usando os baldes que serviam para dar água aos cavalos. Em certas estações parávamos para almoçar ou jantar. Só se comia churrasco, não havia outra coisa. Às vezes a gente telegrafava avisando que ia chegar ao meio-dia em tal lugar, e o pessoal civil que lá estava colaborando fazia o churrasco.

Todos nós achávamos que ia haver luta, que ia haver combate. Estávamos na frente da fronteira de São Paulo, em Itararé. Desembarcamos, e a bateria chegou a entrar em posição. Passou a fazer parte do destacamento comandado por Miguel Costa, o comandante revolucionário da Coluna Prestes, que fora da Polícia Militar de São Paulo. Ele tinha como chefe de estado-maior um tenente-coronel do Exército muito competente, Mendonça Lima. E ali se montou o plano para o ataque à posição de Itararé. Era uma posição difícil, com um rio muito profundo de permeio. Mas nesse momento deu-se o levante de 24 de outubro aqui no Rio de Janeiro. A guarnição militar e a Marinha do Rio de Janeiro resolveram agir para evitar a luta e depuseram o presidente Washington Luís. Os chefes eram o general Tasso Fragoso, o almirante Isaías de Noronha e o general Mena Barreto. Criaram uma junta militar e aí praticamente cessou a luta. O problema agora era saber se essa junta, que manifestava uma tendência a permanecer no poder, daria posse a Getúlio. Quem veio ao Rio negociar foi Osvaldo Aranha. Ficou resolvido que se daria posse a Getúlio, o que se verificou no dia 3 de novembro. Achávamos que a solução era essa.

Henrique e Orlando também foram para o Paraná, mas, em vez de irem para a frente de Itararé, foram com outro destacamento comandado por João Alberto Lins de Barros para a frente da Capela da Ribeira, que é uma outra entrada no estado de São Paulo por via rodoviária, e não ferroviária. Só vim a encontrá-los já aqui no Rio.

Os soldados que vieram na minha bateria, do ponto de vista profissional, de instrução militar, não eram mais recrutas, já tinham mais de seis meses de instrução. Estavam preparados, aptos. Foram sorteados da região de Santo Ângelo, das colônias. Eram soldados muito bons. Os sargentos eram excelentes. E o fato é que nós fizemos a revolução sem dar um tiro. Chegamos a entrar em posição mas não atiramos. Mas não foi uma frustração, porque de qualquer maneira era a vitória. Ficava-se a imaginar a perspectiva do que ia acontecer.

A Revolução de 30 gerou algumas quebras de hierarquia dentro do Exército?

Muitas. Muitos dos oficiais mais antigos, que tinham sido contra a revolução, se reformaram, mas outros continuaram. Eram os "tenentes" de um lado, como eles chamavam, a ala moça, tenentes e capitães, e de outro lado os "carcomidos", os que tinham sido contra, os que eram a favor do governo de Washington Luís. Então houve realmente muita quebra de hierarquia. Foi um problema sério, que com o decorrer do tempo se resolveu. Houve, entretanto, um problema muito mais sério que surgiu depois e que prejudicou muito a disciplina no Exército. Foi o que se criou com os ex-alunos da Escola

Militar que tinham revoltado a Escola em 1922. Eles foram reintegrados no Exército como oficiais, preterindo os que se formaram depois, mas que tinham feito a revolução. Diante disso houve uma indisciplina muito grande, inclusive telegramas desaforados ao ministro da Guerra, e punições. Nós, que na época estávamos no Nordeste, não participamos da indisciplina, atendendo a um apelo de Juarez Távora, que se empenhava em obter uma solução satisfatória para o problema. A medida que então se adotou foi colocá-los num quadro paralelo ao quadro ordinário existente.

O problema revolucionário não era tanto o Exército. O problema revolucionário era a reorganização, a remodelação do país. Por isso, a essa indisciplina ou às coisas que aconteciam no Exército, não dávamos muito valor. Achávamos que eram fatos naturais que ocorriam, depois da turbulência provocada pela revolução. Góes Monteiro instalou seu comando aqui no Rio no edifício onde funcionava na época a Escola de Estado-Maior, no Andaraí, onde está atualmente o Batalhão da Polícia do Exército. Foi convocada uma reunião dos comandantes de unidade. Eu comandava essa bateria que tinha vindo de Santo Ângelo, e por isso compareci. Góes fez uma exposição, inclusive sobre o estado em que o governo tinha encontrado o país. Estávamos na bancarrota, como sempre. A impressão do Brasil que ele nos transmitia era tétrica: dívidas, falta de dinheiro, de recursos etc. Ele procurou justificar as medidas que o governo teria que tomar, sobretudo por causa da situação financeira e econômica. O ano de 1929 tinha sido o da grande crise, da quebra nos Estados Unidos, e o Brasil sofreu reflexos, sobretudo no café, que era o nosso produto de exportação. Tudo o que o Brasil exportava, praticamente, era café. Na época da Revolução de 30, o Brasil estava realmente numa crise econômica e financeira muito grande.

O que aconteceu com o senhor depois que chegou ao Rio de Janeiro com os revolucionários?

Terminada a revolução, fiquei um pouco no Rio e reencontrei os velhos amigos da Escola e da Vila Militar que estavam vindo do Nordeste: Juracy, Mamede e Agildo. Como já contei, antes da revolução eles serviam como eu na Vila Militar, mas no 1º Regimento de Infantaria. Durante a campanha eleitoral, o problema da Paraíba tinha começado a se complicar. Washington Luís fomentava uma política dissidente da de João Pessoa, o que redundou na revolução de Princesa, na fronteira da Paraíba com Pernambuco, alimentada através deste último estado. Essa revolução criou dentro da Paraíba um clima de guerra. O estado se mobilizou para combatê-la, e o homem forte que organizou e dirigiu as operações contra Princesa foi José Américo de Almeida.

O governo de Washington Luís, temeroso das consequências da situação em que se encontrava a Paraíba, resolveu reforçar a guarnição militar. Deslocaram tropa do Ceará para o sertão da Paraíba, transferiram outras unidades para a capital, e resolveram enviar um chefe de confiança para comandá-las. O escolhido foi o coronel do regimento onde serviam os meus amigos. Eles eram oficiais muito bons, os melhores do regimento, até porque nós, revolucionários, nos esforçávamos por sermos eficientes, capazes, inclusive para termos o apoio e a confiança da tropa. O coronel resolveu levá-los como seus elementos de confiança, e eles, com um drama na consciência, foram, mas para preparar a revolução. Juarez Távora, que estava refugiado, se homiziou na casa do Juracy e viveu meses lá, preparando o movimento no Nordeste.

Deflagrada a Revolução de 30, essa turma veio comandando a tropa do Nordeste para a Bahia e depois para o Rio. Aqui eu me reencontrei com eles e evidentemente conversamos, confraternizamos. Havia a ideia de reforçar a guarnição militar no Nordeste, que só tinha tropa de infantaria. Resolveram que deviam ter uma de artilharia e, para isso, decidiram levar uma bateria do Rio para a Paraíba. A função de uma bateria era apoiar a infantaria nos combates. Fui escalado para a operação e assim fui para o Nordeste, levando uma bateria de artilharia. Era artilharia de dorso, chamada de montanha, em que o material não era tracionado por cavalos, mas por muares. Eram quatro canhões calibre 75 milímetros e uns cento e poucos homens.

Era a primeira vez que eu viajava para o Nordeste, e pode-se imaginar o que é a impressão de um moço. Ia ver um outro pedaço do Brasil. Passamos pela Bahia, depois o navio foi para Recife e finalmente parou em Cabedelo, na Paraíba. Aí minha preocupação foi instalar, aquartelar a bateria, cuidar dos muares, dos soldados etc. Travei relações na cidade, inclusive com os civis que tinham participado da revolução no estado. Foi quando conheci José Américo e o interventor Antenor Navarro. Fui me aclimatando e conhecendo a região. O moço se adapta facilmente aos costumes e à linguagem. Viajei depois muito pelo Nordeste. Fui a Princesa, andei pelo Ceará e por Pernambuco. Notava muita diferença entre o Sul e o Norte. O povo, em geral, era muito bom, e fiquei gostando. Era mais pobre que o do Rio Grande do Sul, muito mais. Acompanhei o drama da seca dos anos de 1932 e 33, uma seca terrível. Foi quando conheci mais as coisas do Nordeste e passei também a participar do governo.

O homem do Nordeste era o Juarez, o "vice-rei do Norte". Eu o tinha conhecido antes da Revolução de 30, numa época em que ele estava conspirando, refugiado. Tinha fugido da fortaleza de Santa Cruz a nado, até um barco que estava esperando por ele e o salvou. Juarez era para nós uma figura extraordinária. Era o chefe da revolução no Nordeste, e era ele quem escolhia os interventores, quem fazia as indicações ao Getúlio. Havia um problema no Rio Grande do Norte, e ele me convidou para acompanhá-lo até lá, para vermos a situação no estado, que era muito complicada. Juarez tinha escolhido um oficial, de lá mesmo, para ser o interventor. Esse oficial, no entanto, era fraco, sofria influências de família para favorecimento de amigos e não tinha nível adequado. Seu nome era Aluísio Moura, fora meu colega na Escola Militar. Era muito boa pessoa mas, como já disse, fraco. Juarez o escolhera para satisfazer a opinião pública de Natal. Para acertar o problema do Aluísio, acabou fazendo com que eu participasse do governo junto com ele, como secretário-geral, e ao mesmo tempo chefiando o Departamento de Polícia.

Foi nessa época, quando o senhor foi para o Nordeste, que sua mãe faleceu, não?

Sim. Eu estava no Rio Grande do Norte, quando em maio de 1931 recebi a notícia de que ela estava muito doente, com câncer. Já tinha operado várias vezes, fizera tratamento em Porto Alegre, mas sem resultados. As notícias a desenganavam, diziam que ela estava à morte. Resolvi então ir vê-la. Foi uma dificuldade, principalmente por causa de dinheiro, mas fui de avião.

Foi uma viagem terrível. Era um hidroavião do Sindicato Condor, uma companhia alemã que foi precursora da Varig. Vejam o que era a viagem de avião naquele tempo: o hidroavião saiu da Paraíba e num dia foi até Vitória. Em Vitória anoiteceu e não deu para seguir viagem. No dia seguinte viemos de Vitória ao Rio. O ponto terminal, de atracação, era no Caju. No Rio o avião ficaria um dia de descanso e só no outro iria para o Rio Grande. Quando fomos levantar voo, de madrugada, ainda estava escuro. O avião corria pela baía de Guanabara e não havia jeito de subir. Estava muito pesado. Eles então aproveitaram um outro hidroavião que ia partir também, de uma outra linha: esse hidroavião saiu na frente, e o refluxo do ar foi o que permitiu que o nosso levantasse voo. Mas nesse meio tempo ele procurou aliviar-se do peso excessivo. Levava umas latas de gasolina, porque o tanque não dava para fazer a etapa toda, e desfez-se delas. Em consequência, descemos no porto de São Sebastião, em São Paulo, para reabastecer. Aí levantamos voo e fomos para Santos. Quando o avião chegou no litoral de Santos, teve uma pane no motor. Jogou toda a carga, principalmente jornais, para a cauda, para evitar uma capotagem, e desceu no mar sem maior novidade. O mecânico que ia a bordo foi consertar a pane, mas quando o avião quis levantar voo de novo — a pane já reparada —, não conseguiu porque a maré tinha baixado. Estávamos encalhados. Pegamos então um automóvel que por ali passava e fomos para um hotel em Santos. Mais tarde, quando a maré subiu, o avião levantou voo e foi para Santos. No outro dia de manhã partimos, e aí começou novo problema: fumaça dentro do avião. Eles usavam um radiador a água, como o de automóvel, e o radiador estava vazando, já não resfriava o motor como devia. Resultado: o avião começou a descer em tudo quanto era porto, em tudo quanto era lugar, para se reabastecer de água e encher o radiador. Desceu em Paranaguá, desceu em Florianópolis, desceu em Torres. Aí começou a escurecer, e não dava mais para chegar a Porto Alegre. Descemos numa das lagoas do litoral do Rio Grande do Sul, a lagoa Conceição do Arroio. Passamos a noite ancorados ali. Era mês de maio, já estava fazendo frio no Rio Grande. No outro dia de manhã, o avião levantou voo da lagoa e chegou finalmente a Porto Alegre. Quer dizer, fez a viagem em quatro ou cinco dias e com todos esses transtornos.

Quando cheguei, minha mãe ainda estava com vida, mas um ou dois dias depois faleceu. Tinha 50 anos. Ainda falou comigo. Após o enterro, fiquei alguns dias em Porto Alegre antes de voltar para o Rio Grande do Norte. Voltei num avião da Panair, e a viagem foi bem melhor.

Ao chegar ao Rio Grande do Norte, me desentendi com o Aluísio, por problemas administrativos do estado. Sua orientação no governo e seu próprio procedimento não eram corretos, não eram próprios de um revolucionário. Fazia favores por influência familiar e de velhos amigos, com as prerrogativas do governo do estado. Não tinha gabarito, era medíocre. Demiti-me e voltei para a bateria de artilharia, na Paraíba. Eu era o comandante da bateria e me tinha afastado da função por estar à disposição do Rio Grande do Norte. Tendo cessado isso, voltei ao Exército. Creio que fiquei uns dois ou três meses em Natal.

Parece que o senhor também teve um incidente com Café Filho no Rio Grande do Norte?

Incidente não. Houve uma série de denúncias de conspiração, e havia evidências de preparativos de um levante em Natal. E o indicado como chefe do levante era Café Filho, que era líder sindical. Acabei prendendo Café Filho e alguns outros indiciados. Mas fiz, num inquérito, o levantamento de todos os dados e verifiquei que as denúncias não eram procedentes. Foram facções adversas que inventaram ou forjaram as denúncias. Dei todas as satisfações ao Café Filho. Creio que o livro de memórias dele relata esse fato.[16] Daí em diante, Café Filho sempre foi meu amigo e sempre nos demos muito bem.

Seu pai foi visitá-lo na Paraíba, não foi?

Foi, acho que em 1933. Meu pai estava viúvo e aposentado, e passou alguns meses lá. Ele era muito sociável, relacionava-se facilmente. Na Paraíba fez uma série de relações, se divertiu, se distraía. Quando saiu da Paraíba, ficou no Rio alguns meses e ia à Casa da Moeda pesquisar. Era colecionador de selos, escrevia artigos em revistas filatélicas. Era o seu *hobby*.

E o senhor, tem algum hobby*?*

O meu é ler. Gosto de música também, principalmente Mozart. Quanto à música popular, antigamente nós tínhamos marchinhas muito bonitas, mas isso acabou. Carnaval hoje é só escola de sam-

---

[16] Café Filho, João. *Do sindicato ao Catete: memórias políticas e confissões humanas*. Rio de Janeiro, José Olympio, 1966. 2v.

ba, financiada pelos bicheiros. Vocês podem pensar que isso é história de velho saudosista. E é mesmo! O velho não entende mais as coisas do moço porque o moço pensa de outro modo. Ao longo dos anos a sociedade se transformou. E o velho custa a se adaptar a isso.

Mas a partir da morte de minha mãe, meu pai declinou. Foi falecer seis anos depois, em 1937, com 70 anos de idade. Meu pai tinha o organismo um pouco fraco. Estava morando em Cachoeira com minha irmã, porque depois da morte de minha mãe a casa de Bento Gonçalves se dissolveu. Minha irmã era professora da Escola Normal e, além disso, dirigia um colégio. Em novembro de 37 meu pai foi visitar o Orlando, que estava servindo em Uruguaiana. Um dia ele foi passear na margem do rio Uruguai. Era um dia muito quente, tirou o casaco, começou a caminhar e apanhou um resfriado, que acabou virando pneumonia. Naquele tempo não havia penicilina. Ele acabou tendo também um problema nos rins, e veio a falecer lá mesmo em Uruguaiana. Foi enterrado lá. Não pude ir ao enterro. Mais tarde seu corpo foi transferido para o jazigo da família, no cemitério em Porto Alegre.

Voltando ao Nordeste: como era essa experiência de jovens tenentes lidando com políticos civis regionais?

Esses políticos já não eram tão políticos. Eram civis que também tinham feito a revolução, eram alas revolucionárias no meio civil e com interesses regionais. Houve isso na Paraíba. Havia lá uma corrente de moços, todos envolvidos na revolução, que tinham ajudado a levantar as unidades do Exército.

Pouco depois da Revolução de 30 houve um levante no 21º Batalhão de Caçadores, em Recife, para depor o interventor Carlos de Lima Cavalcanti.[17] Como foi esse episódio?

Em Pernambuco havia um ambiente de agitação, de conspiração. Carlos de Lima Cavalcanti fora líder da revolução. Era usineiro, dono de um jornal que tinha feito a propaganda da revolução no estado. Eram dois irmãos, Carlos e Caio, mas o Carlos era o interven-

---

[17] A revolta do 21º Batalhão de Caçadores ocorreu nos dias 29 e 30 de outubro de 1931.

tor e dava-se muito com a área revolucionária. Teve um desentendimento com o comandante da região militar, general Sotero de Meneses, o governo federal deu-lhe razão e transferiu o general. A área militar ficou sensibilizada com isso — problema de paisano com militar —, e espalhou-se essa desavença nas camadas mais embaixo, entre os cabos e soldados. O fato é que um belo dia estourou um levante no 21º Batalhão de Caçadores chefiado por cabos, sargentos e alguns oficiais comissionados — naquele tempo sargentos que tinham participado da Revolução de 30 foram comissionados no posto de segundo-tenente.

O levante visava, segundo diziam, a depor o interventor e restaurar os brios do Exército. Mamede nesse tempo comandava a Brigada Policial de Pernambuco, onde também servia o Afonso de Albuquerque Lima. Carlos de Lima Cavalcanti ficou no palácio das Princesas praticamente preso, e o Mamede ficou com a polícia no quartel do Derby. De manhã cedo recebemos um telegrama do Carlos de Lima e resolvemos organizar um destacamento com o batalhão da Paraíba e a bateria de artilharia para ir a Recife. Levamos ainda uma parte da polícia da Paraíba que, pelo que nos contavam, também estava comprometida com o movimento. Achamos que devíamos levá-la conosco porque, se ficasse para trás, poderíamos ser surpreendidos com um levante na Paraíba. Nosso comandante era o tenente-coronel de infantaria Alberto Duarte de Mendonça, que nós dizíamos que era PR (Partido Republicano Paulista), a favor do Washington Luís. Era um dos tais oficiais do Exército que tinham aceito a revolução mas eram contra ela. Não merecia, pois, nossa confiança. Mas era boa pessoa, teve vários filhos militares, depois generais. Passei o comando da bateria a um outro tenente e fui como assistente do coronel.

Foi uma coisa incrível! Na área do levante, ninguém mais comandava de fato. Os cabos é que dirigiam, era bala para todo lado, um tiroteio dentro da cidade, vindo de cima dos prédios, sem nenhum controle. A população civil, por tradição, era revolucionária, e todo mundo tinha arma. Só sei dizer que nós conseguimos, na jornada, liquidar o movimento.

Parte da população estava a favor do interventor, mas havia gente contra. Vieram os comissionados falar conosco, porque queriam se render, mas não à polícia. Os cabos, no entanto, queriam continuar a luta. De tarde, afinal, conseguimos liquidar a situação, com os chefes presos.

Além de comandar a bateria de artilharia, o senhor exerceu também as funções de secretário da Fazenda da Paraíba. Como foi isso?

Chegou um determinado momento em que eu estava querendo ir embora, voltar para o Rio Grande. Já tinha passado um período ali, a bateria já estava instalada, funcionando, e eu acreditava que minha missão estava cumprida. O interventor na Paraíba, Antenor Navarro, um homem muito bom, um engenheiro que tinha participado muito da revolução e tinha um grupo de amigos, rapazes de 20 a 30 anos, todos também revolucionários, havia posto Agildo Barata no comando da Polícia Militar. Era um comando difícil, porque havia muitos "heróis" da campanha de Princesa, que pretendiam certas regalias. Houve de fato oficiais que tiveram um acesso muito rápido. E o Agildo, lá pelas tantas, não sei se desencantado, desiludido com a revolução, se declarou comunista. Antenor, apesar de ser seu amigo, viu-se na contingência de exonerá-lo.

O senhor acompanhou a conversão de Agildo Barata?

Agildo passou a não acreditar mais no Juarez e foi se afastando. Tinha um temperamento rebelde. Era um problema que vinha de família: órfão de pai, órfão de mãe, as circunstâncias da vida... Desde o Colégio Militar era rebelde. Possivelmente se desiludiu da revolução e achou que uma saída era o Prestes. O que deu mais asas ao comunismo foi a conversão do Prestes, já na Bolívia, quando ele emigrou, e depois em Buenos Aires, quando resolveu não apoiar a Revolução de 30 porque era comunista. Quando João Alberto e Siqueira Campos estiveram com ele, se desentenderam e retornaram num voo da Air France que sofreu uma pane sobre o rio da Prata. Siqueira Campos morreu ali, e João Alberto, que não sabia nadar, se salvou.[18] Mas o Agildo também lia muito e tinha contatos, principalmente no Rio, para onde veio depois que foi exonerado do comando da polícia

---

[18] Em maio de 1930, em Buenos Aires, Siqueira Campos, João Alberto e Miguel Costa tentaram convencer Luís Carlos Prestes a retardar para depois da eclosão do movimento revolucionário o pronunciamento que pretendia fazer atacando a Aliança Liberal. Obtiveram um adiamento de um mês e retornaram ao Brasil. No entanto, no dia 10, o avião que trazia Siqueira Campos e João Alberto caiu nas águas do rio da Prata. O único sobrevivente dos cinco membros da tripulação foi João Alberto.

da Paraíba. Ele sabia que eu era contra as suas ideias, que eu não era comunista. Aí foi a nossa divergência. Eu também lia sobre o comunismo, mas não acreditava naquilo.

Além de Agildo Barata, o senhor teve outros amigos que se tornaram comunistas?

Tive dois amigos que aderiram ao comunismo: Agildo e Tomás Pompeu Acióli Borges, que era cunhado do Juracy Magalhães, uma figura brilhante. Conheci-o na Paraíba. Era engenheiro, fiscal do governo federal na ferrovia Great Western, a ferrovia do Nordeste, de propriedade dos ingleses. Eu e ele morávamos em João Pessoa, ambos éramos solteiros e nos tornamos amigos. Era muito inteligente, campeão de xadrez aqui no Rio de Janeiro. Não sei se por influência do Eliezer Magalhães, irmão do Juracy, ou o que foi, virou comunista e acabou exilado. Mas no fim da vida estava muito bem, como representante da FAO no Brasil, com salário em dólar. Também conheci o Eliezer, mas não tenho certeza se na época ele já era comunista. Eu era muito amigo do Juracy e por isso conheci seus irmãos. Eliezer era o irmão mais velho e, de certa forma, tinha ascendência sobre os demais.

Voltando à Paraíba, o que aconteceu quando Agildo Barata foi exonerado do comando da Polícia Militar?

Antenor Navarro demitiu Agildo e em seguida me chamou. Queria que eu fosse comandar a polícia. Eu disse a ele: "Não, não vou. Não posso ir comandar a polícia da qual você demitiu, talvez com muita razão, um amigo meu, que vai dizer que eu influí, que eu não procurei evitar a demissão porque ambicionava o lugar. Não vou comandar a polícia de jeito nenhum". Antenor se conformou, mas tempos depois me chamou de novo. "Sei que você está aborrecido aqui, já quer ir embora, já quer voltar para o Rio Grande, mas você não vai." Perguntei-lhe: "Por que não vou? Querendo ir eu vou, é só conseguir lá no Ministério da Guerra a minha transferência". Ele: "Você não vai porque vou prendê-lo aqui". Eu: "Como é que você vai me prender aqui?" "Veja isto." E me deu um decreto, assinado pelo Getúlio, referendado pelo Osvaldo Aranha, me designando membro do Conselho Consultivo da Paraíba. Era uma função sem remuneração, mas considerada relevante. Como os estados não tinham Poder Legislativo funcionando, e os interventores tinham poderes quase que absolutos, resolveram, para regularizar um pouco essa situação, criar em cada estado um conselho consultivo de seis ou sete membros, com a incumbência de fiscalizar os atos do governo, acompanhar a execução do orçamento, a formulação das leis e projetos. Era um Poder Legislativo sem as características regulares, mas que tinha algumas atribuições semelhantes.

Acabei ficando nesse conselho, que funcionava à noite. Trabalhávamos o dia inteiro nas nossas funções normais e à noite nos reuníamos e ficávamos horas e horas discutindo o orçamento do estado, os projetos de lei, os relatórios etc. Foi quando me enfronhei em muita coisa sobre a Paraíba e sua administração. Nesse Conselho Consultivo também funcionava o Gratuliano de Brito, que depois foi ser secretário de governo. Nós nos entendemos muito com ele sobre os problemas econômicos, principalmente quando discutíamos o orçamento do estado e as iniciativas do governo nesse setor. Ele era bacharel, pouco mais velho do que eu, quase da mesma idade, e conversávamos bastante. Fomos nos identificando.

Mais tarde, houve uma viagem ao Rio de Janeiro do José Américo com o Antenor Navarro, num dos hidroaviões *Savoia Marchetti* que vieram numa revoada da Itália com o marechal Balbo.[19] Os hidroaviões precisavam de uma revisão muito grande e não iam voltar voando de novo para a Itália. Foram vendidos ao governo brasileiro, para a aviação da Marinha, e foi num deles que o ministro José Américo e o interventor Antenor Navarro embarcaram para o Rio. O avião era pilotado por um ás da Marinha, mas quando chegou na Bahia, ao entardecer, ao amerissar, parece que bateu no mastro de um saveiro e foi para o fundo do mar. Antenor morreu e José Américo quebrou as duas pernas. Foi um acidente grave.

Gratuliano ficou como interventor interino e mais tarde foi efetivado. Procurou-me e convidou-me para ser seu secretário de Fazenda — Fazenda, Agricultura e Obras Públicas. Por economia, as quatro secretarias do estado tinham sido fundidas em duas: uma Secretaria de Justiça, Educação e Saúde, e outra da área econômica. Agradeci mas recusei o convite. Durante vários dias ficaram insisten-

---

[19] O marechal do ar italiano Italo Balbo, ministro da Aeronáutica de Mussolini, havia liderado em 1929 uma esquadrilha de 25 hidroaviões que voou de Roma ao Rio de Janeiro.

temente me convencendo de que eu deveria aceitar, o que acabei fazendo. O interventor estava tomando as providências junto ao Ministério da Guerra para eu ficar à disposição do estado e assumir a secretaria, quando estourou a Revolução de São Paulo, em 9 de julho de 1932. Aí eu disse ao Gratuliano: "Tenha paciência, não posso assumir essa secretaria! Todo mundo vai dizer que me acolhi ao cargo civil para não ir para a guerra. Como militar não posso fazer isso! Você trate de escolher outro, considere o convite que me fez sem valor e vá buscar um outro". Ele: "Não! Quanto tempo vai durar essa revolução?" Respondi: "Não sei. Pode durar dois, três, quatro meses, pode ser mais. Sei lá! E não sei nem o que vai ser de mim! Não tenho elementos para julgar o desfecho". "Mas eu espero." Retomei: "Você não sabe o que vai acontecer, eu posso morrer, posso ser ferido, pode haver uma série de coisas. Você não tem o direito de prejudicar o seu governo com isso". "Não, eu espero." Tudo bem. Nomeou um interino e, quando terminou a revolução, me cobrou. Voltei para a Paraíba.

Creio que havia vários fatores influindo para que ele me escolhesse para a função. Não posso julgar direito, mas acho que de um lado era por causa da área revolucionária. Nós vivíamos sempre num clima de revolução. Em segundo lugar, o estado estava em grandes dificuldades, muito endividado, ainda em decorrência da campanha de Princesa. A Paraíba passava por aperturas, e naqueles tempos não se contava com o auxílio do governo federal, era um problema que só o estado devia resolver.

Essa experiência não atrapalhava sua carreira militar?

Não. O problema do quartel, da minha bateria, já era problema de rotina. Eu tinha outros tenentes, e a instrução corria normalmente na formação dos soldados. Faziam-se exercícios, muitos exercícios de campo. A bateria estava bem estruturada, como ficou demonstrado na Revolução de São Paulo.

A Paraíba foi então sua primeira escola de governo.

De certo modo, foi. Aprendi muita coisa. Mas também lia muito. Enquanto estive no comando da bateria, eu mantinha durante o verão, junto com vários amigos, uma "república" na praia de Tambaú. Às quatro horas da tarde íamos para Tambaú, tomávamos um banho de mar e depois eu ficava na rede lendo. Lia muitos livros de economia. Não me lembro quais, mas eram muitos livros. Depois, na época do Conselho Consultivo, eu me enfronhei nos problemas econômicos do estado. Como já disse, toda noite, de segunda a sábado, depois de sete, oito horas, a gente jantava e ficava até meia-noite analisando, discutindo, debatendo projetos de todas as áreas, orçamento, pareceres, decisões etc. Em decorrência também daquela função de secretário do governo que tive no Rio Grande do Norte, fui obrigado a me inteirar das questões de economia e administração. Toda a burocracia, toda a papelada, todas as coisas do governo passavam pelas minhas mãos, e eu tinha muitas vezes que estudar para saber como resolver os problemas que surgiam. Sempre li muito. Como aluno do Colégio Militar, frequentava muito a biblioteca. Em regra, eu estava sempre lendo um livro. Em dois ou três dias acabava, lia outro. Era o que chamavam de "engole livro".

Na Secretaria de Fazenda da Paraíba, uma coisa de que me vanglorio é que, no dia em que transmiti o cargo, não havia nem mais um tostão de dívida. Fizemos muitas obras, muitas coisas, inclusive, de desenvolvimento. A riqueza da Paraíba, naquele tempo, era o algodão. O sistema tributário vigente no país consistia em dois impostos, um de importação e outro de exportação. O imposto de importação era atribuição do governo federal, através das alfândegas. Rendia muito e era muito importante porque o Brasil importava tudo, exceto alimentos. E o imposto de exportação era do estado. A receita do governo da Paraíba se fazia, principalmente, através da exportação de algodão.

Não me lembro mais de quanto era o montante da dívida, que vinha principalmente da guerra de Princesa. Nas primeiras semanas, logo após ter assumido a secretaria, o meu gabinete se enchia de comerciantes, de industriais, credores, cobrando e dizendo: "Meu caso é um caso especial, vendi à vista em tal época e até hoje não me pagaram..." Aí vinha outro, com a mesma história. Fiquei inteiramente atormentado. Não tinha dinheiro, como é que eu ia fazer? Comecei a pagar essas dívidas por partes. Se no mês havia recursos excedentes das despesas normais, eu pagava de cinco a 10 por cento da dívida a cada credor. Dali a um mês pagava mais alguma coisa. E fui fazendo assim.

Fiz também uma grande remodelação no quadro de funcionários. O estado tinha mesas de renda e estações fiscais, e havia um contingente de 200 a 300 guardas fiscais, que exerciam a guarda da fronteira para evitar a evasão de renda e o contrabando, e cobravam no interior dos municípios os impostos devidos. Verifiquei que esse pessoal estava todo radicado havia anos no mesmo local, por interesses políticos e de parentesco. O funcionário estava servindo havia oito, 10, 15 anos no mesmo lugar, e resolvi modificar essa situação. Se o empregado era do sertão, eu o transferia para o litoral; o do litoral ia para o sertão. Os políticos ficaram brabos, reclamando, mas aguentei firme, com o apoio do interventor. E comecei a promover em função da arrecadação. O guarda muito bom, que dava uma boa renda, era promovido. Estacionário fiscal que também dava boa renda era promovido. Muitas vezes eu me deslocava com um funcionário do Tesouro, da Receita, e de surpresa ia inspecionar as mesas de renda e as estações fiscais. Encontrei alguns desfalques. Vários estacionários fugiram, porque estavam implicados em ladroeiras. E, assim, fui aumentando a renda.

Eu tinha bons auxiliares, mas a responsabilidade, a ação, era toda minha. Sempre que ia fazer uma inspeção mantinha sigilo, não revelava antecipadamente para onde ia. Chamava um funcionário e dizia: "Amanhã vamos sair de automóvel, às oito horas da manhã". Aí íamos bater numa mesa de renda, examinar a documentação, ver a receita, ver o caixa. Com isso consegui pagar a dívida. Às vezes havia uns arranhõezinhos, mas o interventor era muito meu amigo e muito leal.

No livro de Fernando Morais, Chatô, rei do Brasil, *há menção ao fato de que o senhor também teria sido sócio de uma fábrica de cimento na Paraíba.*[20]

A Paraíba tinha uma jazida de calcário, e era ideia do governo aproveitá-la construindo uma fábrica de cimento. A fábrica seria um bom investimento para o estado, daria empregos, renderia impostos e produziria cimento relativamente barato para atender às necessidades de consumo locais. Participei dessas negociações como secretário de Fazenda. A primeira negociação que se tentou foi através de um engenheiro de Pernambuco, que trouxe técnicos alemães. Eles examinaram as jazidas, estudaram o problema e acabaram não se interes-

---

[20] Morais, Fernando. *Chatô, rei do Brasil*. São Paulo, Companhia das Letras, 1994. p. 326. A 2ª edição do livro corrige esta informação.

sando. Mais tarde, Drault Ernanny, médico aqui no Rio de Janeiro, trouxe um de seus clientes, um doente de quem ele cuidava, antigo empreiteiro de obras que havia trabalhado na estrada de Petrópolis no tempo do Washington Luís. Com esse cliente do Drault Ernanny finalmente se conseguiu fazer um contrato de concessão. Mediante determinadas condições, o estado lhe deu a concessão da fábrica, que foi construída e entrou em funcionamento mais tarde, quando eu já não era mais secretário. Não há o menor fundamento na versão que diz que eu era sócio dessa empresa.

O senhor conheceu Drault Ernanny?

Sim. Como sabem, ele se tornou um homem de negócios, tinha um banco aqui no Rio de Janeiro, negociou depois a refinaria de petróleo de Manguinhos e obteve a concessão junto com Peixoto de Castro. Conviveu com todos os governos, gostava muito de aparecer no *society*. Tinha a Casa das Pedras, onde recebia muita gente. Fez questão de receber o Gagarin... Ainda vem aqui conversar comigo, embora muito raramente. Quando precisa de alguma informação, quando está preocupado com a segurança do seu dinheiro, vem aqui me fazer umas perguntas. No seu livro também há algo sobre essa história.[21] Ele se descreve como tendo sido o homem que praticamente fez a fábrica de cimento. Mas não é verdade, ela foi feita em consequência das negociações do governo da Paraíba com o empreiteiro trazido por ele. Foi uma concessão do estado.

---

[21] Ernanny, Drault. *Meninos, eu vi... e agora posso contar*. Rio de Janeiro, Record, 1988.

Geisel criança, vestido de marinheiro, com os pais. Atrás, da esquerda para a direita, os irmãos Henrique, Amália, Bernardo e Orlando.

Na praia, com a família. Atrás, da esquerda para a direita, os pais Lydia e Augusto Geisel, a irmã Amália e Guilhermina Wiebusch, avó materna. Na frente, também da esquerda para a direita, Orlando, Henrique, Bernardo e Ernesto. Praia de Tramandaí, RS, 1916. Segundo Geisel, esta foi a primeira vez que a família tomou banho de mar.

Com os pais, a irmã e os irmãos adolescentes, quando já estava no Colégio Militar.

1924 | Em casa dos avós paternos, nas bodas de prata dos pais. Geisel é o terceiro à direita da última fila e dona Lucy, criança, é a segunda à esquerda da primeira fila.

| 1925 | Com os irmãos Orlando e Henrique, todos com uniforme do Colégio Militar. |

| 1926 | Com colegas da Escola Militar. Geisel é o primeiro à esquerda, seguido de Agildo Barata, Carlos Gonçalves Terra e Orígenes da Soledade Lima. |

Após a Revolução de 30, no Campo de São Cristóvão, Rio de Janeiro. Geisel é o primeiro à esquerda, seguido de seu irmão Henrique e de outros colegas do Grupo de Cachoeira, RS.

1931 | Geisel, de terno branco, seguido à direita por Café Filho e pelo interventor no Rio Grande do Norte, Aluísio Moura.

1933 | Com Getúlio, na Paraíba, setembro.

1940 | Com a família da esposa no dia do casamento, 10 de janeiro.

1947 | Foto do passaporte com que viajou como adido militar para o Uruguai.

1952 | Na Argentina com Góes Monteiro e Evita Perón. Geisel é o quarto de pé, da esquerda para a direita.

1956 | Desfilando em parada militar em Quitaúna, SP, 7 de julho.

1962 | No comando, no Paraná.

1964 | Geisel com Castelo Branco (discursando) e Costa e Silva (de óculos escuros).

1964 | Com Castelo Branco e De Gaulle no Rio de Janeiro. Ao fundo a Igreja da Glória, outubro.

1969-73 | Quando presidente da Petrobras, com os diretores Haroldo Ramos da Silva, Leopoldo Miguez de Melo, Faria Lima e Shigeaki Ueki.

1973 | Geisel, já candidato à presidência da República, com o general João Figueiredo, 20 de junho.

1973 | Geisel e o presidente da República, general Emílio Garrastazu Médici, 20 de junho.

1973 | Na Câmara dos Deputados, na convenção da Arena que homologou sua candidatura à presidência. Da esquerda para a direita, Paulo Torres, Leitão de Abreu, Geisel, Petrônio Portela, Adalberto Pereira dos Santos (candidato a vice-presidente) e Alfredo Buzaid, 15 de setembro.

1974 | Na posse, com o ministério, 15 de março.

| 1974 | Com os presidentes da Bolívia, do Uruguai e do Chile, respectivamente, generais Hugo Banzer, Juan Maria Bordaberry e Augusto Pinochet, 15 de março. |

| 1974 | Na "reunião das nove" com Figueiredo, Golbery, Hugo de Abreu e Reis Veloso (de costas), 25 de junho. |

Charge de Ziraldo sobre a dívida externa.

"SÓ ESTE ANO JÁ ENTRARAM NO PAÍS TRÊS BILHÕES DE DÓLARES. O PAGAMENTO COMEÇA A SER FEITO DAQUI A DEZ ANOS."

TADINHO!

1974 | Com Emerson Fittipaldi e outros no lançamento do carro Copersucar, o "Fórmula 1" brasileiro, 16 de outubro.

1975 | Em Campo Grande, com o presidente do Paraguai, general Alfredo Stroessner, 9 de março.

1976 | Sílvio Frota chegando a São Paulo para dar posse ao novo comandante do II Exército, Dilermando Gomes Monteiro, em substituição a Ednardo d'Ávila Melo, afastado desse comando após as mortes do jornalista Wladimir Herzog e do operário Manuel Fiel Filho, 23 de janeiro.

1976 | Com os imperadores do Japão, março.

1976 | Em Londres com a rainha Elizabeth, maio.

1976 | Nas praias do Havaí, a caminho do Japão, setembro.

1976 | Com dona Lucy, Amália Lucy e o cachorro em Riacho Fundo.

1977 | Gravando pronunciamento à nação comunicando o recesso do Congresso Nacional, 1º de abril.

Foto: J. Cardoso / AJB.

1977 | Recebendo Rosalyn Carter, que, em nome do governo norte-americano e seguindo anotações de seu caderno, fazia uma série de questionamentos sobre o respeito aos direitos humanos no Brasil, 7 de junho.

1977 | Sílvio Frota, de terno preto, chegando ao Rio após ser exonerado do Ministério do Exército, 13 de outubro.

1978 | Geisel, no México, com o presidente José López Portillo, janeiro.

Charge de Ziraldo no *Jornal do Brasil* alusiva às pressões sobre o presidente Geisel no sentido da abertura e do fechamento do regime.

1978 | Na Alemanha, com o primeiro-ministro Helmut Schmidt, março.

4

O Exército e as revoltas dos anos 30

O senhor estava na Paraíba quando, em 9 de julho de 1932, estourou a Revolução Paulista. Qual foi sua impressão inicial?

A gente lia os jornais e sabia qual era o pretexto da Revolução Constitucionalista. A verdade é que o povo de São Paulo não se conformava com a maneira de Getúlio governar. De início, logo após a vitória da Revolução de 30, foi governar São Paulo como interventor o João Alberto, que era um tenente. Embora houvesse no estado um partido, o Democrático, que tinha apoiado a Aliança Liberal contra o candidato do Partido Republicano Paulista, o ambiente de São Paulo era contra Getúlio. Getúlio então exonerou João Alberto e nomeou outro interventor. A Revolução Constitucionalista eclodiu no governo de Pedro de Toledo, que era um velho diplomata paulista. Havia ressentimentos, e os políticos de São Paulo pretendiam a convocação de uma Constituinte que pusesse fim ao governo revolucionário. A chefia militar da Revolução de 1932 coube ao general Klinger, que na época comandava a região militar de Mato Grosso, coadjuvado pelo general Euclides Figueiredo. Achavam que já era tempo de acabar com a ditadura.

Como foi sua participação no combate à Revolução Constitucionalista?

Fui de trem com minha bateria da Paraíba para Recife e de lá vim de navio para o Rio. No mesmo navio vinha uma parte da Polícia Militar da Paraíba. No Rio, após o desembarque, fui para o quartel que fica em Campinho, perto de Cascadura. Pouco depois, a bateria foi mandada para o vale do Paraíba. Desembarcamos em Engenheiro Passos, próximo a Itatiaia, e desde então participamos do combate à revolução, num destacamento comandado pelo coronel Daltro Filho, que fazia parte da Frente Leste, comandada pelo general Góes Monteiro. Entrei em combate muitas vezes, apoiando com os tiros da bateria a tropa da infantaria, tanto nas operações defensivas como, quase sempre, nas ofensivas. O apoio da bateria era muito solicitado, porque o seu material era o mais apropriado para o emprego naquela região, cujo terreno é muito acidentado. Fomos lutando até Lorena, onde se deu o armistício que pôs fim à revolução. O pedido de cessar-fogo foi do comando da Força Pública de São Paulo, à revelia do comando superior do general Klinger e, também, do general Figueiredo. A Força Pública considerou que a revolução estava perdida e resolveu negociar a suspensão das hostilidades.

Nessa ocasião, era iminente o ataque de um grupamento de infantaria, com o apoio da minha bateria, às posições paulistas em Fazenda Mondesir. O observatório de onde eu dirigia o tiro da bateria sobre os objetivos da posição do inimigo era alvo de tiros de metralhadora, orientados, possivelmente, pelo reflexo do sol sobre o meu binóculo. Nosso ataque foi suspenso, mas em virtude da rejeição do pedido de armistício pelo general Góes, que exigia a rendição incondicional, veio ordem para a retomada da operação. Resolvi então, ante os tiros de metralhadora que voltaram a visar ao meu observatório, suspender o tiro da bateria, pois não desejava ser ferido ou possivelmente morto no último dia de luta, uma vez que esta, naturalmente, não prosseguiria. Decidi sozinho que não ia atirar mais. De fato, daí a pouco a ação foi suspensa porque, como eu previra, os paulistas acabaram aceitando as imposições do general Góes.

Daltro Filho concordou com essa sua decisão?

De não atirar mais? Ele nem sabia! Eu é que resolvi. Afinal, quem negocia um armistício, quem chega à conclusão de que não tem mais meios para lutar, que deve acabar com a luta, não tem condições morais para prosseguir dali a pouco. Perde o comando sobre a tropa.

A Revolução de São Paulo criou muita divisão no Exército?

Diferentemente da Revolução de 30, a de São Paulo não criou muita divisão dentro do Exército. Isto porque os oficiais que participaram desta revolução foram quase todos reformados e só mais tarde, em 1934, foram anistiados e voltaram ao Exército. Muitos também foram presos. Agildo Barata estava aqui no Rio, conspirando, ao lado dos paulistas. Não chegou a entrar na luta armada mas conspirou ativamente, e a polícia sabia. Cercaram sua casa e foram prendê-lo. Nessa ocasião, na frente dos policiais, ele queimou todo o arquivo que tinha sobre a conspiração e só depois se deixou prender. Ficou preso a bordo de um navio e foi exilado em Portugal juntamente com outros chefes da revolução. Recordo que, por iniciativa do Juracy, que então era interventor na Bahia, nós, os amigos do Agildo, todo mês nos cotizávamos e enviávamos dinheiro a ele, para a sua manutenção. Assim, separávamos o amigo do adversário político.

Terminada a revolução, antes da volta para a Paraíba, tive alguns dias de licença e fui pelo interior de São Paulo até Itapetininga e Capão Bonito visitar meus irmãos, que tinham participado do combate aos revolucionários na Frente Sul. Foi grande a alegria de nos revermos e podermos contar os nossos feitos e nossas observações sobre o acontecido.

Durante a revolução, eu era muito considerado no meu destacamento. Minha bateria teve uma posição de destaque. Apesar disso esqueceram-se de nós quando do regresso ao Rio. Ficamos acantonados algum tempo em São Paulo, em Moji das Cruzes, enquanto os "vitoriosos" quiseram vir logo para o Rio, para desfilar na avenida Rio Branco como triunfadores. A natureza humana é assim. Naquela euforia da vitória, Daltro foi promovido a general, e esqueceram-se de mim. Cheguei ao Rio alguns dias depois, de trem, e fui para o quartel de Campinho. Não participei das celebrações do fim da revolução.

Conheci o Daltro nessa época. Em 30 ele era contra nós, tinha sido um dos esteios do governo do Artur Bernardes. Recordo, a propósito, que nesse governo o estado de sítio durou quatro anos, com o objetivo de assegurar a ordem no país contra a conspiração, a revolução. A polícia do Bernardes, chefiada pelo general Fontoura, era terrível. Os oficiais revolucionários eram presos na ilha da Trindade, como aconteceu com Juarez Távora. Outros foram para o território do Amapá, Clevelândia, onde havia uma colônia militar. Isso vinha dos tempos do Floriano Peixoto, que mandou os generais para Cucuí, no Amazonas.

Essas punições eram muito malvistas no meio dos oficiais jovens. A Revolução de 30 só venceu porque os militares, dessa vez, se juntaram aos políticos. Até então os militares só tinham feito revolução quase que à revelia dos políticos, e nunca tinham conseguido vencer. E os políticos, por sua vez, querendo a revolução, não tinham meios para fazê-la. Houve, praticamente, uma junção dos interesses das duas correntes. Foi por isso que a Revolução de 30 venceu. Apesar disso, não gostávamos dos políticos em geral.

Qual era a sua avaliação sobre o governo de Getúlio Vargas nos primeiros anos, 1931, 32?

Muita coisa boa, mas outras não tão boas. Às vezes, tomava certas atitudes políticas que não nos agradavam. Mas, de modo geral, era bem apoiado por todos nós. Só fui contra ele em 1945, quando endossou a campanha do queremismo.[22] Aí começou outra história.

O senhor chegou a participar do Clube 3 de Outubro?[23]

Não, não participei. Eu era contrário, na época, a novos movimentos de caráter revolucionário. Achava que o Clube era um elemento perturbador do governo do Getúlio. Quando o Clube começou a funcionar eu estava na Paraíba e não me interessei por ele. Também não me envolvi com a criação das Legiões. Não participei de nada disso.

Depois da Revolução de São Paulo, o senhor assumiu a Secretaria de Fazenda na Paraíba. Isso não significou um maior engajamento seu na política?

Não. Eu achava que na secretaria estava prestando um serviço público que, de certa forma, era do interesse da revolução. Contudo,

---

[22] O termo vem de "Queremos Getúlio!", *slogan* de uma campanha que, em 1945, pregava o continuísmo de Getúlio no poder.
[23] O Clube 3 de Outubro foi uma agremiação tenentista criada no início de 1931, no Rio de Janeiro, para defender os princípios revolucionários. Funcionou até 1935. Já as Legiões de Outubro, ou Legiões Revolucionárias, criadas com o mesmo objetivo, mas com núcleos nos estados, desarticularam-se com a eclosão da Revolução Constitucionalista.

quando veio a reconstitucionalização, afastei-me desse cargo e não quis qualquer outro, pois, concluído o ciclo revolucionário, era do meu dever voltar ao Exército.

Em 1933, José Américo foi para a Paraíba organizar o partido político do estado. Naqueles tempos, como durante quase todo o anterior período republicano, os partidos políticos eram estaduais. Houve várias tentativas de fazer um partido nacional no começo da República, mas fracassaram. Havia então o Partido Republicano do Rio Grande, o Partido Republicano de São Paulo etc., sem muita conexão ou afinidade. Na Paraíba resolveu-se criar um Partido Progressista. Um dia José Américo me convidou para dar um passeio, ver algumas obras. Ele já tinha saído do Ministério da Viação e Obras Públicas e havia sido nomeado embaixador do Brasil no Vaticano, cargo que não assumiu. Andando de automóvel, começou a conversar sobre política e disse: "Nós demos um balanço e vimos que o Partido Progressista já está forte, já tem a adesão de fulano, de sicrano, desta área, daquela etc. Mas nesse balanço vimos que faltava a adesão do secretário da Fazenda". Respondi-lhe: "Com essa adesão o senhor pode contar. Só há uma condição: de que a adesão seja do secretário, e não da secretaria". E ele: "É isso mesmo, acho que o fisco não deve ser envolvido em política". Aí se organizaram, houve eleições, e no final a Assembleia Constituinte do estado elegeu governador o dr. Argemiro de Figueiredo, que na época era secretário do Interior, Justiça, Educação e Saúde Pública, e mais tarde foi senador. Queriam que eu ficasse na Paraíba, na Secretaria de Fazenda. Respondi ao convite com a negativa: "Não, agora está na hora de eu sair. Vim para a Paraíba e prestei serviços que, no meu entender, eram do interesse da revolução, mas agora vou voltar para o Sul". José Américo na ocasião me disse: "Nós já resolvemos o caso do fulano, o caso do sicrano, a nomeação de beltrano, a cúpula do governo. Agora falta resolver o seu caso". Respondi: "Dr. José Américo, eu não tenho caso. O senhor tire isso da cabeça, não há problema nenhum. Eu tenho uma profissão, gosto dela, acredito que sou competente dentro dela, e é evidente que só quero voltar para ela. Vim aqui para prestar um serviço à revolução. Com a normalização da vida do país, isso não tem mais razão de ser. Agora volto para a minha profissão com muito prazer. Não tenho caso, não". Enquanto estive na Paraíba fui filiado ao Partido Progressista. No Rio Grande do

Sul eu nunca me filiara a partido. Muito mais tarde me filiei aqui à Arena.[24]

Quer dizer então que foi ao se encerrar o governo do interventor Gratuliano de Brito na Paraíba, em 1935, que o senhor voltou para o Rio e foi para o Grupo-Escola. Em que consistiam suas novas funções?

Eu era primeiro-tenente já bem antigo, mas ocupava uma vaga de capitão. Era o ajudante do Grupo-Escola. O comandante era Álcio Souto. Mais tarde foi Canrobert Pereira da Costa. E eu também era oficial de comunicações. Na artilharia o problema de comunicações é muito importante. Usávamos rádio, telefone, semáforo, enfim, todos os meios disponíveis, porque a ligação entre os observatórios, os postos de comando e a área em que estão as baterias de tiro, ou seja, o exercício do comando, principalmente a execução do tiro, dependem extraordinariamente das comunicações. Só fui promovido a capitão em setembro de 35. Na revolução comunista, em novembro, eu ainda era ajudante do Grupo-Escola e oficial de comunicações.

Nessa fase do Grupo-Escola, como o senhor sentia os problemas da disciplina no Exército?

Como já disse, depois de 30, a disciplina no Exército sofreu muito. Havia muitos oficiais revolucionários de 22, 24 e 30 que se julgavam importantes, queriam exercer e exerciam liderança sobre os demais, tendo ideias próprias sobre o que o governo devia fazer. Havia assim várias lideranças esparsas, umas autênticas, outras espúrias, cada uma procurando formar seu grupo e ter voz ativa. Além disso, havia sempre outro problema: os vencimentos militares, que eram relativamente baixos. O problema financeiro sempre traz uma motivação para descontentamentos e indisciplinas. Quando, em 1935, vim servir no Grupo-Escola, houve uma conspiração no Exército por causa de vencimentos. O movimento sedicioso que devia ser deflagrado contra Getúlio foi abortado na Vila Militar e não deixou maiores sequelas. Houve várias mudanças em postos de comando importantes, e o governo acabou con-

---

[24] A Aliança Renovadora Nacional (Arena) foi criada em fins de 1965 e até sua extinção, em 1979, atuou como partido de sustentação do regime militar.

cedendo um aumento. Os vencimentos militares eram um atrativo para o proselitismo, para conseguir adeptos. Talvez o objetivo dos chefes desses movimentos fosse outro, mas o pretexto eram os vencimentos. Sempre havia gente contra Getúlio. Sempre, não só na área militar, mas civil também, havia oposição de correntes que, pelos mais variados motivos, são do "contra". Muitos oficiais revolucionários não tiveram suas ambições satisfeitas, suas ideias atendidas; outros, com o correr do tempo, se desiludiram e propagavam o pessimismo. Isso é próprio do período revolucionário.

Mas em 1935, Getúlio já era um presidente constitucional, já havia a Constituição de 34. A situação do país deixava aos poucos de ser revolucionária para assumir um caráter mais legal. E assim, com maior apoio na lei, o governo se tornava mais forte, menos dependente. O ministro da Guerra, na época, era o general João Gomes, um velho soldado. Foi um bom ministro. Não tinha sido da revolução, ao contrário, desde 1922 era antirrevolucionário. Como ele, houve outros que não participaram da revolução e depois a ela aderiram. Isso é uma evolução natural. Há aí muitos fatores que influem: a ambição, as convicções, as inimizades ou as amizades que se formaram ao longo da vida, os antecedentes e, principalmente, o maior ou menor interesse pela vida nacional. João Gomes, por exemplo, foi um dos chefes que combateram a Revolução de 24 em São Paulo. Era de artilharia, comandava o regimento em que depois servi quando iniciei minha vida como oficial. Era um ferrenho legalista, soldado da legalidade e portanto contrário a qualquer revolução. Servia ao Exército e depois, como ministro, ao governo que, em seu entender, se tornara legal. Era benquisto e respeitado, como o foi Mascarenhas de Morais depois. Quando se exonerou do ministério, seu substituto foi o general Dutra.

Qual era a penetração nas Forças Armadas, na Marinha e no Exército, do comunismo e do integralismo?

Quando surgiu uma imitação das organizações fascista e nazista da Itália e da Alemanha, quando Plínio Salgado fundou o integralismo,[25] muitos oficiais do Exército e da Marinha participaram.

---

[25] A Ação Integralista Brasileira (AIB), de inspiração fascista, foi fundada por Plínio Salgado em 1932. Dissolvida em dezembro de 1937, um mês após o golpe do Estado Novo, chegou a promover um fracassado levante contra o governo em maio de 1938.

Mas, do mesmo modo que no caso do Clube 3 de Outubro, não fui partidário do integralismo. Costuma-se dizer que o integralismo era mais forte na Marinha do que no Exército, mas não tenho dados para confirmar essa versão. O Exército era uma entidade mais dispersa no território nacional do que a Marinha, que era e ainda é muito concentrada no Rio de Janeiro. O Exército, além das guarnições do Rio, mantinha guarnições muito importantes no Rio Grande do Sul. E aí os acontecimentos políticos, pela distância, não tinham a mesma ressonância.

Do mesmo modo se diz que o Exército estava muito sujeito à propaganda esquerdista, sobretudo entre as camadas mais baixas, entre os sargentos, mas também entre os oficiais, pelos vínculos profissionais mantidos com Prestes. Mas essa influência era muito reduzida, pouco propagada. Algum proselitismo foi feito através da ANL, a Aliança Nacional Libertadora.[26] Havia alguns comunistas, mas quem se destacava principalmente era Agildo Barata. De volta do exílio, Agildo foi servir no Rio Grande do Sul, em São Leopoldo, e lá se envolveu em comícios da Aliança. Acabou sendo preso disciplinarmente, veio para o Rio de Janeiro cumprir a prisão no 3º Regimento de Infantaria, sediado na Praia Vermelha, no quartel da velha Escola Militar, e, mesmo preso, conseguiu revoltar o regimento, com a cooperação de alguns oficiais e sargentos comunistas que lá serviam. Após o levante, ficou preso na polícia, foi condenado pelo Tribunal de Segurança Nacional e cumpriu pena no presídio da ilha Grande. Às vezes eu tinha notícias suas. Depois que foi solto, mais tarde, foi vereador aqui no Rio de Janeiro, pelo Partido Comunista. Foi sempre coerente. Mas eu nunca quis me envolver nesses movimentos. Depois que saí da Paraíba, voltei ao Exército e me dediquei muito aos problemas militares. É claro que acompanhava a evolução política, procurava estar em dia com o que ocorria, mas sempre via com uma certa suspeição movimentos como o da Aliança Nacional Libertadora.

Recordo que uma ocasião, eu, general no Paraná, Agildo esteve lá e conversou muito comigo. Outra vez, com outro amigo, vi-

---

[26] A Aliança Nacional Libertadora foi fundada em março de 1935 como uma frente contra o fascismo, o imperialismo, o latifúndio e a miséria. Foi fechada em julho seguinte mas continuou a atuar na clandestinidade até a eclosão da revolta comunista, no mês de novembro.

sitei-o aqui no Rio. Se não me engano, morava na ladeira do Sacopã. Aí ele já estava hemiplégico, tinha tido um derrame. Foi a última vez que o vi. Veio a falecer quando Castelo já era presidente. Era uma figura, muito inteligente, muito vivo. Conosco era muito expansivo, brincava muito. Nós o chamávamos de "Moleque", mas seu apelido no Colégio Militar de Porto Alegre era "Carioquinha". Até o fim ficamos amigos, embora em campos opostos. Nossa amizade era muito sólida, vinha quase da infância. Era uma relação de respeito recíproco.

Em novembro de 1935 o senhor chegou a atuar no combate aos revoltosos?

Sim. A informação sobre a revolta foi recebida durante a noite. Houve levante no 3º Regimento, na Praia Vermelha, e simultaneamente na Escola de Aviação, no Campo dos Afonsos. Não me recordo quem deu a notícia. Pode ter sido o Eduardo Gomes, que comandava o 1º Regimento de Aviação. Não tinha vínculo com a Escola de Aviação, mas era o comandante da Aeronáutica naquela área. O 1º Regimento de Aviação foi atacado, e Eduardo Gomes acabou ferido com um tiro na mão. O levante era previsto, por causa do movimento que tinha havido no Rio Grande do Norte e em Pernambuco, e as unidades estavam de prontidão.

Eu não diria que esse episódio de 35 tivesse sido o mais dramático para as Forças Armadas, mas foi sério. Todo levante militar, com indisciplina, subversão e derramamento de sangue, é chocante para o militar que é formado desde jovem com disciplina, obediência e respeito à hierarquia. É bem verdade que a tudo isso se sobrepõe, muitas vezes, o que se imagina ser o dever maior para com a pátria, consideração que absolve os revolucionários.

O movimento de 35 foi muito mal planejado e articulado, sem informações adequadas. Prestes estava completamente alheio à realidade, iludido com a aparente expansão comunista na classe operária e com seu grau de motivação revolucionária. Por outro lado, a mesma desinformação, e consequente ilusão, ocorria com a situação nas Forças Armadas. Prestes estava convencido de que a projeção de seu nome era tão grande no meio militar que bastaria levantar-se contra o governo para ser acompanhado pela maioria da tropa do Exército. Estava convencido, também, de que o 3º Regimento revoltado iria logo marchar com os seus batalhões para a cidade e aprisionar Getúlio no palácio do Catete. Era muita fantasia. Os operários nada fizeram, e o 3º Regimento não conseguiu sair do quartel. De madrugada, à hora de romper o movimento, os revoltosos mataram inclusive companheiros que estavam dormindo, para evitar a reação. Mais tarde, foram muito mal conceituados por causa disso. A reação militar foi rápida, sob o comando do general Dutra. Na época ele era comandante da 1ª Região Militar e deslocou tropas para o Mourisco, inclusive a artilharia, que bombardeou o 3º Regimento. Houve um incêndio, e os revoltosos acabaram se rendendo. Não tiveram nenhuma adesão.

O levante afinal não teve maior expressão. Não houve nenhum avião que conseguisse levantar voo enquanto nós, do Grupo-Escola, estávamos atirando sobre a Escola de Aviação para evitar a abertura dos hangares. A tropa da Vila Militar, de infantaria, deslocou-se para a área do Campo dos Afonsos para combater a revolta e promover a rendição. Ainda de manhã, quando a Escola de Aviação havia-se rendido, Getúlio chegou no quartel do Grupo-Escola e conversou conosco sobre o que havia acontecido. Fracassado o levante, os principais chefes fugiram, pois viram que não tinham tido êxito. Eram vários oficiais, comunistas convictos.

Essa manhã no Grupo-Escola foi a primeira vez que o senhor conversou com Getúlio?

Não, conversei com Getúlio na Paraíba. Eu era secretário da Fazenda quando Getúlio fez uma célebre excursão aos estados do Norte a bordo de um navio, acompanhado de pessoas do governo.[27] Na Paraíba, esteve durante alguns dias e foi ao sertão ver as obras contra a seca. José Américo tinha retomado as obras de grande açudagem iniciadas no governo Epitácio Pessoa, que Artur Bernardes paralisara. Getúlio foi ver então os açudes. E com o governador do estado, Gratuliano de Brito, nós participamos da viagem, inclusive da visita ao "Brejo das Freiras", uma estância hidromineral em pleno sertão da Paraíba. No Grupo-Escola, em 1935, Getúlio não aparentava nervosismo. Era um homem frio, sem emoção. Estava tranquilo. Nos elogiou e agradeceu o apoio.

---

[27] Do final de agosto ao final de setembro de 1933 o presidente Getúlio Vargas visitou os estados do Norte e Nordeste a bordo do *Jaceguai*.

Depois do levante, aproveitou-se a oportunidade para introduzir um artigo na Constituição, por interferência do general Pantaleão Pessoa, que era o chefe do Estado-Maior do Exército. Até então, os oficiais das Forças Armadas tinham garantias constitucionais, não podiam ser reformados e excluídos a não ser que fossem condenados judicialmente com pena de dois ou mais anos. Para sanear o Exército, para eliminar de seus quadros os comunistas, introduziram na Constituição o célebre artigo 177, que permitiu ao governo reformar o oficial que bem entendesse. Tiravam uma garantia que os militares tinham, mas com o objetivo de excluir dos quadros do Exército os que eram realmente comunistas e, bem assim, outros oficiais que não tivessem boa reputação.

O comunismo passou a ser o grande inimigo?

Sim. E essa história de comunismo se estendeu até recentemente. Em parte, foi uma das causas que influíram na Revolução de 64. O Exército passou a ser contra o comunismo, embora dentro dele houvesse oficiais comunistas. Inclusive oficiais que depois foram servir no gabinete do ministro Lott. Ele dizia que não eram comunistas, que eram muito bons oficiais, que podiam ter suas ideias, mas isso não tinha importância nenhuma... O comunismo, a partir daí, constituiu uma preocupação constante, embora ainda houvesse outras quizilas políticas.

O senhor não acha que Getúlio usou a ameaça comunista para começar a limpar o terreno e alijar antigos aliados que começavam a se opor a seus projetos? Por exemplo, Lima Cavalcanti, em Pernambuco, Juracy Magalhães, na Bahia...

Não, com Lima Cavalcanti e Juracy, o que houve foi que eles não concordaram com o golpe de 37. Juracy sempre foi ligado ao Getúlio, era amigo dele. Getúlio esteve na Bahia e procurou convencê-lo de que o país, no regime da Constituição de 34, não podia continuar, de que as candidaturas do José Américo e do Armando Sales, de São Paulo, não iam resolver os problemas do país.[28] A candidatura do

---

[28] José Américo de Almeida, como candidato oficial, e Armando de Sales Oliveira, representando a oposição, foram candidatos às eleições presidenciais marcadas para janeiro de 1938, canceladas pelo golpe do Estado Novo, em 10 de novembro de 1937.

José Américo pendendo já muito para a esquerda. Getúlio procurou convencer Juracy de que a solução era o Estado Novo, que se pretendia instituir. Juracy disse a ele que não concordava. Então, quando se decretou o Estado Novo, Juracy deixou o governo da Bahia. Carlos de Lima saiu de Pernambuco também nessa ocasião. Eles foram contra o movimento do Estado Novo. Creio que Juracy tinha uma certa fidelidade ao José Américo. Carlos de Lima, ao contrário, havia tido conflitos com José Américo disputando a liderança no Nordeste, e dizia-se que era liberal, simpático à esquerda. Mais tarde, as coisas se arrumaram. Carlos de Lima acabou sendo embaixador, e Juracy, além de chefiar missão militar nos Estados Unidos, foi presidente da Petrobras.

Flores da Cunha, governador do Rio Grande, teve posições muito polêmicas nesse período de 1935 até o golpe de 37, não?

Flores da Cunha ficou como interventor no Rio Grande depois da Revolução de 30. Tinha grande liderança, havia-se destacado muito na Revolução de 1923, apoiando Borges, enquanto Batista Luzardo era contra. Osvaldo Aranha, com seu feudo em Alegrete, e Flores da Cunha, em Uruguaiana, com influência também em Livramento, comandaram as milícias provisórias do Rio Grande na luta de 23. Desde aquela época Flores tinha prestígio, muito mais prestígio no Rio Grande do que Getúlio. Getúlio cresceu depois, como presidente do estado. Aí ele se destacou, promovendo a Frente Única, uma espécie de união entre os dois adversários tradicionais, republicanos e federalistas. Era ponderado, apaziguou e conseguiu, praticamente, o apoio unânime do Rio Grande. Aí ele cresceu politicamente.

Em 1932, Flores de certa forma estava comprometido com os paulistas na articulação da revolução. Mas à última hora roeu a corda, ficou com Getúlio e prestou um grande serviço. O Rio Grande veio em peso para a luta ao lado do governo federal. Vieram não só as forças do Exército, para combater o movimento paulista, como as forças da Brigada Militar, as tais que depois o Góes queria que não fossem militarizadas. Flores era um caudilho, mas era muito benquisto no Rio Grande. Eu o conheci e tive algumas relações com ele. Conversávamos, meu pai e meus irmãos também. Era general honorário do Exército e gostava de se fardar. Era um homem muito interessante, culto. Com a constitucionalização de 1934, foi eleito governador do Rio Grande do Sul. Tinha suas ambições e ficou contra o movimento de 37, que consolidava ainda mais a posição do Getúlio.

Em 1935, no Centenário da Revolução Farroupilha, Getúlio esteve em Porto Alegre. Foi lá participar das comemorações e teve várias entrevistas com Flores, procurando trazê-lo para o movimento em preparação, que saiu em 37. Flores não concordou. Então, com a orientação do Góes de um lado, e com a posição do Getúlio querendo continuar no poder, a solução foi derrubar o Flores. Começou-se a concentrar forças em Santa Catarina sob o comando do general Daltro, assessorado pelo Cordeiro de Farias. Acabou-se derrubando o Flores, que, quando viu que ia ser preso, fugiu para o Uruguai e lá passou alguns anos até que Getúlio concordou com a sua volta. Com sua fuga, Daltro assumiu o governo do Rio Grande. Foi aí que começou a aparecer politicamente o Cordeiro de Farias, que era o chefe do estado-maior do Daltro. Quando o Daltro morreu, Cordeiro assumiu o governo do Rio Grande.

Conheci o Cordeiro em 1928. Eu tinha fraturado um pé numa queda de cavalo e estava no Hospital Central do Exército. Ele baixou ao hospital, preso como oficial revolucionário junto com outros, alguns da polícia de São Paulo. Jogávamos cartas. Este foi meu primeiro contato com ele. Depois, ao longo da vida, muitas vezes nos encontramos. Mas em 30 não atuamos juntos. Ele atuava na região de Minas Gerais.

Flores da Cunha, ainda às vésperas do golpe do Estado Novo, tinha o controle da Brigada Militar gaúcha. Ela era poderosa?

A Brigada Militar do Rio Grande sempre foi uma força militarizada e muito boa disciplinarmente. Tinha combatido Prestes em 1924. Havia também os corpos provisórios, que os chefetes políticos do interior, favoráveis ao governo do estado e por orientação deste, arregimentavam. Formavam uma unidade, um batalhão, um regimento, num sistema que vinha desde a Revolução Federalista de 1893. O grande adversário do Flores era o Góes, não apenas pela oposição do Flores aos objetivos do Getúlio, mas também porque o Góes achava que força militarizada no país só devia haver no governo federal, com o Exército e a Marinha. Que as polícias militares, as polícias dos estados, deviam perder a característica militar. Eram unidades policiais, para a repressão do crime. Essa era a tese do Góes Monteiro.

Nessa questão entre a Brigada Militar gaúcha e o Exército, talvez o Exército tivesse mais força, mas os efetivos da Brigada eram maiores. As relações de convivência sempre foram muito boas. Nunca houve um confronto entre a Brigada e o Exército. E só iria surgir se o Flores resolvesse resistir à invasão, à progressiva pressão que as tropas do Góes estavam fazendo. Havia, contudo, preocupação quanto à possibilidade de unidades do Exército no Rio Grande se colocarem ao lado do Flores na eventualidade de um conflito declarado, pois muitos oficiais e a totalidade dos sargentos eram rio-grandenses, e neles poderia prevalecer o sentimento regionalista. Na realidade, as polícias militares dos estados eram consideradas forças auxiliares do Exército. Góes era um homem muito inteligente, muito lido, mas político também. Falava muito e, consequentemente, sofria ataques da imprensa. Achava que esses ataques ofendiam o Exército, quando na realidade o problema era com ele. Havia muita gente que era sua partidária, mas também havia outros que lhe eram contrários. Convivi com o Góes, servi junto dele e várias vezes senti suas frustrações. Tinha, como é natural, suas ambições, embora não declaradas, à presidência da República. Era um homem doente, cardíaco, teve vários enfartes.

Além de Góes Monteiro, havia várias lideranças dentro do Exército nesse período antes do golpe de 37 disputando o poder, não?

Sim. Um dos problemas que o Góes teve, depois da Revolução de 32, foi com o general Valdomiro Lima. O general Valdomiro tinha passado para a reserva no tempo do Bernardes, mas participou da Revolução de 30 e reverteu ao Exército como general. Na Revolução de 32, foi o comandante das forças legais do Sul. Logo após a vitória do governo, foi o interventor federal em São Paulo. Depois voltou para o Exército e aí começou a disputar a liderança com o Góes. E houve sério conflito entre eles. Acabou o Valdomiro sendo preso, destituído do comando, apesar de ter uma certa boa vontade do Getúlio por causa do parentesco que tinha com dona Darcy.

Góes teve vários outros conflitos dentro do Exército, com outros chefes. Dutra e João Gomes também tiveram suas ambições. Daltro Filho idem. Daltro era, como já disse, um homem que havia sido contra a Revolução de 30. Era um homem do Bernardes e do Washington Luís. Mas tinha muita força de vontade. E tinha ambição. Conheci-o bem quando foi meu comandante contra a Revolução de São Paulo em 32. Várias vezes, inclusive, me convidava para eu tomar o café da manhã no seu posto de comando. Eu era simples tenente e ele coronel, uma grande diferença hierárquica. Eu ia meio sujo da ação na guerra, mas ele me tratava muito bem. Muito educado. Foi um dos poucos chefes que conheci que realmente era um homem de vontade. Queria as coisas e, enquanto não as conseguia, não parava. Via a posição estabilizada, num terreno muito difícil, um terreno acidentado no vale do Paraíba, não se conformava e dizia: "Quero atacar. Temos que atacar!" Chamava o seu chefe de estado-maior, o capitão Segadas Viana, que depois foi ministro do João Goulart, e dizia: "Seu Segadas, vamos lá, vamos atacar!" Lá ia o Segadas fazer o reconhecimento para ver qual era a área mais propícia onde podia ser montado um ataque. Enquanto não conseguia o ataque ele não sossegava. Era um homem voluntarioso. Foi interventor em São Paulo também. Depois, como já disse, comandou a frente contra Flores em Santa Catarina e no Rio Grande e assumiu o governo do estado. Mas era diabético e guloso. Acabou morrendo com uma infecção generalizada.

Quais foram as pessoas, a seu ver, mais importantes para unificar, dar um espírito de corpo a esse Exército fragmentado depois de 30?

Em parte foi o Góes. Dutra também teve atuação destacada depois. O próprio João Gomes. E muitos chefes no Exército, embora não tivessem sido revolucionários. Cito Pantaleão Pessoa e Álcio Souto: não eram revolucionários, mas eram oficiais que se impunham pelo seu trabalho, pelo seu valor, pela sua dedicação ao Exército. Outro foi Canrobert Pereira da Costa, que também não era revolucionário. Esses oficiais, quase todos, serviam aqui no Rio na época da Revolução de 30 e participaram do movimento de 24 de outubro que acabou com a revolução. Não porque fossem revolucionários. Depuseram Washington Luís para apaziguar o país, para acabar com a luta. Achavam que seria um grande desastre o confronto que ia haver, principalmente na frente principal, em Itararé. Haveria ali uma verdadeira batalha. O movimento no Rio de Janeiro não teve assim um sentido propriamente revolucionário, foi um movimento de apaziguamento para eliminar o conflito.

Esses oficiais que citei eram muito dedicados ao Exército. E esse esforço para unificar e nacionalizar o Exército era bem-visto. O problema principal do Exército era outro, e era sempre o mesmo. Era o problema do equipamento, da modernização do material. Boa parte dos nossos armamentos tinha sido comprada na França, em consequência da Missão Militar Francesa, chefiada pelo general Gamelin depois da Primeira Guerra. Mas a nossa vinculação de armamentos, em grande parte, ficava com a Alemanha mesmo, em decorrência da época do marechal Hermes da Fonseca. O fuzil era alemão, os canhões eram canhões Krupp, alemães. As metralhadoras eram francesas e também algum material de artilharia. Quando Dutra, como ministro, procurou reequipar o Exército, sobretudo a artilharia, enviou uma comissão para a Europa, da qual fazia parte Canrobert, para tratar dessa compra. Estiveram algum tempo na Suécia, na fábrica Bofors de armamentos. Na Alemanha estiveram na Krupp. No cotejo das armas, das suas características, da sua *performance,* preferiram o canhão Krupp. Mas dessa encomenda de canhões Krupp só chegou uma pequena parte ao Brasil, por causa da guerra. Acabamos usando o armamento americano. Quando os Estados Unidos se prepararam para a guerra e procuraram contar com o Brasil, nos cederam algum armamento.

Como o senhor viu o golpe de 1937?

Quando veio o golpe, sabia-se que havia qualquer coisa sendo preparada. Em 1937 eu servia ainda no Grupo-Escola como capitão. Nesse ano o governo fechou os cursos de certas escolas, inclusive as escolas das armas, de aperfeiçoamento de oficiais. Era o ano em que eu iria cursar a Escola de Artilharia. O objetivo dessa medida era manter a oficialidade toda servindo nos quartéis. Isso, para nós, foi um prenúncio de que ia haver alguma coisa muito importante. Eu e os oficiais do Grupo sabíamos, porque o Grupo-Escola era uma unidade muito ligada ao governo desde 1935. Álcio Souto, nosso ex-comandante, mantinha contato conosco, e todos sabíamos que ia haver qualquer coisa, pelas informações, notícias, boatos, e pelo rumo que estava tomando a campanha da eleição presidencial.

Getúlio, Góes e Dutra achavam que, com o regime que tinha sido instalado com a Constituição de 34, e com as candidaturas que havia, o Brasil iria para o desastre. De um lado, Armando Sales, com o Partido Democrático Paulista e o espantalho da revanche de 32; de outro lado, José Américo, fazendo uma propaganda muito voltada para a esquerda: "Eu sei onde está o dinheiro!" Eu não tinha muita noção sobre as ideias reais do Armando Sales. Sei que era um democrata. Já era governador de São Paulo, uma personalidade respeitada. Contudo, como disse, preocupava a possibilidade de, uma vez no governo da República, promover uma ação revanchista em relação ao movimento de 32. Já José Américo fez uma campanha, além de voltada para a esquerda, muito demagógica. Assustou. Muitos de nós achávamos, eu inclusive, embora fosse seu amigo desde a Paraíba, que se José Américo fosse eleito ia criar um problema muito sério neste país. E aí Getúlio aproveitou para continuar.

Em 37 ouvíamos esses boatos e notícias, mas não ligávamos muito. O Grupo-Escola era uma excelente unidade, em que muito se trabalhava. Vivíamos no quartel a semana toda até sábado ao meio-dia, trabalhando. Começava-se a instrução de manhã cedo, sete horas, e ia-se até as quatro e meia, cinco horas da tarde. Era instrução dos soldados e exercícios em Gericinó, instrução de oficiais e de sargentos. Era uma vida inteiramente profissional, e quase não se dava muita atenção ao que acontecia fora do quartel. Se viesse um golpe, nós achávamos que o país ia aceitar. Não tínhamos dúvida. E, de certa forma, éramos a favor.

O Estado Novo então, na sua avaliação, teve um papel positivo para as Forças Armadas, no sentido de pacificar, de fortalecer comandos superiores?

Acho que sim, que foi positivo, embora alguns generais fossem contrários. Naquela época não dávamos muita importância aos aspectos da legalidade, da democracia etc. Achávamos que o Brasil precisava ter governo, e um governo forte. Achávamos que com o quadro político que havia o governo não tinha forças, não podia realizar quase nada do que o país reclamava. Por isso não éramos muito a favor do Congresso. E líamos jornais, víamos o problema da Itália, da Alemanha, da Espanha... Além disso, naquele tempo estávamos muito preocupados com os nossos problemas profissionais: armamentos, instrução, formação de oficiais...

O golpe veio, e no Grupo-Escola não houve nada. Rotina normal. Acho que o ambiente foi favorável. Pelo menos é a minha impressão. O político Getúlio era maquiavélico. Recordo que em 1937, após a parada de 7 de setembro, depois do meio-dia, o Grupo-Escola voltava para a Vila Militar. Em vez de o regresso ser feito em trem, voltávamos a cavalo. Era um percurso de 30 quilômetros. Ouvimos então o discurso do Getúlio pelo rádio, dizendo que ele se dirigia à nação pela última vez como presidente da República. E, no entanto, já estava tramando o golpe de novembro. Isso é política. O político não pode ser muito sincero. Afinal, quando chegou o 10 de novembro ele se "sacrificou", em benefício da nação.

O integralismo apoiou Getúlio no golpe, convencido de que ele poderia pôr em prática as ideias, os princípios integralistas. Havia um general no Exército que era um integralista convicto e muito atuante. Era o Newton Cavalcanti. Influiu muito na adesão do integralismo ao golpe de 37. Mas Getúlio liquidou o partido pouco depois. O chefe Plínio Salgado, que, segundo se dizia, ia ser o ministro da Educação, acabou preso. Mais tarde ocorreu o ataque dos integralistas ao palácio Guanabara, em 1938. Aquilo foi uma ação muito rápida, logo liquidada. Quem reagiu pessoalmente e com muita rapidez foi o general Dutra. Aí ocorreram vários fuzilamentos. Em decorrência disso cresceu a guarda pessoal do presidente, que mais tarde, em 1954, provocou outra tragédia. Mas vejam bem. Nós não ligávamos muito para as questões de governo nem para o que o governo estava fazendo. Estávamos mais absorvidos com o nosso problema militar, alheios a muitas coisas de economia, política e administração.

5

A ditadura de Vargas e o mundo em guerra

Como prosseguiu sua carreira depois de 1937?

Em 1938 fui matriculado na Escola das Armas, para o curso de aperfeiçoamento. Em 1939 fui designado para a Escola Militar do Realengo, onde fui ser instrutor chefe de artilharia e comandante da bateria dos cadetes que faziam o curso da arma de artilharia. Era uma missão muito honrosa e desejada por mim, pois me proporcionava a possibilidade de influir na formação dos futuros oficiais do Exército, de pôr em prática certas ideias que vinham desde o tempo em que fui cadete. A Escola continuava a ter seus problemas, suas deficiências, principalmente no tocante à alimentação e à falta d'água, mas estava melhor do que no meu tempo. O número de alunos havia aumentado. Na bateria havia cerca de 90, do segundo e terceiro anos. Na Escola toda devia haver de uns 700 a 800 alunos. Fui instrutor dois anos, e foi uma época de muito trabalho. Saíram duas turmas de oficiais nesse período. Em 1940 fui chamado para fazer o curso de estado-maior, mas adiei a matrícula por um ano, para poder continuar na Escola Militar e formar a segunda turma. Vários desses oficiais foram depois generais.

Quando fui para a Escola Militar, levei comigo três tenentes que eu já conhecia, que haviam servido no Grupo-Escola. Formávamos uma equipe de instrutores coesa, unida e dedicada ao trabalho.[29] Todos esses tenentes seguiram depois seu próprio rumo. Só um está vivo, os outros já morreram. Mas formavam um time muito bom. A propósito, vou contar um fato ocorrido que mostra a nossa coesão e a importância do exemplo.

Dois dos tenentes usavam bigode, assim como muitos cadetes. O diretor de ensino, coronel Lima Câmara, insistia comigo na necessidade de acabar com o bigode dos cadetes. Não havia, entretanto, dispositivo legal que me permitisse exigir que eles raspassem o bigode. Um dia, os tenentes estavam discutindo por divergências de trabalho, me aborreci com eles, perdi a paciência e disse-lhes: "Acabem com essa discussão! E, a propósito: já falei várias vezes sobre o problema do bigode dos cadetes. Quando é que vocês vão raspar o de vocês?" Isso foi de manhã. Na hora do almoço, com a bateria em forma, os tenentes já estavam sem bigode. Depois do almoço, quando a bateria se dirigia para a instrução, nenhum cadete tinha bigode. Isso mostra o valor do exemplo em toda coletividade, sobretudo vindo de cima. Se o chefe tem uma certa ascendência e dá o exemplo, sempre consegue bons resultados.

O exemplo é um dos fatores de comando. Outro é a confiança recíproca entre o chefe e o subordinado, que vem da conduta, da maneira de proceder, da capacidade, da convivência. São predicados que quem lida com problemas coletivos, como o da guerra, deve cultivar. Mas, no fundo, o principal é o exemplo.

Os alunos nesse período de 1939/40 ainda eram revolucionários, como no seu tempo?

Não. Não havia mais alunos revolucionários, não havia mais revolução. O que havia era o começo da guerra. Era mais o quadro da Europa, noticiado pelos jornais e o rádio, que mobilizava as opiniões.

---

[29] Os três tenentes trazidos do Grupo-Escola eram Francisco Saraiva Martins, Menescal Vilar e Carlos Camoirano. Também fazia parte da equipe Newton Castelo Branco, que já servia no Realengo.

Foi nesse período de instrutor da Escola Militar que o senhor se casou, não foi?

Foi. Casei em 10 de janeiro de 1940. Eu estava esperando que a Lucy crescesse! Porque entre nós há uma diferença de idade de 10 anos. Ela é minha prima pelo lado materno, e a conheci criança pequena. A mãe da Lucy, Joana, era minha tia e madrinha. Depois passou a ser tia, madrinha e sogra. Veio a falecer aqui no Rio, onde estava morando conosco, já com oitenta e poucos anos. Seu marido, Augusto Frederico Markus, era comerciante e depois foi político, várias vezes prefeito de Estrela.

Lucy também era professora primária. Quando minha irmã saiu de Bento Gonçalves e foi para Cachoeira, passou a ser professora da Escola Normal. Muitos primos e primas menores foram então morar com ela para estudar em Cachoeira, uma cidade mais desenvolvida, com mais recursos. Lucy foi uma dessas primas. Já tinha o curso primário, e lá fez o secundário e a Escola Normal. A irmã da Lucy, mais moça, também estudou mais tarde em Cachoeira. Minha irmã, que ficou solteira, supervisionava esses estudos. Ficou mandona.

O namoro efetivo começou quando Lucy veio ao Rio, com minha irmã e outra colega. Aí tivemos um contato mais cerrado de família, passeamos muito, e chegamos à conclusão de que nos amávamos e devíamos casar. Nosso namoro foi bem diferente do de hoje. Foi um namoro sério, e com a melhor das intenções, para chegar ao casamento. Passeávamos junto com a família, mas às vezes só nós dois. Na época em que ela esteve aqui, era Carnaval. Levei-a para ver o desfile na avenida Rio Branco, que era próprio daquele tempo, quando ainda não dominavam as escolas de samba. Havia uns bailes e levei-a a um deles. Fomos os dois sozinhos. Na época não era muito comum os casais de namorados saírem sozinhos, mas tínhamos certa liberdade, havia um ambiente de confiança, pois ambos éramos muito responsáveis. Minha conduta e a dela eram muito corretas. As liberdades não passavam além dos beijos.

Mas então ela regressou ao Sul e continuei na Escola Militar. Passamos a nos corresponder. Em julho era o aniversário do pai dela, meu tio afim, e combinamos noivar nessa data. A meu pedido, meu irmão Bernardo foi a Estrela conversar com meu futuro sogro e pedir, em meu nome, a mão da Lucy. Era o velho sistema. Noivamos em julho de 1939.

Orlando casou bem antes de mim, no começo de 1932. Henrique mais cedo ainda, em 1928. Bernardo também, em 28. Um tenente no Rio Grande era um bom partido. Antes da Revolução de 30, em Santo Ângelo, tive alguns casos, mas sem profundidade. Quando estava na Paraíba também tive alguns namoros, mas muito superficiais, sem importância, inclusive porque eu não queria me radicar no Nordeste. Eu me prezava de conduzir minha vida com seriedade. Era bom companheiro, convivia fraternalmente com os camaradas, gostava de jogar cartas, andar a cavalo, brincar etc., mas um engajamento maior com o sexo feminino, inclusive para chegar a casar, nunca tive. Fui deixando, achando que tinha tempo. Talvez tenha casado um pouco tarde, mas... Era preciso que ela crescesse! Eu me casei com 32 anos, Lucy com 22: 10 anos de diferença.

Casamos em Estrela. Fui em férias ao Sul, e o casamento foi muito simples, porque na antevéspera tinha falecido uma prima nossa. Foi de manhã, primeiro o civil e a seguir o religioso, na igreja luterana. Depois do almoço familiar fomos de automóvel com um primo até a estação mais próxima, Maratá, e pegamos o trem para Porto Alegre. Chegamos a Porto Alegre à noitinha, cansados. Ficamos alguns dias lá, num hotel, esperando o vapor para vir para o Rio. Aqui chegando, fomos morar numa pensão na rua Conde de Bonfim. As coisas eram apertadas. Eu me levantava de madrugada, às quatro horas da manhã, pegava um bonde, ia para a estação da Central e tomava o trem para o Realengo. Ficava lá o dia todo e de tardezinha voltava. Chegava na pensão na hora do jantar. Era essa a vida. Sobrava o domingo, quando geralmente íamos à casa do Orlando, que então morava em Jacarepaguá. Mais tarde, consegui alugar uma casa no Realengo, onde passamos a morar. Depois que nos casamos, Lucy parou de lecionar. Ficou andando de cá para lá, de cidade para cidade, sempre me acompanhando.

Quando fui para a Escola de Estado-Maior, em 1941, aluguei uma casa junto com o Orlando em Botafogo, e durante dois anos as duas famílias ficaram morando juntas. No terceiro ano, tivemos que entregar a casa, que era de um oficial de Marinha que servia em Mato Grosso e voltava para o Rio. Aí vim morar num apartamento alugado em Ipanema. Conheci Ipanema e Leblon quando aquilo era um areal. Em 30, quando vim com a revolução, havia lotes à venda. Eu olhava para aquilo e dizia: "Isso nunca vai ter futuro, nunca vai ser nada..." Na verdade, eu não tinha nenhum tino comercial...

Nosso filho Orlando nasceu no início de novembro de 1940, e nossa filha Amália Lucy em janeiro de 1945, já quando eu estava nos Estados Unidos, fazendo o curso em Leavenworth. Nesse período minha mulher ficou no Sul, morando com os pais em Estrela.

O senhor fez o curso da Escola de Estado-Maior junto com seu irmão Orlando?

Sim. Fiz o curso junto com o Orlando, que tinha sido instrutor na Escola de Aperfeiçoamento e também havia adiado sua matrícula. Henrique já tinha feito o estado-maior. Embora fosse mais velho, Henrique era mais moderno que o Orlando. Os dois fizeram juntos o curso da Escola Militar, mas o Orlando foi melhor classificado, de maneira que, na hierarquia, estava na frente do Henrique. O curso da Escola de Estado-Maior era de três anos, e a gente vivia estudando. Aprendia-se muito porque era justamente uma fase de evolução. A Escola de Estado-Maior havia sido remodelada e reorganizada pela Missão Francesa, mas estava sofrendo então o impacto da nova guerra, sobretudo da guerra-relâmpago das campanhas da Polônia e da França, a *blitzkrieg*, uma ação de blindados apoiados pela aviação. Os instrutores, todos eles ainda mais ou menos dentro da orientação francesa, já sofriam o impacto da novidade.

Com a entrada do Brasil na guerra e a organização da Força Expedicionária Brasileira,[30] o curso da Escola de Estado-Maior foi abreviado. Devia ir até dezembro de 1943, mas em agosto foi encerrado. Fizemos as provas finais depois de quase três anos. No primeiro ano havia algumas disciplinas que não eram propriamente militares. Havia conferências sobre sociologia, problemas geográficos, geopolítica. Um dos conferencistas era o San Tiago Dantas. Os problemas eram mais táticos e, depois, estratégicos. O curso era muito trabalhoso e melhorou a nossa cultura profissional. Quando terminamos, pude escolher, e meu irmão também, o local onde iríamos servir. Fomos para Porto Alegre, para o Estado-Maior da 3ª Região Militar. Nessa época eu já era major, tinha sido promovido por mereci-

---

[30] Em 9 de agosto de 1943, um ano após a declaração do estado de guerra contra a Alemanha e a Itália (31 de agosto de 1942), foi constituída a Força Expedicionária Brasileira, que em 1944 seria enviada à Itália, sob o comando do general Mascarenhas de Morais, para lutar contra os países do Eixo.

mento em maio de 1943. Por ocasião dessa promoção, um colega que também fora promovido convidou-me para irmos agradecer ao ministro Dutra. Respondi-lhe que, se eu merecia a promoção, o ministro apenas tinha cumprido com sua obrigação. Se eu não a merecia, ele havia sido injusto, prejudicando outro oficial de maior mérito. Não cabia qualquer agradecimento e, portanto, eu não podia atender ao seu convite.

Sua classificação no curso de estado-maior foi boa?

Foi. No curso havia as menções "Muito Bem", "Bem", e "Regular". Não pensem que seja gabolice ou vaidade: houve duas menções "Muito Bem", que foram primeiro para o meu irmão e depois para mim. Nesse curso estava o Golbery. Foi aí que o conheci e tive maior contato com ele. Golbery entrou para a Escola de Estado-Maior numa demonstração de seu valor. Para entrar, era preciso ter o curso de aperfeiçoamento e prestar um concurso. Mas quem, na Escola de Aperfeiçoamento, tivesse tido um resultado muito bom, entrava sem concurso. Eu e Orlando fomos dispensados, por causa da nossa classificação. Por outro lado, permitia-se também que aqueles que não tivessem a Escola de Aperfeiçoamento entrassem através de um concurso especial. Foi o que aconteceu com o Golbery. Foi o único que entrou naquele ano sem ter feito o curso de aperfeiçoamento. Era muito inteligente, culto e um excelente profissional.

Uma das relações que as Forças Armadas cultivam, uma das virtudes militares, é a camaradagem. A gente vai formando na Escola, na convivência desde o Colégio Militar, laços de amizade que perduram ao longo da vida. Embora às vezes se passe anos sem encontrar um companheiro, quando há um reencontro ressurge a lembrança do passado e se aviva a camaradagem. Essa solidariedade é muito importante, nas crises e principalmente na guerra. Entre chefes e subordinados, o comando não se exerce apenas com a lei ou o regulamento. Comanda-se também em virtude de uma série de outros atributos, de ordem moral, de ascendência, de capacidade, de convivência, de um conhecimento mais íntimo, de camaradagem.

Nosso grupo primitivo era constituído por Agildo, Juracy, Mamede e eu, todos ligados por uma causa comum. Nesse grupo, eu tinha uma vinculação maior com o Agildo. Passamos quatro anos no Colégio Militar, três na Escola Militar, convivendo diariamente, e aí se estabeleceu realmente um forte vínculo de amizade, embora discordássemos em várias questões. Continuou sempre a camaradagem, e as divergências de ideias não foram capazes de criar uma inimizade. Como esse, com o decorrer do tempo, novos relacionamentos se formaram e perduraram anos, numa comunhão de pensamentos e ações. Foi assim também minha amizade com Golbery.

Qual era a literatura militar que se lia na Escola de Estado-Maior?

Era a americana. Quando começou a ligação militar com os americanos, o Brasil mandou oficiais aos Estados Unidos para frequentarem escolas militares americanas. Foram capitães de infantaria para Fort Bening, de artilharia para Fort Sill, e assim por diante. Os oficiais escolhidos eram os melhores alunos de várias turmas da Escola de Aperfeiçoamento. Mas só foram escolhidos oficiais que tinham terminado a Escola ou antes de mim e do Orlando, ou depois de nós. Por que nós não fomos? Porque éramos descendentes de alemães, presumo. "Esses camaradas são descendentes de alemães, o que vão fazer nos Estados Unidos?" Não reclamamos, na compreensão dessa discriminação, embora nos parecesse injustificada pelo nosso procedimento. Mais tarde, mandaram oficiais de estado-maior cursar a Escola de Comando e Estado-Maior em Fort Leavenworth, em Kansas. Também não fomos designados. Afinal, em 1944, quando eu servia em Porto Alegre, no Estado-Maior da 3ª Região Militar, recebi um telegrama perguntando se eu estava em boas condições de saúde para frequentar Fort Leavenworth. Fiquei espantado: "Como é que agora, finalmente, resolveram me indicar para ir para os Estados Unidos?" Depois eu soube que um amigo meu que servia no gabinete do ministro Dutra, na hora das indicações, lembrou-se de mim e indicou meu nome. Meu irmão só foi alguns anos depois. Mas por que isso? Porque havia um preconceito tolo. O Exército americano teve inúmeros oficiais de origem alemã, inclusive generais. Eisenhower é um nome alemão! O preconceito vinha do gabinete do ministro Dutra, mas nunca passei recibo.

Durante a guerra, esse preconceito se estendia à colônia alemã no Rio Grande do Sul?

Muito. Houve problemas por lá. Invadiram as casas dos descendentes de alemães, quebraram os rádios, queimaram os livros, tomaram as bicicletas, fizeram coisas incríveis. Principalmente em

Santa Catarina e também no Rio Grande. Com minha família não houve nada. Meu pai já havia falecido, e minha irmã, aposentada da Escola Normal de Cachoeira, dirigia um colégio vinculado à igreja luterana, chamado Rio Branco. Um dia apedrejaram o colégio, apesar de ser um colégio nacional, sem qualquer vinculação alemã.

Também quando se fez a FEB, nem eu nem meus irmãos fomos convocados ou indicados para participar. No entanto, éramos oficiais com renome dentro do Exército, tanto na artilharia quanto no estado-maior. Mas havia o preconceito por sermos de origem alemã. Nunca me preocupei em ter um esclarecimento. Não é vaidade não, mas eu procurava me colocar acima disso, ser superior a essas coisas. Eu podia ir ao gabinete do ministro e conversar com oficiais colegas meus, perguntar-lhes por que meu nome não era indicado, criar um caso, mas não fazia isso. Eu, e meus irmãos também, sempre fomos muito independentes. Nunca fiz parte de grupos que se formavam em torno de um general. Góes Monteiro tinha um conjunto de oficiais que viviam em torno dele, que serviam a ele nas diferentes funções. Dutra tinha seu *entourage*, seu grupo. Cada um, com louváveis exceções, formava um grupo. Nunca fiz parte de nenhum. Tinha relações cordiais, tinha amigos, mas somente isso. Meus irmãos, a mesma coisa. Era o nosso modo de ser.

Como o senhor via as tendências ideológicas do governo e das principais lideranças militares?

Getúlio, de certo modo, foi germanófilo. Dutra foi germanófilo, Góes também. Não sei se o foram por convicção ou por oportunismo, já que a Alemanha estava com os melhores êxitos na guerra de 1939. Getúlio, inclusive, fez um discurso a bordo de um navio de guerra, quando a França caiu, francamente pendente para o Eixo.[31] E havia a identidade das ditaduras! Mussolini de um lado, Hitler do outro, e Getúlio também tinha a sua. No fundo era oportunismo.

Em 1938 Góes era chefe do Estado-Maior do Exército e foi convidado a fazer uma visita aos Estados Unidos. Passou lá um período conversando com os chefes militares americanos, eles procurando, evidentemente, fazer um entendimento para trazer o Brasil para o

---

[31] Trata-se do discurso pronunciado a bordo do encouraçado *Minas Gerais* em 11 de junho de 1940.

lado dos Estados Unidos, oposto ao Eixo. No retorno dessa viagem, estava programada uma viagem à Europa em que a principal visita seria à Alemanha. Estavam escalados para ir na comitiva do general Góes oficiais do estado-maior, o enteado do Dutra — José Ulhoa Cintra — e eu. Feitos todos os preparativos, estávamos à espera do navio que viria da escala em Montevidéu, quando estourou a guerra. Automaticamente, o próprio Góes viu que não devia mais viajar. Não tinha sentido. Eu conhecia o Góes, como já relatei, desde a Revolução de 30, tive esse contato mais estreito para os preparativos da viagem que não houve, e voltamos a ter maior aproximação mais tarde, quando eu servia no Estado-Maior das Forças Armadas. Conversávamos muito. Ele era um cético, desiludido com o país, desiludido com o insucesso de muitas iniciativas para a solução dos problemas do Brasil.

Mas o senhor foi aos Estados Unidos em 1944, não é?

Fui para os Estados Unidos em outubro de 44 e voltei de lá em maio de 45. Fiz dois cursos. Um de comando e estado-maior em Leavenworth, e outro de ligação com a força aérea em Key Field, Mississipi, além de estágios em outras escolas militares. Foram cursos interessantes, em que aprendemos muito sobre a guerra moderna e a organização militar dos Estados Unidos. Eram cursos muito trabalhosos, feitos juntamente com oficiais do Exército americano e de alguns países da América Latina. Os oficiais americanos selecionados vinham do Pacífico e da Europa, onde tinham se distinguido na guerra. Faziam o curso para depois voltar para o *front*.

O curso de estado-maior tinha mil alunos. Funcionava dentro de um antigo picadeiro, transformado em uma grande sala, onde tínhamos aulas diárias durante oito horas, inclusive aos sábados. Era um curso tático e estratégico. Quando terminava a aula à tarde, recebíamos com o programa do dia seguinte uma pilha de documentos, de regulamentos. E, como orientação, informavam-nos o que devia ser apenas folheado e o que devia ser lido e estudado. Não estudávamos tudo, por falta de tempo. Embora tivéssemos, em relação aos oficiais americanos, a vantagem de já sermos oficiais de estado-maior, tínhamos a dificuldade do idioma, que exigia de nós, na leitura e interpretação dos textos, muito mais tempo do que deles. Depois do jantar, nos reuníamos em grupos de dois ou três e íamos estudar, tomando conhecimento do material que nos fora distribuído, e assim nos preparando para a jornada do dia seguinte. Começávamos pelo que nos parecia mais importante, e quando eram 10 horas da noite, estivesse onde estivesse esse estudo, eu ia dormir. No dia seguinte, durante as aulas, eram distribuídos questionários e temas a serem respondidos, geralmente em curto espaço de tempo. Mais tarde nos eram devolvidos com a adequada correção, em "USA" — "U" insuficiente, "S" regular e "A" muito bom.

No grupo de brasileiros que fez o curso comigo, havia oito oficiais do Exército e seis ou oito da Aeronáutica. Entre eles estavam os tenentes-coronéis Inácio Rolim e Hoche Pulcherio, os majores Salm de Miranda, Adauto Esmeraldo e João Gualberto e os capitães Meneses Cortes e Hugo Bethlem. Fomos sozinhos. Era tempo de guerra e as famílias ficaram no Brasil. Terminado o curso de comando e estado-maior, tivemos uma semana de férias, com um inverno rigorosíssimo, em Nova York e Washington. Em seguida fomos — os oficiais do Exército — para o curso de ligação com a força aérea em Key Field. Visitamos diversas instalações e bases, fizemos muitos voos, inclusive de planador, e assistimos a demonstrações de emprego da aviação em diferentes missões.

O estágio de brasileiros em Leavenworth começou um pouco antes da guerra, quando vários generais foram fazer o curso, e depois da guerra ainda continuou. Mais adiante meu irmão Orlando, quando era subdiretor da Escola de Estado-Maior, também fez o curso.

Que mudanças de doutrina militar a guerra trouxe? No Brasil, pelo que o senhor disse, trocou-se a orientação francesa pela americana.

Houve muitas mudanças. As características da guerra mudaram muito, principalmente pela evolução dos meios de combate. Passou-se a ter a guerra-relâmpago, caracterizada pelo emprego de grande quantidade de forças blindadas e da aeronáutica. Alguns anos antes, surgira a doutrina de um italiano, o general Duet, da supremacia da força aérea como instrumento principal da guerra do futuro, em lugar das forças terrestres e das forças navais. As guerras do futuro seriam guerras de aviação. Seria o predomínio da aeronáutica. A aviação teve, realmente, uma influência muito grande, não só nas ações isoladas de bombardeio sobre as áreas de retaguarda, as áreas sensíveis do inimigo, fábricas, indústrias bélicas, mas também no ataque às populações indefesas. Modernamente a evolução foi ainda maior, com o emprego da arma atômica e dos mísseis e, por fim, com a especulação sobre a "guerra nas estrelas". Quanto às forças terrestres, começamos com uma infantaria andando a pé, em média 24 quilômetros numa etapa de marcha por dia. Depois a infantaria começou a ser transportada até quase a área de combate, passou a ser empregada em carros blindados. Foi uma evolução que veio do período final da guerra de 1914-18, quando já se usava a arma blindada, embora em escala reduzida, e a aviação já atuava, principalmente nas missões de reconhecimento.

O que conta na guerra é a perspectiva do ataque. É o ataque que traz resultados. É preciso reunir meios e esforços e escolher a direção e o objetivo a atingir, o ponto vulnerável. A defesa, por si, não resolve a guerra. Na guerra de 1914-18 os franceses ficaram durante muito tempo na defensiva, mas terminaram, já com o apoio americano, por atacar. A fase final foi de ataque das forças francesas e americanas contra os alemães. Na Segunda Guerra também havia uma linha defensiva, a linha Maginot, um conjunto de fortificações consideradas inexpugnáveis ao longo da fronteira alemã, que afinal foi ultrapassada. Militarmente, os Estados Unidos, pela inquestionável riqueza, superioridade de recursos materiais e potencial humano, passaram a ser a maior força mundial. O general Marshall foi o grande colaborador de Roosevelt na reorganização do Exército americano. Comandou toda a sua expansão e reaparelhamento e coordenou seu emprego no teatro de operações, tanto na Europa quanto no Pacífico. Em tempo de paz o Exército americano era muito reduzido, mas profissional. Dele saíram os generais que fizeram e ganharam a guerra.

Nós, aqui, assimilamos a doutrina militar americana, mas o Exército continua com o problema da deficiência de meios materiais: teoricamente adotamos uma série de normas e de princípios, mas sua execução prática não é correspondida pelos recursos que temos. Ficamos com uma doutrina, ficamos com uma mentalidade, inclusive de formação profissional em nossas escolas, mas os meios de ação para pôr essas ideias em execução, se necessário, nós não temos. A aparelhagem material das nossas Forças Armadas ficou muito atrasada, porque o país não tem recursos, não pode gastar muito dinheiro com isso. É este o problema do Exército presentemente, e também da Marinha e da Aeronáutica.

Como o senhor avalia a atuação da Força Expedicionária Brasileira na Itália?

Sou suspeito para avaliar, porque não fui da FEB, dela não participei. A FEB fez boas operações ao lado dos americanos e teve também seus insucessos, naturais nas circunstâncias em que operou: limitado treinamento com material moderno, terreno de atuação difícil, clima hostil e inimigo aguerrido. O Exército não aproveitou muito os ensinamentos da FEB, no meu modo de entender, mas principalmente, como já disse, por deficiência de meios materiais, por falta de recursos financeiros. O americano fez um acordo militar com o Brasil e passou a fornecer material, geralmente já obsoleto, e às vezes cobrava pagamento. Não fornecia o último modelo, o mais atualizado, e sim o que já estava ultrapassado. O acordo com os Estados Unidos foi se deteriorando tanto que acabei com ele quando era presidente da República.[32] Eu achava que não fazia sentido, nas circunstâncias em que era operado.

Quando da deposição de Getúlio, em outubro de 1945, o senhor era chefe de gabinete do general Álcio Souto. Quais são suas impressões desse episódio?

Eu era chefe de gabinete na Diretoria de Motomecanização. Conhecia o general Álcio havia muitos anos, e entre nós dois havia plena confiança. Álcio estava muito ligado ao general Dutra, que era ministro e candidato a presidente da República. Mas começou a campanha do queremismo, e foi concedida a anistia aos comunistas de 35. Na área militar, principalmente nos escalões mais elevados, entre generais e coronéis, a situação repercutia mal, por causa dos reflexos sobre as candidaturas de Dutra e Eduardo Gomes. Getúlio dizia que não queria continuar, mas permitia que seus adeptos fizessem campanha, inclusive com o *slogan* "Constituinte com Getúlio".

---

[32] O Acordo Militar Brasil-Estados Unidos, estabelecendo o fornecimento de material norte-americano para o Exército brasileiro em troca de minerais estratégicos, foi assinado em 15 de março de 1952. Vigorou sem provocar grande polêmica até 1977, quando o governo Geisel protestou contra a vinculação, estabelecida pelo governo do presidente Jimmy Carter, da ajuda militar norte-americana à averiguação da situação dos direitos humanos no Brasil. O acordo foi denunciado pelo governo brasileiro em 11 de março de 1977.

Realizou-se um comício no dia 3 de outubro, e aí Getúlio se tornou mais explícito na pretensão de ficar no poder. Aos poucos foi se formando um consenso de que não se podia tolerar esse movimento. Era preciso que Getúlio cumprisse a palavra empenhada.

Uma ocasião correu a notícia, que o Álcio teve de fonte segura, de que os generais que eram contra o queremismo iam ser presos. Começou-se então a tomar medidas preventivas para evitar a prisão dos generais, e também a articular o movimento contra, inclusive com os escalões abaixo dos generais, na tropa, para uma eventual reação. A crise manifestou-se no dia 29 de outubro. João Alberto, que era chefe de polícia, queria ser prefeito do Rio de Janeiro. Foi exonerado da chefia de polícia, e em seu lugar foi nomeado Benjamim Vargas, irmão do Getúlio, que passaria a dispor de toda a polícia do Rio. A nomeação do "Bejo" provocou grande reação nas Forças Armadas, convencidas de que, agora, Getúlio e seus adeptos iam partir para a ofensiva. Em certo momento o general Cordeiro foi mandado falar com Getúlio no Catete. Cordeiro era amigo do Getúlio, foi lá e o convenceu a renunciar. Deram-se a ele todas as garantias pessoais: poderia ir para o Rio Grande, para São Borja, com todos os seus familiares. Naquela ocasião, a favor de Getúlio estava apenas o comandante da Vila Militar, general Renato Paquet, que não teve o apoio necessário para atuar. Fez-se a deposição, e a Polícia Militar, que era comandada pelo general Denys, também não reagiu. Getúlio ficou sozinho.

O cerco ao palácio Guanabara foi comandado pelo general Álcio Souto, mas quem fez a operação militar foi o coronel José Ulhoa Cintra, enteado do Dutra, que comandava um batalhão de infantaria blindada. Essa tropa é que, no final, cercou o Guanabara. Ajudei muito, no dia 29 de outubro, no deslocamento de unidades para o centro do Rio. Acompanhei o Cintra nas operações, durante toda a noite de 29 para 30. Primeiro ocupamos a Cinelândia, depois fomos para o Catete e do Catete para o Guanabara. Cheguei em casa de manhã rouco, afônico, depois de uma noite fria no sereno. Eu me entendia pelo telefone com o general Álcio, que estava adoentado no Quartel-General, e o informava dos nossos deslocamentos até chegarmos ao palácio. Nossa primeira preocupação era relativa ao Corpo de Bombeiros, com seu quartel junto à praça da República, comandado pelo coronel Aristarco Pessoa, irmão de José Pessoa e João Pessoa, pois não sabíamos qual seria sua reação.

Os senhores contavam com a possibilidade de reação?

Sim, poderia haver reação. Principalmente na Polícia Militar e no Corpo de Bombeiros. Na Vila Militar era pouco provável, pois, como disse, o general Paquet não contava com a tropa para se opor ao movimento. Havia um trabalho na tropa a favor e contra Getúlio, mas a ação do Góes, do Dutra, do Álcio e de outros chefes era preponderante. Não se admitia que as candidaturas presidenciais de dois chefes militares, a do general Dutra, ministro do Exército, e a do brigadeiro Eduardo Gomes, fossem menosprezadas, para que Getúlio continuasse na presidência da República após 15 anos de poder.

Além disso, a FEB havia voltado da guerra na Europa e muitos de seus integrantes achavam que, inclusive por coerência, era necessário acabar com a ditadura no Brasil. Também o general Góes voltou do Uruguai declarando que tinha vindo para "acabar com o Estado Novo". Tudo isso foi importante, mas o principal eram as candidaturas militares. A candidatura do Dutra fora ajustada com Getúlio, inclusive para se opor à do Eduardo. Dutra não era muito benquisto no Exército, mas era um chefe, e um chefe respeitado. E, no meio militar, o espírito de classe é muito forte.

Nesse episódio, acho que Getúlio jogou na aventura, foi mal informado. Na realidade, não tinha meios para reagir. Achava que não ia haver movimento, e que a nomeação do "Bejo" iria ser absorvida. Getúlio sempre manobrava, tendo como aliado o tempo. Era muito flexível, muito plástico, sempre se acomodava. Na própria Revolução de 30, como já disse, ele hesitou muito. O homem da Revolução de 30 no Rio Grande do Sul, o grande conspirador, volto a dizer, foi Osvaldo Aranha, enquanto Getúlio marombava. Ora era a favor, ora não era... Não nego ao Getúlio muitas qualidades. Sem dúvida ele as tinha. Mas na questão pessoal sempre procurava se acomodar contando com a inércia e a desunião dos outros, tendo como aliado o fator tempo. Jogou muito com a desunião dos outros para se aguentar, se manter no poder. O pior é a ação do *entourage*, a ação dos que cercam o poder com insinuações e seduções do teor: "O senhor tem que ficar, o senhor é o maior homem do mundo, se o senhor sair como é que o país vai ficar?" O endeusamento do homem que está no poder é muito grande, e nem todos os governantes a ele resistem.

Nós concordávamos que aquele *entourage* era oportunista e não confiávamos. Eles se investiam de representantes da classe trabalhadora, mas na realidade muitos eram parasitas, explorando a própria classe trabalhadora. Esses líderes trabalhistas faziam promessas mirabolantes aos trabalhadores, que não podiam ser cumpridas, e se aproveitavam da situação. Acho que até hoje em dia isso acontece. Não mudou muito.

Houve algum entendimento para expulsar Getúlio do país?

Nunca soube disso. Sei que o Cordeiro, que era amigo do Getúlio, foi lá, convenceu-o a renunciar e, em nome do Góes e do Dutra, deu-lhe certas garantias, inclusive a de ir para São Borja. Não acredito que houvesse a ideia de expulsão, nem ninguém pensou em prender Getúlio. Ele ficou isolado no palácio Guanabara: ninguém lhe deu ordem de prisão, nem o confinou. Tanto que ele pôde arrumar suas malas, pegar o avião e ir para São Borja. Apesar de tudo, havia respeito pela sua pessoa. Ele não foi humilhado, ninguém fez nada pessoalmente contra ele.

Houve uma história sobre a qual o secretário do Getúlio, Luís Vergara, nas suas memórias,[33] faz um relato falso. Havia uma informação, no dia seguinte ao da deposição, de que estava entrando e saindo gente do palácio, de que havia gente tramando, e o Álcio resolveu ir lá, para ver o que havia e tomar medidas se fosse o caso. Fomos, com ele, eu e o Cintra. Getúlio apareceu, com o rosto carregado, o semblante sério, e o Álcio conversou com ele. Conversaram educadamente, pois eram conhecidos e tinham boas relações. Vergara em suas memórias diz que Getúlio, na conversa, muito tensa, maltratou o general Álcio e que este se humilhou. Posso afirmar que é mentira, pois assisti a tudo. Foi, como disse, uma conversa tensa, mas educada e relativamente cordial. E sem nenhum excesso de lado a lado. Álcio disse que foi lá verificar o que havia, como é que estava o palácio. Via que não havia nada, que estava tudo normal. Getúlio disse que estava se preparando para viajar.

Em tudo isso, Góes foi uma figura importante. Foi quem articulou muita coisa. Mas não ficou satisfeito com a solução final. Resolveram escolher José Linhares, presidente do Supremo Tribunal Federal, para dirigir o país como presidente até as eleições. Foi uma proposta do Eduardo Gomes, que o Dutra aceitou. Góes, segundo

---

[33] Vergara, Luís. *Fui secretário de Getúlio Vargas*. Porto Alegre, Globo, 1960.

consta, pretendia ser o presidente interino. Afastou-se do ministério, foi para Petrópolis e passou lá todo o período do Linhares.

Como os militares se dividiam em relação às candidaturas Dutra e Eduardo Gomes?

Uns, como eu, estavam com Eduardo, outros com Dutra. Eduardo tinha raízes na Revolução de 22, na revolta do Forte de Copacabana, era um revolucionário histórico. A ala mais revolucionária estava com ele. Creio que o próprio Cordeiro era Eduardo. Dutra não tinha sido revolucionário, Álcio também não. Góes só foi revolucionário a partir de 30. Esses e muitos outros eram Dutra. A divisão entre as duas candidaturas, em parte, ainda se prendia à Revolução de 30. Houve também muita gente que foi revolucionária e apoiou Dutra, e outros que não foram e apoiaram o Eduardo, mas, no fundo, a separação entre as duas candidaturas se prendia ainda ao período das revoluções.

Eduardo também era muito rígido, não tinha flexibilidade. Hoje em dia estou convencido de que não teria sido um bom presidente, por causa da sua personalidade: solteirão, católico praticante e rígido.

6

Os militares, a política e a democracia

Quais foram suas impressões do governo Dutra?

Dutra foi um governante que manteve a tranquilidade dentro do país, teve atitudes positivas, fechou o Partido Comunista, mas seu governo foi relativamente medíocre. Era o governo da legalidade, daquela história que se conta, que o Dutra sempre consultava o "livrinho", a Constituição. Mas ele fez uma coisa que considero incrível num país como o nosso. O Brasil tinha acumulado, com as exportações feitas durante a guerra, grandes reservas de divisas. Tínhamos créditos e grandes saldos na Inglaterra e em alguns outros países. Dutra liquidou essas divisas! Comprou o ferro-velho dos ingleses, a Leopoldina e outras estradas de ferro que não deviam valer mais nada. O resto ele consumiu em importações de toda natureza, sem benefício para o país. Foi a época em que o Brasil ficou conhecido como "o país dos Cadillacs". Dutra podia ter empregado nossas divisas na compra de coisas de que o país realmente necessitava, mas comprou apenas alguns navios petroleiros de pequena tonelagem que só serviam para o transporte de petróleo na lagoa dos Patos, no Rio Grande do Sul. No fim do governo, ele acordou e fez o Plano Salte.[34] Do ponto de vista do desenvolvimento, seu governo foi ruim. Mas manteve a ordem, a paz e a tranquilidade dentro do país e assegurou a liberdade da eleição do Getúlio em 50, embora os dois não se entendessem mais.

No início do governo Dutra o senhor estava na Secretaria Geral do Conselho de Segurança Nacional. Como foi essa experiência?

O Conselho de Segurança Nacional era um órgão de assessoramento do presidente da República nos assuntos relacionados com a segurança nacional, que funcionava junto à própria Presidência. Os ministros participavam do Conselho, mas em questões de natureza específica ele podia funcionar apenas com a presença daqueles diretamente interessados na matéria. Dispunha de uma Secretaria Geral, dirigida pelo secretário-geral do Conselho, que era o chefe do Gabinete Militar da Presidência, de um gabinete, de várias seções especializadas, e da Comissão da Faixa de Fronteira. Era servido por oficiais de estado-maior das três Forças Armadas, e por civis especializados. Era secretário-geral, naquela época, o general Álcio Souto. Eu era major e integrava uma das seções.

Havia muitos problemas no país por essa época: reconstitucionalização, eleições de governadores nos estados... Havia questões no Rio Grande do Sul e principalmente em Pernambuco. Fiz duas ou três viagens a Pernambuco, onde o interventor federal tinha um sério desentendimento com o general comandante da região militar.[35] Eu ia conversar com os dois, para ter uma visão perfeita das divergências que alimentavam e verificar seus fundamentos para poder concluir e opinar. De volta ao palácio com minhas informações, o presidente Dutra, depois do meu relatório verbal, virava-se para mim e dizia: "Agora o senhor escreva isso". Queria o relatório por escrito, não somente para o arquivo, mas também para fixar minha

---

[34] O Plano Salte (das primeiras letras de saúde, alimento, transporte e energia) foi apresentado ao Congresso por mensagem presidencial em maio de 1948 e só foi aprovado dois anos depois, embora representasse o programa a ser executado de 1949 a 1953.

[35] Com o fim do Estado Novo, Pernambuco viveu um período de instabilidade política. Até a posse de Barbosa Lima Sobrinho como governador eleito, em janeiro de 1948, o estado teve quatro interventores.

responsabilidade. Na última vez que fui a Recife, o presidente e o general Álcio estavam em Petrópolis. Era verão, eu ia entrar em férias e pretendia ir num avião da FAB para Porto Alegre, com a dona Lucy. Um telefonema de Petrópolis do general Álcio pôs o presidente na linha: "O senhor vá a Pernambuco porque há novas divergências entre o general comandante da região e o interventor. O senhor vá lá examinar o assunto". Telefonei para a Lucy: "Olha, Lucy, desarruma a mala que eu não vou mais..." Ela ficou zangada: "Estão te explorando!"

Fui para Pernambuco. A crise entre o general e o interventor era uma coisa extremada, uma verdadeira briga, inclusive com cócegas de prestígio e de mando — uma situação intolerável. Era a época em que eram candidatos a governador Neto Campelo, pela UDN, e Barbosa Lima, pelo PSD. Quando voltei fui a Petrópolis conversar com o general Álcio e depois com o presidente Dutra. Resultado: o presidente mandou chamar o general Canrobert, que era o ministro da Guerra, e o ministro da Justiça, para exonerar os dois: o interventor e o general comandante da região. Eram inconciliáveis, e a divergência estava criando um clima de desassossego na área.

Houve alguma participação do Conselho de Segurança Nacional no fechamento do Partido Comunista?

No que se refere ao Partido Comunista, houve várias perturbações populares no Rio que o Conselho controlou. Quem lutou muito para extinguir o Partido Comunista foi o general Álcio, que era um radical nessa questão. Quando o presidente fechou o partido, Prestes e vários outros comunistas eram parlamentares e tiveram seus mandatos cassados.[36]

De um modo geral, os militares queriam o fechamento do Partido Comunista. Era a repercussão da Revolução de 35. A posição da Rússia na guerra, praticamente como aliada do Brasil, favoreceu a expansão do Partido Comunista, que cresceu muito, inclusive duran-

---

[36] Nas eleições de dezembro de 1945, o PCB elegeu, para a Assembleia Nacional Constituinte, 14 deputados e um senador (Prestes). Seu candidato presidencial Iedo Fiúza obteve 10% dos votos contra 55% do general Eurico Dutra. O partido teve seu registro cancelado em 10 de maio de 1947, e os mandatos de seus representantes foram cassados em 7 de janeiro de 1948.

te o "queremismo" e a candidatura presidencial do engenheiro Fiúza. Em 1945 Getúlio anistiou os comunistas de 35, soltou o Prestes, e os dois apareceram juntos num comício. No Congresso, como senador, Prestes declarou que numa guerra entre o Brasil e a União Soviética combateria ao lado das forças soviéticas. E a reação a tudo isso foi radical.

O Conselho de Segurança se interessava por questões da Constituinte?

Não discutíamos no Conselho o que lá se passava. Preocupavam-nos, apenas, a saída da ditadura e a reconstitucionalização do país. O que se debatia lá na Constituinte não nos motivava. Tomávamos conhecimento apenas pelos jornais. Tampouco participávamos da organização partidária. Eu era essencialmente militar, não me preocupava com isso. Também não me interessei pela questão do petróleo. Houve debates no Clube Militar a esse respeito com o general Horta Barbosa e outros, mas não participei de nenhum. Na época existia o Conselho Nacional do Petróleo, cuja criação foi patrocinada pelo general Góes, considerando as dificuldades de abastecimento desse combustível durante a guerra. Depois, o próprio general Góes criticava o Conselho do Petróleo, achando que era inoperante... Eu não me envolvia em assuntos políticos e outros que não fossem de natureza militar, mas sei que havia muita radicalização, principalmente em torno do petróleo.[37]

Em 1947 o senhor deixou o Conselho de Segurança e foi ser adido militar no Uruguai.

Sim. Em abril de 1947, o general Álcio me disse: "Arrume a sua mala, para ser adido militar no Uruguai". Tirei minhas férias e depois fui ser adido em Montevidéu, onde passei dois anos e meio com minha família.

---

[37] O Conselho Nacional do Petróleo foi criado em 29 de abril de 1938, recebendo amplos poderes para controlar as atividades ligadas à produção, ao refino e à comercialização do petróleo. Em fevereiro de 1947, o presidente Dutra designou uma comissão, sob sua direção, para elaborar o Estatuto do Petróleo. Aberta a discussão sobre a participação do capital estrangeiro na indústria petrolífera, tomou corpo uma reação nacionalista que produziu conferências e debates no Clube Militar. Foi essa a origem da campanha "O petróleo é nosso", em meio à qual foi criada a Petrobras.

Esse posto era considerado um prêmio?

Em parte, sim. Os adidos são selecionados às vezes em função de relações com chefes, outras vezes em razão do mérito militar. Em qualquer caso, são oficiais destacados entre seus pares e que, antes de partir para as novas funções, fazem um estágio de adaptação e são obrigados a apresentar um trabalho escrito sobre tema militar relativo ao país para o qual foram nomeados.

De modo geral, a nomeação era um reconhecimento das qualidades do militar para desempenhar essa função. Aí entravam as suas *performances* dentro do Exército, o que ele tinha produzido, o que tinha realizado, sua conduta. Outro argumento era a constituição da família, por causa da representação social. Hoje em dia parece que há critérios fixados para a escolha, mas o relacionamento pessoal continua a ter grande peso. Fui adido por influência do general Álcio, senão não teria sido, naquela ocasião. Quando ele me indicou, argumentei que podia continuar na Secretaria do Conselho de Segurança, que tinha ainda muito tempo no Exército para ser adido, ao que ele me respondeu: "Não, você agora tem empresário, futuramente pode não ter" — o empresário era ele. Possivelmente já estava sofrendo da doença de que veio a falecer.

O Uruguai naquela época não tinha nenhuma relevância militar para nós. Era importante por causa do Perón. Os uruguaios, que eram governados pelo Partido Colorado, viviam preocupados com o Perón, e ali tínhamos mais possibilidades de obter informações sobre a situação na Argentina do que o adido que estava em Buenos Aires. Muitas informações sobre a Argentina eu recebia através de uruguaios, dependendo do grau de confiança e de relacionamento que tinham comigo.

A vida de adido no Uruguai era movimentada. O país era muito interessante e seu povo era hospitaleiro. Viviam uma fase de apogeu, com comércio livre, muita importação. Era o país da liberdade, e ainda estava sob a influência do estadista Battle, que queria fazer do Uruguai a Suíça da América. A vida social era intensa. Havia dias em que éramos convidados para um almoço, um coquetel e, por fim, um jantar. Eles eram muito impontuais. Uma vez fui convidado para um jantar que seria às nove horas da noite, e quando cheguei com a Lucy fui recebido por alguém que me disse que a senhora da casa ainda estava na cidade fazendo compras. O jantar começou a ser servido às 22 horas. Houve um almoço na embaixada, em que a principal convidada era uma senhora da alta sociedade, que só chegou às três horas da tarde. E o almoço estava marcado para meio--dia e meia... A impontualidade era a regra e eu era uma vítima, porque sempre fui pontual. Mas era uma boa gente, e nos relacionamos muito bem.

Eu trabalhava de manhã e de tarde. Lá só tínhamos um adido residente que era eu, e por isso meu relacionamento era não só com o Exército, mas também com a Marinha e com a Aeronáutica. Nós, adidos de vários países que lá serviam, aliviávamos os nossos problemas, inclusive do ponto de vista financeiro, criando uma associação dos adidos — os americanos, os argentinos, o mexicano, eu e outros mais. Geralmente, quando dávamos uma recepção, o fazíamos em conjunto. Quando oferecíamos um almoço, também. Com isso conseguíamos equilibrar os nossos orçamentos. O salário era bom, mas variável em função do país onde servíamos. Era pago em dólar e englobava a representação. O dólar daquele tempo era muito mais valorizado do que o de agora. Eu ganhava 1.600 dólares por mês. Mas era dinheiro!

Esses dois anos e meio no Uruguai foram um período muito agradável na minha vida. Os brasileiros eram bem tratados, fizemos amigos. Fiquei lá com minha mulher, os dois filhos e uma amiga da Lucy, uma dama de companhia que a ajudava com as crianças.

Certa ocasião, o adido da Aeronáutica dos Estados Unidos, que tinha um avião à sua disposição, nos convidou para um passeio. Fomos, todos os adidos com as senhoras, a Bariloche, na Argentina. Depois de Bariloche sobrevoamos a cordilheira dos Andes, até Mendoza. Estivemos em Buenos Aires, antes de retornarmos a Montevidéu. Passamos uns 10 ou 15 dias nessa viagem.

Era a primeira vez que o senhor fazia um passeio assim, de lazer?

Era. Outra ocasião, vim ao Brasil na comitiva do presidente uruguaio em visita oficial ao nosso país. Com ele também vinha o comandante do Exército uruguaio. Foi nessa época que o general Álcio faleceu. Fui ao seu enterro.

Fiquei no Uruguai até fevereiro de 1950. Voltei já como tenente-coronel e fui servir no Estado-Maior das Forças Armadas como adjunto da 3ª Seção, de operações. O chefe do Emfa era o general Salvador César Obino, que tinha sido meu comandante em Porto

Alegre. Era um distinto general, muito bom homem, muito correto, muito simples. Quando o general Obino saiu, entrou o general Góes. Aí Getúlio já tinha sido eleito presidente, e Góes tinha ido a Canossa, para se reconciliar com ele.

No Emfa não se discutia política mas, de um modo geral, não queríamos a eleição de Getúlio. Pois ele não tinha sido posto para fora do governo por nós?

Getúlio estava associado ao nacionalismo, e havia uma ala militar, atuante no Clube Militar, que era muito nacionalista.

Sim, sobretudo a ala do general Newton Estillac Leal, que foi então o primeiro-ministro da Guerra do Getúlio. Mas eu não participava dos conflitos de ideias e de posições no Clube Militar. Só fui atuar nas eleições do Clube anos depois. Naquela época era assediado pelos meus colegas, mas não participava. Achava que aquilo tudo era bobagem, sem finalidade objetiva, e que o pessoal estava se envolvendo em campanhas que constituíam um desvirtuamento da função militar. A campanha "O petróleo é nosso", por exemplo, era um desvirtuamento. É claro que o Exército tinha interesse em resolver o problema do abastecimento nacional de petróleo, mas não era razão para uma campanha radical, ainda mais uma campanha em que havia envolvimento com políticos.

Votei no general Cordeiro para a presidência do Clube Militar em 1950. Mais tarde, as chapas do Clube passaram a ter uma coloração: a da esquerda, comunizante, era amarela, e a outra era azul. Um dos que trabalhavam muito pela chapa azul era o João Figueiredo. Participei depois da campanha em que Castelo foi candidato contra Joaquim Justino Alves Bastos. Fui inclusive escrutinador. Passei uma noite contando votos. Cada voto que contava a favor do Castelo, um oficial comunista impugnava. Foi uma noite inteira de briga, para apurar duas urnas. No fim nós perdemos.[38] Mas eu não me apaixonava por isso. Havia muitos oficiais que também não se

---

[38] A eleição para a presidência do Clube Militar em 1950, marcada pela discussão sobre o petróleo, foi vencida pela chapa nacionalista, encabeçada pelos generais Newton Estillac Leal e Júlio Caetano Horta Barbosa, que derrotou a chapa dos generais Osvaldo Cordeiro de Farias e Emílio Ribas Júnior. Desta última fazia parte, entre outros, o então coronel Humberto Castelo Branco, que anos depois, em 1958, concorreu à presidência do Clube, sendo derrotado pelo general Justino Alves Bastos.

envolviam. Essas disputas em geral eram travadas por grupos radicais servindo no Rio de Janeiro. Grande parte do Exército, entretanto, não estava no Rio. Havia uma grande guarnição militar no Rio Grande do Sul e outras mais reduzidas, com efetivos menores, em todos os estados. Essas questões repercutiam nos estados, mas com intensidade bem menor. Na capital, a disputa era mais acesa.

Enquanto isso, eu vivia muito mais o problema do Estado-Maior das Forças Armadas. Ali também havia influência comunista. Chefiava uma seção do Estado-Maior o Hercolino Cascardo, que era capitão de mar e guerra. Era um revolucionário de 24, da revolta do encouraçado *São Paulo*, e fora interventor do Rio Grande do Norte em substituição ao Aluísio Moura que, como já disse, foi exonerado após minha desavença com ele. Hercolino era um homem da esquerda, francamente da esquerda. Usava a técnica da obstrução, procurando invalidar todas as proposições elaboradas pelas demais seções. Trazia a auréola de grande revolucionário. Acabou sendo exonerado do Estado-Maior, em virtude do seu procedimento.

Quando Góes Monteiro assumiu a chefia do Emfa, parece que o senhor o acompanhou numa viagem à Argentina. Como foi isso?

O Brasil fez um acordo militar com os Estados Unidos, e os argentinos queriam, por nosso intermédio, conseguir algo semelhante. Começaram a insistir, por meio do Luzardo, que era nosso embaixador em Buenos Aires, e Getúlio acabou mandando o Góes em missão para conversar com os generais argentinos. Eu era tenente-coronel, oficial do Estado-Maior, e fui com ele. Na viagem, éramos Góes com a senhora, eu e dois ajudantes de ordem. Passamos vários dias em Buenos Aires recebendo homenagens, Góes conversando muito, mas não resolvendo nada objetivamente com os argentinos, apenas tranquilizando-os. Quando chegamos lá, puseram um médico à disposição dele. O médico foi examinar o coração do Góes e ficou preocupadíssimo, achou que ele poderia morrer a qualquer momento. Andávamos, por isso, com muito cuidado durante a viagem. Visitamos Evita, que já estava muito doente, com leucemia. Perón mantinha-se ainda exuberante no poder.

Durante a Segunda Guerra Mundial Perón foi germanófilo. Ficou neutro no conflito. Havia, da nossa parte, uma preocupação com a atitude da Argentina, que passou a ser considerada um possível inimigo potencial na América do Sul. Mas depois da guerra os argentinos ficaram mais ligados a nós, de certa forma por causa do Getúlio e da atuação do embaixador Luzardo. Alega-se, mas isso nunca ficou comprovado, que Getúlio, antes da sua eleição, havia assumido alguns compromissos com Perón.

Tive nessa viagem, que foi de navio, longas conversas com Góes sobre os homens e as coisas do Brasil. Góes era uma figura polêmica, mas se preocupava muito com a profissionalização do Exército. Não sei se ele era dispersivo ou o que era, porque na realidade não conseguia levar a bom termo o que idealizava. Talvez porque a rotina fosse muito grande e a displicência fosse geral.

O que fazia o Emfa nesse período?

Tratava de questões de segurança, organização, eficiência e emprego das Forças Armadas. E, principalmente, da coordenação dessas forças, o que era muito importante porque, não existindo um Ministério da Defesa, mas três ministérios, cada um cuidando de si sem maior vinculação com os outros, era necessário a interferência de um órgão capaz de assegurar, através do planejamento, a conjugação de esforços. O Conselho de Segurança Nacional também tratava dos problemas de segurança, tendo em vista a participação dos ministérios civis. Procurava coordenar a participação dos ministérios civis nas questões de segurança nacional, dentro do conceito de guerra total: da guerra que não é apenas das Forças Armadas, mas de toda a nação. Essa noção de guerra total foi uma consequência da Primeira Guerra. Foi quando as guerras deixaram de ser essencialmente das Forças Armadas e passaram a envolver toda a nação.

Qual era o papel da Escola Superior de Guerra na formulação da doutrina de segurança nacional?

A Escola Superior de Guerra foi criada quando o general Obino era chefe do Estado-Maior e eu ainda estava no Uruguai. Foi escolhido para organizá-la o general Osvaldo Cordeiro de Farias, que foi o seu primeiro comandante.[39] A ESG resultou desse conceito de guerra total.

---

[39] A Escola Superior de Guerra foi criada em outubro de 1948. Seu primeiro comandante foi Cordeiro de Farias, de 1949 a 1952.

Na organização da Escola e do seu programa de trabalho, tivemos a colaboração e a influência americanas. No início, a Escola contava com alguns oficiais americanos que funcionavam como assistentes. Matriculavam-se militares e civis, todos devidamente selecionados. Os civis eram voluntários, mas aceitos pela sua qualificação profissional, pelas funções que exerciam na vida nacional, na indústria, no comércio ou no próprio governo, inclusive no Itamarati. Realizava-se ali um intercâmbio entre militares e civis, e eram abordadas múltiplas questões, não tanto de estratégia militar, mas da vida nacional, da preparação do país para enfrentar uma guerra, do desenvolvimento, da mobilização, dos transportes etc. Esses assuntos todos eram ventilados através de conferências com debates e trabalhos de grupo.

Fui matriculado na ESG em 1952. Fazíamos o curso, mas também pertencíamos ao corpo permanente da Escola. No corpo permanente serviam oficiais da Marinha, da Aeronáutica e do Exército. Do Exército, nessa ocasião, estavam lá entre outros Muricy, Golbery — foi quando eu me reencontrei com ele —, Mamede e Rodrigo Otávio. Discutimos muitos problemas para formular os programas, as apostilas, para organizar as conferências etc. Havia diversos conferencistas selecionados, tanto civis como militares. San Tiago Dantas era um deles. Normalmente trabalhávamos em equipe, e havia discussões acaloradas, principalmente com Rodrigo Otávio. Geralmente, Golbery, Mamede e eu tínhamos um ponto de vista comum, mas Rodrigo Otávio divergia. Então discutíamos e dificilmente chegávamos a um acordo.

No fim do ano estava previsto um exercício, no conjunto da turma, sobre segurança nacional, que se prolongaria por vários dias. Nosso comandante já era o Juarez. Cabia a nós, do corpo permanente, organizar as bases desse trabalho. Era um exercício que envolvia planejamento. Eu e Golbery de um lado, e Rodrigo Otávio de outro, passamos toda uma noite discutindo. Tínhamos duas soluções, a nossa e a dele. Não houve maneira de chegarmos a um acordo. No dia seguinte de manhã, quando o Juarez chegou na Escola e nos indagou sobre o trabalho, informei-o sobre a nossa divergência. Disse-lhe que tínhamos um projeto, e Rodrigo Otávio outro. Não havia muito tempo disponível, porque daí a uma hora o tema devia ser apresentado ao conjunto de estagiários. Juarez decidiu pela nossa proposição. O exercício foi realizado durante toda a semana e foi muito proveitoso.

Acho que a ESG foi importante porque conseguiu transmitir para uma boa parte do setor civil, mais responsável, informações e estudos sobre o problema da segurança do país, mostrando que aquele não era um problema só dos militares, mas de toda a nação. Os militares são responsáveis em parte pela segurança nacional, mas numa eventualidade de guerra, de ameaça à segurança do país, sua ação é limitada. É a maioria da nação que vai dar os meios, os recursos etc. para defender o país. Havia a noção no Brasil, e talvez ainda haja na cabeça de muita gente, de que a guerra é um problema só dos militares. No entanto, a guerra é também um problema dos políticos, dos economistas e das demais forças vivas da nação. Assim como se mobiliza o pessoal para ir para a guerra, para ser soldado, há mobilização civil no setor de indústrias, no setor de produção agrícola etc. A mobilização é de todos, para assegurar a vida nacional e permitir fazer a guerra e vencê-la. A ESG procurou, e acredito que em boa parte conseguiu, conscientizar e mostrar a certos setores civis que, assim como os militares se preparam para a guerra, como profissionais da guerra, da luta em si, os civis também têm que pensar nesse problema. Se é que querem, como devem, se preocupar com a segurança do país. Há muitos temas, não propriamente militares, mas ligados às áreas civis, que envolvem ou integram o problema da guerra, que eram ventilados na ESG. Procurava-se conscientizar a elite civil de que ela tinha que começar a pensar nessas coisas, porque víamos a perspectiva da guerra dos Estados Unidos com a União Soviética, na qual o Brasil certamente ficaria envolvido.

A ESG foi a instituição formuladora de uma doutrina de segurança nacional, realizando uma integração doutrinária entre o meio militar e o meio civil. Não tinha nada a ver com os problemas emergentes, principalmente políticos, que estavam acontecendo no país. Dentro da ESG, nas conferências e nos debates, essas coisas nunca foram discutidas. Se a gestão do Getúlio estava certa ou errada, se Getúlio devia ficar ou não devia ficar, se devia ser deposto, nenhum desses assuntos de política interna entrava ali. Mas é natural que à margem do curso, nas conversas, se debatessem muitos problemas, muitas questões. Discutiu-se muito a orientação do governo Getúlio, a eventualidade da candidatura do Juscelino. E formavam-se grupos e ideias em torno dessas questões e de outras da conjuntura e dos problemas nacionais.

Em fevereiro de 1954, foi divulgado o "Manifesto dos coronéis", que representou uma estocada séria no governo de Getúlio.⁴⁰ Esse documento saiu da ESG?

Esse manifesto não era da ESG propriamente. Oficiais da Escola Superior de Guerra estavam envolvidos, mas o manifesto era um assunto de que muitos outros oficiais do Exército também participaram. Era uma crítica ao governo pela indiferença com que eram tratados os problemas militares, pelo estado de decadência de muitas unidades militares do ponto de vista material e de organização. Era uma crítica geral às autoridades superiores, principalmente do Exército. Era esse o sentido do manifesto. Foi redigido por um grupo de oficiais, entre eles Golbery e Mamede. Ademar de Queirós, muito meu amigo, era um dos líderes. Quase todos os oficiais da Escola assinaram. Eu declarei que não assinaria. Disse: "Não assino, porque acho que isso é um ato de insubordinação. É um ato de indisciplina do qual não participo. Vocês podem ter toda razão, pode estar tudo muito certo, mas eu não assino". E também ficamos nisso. Não discutimos. Eu respeitava a posição deles, como eles respeitavam a minha. Nessa matéria, sempre fui, dentro do Exército, muito independente. Nunca fui de grupo. Sempre procurei me manter independente e com as minhas normas de procedimento.

Mas o fato é que essa história levou à saída do Jango do Ministério do Trabalho, e à saída do Espírito Santo Cardoso do Ministério do Exército.

Nos anos 50 já se chamava a ESG de "Sorbonne"?

Essa foi mais uma expressão pejorativa dos que não sabiam o que era a Escola e não gostavam dela. Apelidaram o corpo permanente como o grupo da Sorbonne: "uns homens metidos a besta, a serem sabidos". Mas o que é a Sorbonne? Na verdade a Sorbonne é apenas uma universidade como outra qualquer. Ela apenas tem maior tradição, pois existe desde a Idade Média.

---

⁴⁰ Em 8 de fevereiro de 1954, um memorial assinado por 42 coronéis e 39 tenentes--coronéis foi encaminhado ao ministro da Guerra, general Ciro do Espírito Santo Cardoso, em protesto contra a exiguidade dos recursos destinados ao Exército e a proposta do ministro do Trabalho, João Goulart, de aumentar em 100% o salário mínimo. Em consequência do episódio os dois ministros foram exonerados.

Dentro da doutrina da ESG, como fica a relação dos militares com a política?

Os militares devem ficar fora da política partidária, mas não da política geral. O Exército deve estar sempre preparado para poder fazer a guerra. Isto é, um Exército deve ter armamento adequado, suprimento e demais meios necessários. Tem que estar preparado na formação dos seus oficiais. A eficiência militar é importantíssima, mas não depende só do Exército. Se o governo não der recursos, o Exército, assim como a Marinha e a Aeronáutica, isto é, as Forças Armadas, não terão os meios necessários para conduzir a guerra e alcançar a vitória. E há coisas que às vezes têm que ser providas com bastante antecedência para o treinamento e formação de pessoal, inclusive para a mobilização. O Exército, em tempos de guerra, terá que se expandir e crescer utilizando as reservas formadas durante a paz. O que se procura também é conscientizar o meio civil do que ele é obrigado a fazer, ou terá que fazer, para poder enfrentar as vicissitudes de uma guerra através da força militar.

No entanto, o militar não deixa de ser um cidadão e, individualmente, tem o direito de ter pensamento político. Não deve, é claro, prevalecer-se da força que a nação lhe confiou para atender sua posição política, que é necessariamente individual. Contudo, em ocasiões de crise, quando o país está ameaçado por graves dissensões internas, fomentadas por dirigentes políticos que se desviam de seu encargo de conduzir o país à realização das aspirações nacionais e utilizam o poder para satisfazer seus interesses e ambições pessoais e de seus apaniguados, a nação fica em perigo, e os militares, em conjunto, poderão ter que atuar com suas forças para afastar drasticamente o perigo manifesto.

Quanto ao fato de muitos políticos baterem na porta do quartel, devo dizer que isso sempre existiu. Vocês não conhecem a história do Castelo? Quando os políticos começavam a aliciar, a sondar os militares, ele vinha com a história das "vivandeiras batendo nos portões dos quartéis". As vivandeiras eram as mulheres que acompanhavam o Exército na Guerra do Paraguai, eram as lavadeiras, as que viviam ali por perto da tropa. Castelo dizia que os políticos eram as vivandeiras porque toda vez que o político começa a se exacerbar nas suas ambições ele logo imagina a revolução. E a revolução é feita pelas Forças Armadas. Por isso ele vai bater na porta do quartel, vai procurar seduzir o militar. Neste momento em que estamos aqui conversando, há muitos dizendo: "Temos que dar um golpe! Temos que derrubar o presidente! Temos que voltar à ditadura militar!" E não é só o Bolsonaro, não! Tem muita gente no meio civil que está pensando assim. Quantos vêm falar comigo, me amolar com esse negócio: "Quando é que o Exército vai dar o golpe? O senhor tem que agir, é preciso voltar!" São as vivandeiras![41]

O que é mais forte: a pressão dos civis batendo nas portas dos quartéis ou a aspiração de alguns militares querendo liderar politicamente o país?

Já houve épocas em que os militares queriam liderar o país. Na época em que os generais permaneciam muito tempo na função, eles se tornavam um pouco caudilhos. Cordeiro foi um. Góes foi outro. Denys e Zenóbio também. Lott seguiu o mesmo caminho, mas seduzido pelo grupo comunista que estava com ele. Isso de certo modo acabou, porque o general Castelo, quando foi presidente, fez uma lei que limita o tempo de permanência do general no Exército. Vejam, por exemplo, o caso do Cordeiro. O Cordeiro foi general com trinta e tantos anos. Acho que não tinha 40 anos. Ficou como general mais de 20 anos. O Góes, na Revolução de 30, era tenente-coronel. Terminou a revolução, foi promovido a coronel, no dia seguinte a general de brigada, e um ano depois a general de divisão! De tenente-coronel a general de divisão, que então era o último posto da carreira, foi um percurso meteórico, feito em dois, três anos. Ele aí foi ficando no Exército, sempre tendo funções de chefia: chefe do Estado-Maior, ministro do Exército, chefe do Estado-Maior das Forças Armadas. Com muita influência, esses generais começavam a ter maior vinculação com os políticos, e possivelmente aí se geravam ambições de lado a lado. Acho que hoje em dia pode haver um ou outro caso, mas a influência dos políticos é maior que a dos militares.

---

[41] Este trecho do depoimento foi concedido em 28 de julho de 1993, durante o governo Itamar Franco. Jair Bolsonaro, ex-militar, era deputado federal pelo RJ.

Entre nós, no Brasil, a vinculação dos militares com a política é tradicional. Isso vem da nossa formação, acho que vem até do Brasil Colônia. O que houve no Império? Quantos políticos quiseram ser militares, através da Guarda Nacional? Quantos generais foram políticos? O que era o Barbacena, que perdeu a guerra contra a Argentina na batalha do Passo do Rosário? E, depois, quantos militares participaram do problema do 7 de abril, da deposição de Pedro I? E do problema da maioridade? O que foi o problema do Osório de um lado, Caxias de outro? O que foi o problema do Deodoro, comandante de armas no Rio Grande do Sul, brigando com o chefe federalista Gaspar Silveira Martins? Sempre houve militares envolvidos na política, e isso continuou com a República: por exemplo, o problema do Hermes da Fonseca na campanha civilista do Rui Barbosa. É sempre a política entrando no Exército. Isso é mais ou menos tradicional. Tenho a impressão de que, à medida que o país se desenvolve, essa interferência vai diminuindo. Presentemente, o que há de militares no Congresso? Não contemos o Bolsonaro, porque o Bolsonaro é um caso completamente fora do normal, inclusive um mau militar. Mas o que há de militar no Congresso? Acho que não há mais ninguém. Minha opinião é que, à medida que o tempo passa, essa ingerência vai diluindo e desaparecendo. Tem raízes históricas, mas agora, com a evolução, vai acabar.

Mas também sempre houve uma certa prevenção dos militares contra os políticos.

Sim, no Império os políticos eram os "casacas". Um dos problemas sérios que houve neste país foi a Guerra do Paraguai. O Exército se exauriu nessa guerra de cinco anos. Quando voltou foi menosprezado, relegado, tiraram-lhe os recursos e se criaram as questões militares. Os políticos se metendo com os militares, punindo etc. Aí há um outro problema com graves repercussões. No tempo do Império, a força armada preferida, aristocrática, e que tinha todas as atenções, era a nossa Marinha. O neto do imperador foi para a Marinha. Eram os nobres. E o Exército, coitado, era menosprezado, não tinha nada, esfarrapado. Na República, o Exército tomou conta, com Deodoro e Floriano. E a Marinha se ressentiu. A Marinha sempre manifestou receio da criação de um Ministério da Defesa, no pressuposto da preponderância do Exército.

Procurou-se melhorar essa situação, inclusive, com a criação do Estado-Maior das Forças Armadas,[42] fazendo rodízio na sua chefia. Ora o chefe é um oficial do Exército, ora um da Marinha, ora um da Aeronáutica.

Na nossa história, se quisermos nos aprofundar, encontraremos as raízes de alguns fenômenos contemporâneos. A pesquisa adequada sempre encontrará uma causa pertinente.

O senhor foi promovido a coronel no tempo da ESG?

Sim. Em abril de 1953 fui promovido a coronel. Eu tinha que ter dois anos de comando como oficial superior para poder prosseguir na carreira, para poder pensar em algum dia chegar a general. Como major não consegui que me dessem comando, como tenente-coronel tampouco. Resolvi então sair da ESG e conseguir o comando de um corpo de tropa. Fui designado para comandar um grupo de artilharia que ficava no Leblon. Era o 8º Grupo de Artilharia de Costa Motorizada.

O senhor estava portanto comandando o 8º GACM durante a crise que levou ao suicídio de Getúlio. Como o senhor via a situação?

Víamos a situação se agravando dia a dia. Vivíamos no regime de prontidão, mas o Grupo não saiu do quartel, pois não houve qualquer movimentação de tropa, a não ser a de rotina. Embora estivesse perfeitamente informado do que ocorria, desde o atentado ao Lacerda,[43] até as apurações da autoria do crime no inquérito do Galeão, não tive participação em nada. Nos quartéis, muitos eram contra Getúlio, e a influência do Lacerda era grande. Lacerda ia para a

---

[42] O Estado-Maior das Forças Armadas foi criado em 25 de julho de 1946, pelo Decreto nº 9.520, com o nome de Estado-Maior Geral. Em 1948 adquiriu sua denominação atual.

[43] No dia 5 de agosto de 1954 o jornalista de oposição Carlos Lacerda sofreu um atentado na rua Tonelero, do qual resultou a morte do major-aviador Rubens Vaz. Lacerda responsabilizou o governo de Getúlio Vargas pelo ocorrido, e as investigações, inicialmente a cargo da polícia, passaram a ser feitas pela Aeronáutica na base aérea do Galeão. Com a confirmação do envolvimento da guarda pessoal do presidente no atentado, a oposição intensificou sua campanha exigindo a renúncia de Vargas, que viria a se suicidar em 24 de agosto de 1954.

televisão falar e rabiscar suas denúncias no quadro-negro e galvanizava a atenção de muita gente, inclusive na área militar, principalmente na Aeronáutica. Houve o problema da morte do major Vaz, que sensibilizou e se prestou à exploração da classe, embora sem muita razão, porque ele estava ali realmente como um guarda-costas do Lacerda. Mas, em essência, era um assassinato.

Lacerda também era um homem muito contraditório. Conheço a história dele no tempo em que Castelo era presidente. Era muito inteligente, um homem terrível na hora do discurso, na argumentação. Basta recordar a guerra que fez contra o jornalista da *Última Hora*, o Samuel Wainer: "Samuel Wainer foi financiado pelo Banco do Brasil, sob o patrocínio do Getúlio!" A acusação foi terrível. Culminou na comissão parlamentar de inquérito da Câmara para provar que Samuel Wainer não era brasileiro e, por isso, não podia ser jornalista.

Ao lado da influência do Lacerda entre os militares, principalmente no Rio, verificava-se que Getúlio estava muito desgastado nas Forças Armadas. Achávamos que, depois que deixou o governo em 45, Getúlio não deveria ter voltado. Mas voltou e voltou muito enfraquecido. Apesar de ter tido uma grande votação na eleição, a oposição foi muito grande. Havia fortes correntes contrárias a ele, por causa da influência do Jango, da política trabalhista que ele estava executando. Tudo culminou no incidente da morte do major Vaz, com o comprometimento do Gregório, o chefe da segurança presidencial. Não víamos com bons olhos aquela guarda pessoal do Getúlio, que foi organizada pelo Benjamim. Eram indivíduos desclassificados, na maior parte recrutados em São Borja. Esse quadro foi se tornando muito desfavorável ao Getúlio. Pessoalmente, ele tinha predicados admiráveis. Era um homem sereno, corajoso, honesto e com muito espírito público. Entretanto, a imagem dele já era muito diferente da que tinha tido na época de 30. Aquele problema do Vaz e as conclusões do inquérito efetuado no Galeão levaram à reunião ministerial em que Getúlio se licenciou e, a seguir, ao suicídio.

Com a posse de Café Filho, o senhor foi para o Gabinete Militar. Como se deu isso?

Rodrigo Otávio era o subchefe da Casa Militar, sob a chefia de Juarez. Eu era amigo do Juarez e tinha boas relações com Rodrigo Otávio, embora divergindo em muitas questões. Aconteceu que houve uma crise no governo e foi exonerado o ministro da Viação e Obras Públicas.[44] Rodrigo Otávio foi nomeado ministro em seu lugar, e ficou vago o cargo de subchefe da Casa Militar. Rodrigo se lembrou de mim para substituí-lo, e Juarez concordou. Eu não queria aceitar o cargo porque iria interromper minha arregimentação. Acharam porém que era necessária a minha designação. Eu tinha conhecido Café Filho nos meus tempos de Rio Grande do Norte e, embora não tivesse depois cultivado relações com ele, acabei indo trabalhar no Catete. Com isso, minha carreira militar ficou novamente truncada, porque, como já disse, o oficial superior precisava ter dois anos de comando.

Na Casa Militar acompanhei o governo do Café Filho. Tive boas relações com ele, embora eu nunca abordasse problemas políticos do governo. Quando se anunciou a descoberta de petróleo no Amazonas, num poço perfurado em Nova Olinda, fui com Café até Manaus e, a seguir, para o local do poço. A informação do geólogo responsável pela área foi de que se comprovava o pouco valor da estrutura do local, sendo muito limitadas as reservas descobertas e não se justificando seu aproveitamento. Voltamos, como era natural, muito decepcionados. Foi o meu primeiro contato objetivo com nosso problema de petróleo. Viajei também na comitiva de Café Filho na sua visita a Portugal. Fomos de avião até Casablanca e de lá, num navio de esquadra, a Lisboa. A recepção e o tratamento que os portugueses nos dispensaram foram excepcionais. Ficamos vários dias em Portugal, hospedados no palácio de Queluz. Estivemos em Coimbra, na universidade, no Porto e, por fim, visitamos, com acompanhamento de grande marcha popular, Guimarães, a cidade de Afonso Henriques, de onde se originou o reino português. Nosso regresso foi por via aérea. Minhas conversações eram, principalmente, com o Juarez. Dava-me também com o chefe da Casa Civil, o deputado Monteiro de Castro. E ficamos ali convivendo com crises. A maior era a crise cambial, o déficit da balança comercial, a falta de divisas. Toda semana se fazia leilão de divisas para atender a um e a outro, para poder importar o necessário. Era um problema muito complicado.

---

[44] Trata-se de Lucas Lopes, que se exonerou diante da anuência de Café Filho em ler, em 29 de janeiro de 1955, um manifesto de generais contra a candidatura de Juscelino Kubitschek, a quem era ligado.

*Quando o senhor estava no Gabinete Militar, Juarez foi secretário-
-geral de um Conselho Coordenador de Abastecimento Nacional. O senhor participou disso?*

Não, mas eu sabia dos problemas. Houve um muito complicado, em matéria de preços de gasolina. A Cofap, que depois virou Sunab,[45] era chefiada por Pantaleão Pessoa, um general reformado de muito renome, e o ministro da Fazenda era o Gudin. Gudin queria aumentar o preço da gasolina e Pantaleão era contra, porque isso influía no custo de vida. Gudin achava que a influência no custo de vida era pequena e que havia justificativa para aumentar. Então houve uma discussão acirrada e, ao final, Pantaleão saiu da Cofap.

O Gabinete Militar se mantinha totalmente à margem dos problemas políticos?

O Gabinete era solicitado pelo quadro político. Quiséssemos ou não, o ambiente levava a isso, e às vezes pediam nossa opinião. Tratou-se do problema da sucessão presidencial. Houve inicialmente uma tentativa de acordo com o Jânio para a candidatura ao governo. Jânio naquele tempo já era meio maluco. Conheci-o quando se inaugurou a refinaria de petróleo em Cubatão.[46] Fui a Cubatão acompanhando Café Filho, e, terminada a inauguração, Jânio convidou o presidente para ir à cidade de São Paulo. Fomos de automóvel, Café Filho, Jânio, eu e o motorista. Na conversa Jânio queria passar o parque do Ibirapuera para o governo federal. Tinha havido lá uma exposição, e ele queria que todo o acervo ficasse a cargo do governo federal, juntamente com o parque. Café Filho ficava só ouvindo e dando um risinho. Era muito irônico. Conversaram muito e depois já noite, sem que Jânio nos tivesse oferecido sequer um café, voltamos de avião de São Paulo para o Rio.

---

[45] A Comissão Federal de Abastecimento e Preços, criada em dezembro de 1951, facultava ao governo federal intervir no domínio econômico para assegurar a livre distribuição de produtos necessários ao consumo. Foi substituída pela Superintendência Nacional de Abastecimento, criada em setembro de 1962.

[46] A Refinaria Presidente Bernardes (Cubatão-SP) teve seu projeto aprovado em 1949, foi construída entre 1950 e 1954 e foi inaugurada por Café Filho em 16 de abril de 1955.

Houve a seguir o problema da candidatura do Juarez. Cordeiro era muito contra. Era governador de Pernambuco, e quando aparecia se manifestava contra a candidatura do Juarez, a quem fazia restrições. Quando o Juarez se exonerou para ser candidato, aproveitei a circunstância para sair também e me arregimentar, desta vez no Regimento Escola de Artilharia, em Deodoro, onde eu havia servido como capitão. Para mim era muito agradável voltar lá como coronel e comandar o regimento. O substituto do Juarez foi o general Bina Machado, e o meu, indicado por mim, foi o coronel José Canavarro Pereira, que depois comandou o Exército em São Paulo.

Fui comandar o Regimento-Escola, mas estava lá havia apenas três meses e meio quando me chamaram. Tinha havido uma crise na refinaria de petróleo de Cubatão, um problema de ordem pessoal entre facções que se digladiavam pelo domínio da refinaria. Havia indisciplina. Num acidente em uma das unidades de operação, um operador havia morrido. Era preciso que alguém fosse normalizar o trabalho na refinaria, que era a única de maior porte que o Brasil tinha na época. Refinava 45 mil barris de óleo por dia. Relutei em ir. Sofri pressão do ministro Lott e incentivo do Edmundo de Macedo Soares. Contra meu argumento de que não entendia nada de refino, ouvia o argumento de que não se tratava de um problema técnico, mas de um problema administrativo, disciplinar. Acabei tendo que ir para Cubatão.

7

Desenvolvimentismo e cisões militares

Que problemas o senhor encontrou em Cubatão?

Havia lá duas facções. Uma era a facção que tinha construído a refinaria, que havia trabalhado nas obras de engenharia com muito sacrifício e achava que tinha o direito de ocupar postos. Havia também uma equipe técnica que vinha de fora e que tinha sido preparada para operar a refinaria — o que era adequado. Muita gente se envolveu entre essas duas correntes para ver quem realmente predominava. Um desses foi o ex-superintendente da refinaria, amigo do Juracy, que era um técnico militar. Ele me contava a sua história e, por fim, me perguntava: "Você não acha que eu tenho razão?" Eu respondia: "Não acho nada. Se disser que você tem razão, passo a tomar partido e não terei autoridade para resolver a situação". Aí vinha a outra corrente cantando a ladainha toda: "O senhor não acha?" Eu respondia: "Não acho nada. Vamos trabalhar".

Fui para Cubatão em setembro de 1955 e me pus a trabalhar, auxiliado principalmente por dois técnicos da Petrobras que levei comigo, e conseguimos resolver uma série de problemas. Afora os problemas de ordem pessoal, havia outros: um deles era o da ampliação da refinaria, na base de um projeto que visava a aumentar a capacidade para 60 mil barris por dia; outro era o da água de refrigeração captada no rio Cubatão, que tinha elevada quantidade de descarga sólida e produzia o entupimento dos intercambiadores que deviam assegurar o resfriamento dos equipamentos e trocas de calor com o óleo bruto a ser refinado. A refinaria era obrigada a desligar os equipamentos e fazer uma parada para a limpeza dos intercambiadores, passando a ter um funcionamento irregular, com elevados prejuízos. Conseguimos, com outros técnicos, resolver esse problema eliminando a carga sólida por intermédio de uma barragem que fizemos no leito do rio. O terceiro problema foi ultimar a construção da fábrica de asfalto, anexa à refinaria, e cuja obra se fazia com muita lentidão. Foi a primeira fábrica de asfalto do Brasil. Por outro lado, as divergências do pessoal também foram resolvidas, com a efetiva atribuição aos técnicos dos encargos operacionais. A área administrativa estava em Santos, separada da refinaria. Determinei sua mudança para Cubatão, junto da refinaria, o que me permitia acompanhar pessoalmente todas as atividades. Eu percorria a refinaria várias vezes por dia, mantendo a presença junto aos locais de trabalho e o contato com todos os setores. Atuei muito, também, na parte administrativa e acabei conhecendo o problema técnico da refinação e o problema do petróleo em geral. Minha preocupação foi obter a coesão interna, acabar com a dissidência, fazer com que a refinaria produzisse o que tinha de produzir e resolver os problemas do dia a dia. Constatei, por exemplo, que havia um grande desperdício de material espalhado no terreno da refinaria. Mandei recolher, catalogar, pôr no almoxarifado e computar na contabilidade.

Nesse meio tempo, quando Café Filho estava hospitalizado, deu-se o golpe do Lott com a participação dos políticos, aqui no Rio de Janeiro. Eu estava fora do Exército, não tinha nada com aquilo, mas evidentemente fui contra. Achei que o Lott não podia fazer o que fez. Houve uma tentativa de levar o governo para São Paulo, e foram feitos preparativos nos hotéis, em Santos, para receber o pessoal que estava no cruzador *Tamandaré*. Mas a guarnição militar de São Paulo resolveu apoiar a ação do Lott, e Jânio não sustentou qualquer reação. Consequentemente, o *Tamandaré* não veio a Santos. A situação se manteve calma e não houve maiores problemas.

Nesse episódio do 11 de novembro de 1955, o senhor não tinha contato com nenhuma das duas facções em choque?

Não. A justificativa para o golpe era que estaria em marcha uma conspiração para não deixar Juscelino tomar posse. Nessa suposição foi dado o golpe, em caráter preventivo. Não sei se realmente havia fundamento. Certamente algumas cabeças mais radicais pensavam em impedir a posse de Juscelino, mas não tinham maior expressão. Eduardo Gomes talvez fosse contrário à posse, Juarez também, mas eles não teriam condições de levar a força do Exército a ser contra.

Em meio a esse clima, houve o enterro do general Canrobert, quando Mamede fez um discurso que foi considerado por Lott uma infração à disciplina. Não conheço o teor do discurso, mas acredito que devia ser realmente de natureza política e infringir a disciplina. Por isso Lott quis punir o Mamede. Este, no entanto, não estava sob a jurisdição do Ministério do Exército, pois servia no Estado-Maior das Forças Armadas. Mas Lott era teimoso e queria prender o Mamede. Teve uma audiência com o presidente interino, o deputado Carlos Luz, que foi de uma inabilidade incrível: fez o Lott esperar numa antessala, por muito tempo, antes de recebê-lo. Foi uma desconsideração. O presidente da República com uma audiência marcada para receber um ministro, e deixar o ministro cozinhar numa cadeira? Lott insistiu na necessidade de punir o Mamede, e diante da negativa do Luz, pediu demissão e foi para casa. Quem articulou todo o movimento foi o Denys, que comandava o I Exército. Lott, em casa, não tinha pensado em golpe. O Denys foi convencê-lo, e o Lott acabou concordando. Naquela noite Golbery foi preso, juntamente com os oficiais que estavam no palácio do Catete. Prenderam todos, inclusive o Juarez.

Quando Lott pediu demissão, o ministro que tinha sido escolhido para o seu lugar era o Fiúza de Castro. Quis tomar posse naquele dia mesmo, mas o Lott disse: "Não! Vou preparar os papéis, você vem tomar posse amanhã". Naquela noite houve o golpe. Depois o Fiúza teve um encontro com Lott e aí deu-se um diálogo muito interessante. Lott se desculpou por ter enganado o Fiúza naquela ocasião, ao que o Fiúza respondeu: "Não, você me enganou toda a sua vida!"

Qual foi a posição de seu irmão Orlando nesse episódio?

Meu irmão Orlando, em 1955, servia numa unidade do Rio sob o comando do general Denys e foi a favor da ação do Lott e do golpe. Montaram a seguir a censura à imprensa, designaram o general Lima Câmara para ser o censor, e ele teve o Orlando como auxiliar. Assim, o Orlando ficou vinculado à área do Lott. Nós estávamos em campos opostos, divergindo, mas éramos amigos, embora nossa intimidade não fosse mais tão grande como era antes.

Quando Juscelino tomou posse, pedi demissão da refinaria de Cubatão, no dia 31 de janeiro de 1956. Meu compromisso era ficar ali durante o governo Café Filho, no máximo. Voltei ao Rio, apresentei-me, e Lott mandou-me chamar e contou-me a história toda. Também mandou chamar o Golbery. Tinha sido instrutor do Golbery e gostava muito dele. Praticamente, queria me convencer de que o procedimento que tivera fora certo e, assim, conseguir o meu apoio. Não concordei e lhe disse: "O senhor não podia fazer isso. O senhor não podia nunca ser contra o presidente que o nomeou ministro. O senhor não podia se insurgir contra Café Filho". Ficamos nisso. Aí comecei a tratar da minha arregimentação, para completar o tempo que me faltava.

Nessa ocasião Lott me disse: "Andei pensando, vou substituir o comando da Escola Militar, e o senhor podia ser o novo comandante". Respondi: "Não posso ser". Ele: "Mas por quê?" Eu: "Porque não fica bem. O comando da Escola Militar é de general e eu sou um coronel relativamente moderno. O senhor vai passar um atestado de incompetência a todos os coronéis que estão na minha frente, e não posso servir para isso". Dali a uns dias, ele de novo: "O senhor tem razão. Então o senhor vai comandar a guarnição de Santos". Respondi: "É um lugar para onde eu não posso ir. Porque se eu for para a guarnição de Santos, a minha casa vai estar todos os dias cheia dos engenheiros da refinaria, que vão conspirar contra o novo superintendente. Irão lá me contar as coisas que o superintendente está fazendo, dizer que ele está destruindo o que eu fiz, e assim por diante. Vão me obrigar a tomar partido na guerra dentro da refinaria. Não devo ir". Ele: "Ah, é, o senhor tem razão". Lott conseguira colocar na presidência da Petrobras o Janary Nunes, e me perguntou também por que eu não tinha ficado na refinaria de Cubatão, dizendo que o Janary era muito bom administrador. Minha resposta foi que, sendo eu um coronel do Exército e o Janary apenas capitão, não ficaria subordinado a ele. Meu sentimento de disciplina, de hierarquia, não permitia isso. Janary Nunes era capitão ou major da reserva e tinha sido governador do território do Amapá, onde criou nome. Achavam que ele era um administrador extraordinário, e Juscelino o colocou na presidência da Petrobras.

Essa foi a minha história com Lott. Ele se relacionara bem comigo quando eu era subchefe da Casa Militar. Ia ao despacho com o presidente Café Filho, mas geralmente, antes ou depois, passava pela Casa Militar e conversava comigo.

No início do governo Juscelino houve uma homenagem a Lott, para lhe oferecer uma espada de ouro. O senhor lembra disso?

Houve, e o Castelo foi contrário. Era amigo do Lott, ambos oriundos da infantaria, e haviam estado juntos em Paris, cursando a Escola de Estado-Maior francesa. Quando Lott foi convidado por Juscelino para permanecer como ministro do Exército e resolveu pedir a opinião dos generais sobre a aceitação desse convite, Castelo manifestou-se com a opinião de que ele não devia continuar no cargo no novo governo. A partir daí, Castelo passou a ter problemas com Lott, que chegou a puni-lo.

E o fato é que no início do governo Juscelino o senhor voltou para São Paulo.

Sim. Acabei indo para Quitaúna, em fins de março de 1956, para comandar um grupo de artilharia antiaérea e terminar minha arregimentação. Lá tive dois problemas complicados. Um, quando eu já estava no fim da arregimentação, foi o falecimento do meu filho. Era um rapaz muito bom, muito benquisto. Estava fazendo o curso secundário em Osasco, tinha 16 para 17 anos... Era muito bom aluno, muito dedicado. Uma tarde, no quartel, havia um jogo de futebol, e ele foi assistir. Foi de bicicleta. Para chegar ao quartel devia atravessar a via férrea. Não havia cancela, nem sirenes ou semáforos. Não sei se foi imprevidência ou distração dele. Foi atropelado por um trem em alta velocidade e teve morte instantânea. Foi uma morte estúpida, um drama terrível na nossa vida. Ficou aí uma ferida que custa a cicatrizar. Depois disso, eu não podia mais ficar em Quitaúna, principalmente pela minha mulher.

Ocorreu também em Quitaúna um outro problema que revela a mesquinhez do Lott. Havia uma vaga de subcomandante no grupo de artilharia, e ele classificou para essa vaga um oficial que eu já conhecera anteriormente, e que, no meu modo de ver, não prestava. Era o Jefferson Cardim de Alencar Osório, reconhecido comunista. Mais tarde, em 64, ele se exilou e, com o apoio do Brizola em Montevidéu, fez uma incursão armada pelo Rio Grande com uma dúzia de malucos como ele. Chegou quase até o Paraná, de onde foi repelido e fugiu. Havia acontecido o seguinte. O grupo de artilharia de Quitaúna tinha apoiado o golpe do Lott, e esse foi um dos fatores, talvez um dos mais decisivos, para consolidar sua posição em São Paulo e evitar que Jânio acolhesse os fugitivos e procurasse montar lá um governo dissidente. O grupo tinha muito poder de fogo. Ao lado havia um regimento de infantaria que aderiu ao grupo e também apoiou Lott. Pouco tempo depois que cheguei, houve uma eleição no Clube Militar, disputada pela chapa amarela e a chapa azul. A chapa amarela era a que vinha do Estillac Leal, era a do pessoal da esquerda e do Lott. E a azul era a da Cruzada Democrática. No quartel-general da região militar havia uma urna onde cada sócio do clube depositava seu voto. A grande maioria dos oficiais votou na chapa azul.[47] Eu não tratei desse assunto no quartel, de maneira alguma, mas foram dizer ao Lott: "O senhor está vendo? O Geisel está há pouco tempo lá e todo mundo já virou, estão todos com a chapa azul". Lott resolveu, então, colocar o comunista atrás de mim. Acabei tendo que puni-lo pelas faltas que veio a cometer. Era um elemento perturbador na vida do quartel. Eu o conhecia desde quando fui adido militar no Uruguai. Seus assentamentos continham numerosas punições. Sua história pessoal também era complicada. Ele tirou a mulher de um oficial do Exército uruguaio e se juntou com ela. Lá pelas tantas, pelo que consta, ele "a suicidou" e se casou com a filha dela. História terrível! E essa filha criava problemas em Quitaúna, na Vila Militar, onde residiam os oficiais com suas famílias. Tinham dois filhos. Depois de muitas observações que lhe fiz e conselhos que lhe dei, tive que puni-lo, poucos dias antes da morte do meu filho.

---

[47] Ainda assim, nas eleições de maio de 1956 para a presidência do Clube Militar, a chapa amarela, encabeçada pelo general João de Segadas Viana, venceu a chapa da Cruzada Democrática, que tinha à frente o general Nicanor Guimarães de Sousa.

Terminado o meu tempo de arregimentação, e como eu não queria mais ficar em Quitaúna, vim para o Rio. Fui servir no Estado-Maior do Exército como chefe da 2ª Seção, que trata de informações. Encontrei no Estado-Maior o Golbery, servindo como subchefe na 3ª Seção, a de operações. Estavam no Estado-Maior outros companheiros que eram do nosso grupo, entre eles Ednardo d'Ávila Melo, que depois eu tive que exonerar do comando do II Exército em São Paulo.

O senhor evidentemente não se identificava com o general Lott, a despeito de suas teses nacionalistas. Inversamente, se identificava com Juarez Távora?

O que nós mais víamos no Juarez era o revolucionário: o revolucionário de 22, de 24 etc. Ele tinha muitas ideias com as quais eu não concordava, mas indiscutivelmente era um homem de mérito, tinha valor. Muitos dos meus camaradas não eram propriamente do grupo do Juarez, não tinham relações pessoais com ele. Golbery, por exemplo, tinha apenas relações superficiais.

A propósito da posição nacionalista do Lott e da posição mais internacionalista do outro grupo, que eu apoiava, e da aparente incoerência da minha posição, posso dizer que esse fator não era levado em conta. O que realmente nos preocupava, e era motivo fundamental da nossa divergência, era a situação interna do país, a influência crescente dos oficiais comunistas, a maneira excessivamente centralizadora de o Lott administrar o Exército, e o governo do Juscelino, cujo conceito pessoal era muito desfavorável.

Como era o sistema de informações nesse período em que o senhor esteve na 2ª Seção do Estado-Maior do Exército?

A 2ª Seção compreendia duas subseções. Uma se preocupava com as informações do exterior, e a outra com informações sobre a situação interna do Exército. Nas informações do exterior, interessavam-nos, particularmente, os países da América do Sul. Afora o que a imprensa e outras publicações forneciam, procurávamos estar a par do exército que tinham, seu armamento, sua doutrina militar, conhecer as biografias dos principais chefes, a situação política, os partidos etc. E essas informações geralmente nos eram transmitidas pelos nossos adidos militares — quando eu era adido militar no Uruguai, colhi muitas informações que iam para essa subseção: qual a ordem de batalha, os efetivos, o armamento. Eram elementos necessários para a eventualidade de um conflito armado. Tínhamos também informações dos Estados Unidos, da França, da Inglaterra e de alguns outros países sobre a evolução dos armamentos, a doutrina militar e a organização. Enfim, tinham-se todas as informações necessárias sobre a evolução militar no mundo e, de modo particular, na América do Sul, e fazia-se para a chefia do Estado-Maior um informe periódico relatando-as. A outra subchefia, que tratava da situação interna do Exército, preocupava-se com o seu estado moral, com os problemas que se manifestavam dentro das suas unidades — questões de disciplina, reivindicações, questões relacionadas com a qualidade do fardamento, do armamento, da alimentação da tropa, da instrução, eventuais conspirações, comunismo etc. — prevenindo, pela informação, qualquer anormalidade que pudesse surgir. Colhiam-se também informações sobre a situação interna do país, eventuais conflitos e perturbações mais graves da ordem. Um relatório mensal era dirigido ao chefe e divulgado entre os grandes comandos.

O Exército, naquele tempo, tinha duas subchefias. Uma controlava a 2ª e a 3ª Seções, de Informações e de Operações, e a outra a 1ª e a 4ª, de Pessoal e de Serviços. As informações da 2ª Seção iam para o chefe do Estado-Maior do Exército, que as transmitia ao ministro da Guerra. O chefe do Estado-Maior do Exército quando assumi a 2ª Seção era o general Zeno Estillac Leal, irmão do Newton Estillac Leal. Era um homem muito mais qualificado que o Newton, em cultura e inteligência. Depois foi o general Brayner, que tinha chefiado o Estado-Maior da FEB.

Estava em vigor, naquela altura, um acordo do Brasil com os Estados Unidos, segundo o qual estes mantinham na ilha de Fernando de Noronha uma estação para controlar um programa de mísseis que lançavam sobre o Atlântico.[48] Eram instalações que comportavam essencialmente um posto de observação e de coleta de dados. Cabia ao Exército, por intermédio do Estado-Maior do Exército, ou

---

[48] O acordo, assinado em 17 de dezembro de 1956, tinha por base o Tratado Interamericano de Assistência Recíproca de 1947 e o Acordo Militar de 1952, e assegurava a permissão do governo brasileiro para que os americanos instalassem uma estação de rastreamento de foguetes em Fernando de Noronha.

seja, da 2ª Seção, e do Comando Militar sediado em Recife, o controle das atividades locais dos norte-americanos e a fiscalização das cláusulas do acordo.

Tínhamos algum contato com as 2ªˢ seções da Marinha e da Aeronáutica, mas só formalmente. Naquele tempo não havia maior vinculação entre uma força e outra, apenas relações cordiais de camaradagem. O inter-relacionamento das três forças era atribuição do Estado-Maior das Forças Armadas.

O Serviço Federal de Informações e Contrainformações (SFICI) foi criado nessa época?

Esse serviço não existia na minha época. Foi criado quase no fim do governo do Juscelino, e funcionava ligado à Secretaria do Conselho de Segurança. Alguns oficiais, quatro ou cinco, foram enviados à Inglaterra e lá fizeram estágio prático durante alguns meses, para aprender o funcionamento de um serviço de informações. O Serviço Federal de Informações tinha atuação especial em relação ao comunismo. Como já mencionei, havia, particularmente no Exército, uma infiltração de oficiais comunistas no gabinete do ministro Lott que, à procura de apoio, começou a se cercar desses elementos. Vários tinham muito valor. Haviam participado da FEB na Itália e lá, em contato com os *partigiàni*, se tornaram comunistas. Outros, porém, já eram comunistas havia mais tempo.

Nessa época o senhor também participou do Conselho Nacional do Petróleo. Como o senhor foi para lá?

Na época vagou o lugar de representante do Exército no Conselho, que era constituído por representantes de várias entidades: Exército, Marinha, Aeronáutica, indústria, comércio etc. — militares e civis. Esses representantes reuniam-se uma vez por semana, uma tarde inteira, e discutiam os problemas supervenientes. Deu-se a vaga e me nomearam, certamente porque eu tinha dirigido a refinaria de Cubatão. Para mim era função de muito trabalho. Eu recebia muitos processos para relatar, geralmente os mais complicados. Já não havia sábado nem domingo em que eu não ficasse em casa estudando processos, fazendo pareceres. A função de membro do Conselho era exercida sem prejuízo da que eu tinha no Estado-Maior e era remunerada com um *jeton* de 200 cruzeiros por sessão.

O maior trabalho que enfrentamos foi o problema suscitado pela refinaria de Capuava. Essa refinaria, como a Ipiranga e a de Manguinhos, fora construída por capital privado antes da criação da Petrobras. Ficou então reconhecido o direito de permanecerem funcionando nessa condição de empresas privadas. Contudo, estavam proibidas de aumentar a capacidade de refinação com que haviam sido autorizadas a funcionar. Não podiam crescer. E na refinaria de Capuava a tendência era crescer, era aumentar. Quando se viu, em vez de refinar 20 mil barris, que era a sua capacidade legal, estava refinando 31 mil. Aí a Petrobras reclamou, porque refinando 31 mil ela estava prejudicando as suas próprias refinarias. Juscelino resolveu autorizar Capuava a refinar 31 mil, mas em proveito da Petrobras, mediante uma justa remuneração. Tratava-se então de saber qual devia ser a justa remuneração. Foi quando eu tive que relatar o processo correspondente.

Mais tarde, o presidente do Conselho do Petróleo foi exonerado, e em seu lugar assumiu a presidência o Alexínio Bittencourt, coronel como eu, mas mais moderno. Pedi exoneração do Conselho por incompatibilidade hierárquica. Lott mandou me chamar e indagou: "Por que o senhor pediu demissão do Conselho?" Respondi: "Porque não posso ficar num conselho cujo chefe é mais moderno do que eu. Não posso me submeter a essa chefia. É meu amigo, não tenho nada contra ele, mas é uma questão de princípio". "Mas eu não vou exonerá-lo", foi a sua resposta. Novamente respondi: "O senhor vai me tirar, senão vai me obrigar a ser indisciplinado". Ele: "Não, eu não tiro porque o senhor tem que ficar lá". Perguntei: "Diga-me uma coisa, sr. ministro. Se fosse o seu caso, o senhor ficaria?" Ele pensou e em seguida virou-se para mim e disse: "É, o senhor tem razão". Saí do Conselho do Petróleo. Meses depois, o Alexínio brigou com o Janary, saiu do Conselho e foi para lá um general. No dia seguinte Lott me nomeou de novo para o Conselho. Ali quem defendia a Petrobras éramos eu e o Jesus Soares Pereira, contando com o apoio dos representantes da Aeronáutica e da Marinha. Os representantes da indústria e do comércio, muitas vezes, eram contrários. Eu não tinha participado da campanha que concluiu pelo monopólio, mas, convivendo com o problema nacional do petróleo, na refinaria de Cubatão e no Conselho, tornei-me seu partidário.

No Conselho Nacional do Petróleo, o senhor também foi relator do processo de criação da fábrica de borracha sintética.

Fui. Eu era muito amigo de um engenheiro da Petrobras que fora comigo para Cubatão, Leopoldo Miguez de Melo. Era o técnico mais inteligente que havia na Petrobras, mais imaginativo e mais criador. Ele me procurou dizendo que o Brasil devia ter uma fábrica de borracha. Importávamos pneus, que não se produziam no Brasil porque não tínhamos borracha, a não ser a natural, disponível em pequena quantidade. E a Petrobras tinha condições de produzir as matérias-primas necessárias para alimentar uma fábrica de borracha. A Petrobras então encaminhou o processo ao Conselho, e fui seu relator. Havia também outra proposta de uma empresa privada do exterior, aliás muito mal fundamentada, que contava com uma certa simpatia do palácio do Catete. Lott, entretanto, queria que a fábrica fosse da Petrobras. Antes de eu relatar o processo, mandou-me chamar e passou a me dar uma aula sobre borracha. Ele tinha o hábito de ensinar. Falou da produção de borracha e concluiu dizendo que eu devia me manifestar no relatório a favor da Petrobras. Respondi-lhe: "Ministro, o senhor está perdendo o seu tempo, porque esse assunto eu estou estudando há dois meses. Não se preocupe comigo, com o meu parecer. O senhor deve se preocupar é com o palácio do Catete, porque lá é que estão os contrários à Petrobras". Afinal, foi a Petrobras autorizada a fazer a fábrica, a Fabor. Existe até hoje, está em funcionamento e recentemente foi privatizada. Fica junto da refinaria Duque de Caxias, mas como uma unidade independente. A refinaria fornece produtos à Fabor, onde são transformados em matéria-prima para a produção da borracha sintética.

O senhor mencionou que teve contato no CNP com Jesus Soares Pereira.

Sim. Ele também era membro do Conselho e acabamos nos entendendo bem. Nossas ideias eram mais ou menos comuns no setor do petróleo. Em todos os problemas relacionados à Petrobras naquela época nós trabalhamos em conjunto. Defendíamos o monopólio, inclusive frente às investidas do pessoal de Capuava. Jesus era um homem de primeira ordem, honesto, relativamente pobre, dedicado e sonhador. Também conheci o Rômulo de Almeida, mas superficialmente. Não tínhamos muito contato. Gostava mais do Jesus, era mais objetivo. Mais tarde, na Revolução de 1964, Jesus foi cassado naquela primeira turma do Costa e Silva. Lutei para ver se o tirava dali mas nada consegui.

Em 1960, quando o marechal Denys se tornou ministro da Guerra, o senhor foi para o gabinete do ministro. Como foi essa mudança?

Lott se candidatou à presidência da República e teve que se desincompatibilizar. O ministro escolhido foi o marechal Denys, que comandava o I Exército. Nessa época, meu irmão Orlando era o chefe do Estado-Maior do I Exército. Era general de brigada e servia com o Denys. Um dia, recebi em casa a visita do Orlando, que me disse: "O Lott vai ser candidato e vai sair do ministério, o Denys vai assumir e eu vou ser o chefe do gabinete do ministro. O Denys mandou convidar você para servir no gabinete". Perguntei-lhe então: "O Denys mandou me convidar ou é você que, como irmão, quer que eu vá?" Disse o Orlando: "Não, ele mandou convidar". Respondi: "Você sabe que eu sou contra uma série de coisas que se tem feito por aí. Vou pensar". Aí conversei com o Golbery e com outros companheiros e eles acharam que eu devia ir, porque eu podia influenciar e ajudar a resolver certas questões que achávamos erradas. Fui conversar com o Denys. Disse-lhe: "O general Orlando me transmitiu um convite para servir no seu gabinete. Desejo saber se o convite é seu, se o senhor está de acordo". Ele: "É meu, quero sua colaboração". Nessa conversa perguntei se ele ia manter o Exército fora da campanha eleitoral ou ia apoiar o Lott. Ele me disse: "O Exército vai ficar fora. Não vai se envolver". Se houvesse o intuito de o Exército apoiar o Lott, eu não iria para o gabinete.

Após esses diálogos, fui então para o gabinete, chefiando a 2ª Divisão. Denys tinha um serviço de informações pessoal que era todo complicado. No primeiro dia fui indicar os oficiais que iam servir comigo na minha divisão, que estava ligada também a informações e cuidava de todos os problemas dos generais, tais como movimentação, promoção, classificação etc. Entre os nomes que indiquei, havia um oficial que tinha sido meu aluno na Escola Militar, de muito valor: Sérgio Ari Pires. Indiquei-o, e no dia seguinte o Orlando veio a mim e disse: "Esse não pode". Perguntei: "Por que não pode?" Ele: "Porque é golpista". Aí retruquei: "Golpistas são vocês. Se essa é a questão, vocês é que não podiam estar aqui. Você, o Denys, todos vocês foram golpistas. Agora, se eu indiquei esse oficial é porque ele é bom e tenho confiança nele. E mais, se vocês vierem com essa história de golpista e não golpista eu vou embora daqui". Minha indicação foi aceita e o Sérgio Ari Pires foi nomeado para o gabinete. Estou citando esta ocorrência para mostrar a que ponto tinha sido distorcida a mentalidade dentro do Exército.

Na 2ª Divisão do gabinete passei a ter muitos problemas. Começaram as greves, principalmente nos transportes. A Rede Ferroviária de São Paulo entrou em greve e o problema foi afeto a mim. Escolhi um colega que servia em São Paulo para ser o interventor nas ferrovias paulistas e ele conseguiu enfrentar o problema e resolvê-lo satisfatoriamente. Juscelino não se interessava pelo assunto. Foi nessa época que conheci Armando Falcão, que era ministro da Justiça. Enquanto Juscelino, por temperamento, não tomava conhecimento, Falcão era ativo e fazia uma frente conosco para resolver os problemas das greves aqui no Rio.

O senhor teve algum contato mais próximo com o presidente Juscelino? Como avalia seu governo?

Só tive contato com ele uma vez, antes de ele ser presidente. Eu estava com o Juracy e outros amigos, num domingo de manhã, em Copacabana, na casa do Drault Ernanny, quando o Juscelino apareceu. Conversando, ele disse ao Juracy: "Preciso que você me dê umas aulas sobre petróleo, sobre Petrobras, porque eu não sei nada disso". Fiquei impressionado com o fato de um homem público chegar àquela altura da vida sem conhecimento do problema do petróleo.

Seu governo realizou muita coisa positiva mas também criou problemas muito sérios. Fui contra, e ainda acho que foi um erro, a construção da capital em Brasília. Os surtos inflacionários que o Brasil está sofrendo começaram no governo Juscelino. O CPDOC publicou um livro com o depoimento de Lucas Lopes,[49] que foi colaborador de Juscelino e que saiu do ministério por causa da inflação. Ele era contra a construção de Brasília. A construção de Brasília, em curto espaço de tempo, sem uma prévia preparação, inclusive de suprimento dos materiais necessários para inaugurar em um determinado dia, elevou o seu custo extraordinariamente.

---

[49] Lopes, Lucas. *Memórias do desenvolvimento*. Rio de Janeiro, Centro de Memória da Eletricidade no Brasil/CPDOC, 1991.

Tijolos foram transportados em avião. Não se fez uma infraestrutura preliminar, uma base para poder construir a cidade. Então tudo era transportado em avião, em caminhão, a longa distância. E a ladroeira que houve? Houve ladroeiras incríveis! Para levar o pessoal para lá, inclusive o Supremo Tribunal Federal e o Congresso, criaram a dobradinha. Quem servia em Brasília passava a ganhar salário dobrado. Hoje em dia Brasília é um problema, com o afluxo de numerosa população carente, atraída pela miragem da capital. A vantagem que trouxe, no meu modo de ver, foi dar algum desenvolvimento ao Brasil central. Goiás, por exemplo, ganhou muito. O sul do Pará também. Mas esse desenvolvimento poderia ter sido feito mesmo sem a construção e o funcionamento da capital. O resultado é que a capital funciona mal. O Congresso, por exemplo, tem número para funcionar apenas dois dias na semana, porque nos demais dias os congressistas estão viajando para os estados. Continuo a achar que não foi uma boa solução.

Discordo também dessa história de querer fazer 50 anos em cinco. É verdade que Juscelino desenvolveu muita coisa, mas quanto à indústria automobilística, por exemplo, ele teve que proporcionar favores excepcionais para que as montadoras se estabelecessem aqui. Concentrou, ademais, toda a indústria em São Paulo. Por quê? Não houve preocupação com o desenvolvimento das outras regiões. Depois, muito depois, é que se conseguiu ter a Fiat em Minas Gerais. No meu governo surgiu a oportunidade de instalarmos uma nova fábrica de caminhões pesados. Existiam duas indústrias de caminhões pesados no Brasil, ambas em São Paulo, e viria uma terceira, sueca. Vencida a resistência das duas que já existiam e que obviamente não queriam mais uma concorrente, surgiu a questão: onde vai ser instalada? "Em São Paulo", foi a resposta. Eu disse: "Não, por que em São Paulo? Por que não vamos mudar um pouco, para evitar o congestionamento em São Paulo e atender a outra região? Vamos sediar no Paraná!" Apesar das objeções, acabei insistindo, e a fábrica foi para o Paraná, onde está até hoje e muito bem.[50] A tendência, no entanto, é concentrar tudo em São Paulo. Uma vez um jornalista me perguntou: "Por que o senhor é contra São Paulo?" Respondi: "Eu não sou contra São Paulo, sou a favor do Brasil. Não tenho nada contra São Paulo, mas acho que é preciso desenvolver o país, evitar essa excessiva concentração. Sem falar na Amazônia, temos que olhar para o

---

[50] Trata-se da fábrica Volvo.

Paraná, Santa Catarina, Rio Grande do Sul, Bahia, Minas Gerais e Espírito Santo, temos que ver o que é possível fazer no Nordeste, onde as condições são, de fato, extremamente difíceis. O Sul tem condições ótimas! Minas, Espírito Santo e Bahia também podem ter".

Juscelino, contudo, foi concentrando tudo em São Paulo, do ponto de vista industrial. E a loucura de fazer Brasília... Ele já não governava mais o Brasil, ele vivia absorvido por Brasília, com prazo fixo para inauguração. Hoje em dia ele é lembrado como um grande presidente e ganhou uma estátua especial em Brasília.

E o rompimento de Juscelino com o FMI? Qual sua impressão sobre isso?

Não acompanhei os detalhes, mas sei que ele não quis aceitar as imposições do FMI. Podia não aceitar, mas não precisava ir ao rompimento. O Brasil dependia muito do exterior, e depende cada vez mais, à medida que cresce economicamente. Mas com o rompimento ele agradou a corrente de esquerda. Toda ela bateu palmas. Ele recebeu o Prestes no palácio do Catete numa festa, agradando aos partidários do Lott, que era um candidato muito fraco.

Como foi a campanha presidencial de 1960?

A do Lott foi muito ruim. Não acompanhei direito, mas me contaram que ele foi ao Rio Grande do Sul e lá, em um comício, falando aos colonos, foi ensinar como é que se devia plantar milho... Riram na cara dele. O colono está há tantos anos plantando milho e vem um general ensinar como é que se planta?! Jânio, por sua vez, já naquele tempo se revelava meio doido. Eu era a favor dele porque entre os dois achava que era o menos ruim. Além disso, Lott estava cercado pelos comunistazinhos do Exército e pelos pelegos do Jango. Havia perdido um pouco da influência no Exército pela ação do Denys, que não quis envolvimento na campanha.

O papel do Juscelino, por sua vez, foi bem passivo. Ele acabou tendo que aceitar o Lott mas queria o Juracy. Juracy era o candidato da UDN, e quem o liquidou e fez o Jânio foi o Lacerda. Juscelino gostaria de ver o Juracy candidato. Tinham boas relações, mas o Lacerda torpedeou. Juracy tinha muita experiência, muita habilidade, e tinha também suas manhas. Foi governador da Bahia como tenente. Já imaginou o que é isso? E foi um excelente governador. Ficou muito prestigiado por lá. Não creio que fosse dominado pelo Juscelino. Quando saiu do governo, realmente Juscelino tinha a ideia fixa de voltar a ser presidente.

E quanto aos levantes contra Juscelino na Aeronáutica: Jacareacanga, Aragarças?

Acompanhei isso na função que ocupava no Estado-Maior. Foram movimentos precipitados e sem qualquer possibilidade de êxito. Quem trabalhava contra o Juscelino era o almirante Pena Boto. Era um visionário e um obcecado contra o comunismo. Vivia também no mundo da lua.

Quando eu estava em Cubatão, o Jaime Portela de Melo, que depois veio a ser o factótum do Costa e Silva, me procurou. Eu o conheci quando servia na Paraíba, ele era aspirante e foi classificado na bateria que eu comandava. Começou a vida de oficial como meu subordinado, procurei orientá-lo, prepará-lo para a função. Depois saí de lá e o perdi de vista. Um dia ele veio ao meu gabinete em Cubatão me contar que estavam preparando um movimento contra o Juscelino, que contavam com isso e com aquilo, contavam com Pernambuco, mais não sei o quê — muita fantasia. Tudo para fazer um movimento e derrubar o Juscelino, que já estava eleito. Ele disse textualmente: "No balanço que temos feito, vimos que estavam faltando os irmãos Geisel. Eu queria que o senhor nos ajudasse participando disso e convencesse o seu irmão a participar também". Uma longa história. Perguntei-lhe: "Vem cá, vocês vão fazer um movimento, e quem é que vai governar esse país? Vocês vão entregar o governo ao Pena Boto, que é outro maluco?" Ele: "Não, não. Nós vamos fazer um triunvirato". Eu digo: "Mas um triunvirato?! Você não sabe que isso nunca deu resultado na história do mundo? Se são três, um deles vai dominar e vai acabar botando os outros dois para fora. Triunvirato só serve para dividir". Perguntei também: "Quem é que vai ser do Exército?" Ele respondeu: "Vai ser o general Etchegoyen". Argumentei: "Mas o Etchegoyen? É um homem correto, muito bom, mas reconhecidamente de poucas luzes!" Ele: "Mas nós vamos botar gente atrás do Etchegoyen. O senhor, por exemplo, podia ir para lá". Não me contive: "Ah, você quer que eu seja eminência parda? Não conte comigo". Ele ficou danado da vida e desde então passou a ser meu inimigo, e do Orlando. Posteriormente tivemos outros incidentes, durante e após a Revolução de 1964.

8

A renúncia de Jânio Quadros

Que funções o senhor exerceu no governo Jânio Quadros?

Quando Jânio foi eleito eu estava no gabinete do ministro da Guerra, marechal Denys. Lá fiquei, e quando se cogitou da transferência do ministério para Brasília, resolveu-se mandar, inicialmente, um destacamento precursor para tomar conhecimento dos problemas da nova capital e preparar a base para receber oportunamente o gabinete do ministro. Era o que nós denominávamos um escalão avançado. Designaram-me para chefiar esse escalão. Fui para Brasília na parte final do governo do Juscelino, tomei conhecimento dos problemas locais e comecei a trabalhar para instalar o gabinete, o que se verificou pouco tempo depois. Na primeira promoção feita por Jânio fui promovido a general de brigada e fui nomeado comandante militar de Brasília, cargo que exerci até a posse do Jango. Vivi todos os momentos da confusão e tensão causadas pela renúncia do Jânio. Quando o presidente interino Ranieri Mazzilli assumiu, logo após a renúncia, acumulei o Comando Militar de Brasília com a chefia da Casa Militar. De acordo com o ministro Denys, Mazzilli ia ficar por pouco tempo e, assim, não havia razão para se nomear outro general para o cargo.

Qual a sua visão do episódio da renúncia de Jânio?

Até pouco tempo atrás eu tinha uma opinião, mas depois ouvi um depoimento que me abalou. Eu achava que o Jânio, não tendo maioria no Congresso, e com o problema do Lacerda que ocorreu na véspera,[51] renunciara convencido de que, com o clamor popular que haveria, exigindo a sua volta, retornaria e dominaria a situação como um triunfador. Acontece que o povo não tomou conhecimento da renúncia e não fez nada: já tinha esquecido o Jânio. Recentemente, um oficial que na época servia na Casa Militar e gozava da confiança do Jânio, o almirante Faria Lima, me relatou o que aconteceu, dando-me uma versão completamente diferente. Sua opinião é de que Jânio se acovardou diante das condições de governo. Ele não tinha condições de governar. Resolveu ir embora mesmo e não sonhava voltar. Estava com a oposição no Congresso e havia brigado com o Lacerda. Havia mandado o Lacerda conversar com o ministro da Justiça, Pedroso Horta, e este convidara Lacerda a tomar parte em um movimento para fechar o Congresso. Lacerda não concordou, brigou etc., veio ao Rio, falou na televisão e começou a contar a história toda. Foi aí que Jânio se acovardou.

O senhor estava presente à solenidade do Dia do Soldado?

Estava, pois era o comandante militar de Brasília. Recebi o Jânio quando ele chegou ao local da solenidade e desceu do automóvel. Fomos para o palanque — levei-o até lá — e depois que terminou a cerimônia conduzi-o de novo ao automóvel.

Eu tinha boas relações com o chefe da Casa Militar, general Pedro Geraldo de Almeida, que nessa ocasião me disse: "Te prepara, que hoje vai haver coisa grossa". Perguntei: "Ele vai fazer intervenção na Guanabara contra o Lacerda?" Ele respondeu: "Não, coisa muito pior". Quando terminou a cerimônia, fui ao palácio conversar na Casa Militar. Aí o Pedro me disse que o Jânio ia renunciar, ia embora. Fiquei surpreso: "Mas não é possível!" Voltei ao ministério e contei ao ministro Denys o ocorrido. Denys foi logo com os ministros da Marinha e da Aeronáutica conversar com o Jânio, em virtude da in-

---

[51] No dia 24 de agosto de 1961, aniversário do suicídio de Vargas, Lacerda fez um pronunciamento pela televisão pedindo a renúncia de Jânio Quadros para evitar nova tragédia nacional.

formação que lhe dei. Foram os três ao palácio e conversaram com o Jânio mostrando que ele tinha o apoio completo das Forças Armadas, que nessa área não havia problemas, que ele podia contar com isso, que não devia sair. Fizeram um apelo insistente para que não renunciasse. Aí o Jânio disse: "Não, não. Vou renunciar". Essa é a história do Faria Lima: como já disse, Jânio renunciou acovardado. Viu que não podia realizar as coisas que prometia.

Jânio era um homem muito complicado. Qual o sentido da condecoração do Che Guevara?[52] E dos bilhetinhos? Ele passava por cima da autoridade dos chefes, desprestigiando-os e mandando bilhetes para o segundo, terceiro escalões, sem respeitar as hierarquias dos ministérios civis. Deixava os ministros numa posição muito ruim. Se havia, por exemplo, um problema na Alfândega do Rio de Janeiro, ele se dirigia ao inspetor da Alfândega e não ao ministro. Além disso, fixava-se em questões bobas: biquíni na praia, briga de galos de rinha e assim por diante. Era muito passional.

A condecoração de Che Guevara incomodou muito?

Sim, de certa maneira. Achou-se que era esdrúxulo fazer aquilo; não havia razão alguma. Jânio tinha estado em Cuba antes, e parece que ficou bem impressionado. Imediatamente após a renúncia, houve muita perturbação no meio político e militar. Houve quem pensasse em fazer um movimento e fechar o Congresso. Eu e meu irmão reagimos muito contra isso. Achávamos que colocar o Denys ou os três ministros militares para governar, fazer uma junta etc., não daria certo. Cogitou-se também impedir a posse do vice-presidente, o Jango, na presidência, mas não se conseguiu o necessário apoio do Congresso. E o Mazzilli, muito habilidoso, procurava conciliar as coisas, de um lado e de outro, mas não conseguia.

Jango estava saindo da China e retornando ao Brasil. Houve uma célebre conferência telefônica quando ele ainda estava em Paris. Vários políticos, falando pelo telefone, o convenceram de que não deveria voltar. Nós fizemos escuta desses telefonemas. Juscelino, entretanto, disse: "Não, Jango, venha. Venha porque aqui você assume etc.". E com o endosso do Juscelino o Jango resolveu voltar.

---

[52] A 19 de agosto de 1961, Jânio Quadros condecorou Che Guevara, ministro da Economia de Cuba então em visita ao Brasil, com a Ordem Nacional do Cruzeiro do Sul.

Nessa época já existia a cadeia da legalidade no Rio Grande do Sul.

Já havia uma cadeia da legalidade, dirigida pelo Brizola, mas ela não teve maior expressão até que o III Exército, no Rio Grande do Sul, contando inclusive com alguns elementos da guarnição do Paraná, resolveu aderir ao Brizola. No Exército as opiniões estavam muito divididas, tanto que não houve uma ação forte para se contrapor a essa corrente sulista pró-Jango. Organizaram-se destacamentos que chegaram a se deslocar de outros estados para São Paulo, de São Paulo para o Paraná, mas sem muita determinação para criar um conflito de uma parte do Exército contra outra. O principal comandante do Sul que era favorável ao Jango era o Machado Lopes. Quase todo o Exército da área do Sul, isto é, Rio Grande do Sul, parte de Santa Catarina e Paraná estava com ele, embora houvesse algumas divergências de oficiais que não pactuavam com o Brizola, mas não tinham capacidade para reagir.

Nessa ocasião eu me irritei com o Cordeiro de Farias, que fora nomeado para o comando do III Exército, porque ele ficou remanchando. Eu estava em Brasília e o Orlando, que continuava chefe do gabinete do Denys, estava aqui no Rio. Eu disse a ele: "Por que o Cordeiro não assume? A força de Curitiba está dominada pelo Sul, integra-se ao Exército do Sul e, por isso, de certa forma, é contra nós. Mas o Cordeiro pode ir a Curitiba e lá assumir o comando do III Exército: em vez de assumir em Porto Alegre assume em Curitiba". Orlando respondeu-me: "Não, ele não vai conseguir". Retruquei: "Acho que ele pode assumir". E sugeri ao Orlando uma operação militar: "Você usa os paraquedistas do Exército e os joga no campo de aviação de Curitiba, o Afonso Pena. Eles tomam conta do campo e organizam a defesa. Em seguida, voa do Rio o Regimento-Escola de Infantaria. Não tenha dúvida de que quando esse regimento descer em Afonso Pena, a guarnição de Curitiba, que é uma guarnição relativamente pequena, vai se entregar, vai aderir a nós, e o Cordeiro assume o comando lá". E o Orlando: "Ah, mas o Denys não quer empregar os paraquedistas, que são as suas reservas". Eu respondo: "Mas para que serve a reserva? A reserva é usada para obter uma decisão num ponto crítico". A resposta foi: "Não". O Cordeiro também não queria.

Temia-se um conflito real com o III Exército, e aqui no Rio de Janeiro alguns generais não queriam isso, além de não estarem empenhados na ação contra o Jango. Não sei o que havia na cabeça do Cordeiro, mas estranhávamos sua inércia. O general Castelo — nessa época eu não privava com ele mas tinha informações — achava que era melhor deixar o Jango governar, e se tivesse que haver uma ação contra ele seria depois, durante o governo. Outros, como o próprio marechal Denys, achavam que era preferível liquidar o problema desde logo.

Os ministros militares, que andavam sempre juntos, resolveram lançar um manifesto, não sei com que objetivo. Esse manifesto ficou engavetado, e o Golbery, que estava na Secretaria do Conselho de Segurança, aqui no Rio, organizou outra minuta de manifesto. Na parte final, Golbery mostrava que o Jango não podia assumir com todos os poderes de um presidente da República e deixava a porta aberta, numa insinuação, para o regime parlamentarista. Ao tomar conhecimento desse manifesto, eu disse ao Golbery: "Entrega isso ao Orlando que ele mostrará ao Denys". Assim foi feito, mas o Denys não concordou e disse: "Há coisa muito melhor. Há um manifesto feito pelo ministro Moss, da Aeronáutica". E botou o manifesto do Golbery na gaveta. Dias depois, a situação foi se complicando, e então ele se virou para o Orlando e perguntou: "Onde está aquele documento que no fim vem com parlamentarismo?" O Orlando disse: "O senhor guardou". Foi aí que o Denys acordou e resolveu se engajar nessa saída que propunha o regime parlamentarista.

Essa era, na época, do meu ponto de vista, a saída preferida, porque vi que os generais, de uma maneira geral, estavam divididos. Ninguém queria ir combater os militares do Sul e dividir ainda mais o Exército. Quando vi que as forças não iam para o Paraná e que o Cordeiro não ia assumir o comando do III Exército, senti que não teríamos a solução desejada. Aliás, nós todos víamos que não ia dar. Foi aí que se partiu para o parlamentarismo como a solução menos ruim. E o Congresso gostou, por duas razões: primeiro, porque era uma saída do impasse, segundo, porque ele adquiria maior poder.

Qual era a solução desejada a que o senhor se referiu? Controlar militarmente o Sul e arranjar outro presidente?

Sim, porque se desaparecesse a ação do Brizola, a posição do Exército e das Forças Armadas ficaria muito mais forte, dominariam a situação nacional e possivelmente o Jango não assumiria. O que viria então eu não sei. Poderia haver um período de regime anormal e depois, fatalmente, haveria nova eleição. Não se imaginava fazer uma ditadura, ou um regime como o que se verificou depois de 64.

Nessa época, quem, além do marechal Denys, era favorável a que se impedisse a qualquer custo a posse do Jango?

Os dois outros ministros militares. O da Aeronáutica era o brigadeiro Grüm Moss, e o da Marinha era o almirante Sílvio Heck, de ação notória na área revolucionária. Eles estavam vivamente engajados contra a posse. A área lacerdista também.

Foi feita alguma tentativa no sentido de desmantelar a cadeia da legalidade?

Havia negociações políticas em certas áreas. No Sul, por exemplo, nessa época, acusaram o Orlando de ter ameaçado bombardear o palácio do governo do Brizola. Isso não era verdade.

Havia contato com o general Machado Lopes, ou ele se isolou?

Ele se isolou, se entregou praticamente ao Brizola. Naquele tempo, o governo do Rio Grande do Sul tinha uma estação de rádio em Brasília. E com ela, tudo o que acontecia no nosso meio, em Brasília, era transmitido para o Brizola por agentes que ele tinha na capital. Eu comandava a região militar e determinei o fechamento da estação. Na verdade não havia muita coesão da nossa parte, nem uma ação forte para impedir a posse do Jango. E a área política dançava muito. Uns eram partidários do impedimento do Jango, mas havia outros mais acomodados. Quem se batia pela posse do Jango era o Juscelino.

Foi por causa da divisão do Exército que Jango assumiu?

Não posso afirmar que foi por causa disso, mas a divisão certamente influiu, e muito. E o próprio Congresso também colaborou para a solução a que se chegou. O que aconteceu foi que, do lado contrário ao Jango, não havia uma ação muito forte, ao passo que o outro lado, comandado pelo Brizola e por gente favorável ao Jango, como o Juscelino, era muito atuante.

Qual era exatamente o veto que se fazia a João Goulart?

João Goulart, desde o tempo do Ministério do Trabalho, do qual, como já narrei, Getúlio o exonerou em consequência do "Manifesto dos coronéis", era, no nosso entender, um homem fraco, dominado pelas esquerdas. O que havia contra ele era a tradição vinda do getulismo com a política trabalhista. Achávamos que o seu governo iria ser faccioso, voltado inteiramente para a classe trabalhadora, em detrimento do desenvolvimento do país — era a sua tendência para a esquerda. Nas Forças Armadas, desde a Revolução de 1935, passamos a considerar o comunismo o principal problema de segurança interna. A presença de oficiais comunistas no Exército, a que já me referi, em número crescente, embora relativamente pequeno, principalmente após o regresso da FEB, e a infiltração de alguns deles no gabinete do ministro Lott aumentaram a nossa preocupação. Getúlio se empenhara na expansão e fortalecimento do trabalhismo, com a participação direta do Jango. Este, por sua vez, apoiara-se fortemente no trabalhismo para se eleger vice-presidente, principalmente na eleição de 1960. Sofria a influência dominadora de líderes trabalhistas, os chamados pelegos, muitos deles vinculados ao comunismo. Isso se manifestou principalmente quando esteve no Ministério do Trabalho, pois como vice-presidente não teve muita ação. Foi vice-presidente do Juscelino e do Jânio, mas este não lhe deu maior participação no governo, inclusive mandou-o para a China.

Houve, aliás, um procedimento indigno durante a campanha eleitoral de 1960. Naquela ocasião, a eleição do presidente era separada da do vice-presidente. Havia um candidato a vice na chapa da UDN e da coalizão janista que era o mineiro Milton Campos. Jânio, ardilosamente, ao invés de apoiá-lo, fez um acordo com a corrente do Jango, aceitou a propaganda do voto Jan-Jan, para desse modo assegurar a vitória na eleição. E assim Jango foi eleito vice-presidente. Era uma anomalia dentro do sistema, que gerou grande descontentamento. Aí está a raiz do problema, que não teria ocorrido se Jânio tivesse sido eleito juntamente com Milton Campos. Mas o receio de não ganhar a eleição levou-o à felonia. Pode ser também que ele simpatizasse mais com o Jango por causa da esquerda. Em matéria política, Jânio era relativamente indefinido, puxava muito para a esquerda. Era demagogo. São exemplos disso os comícios que fazia na Vila Maria, em São Paulo, cheio de caspa, comendo sanduíche.

O parlamentarismo foi portanto uma imposição militar?

Não. Foi uma saída para o governo, uma vez que não se conseguia impedir que Jango assumisse por causa da área política e pela divisão que se estabeleceu nas Forças Armadas, principalmente dentro do Exército. Uma parte se vinculou ao Brizola, outra queria impedir a posse, e assim não houve unanimidade, mas um conflito indesejável dentro das próprias Forças Armadas. E aí surgiu uma forma de transigência: Jango assumia mas seus poderes ficavam limitados. Era o regime parlamentarista.

Quando João Goulart assumiu, como ficou sua posição dentro do Exército?

Logo após a posse do Jango, eu me exonerei, juntamente com outros militares, peguei um avião e vim para o Rio. Naquela ocasião, eu estava com ideia de ir para a reserva. Mas os amigos me aconselharam: "Tira férias, vamos ver o que acontece etc.". Tirei férias, voltei, apresentei-me e fiquei adido à Secretaria do Ministério da Guerra durante alguns meses, aguardando função. Era uma espécie de cão leproso... No ministério, o pessoal que havia tomado posse era ligado ao Jango, mas o novo ministro, João de Segadas Viana, era meu amigo. Tínhamos trabalhado juntos na Revolução de 32 em São Paulo, quando ele fora chefe do estado-maior do destacamento Daltro, no qual trabalhei com a minha artilharia. Mas os demais, os oficiais de gabinete, eram janguistas ou oportunistas.

Durante alguns meses permaneci em casa. Ia à praia e, às vezes, ao ministério. Tinha encontros esporádicos com companheiros, lia muito. Em fins de janeiro de 1962, o ministro mandou me chamar. Disse-me: "Finalmente estou em condições de dar a você um comando. Você vai para São Paulo comandar a Artilharia Divisionária da 2ª Região Militar". Recusei dizendo: "Não. Lá eu não posso ir. É o único lugar no Brasil em que não posso servir. Perdi um filho lá e não quero, por questões sentimentais, rever aquele quadro com minha mulher. De modo que o senhor cancele isso, eu vou ficar em casa como estive até agora". E ele: "Então você vai para o Paraná". Eu disse: "Bom, para o Paraná eu vou. Posso ir para qualquer outro lugar, desde que não seja São Paulo". Fui então, em meados de fevereiro de 1962, comandar a Artilharia da 5ª Região Militar, e nessa função ocupei várias vezes interinamente o comando da 5ª Região.

Quase toda a guarnição do Paraná havia ficado com o comando do III Exército em agosto de 1961. Não que eles fossem francamente a favor do Jango, mas estavam subordinados ao comando do Sul. O Paraná, o Rio Grande do Sul e Santa Catarina integravam o III Exército, que era comandado pelo general Machado Lopes. Naquele conflito todo, a guarnição havia ficado ao lado do Machado Lopes, contra, portanto, o Denys. Quando cheguei lá, evidentemente não me receberam muito bem e estavam visivelmente desconfiados. Não me dei por suscetibilizado. Fiquei no meu comando, cuidando das minhas atribuições e, com o correr do tempo, eles vieram todos a mim. Após alguns meses, a situação estava mais ou menos consolidada a meu favor. Havia um ou outro elemento contrário, mas a maioria dos oficiais acabou vindo para o meu lado, em função de conversas, da maneira de tratá-los e de trabalhar.

Meses depois, foi nomeado comandante do III Exército o general Jair Dantas Ribeiro. Aí começou a se desenvolver a política dos sargentos, apoiada pelo governo, inclusive com a amotinação de sargentos em Brasília. Fundavam-se clubes, faziam-se reuniões de sargentos. Jair, no seu programa de inspeções, ia ao Paraná, na área sob o meu comando, e eu o acompanhava. Ele era todo do Jango e passou a fazer reuniões com os sargentos a que eu fazia questão de assistir. Nessas reuniões, ele sempre falava sobre a importância dos sargentos, procurando valorizá-los, e sobre a necessidade de apoiarem o governo. Acho que o sargento é muito importante na estrutura militar, mas não deve ser instrumento de política partidária.

Durante a campanha do plebiscito que visava a acabar com o regime parlamentar, divergi da atitude assumida pelo general Jair, divergência que, pouco depois, acarretou minha saída do Paraná. A campanha estava em pleno curso, mas ainda indefinida. Jair, possivelmente sob encomenda, enviou um telegrama ao ministro da Guerra, amplamente divulgado pela imprensa, dizendo que, se aquela situação de impasse perdurasse, ele não teria condições de manter a ordem dentro do território do III Exército. Na ocasião, eu estava comandando interinamente a 5ª Região Militar e me irritei com esse telegrama, inclusive porque não era a expressão da verdade. Passei-lhe um telegrama dizendo que em minha área, Santa Catarina e Paraná, reinava plena tranquilidade, que não havia qualquer perturbação, e que, se algo ocorresse, eu estava capacitado a manter a ordem. Dei conhecimento desse telegrama ao ministério, no Rio de Janeiro. Aí, evidentemente, entrei na lista negra. É claro que o general Jair não gostou e reagiu depois indiretamente, maquiavelicamente.

Quando houve o plebiscito e o Jango derrubou o parlamentarismo, o general Jair, como prêmio por suas atitudes — acho que era a promessa que ele tinha —, foi nomeado ministro. Assumiu o ministério e pouco depois recebi um telegrama dele com este teor: "Estando remanejando os comandos do Exército, consulto o prezado camarada se aceita cargo de subdiretor da Diretoria da Reserva". Era uma diretoria aqui no Rio, insignificante, que cuidava dos interesses e dos problemas do pessoal da reserva. O cargo mais insignificante que existe para um general. Passei uma noite remoendo. O que iria fazer? Fiquei pensando nas diferentes soluções e, por fim, resolvi enviar um telegrama dizendo que, como general, estava pronto para desempenhar qualquer função do meu posto. E aí ele me nomeou subdiretor da Reserva, no Rio. Amigos meus, inclusive o Segadas, que chefiava o Departamento de Administração, conseguiram mudar minha classificação. Havia uma vaga de general nesse departamento e fui ser o seu subchefe. Era um cargo burocrático, mas bem melhor que o da Diretoria da Reserva, para o qual o general Jair me havia indicado. Eu estava na Diretoria de Administração quando houve a Revolução de 64.

O senhor mencionou as reuniões do general Jair Dantas Ribeiro com os sargentos. Qual era o objetivo dessa aproximação com as camadas hierarquicamente inferiores do Exército?

Eles queriam captar o apoio da classe dos sargentos para uma eventualidade. Se os oficiais fizessem algum movimento, poderiam ter a oposição dos sargentos e ser neutralizados. O sargento, dentro da estrutura militar, é uma figura de valor porque é quem tem contato mais direto com o soldado. Mas a situação geral era confusa. Aquela revolta dos sargentos em Brasília, em setembro de 1963, nunca ficou muito clara. Qual era o objetivo real daquele movimento? Nunca foi devidamente esclarecido. Era o problema do voto dos sargentos, da eleição de sargentos... O que houve foi que o Jango não combateu a revolta, mas o Exército combateu e liquidou o movimento.

E o Comando Geral dos Trabalhadores? Como era visto na época?

No fundo era uma organização política muito de esquerda. Não era uma organização que visasse diretamente, honestamente, à situação do trabalhador. Havia muita demagogia, muito interesse de voto partidário. Era um foco comunista, sob a capa de ser uma organização de proteção dos trabalhadores. Na realidade seu objetivo era mais político. Quando os marinheiros se revoltaram em 1964, onde foram se acolher? Onde se reuniram em assembleia? No Sindicato dos Metalúrgicos. Por que é que foram para o Sindicato dos Metalúrgicos?

O senhor vê aí alguma semelhança com 35? Por que a esquerda era tão influente?

Em 35 houve muito menos subversão. Não havia CGT. A ação comunista era muito menor, apesar de, nessa época, o comunismo russo já se encontrar em plena expansão. Havia a influência da União Soviética mantendo uma representação clandestina no Brasil. A corrente comunista existia, mas não era tão influente e ativa como foi depois. A Rússia tinha participado da Segunda Guerra, sofrido a invasão nazista, mas no fim, vitoriosa, disputava a supremacia com os Estados Unidos. Nós, todavia, estávamos francamente participando da ação anticomunista, vinculados à política do Ocidente, à política dos Estados Unidos.

Há vários fatores que explicam essa influência do comunismo no Brasil. É resultado da situação do país: do seu atraso, das doenças, do analfabetismo, do problema social, do egoísmo das classes dominantes, da má distribuição de renda. O clima interno é favorável à doutrina porque ela oferece o céu na terra e muita coisa mais. É uma utopia que, para o indivíduo descontente e sofredor, ou para o sujeito desligado da realidade, para o sonhador, é considerada possível. É uma utopia principalmente porque não considera as peculiaridades da natureza humana, que fazem do homem um eterno insatisfeito, querendo sempre mais e, na generalidade das situações, não levando em conta o bem dos seus semelhantes. Muitos não pensavam assim e se deixavam levar pela doutrina comunista, aparentemente igualitária. Outros foram comunistas por recalques, por insucessos da vida, por frustrações. Quando o comunista está convencido do acerto da sua doutrina, não há ninguém que o convença do contrário. É uma doença incurável.

9

A conspiração contra João Goulart

As conspirações contra João Goulart começaram logo no momento da posse?

Desde a posse. O regime parlamentar não funcionava. Estava o Tancredo Neves como primeiro-ministro, e o Jango fazia questão de assistir às reuniões do ministério, influindo de certa forma nas decisões do primeiro-ministro, que era condescendente. Quando o Tancredo renunciou, o ministério se dissolveu. Aí surgiu o problema da formação do novo ministério. Quantos ministérios Jango tentou fazer? Quantos primeiros-ministros foram por ele indicados e quantos foram rejeitados? Aí o regime parlamentar se deteriorou, e isso era o que o Jango e seus mentores queriam para retornar ao presidencialismo. Tendo que aceitar a imposição do parlamentarismo, Jango ficou diminuído. Restaurando o presidencialismo, recuperou sua posição, embora em detrimento da vida nacional.[53]

---

[53] O governo parlamentarista de João Goulart teve três gabinetes, chefiados sucessivamente por Tancredo Neves (8 de setembro de 1961 a 26 de junho de 1962), Brochado da Rocha (10 de julho a 14 de setembro de 1962) e Hermes Lima (18 de setembro de 1962 a 24 de janeiro de 1963). A volta ao presidencialismo se deu por decisão do plebiscito realizado em 6 janeiro de 1963.

Qual sua opinião pessoal sobre João Goulart?

Pessoalmente só tive um contato, quando ele chegou a Brasília em 1961, de avião, para tomar posse. Houve naquela época alguns problemas com a Aeronáutica. Primeiro foi a "Operação Mosquito", cujo objetivo óbvio seria abater o avião. Depois quiseram impedir o pouso em Brasília, colocando tonéis na pista. Eu reagi dizendo: "Não permito. Já que resolveram dar posse, ele toma posse. Vamos cumprir aquilo com que nos comprometemos". Fui ao aeroporto, de onde foram retirados os tonéis, e esperei o avião. Recebi Jango junto com o presidente Mazzilli e fomos deixá-lo na Granja do Torto. No automóvel, ao se despedir, Jango me disse: "Preciso ainda conversar com o senhor". Respondi: "Quando o senhor quiser". É claro que ele não me chamou nunca, nem eu fui procurá-lo. Eu não tinha qualquer interesse nessa conversa.

A conspiração começou a tomar maior vulto quando o Jango derrubou o parlamentarismo, foi para o presidencialismo e passou a ser dominado pelo Dante Pellacani e uma série de outros líderes sindicais que mandavam e desmandavam. Vieram mais tarde o comício da Central do Brasil, com as reformas de base, e a revolta dos marinheiros. Um fato grave foi a posição dos fuzileiros navais, com o almirante Aragão, que era comunista. Por fim, houve o comparecimento ao Automóvel Club, para uma reunião com os sargentos.[54] O clima tornou-se agitado e tenso, e muitos dos que estavam indecisos, como nós dizíamos, "em cima do muro", decidiram-se pela revolução.

Quando se anunciou que haveria uma reunião do Jango com os sargentos, alguns companheiros vieram a mim com a proposta de cercar o acesso ao Automóvel Club com elementos de confiança, e assim impedir a realização da reunião. Fui contrário a isso, dizendo: "Deixem que se faça a reunião; agora, quanto pior, melhor para a nossa causa".

---

[54] O comício da Central do Brasil realizou-se em 13 de março de 1964. Nele João Goulart discursou em defesa das reformas de base e chegou a assinar dois decretos preparando sua implementação. No dia 25 de março um grupo de marinheiros e fuzileiros navais participou de reunião que havia sido proibida pelo Ministério da Marinha, mas, em vez de ser punido, recebeu o apoio do vice-almirante Cândido Aragão. Finalmente, em 30 de março, o presidente compareceu ao Automóvel Club para uma festa dos sargentos, aos quais prestou solidariedade.

Como funcionava a conspiração no meio militar? Quem se articulava com quem? Como eram feitas as ligações?

Tínhamos diversos companheiros e conversávamos muito: meu irmão, meus colegas, Muricy, Ulhoa Cintra, Cordeiro, Sizeno e muitos mais aqui no Rio. E nos estados também havia muitos contatos. Tínhamos uma ideia comum, mas não creio que houvesse uma atuação planejada. Mamede, no comando da Escola de Estado-Maior, estava envolvido. Golbery atuava num quadro maior, junto ao empresariado. Lacerda, no meio civil, também estava engajado. O movimento estava mais concentrado na área do Rio de Janeiro, com ramificações em Minas, São Paulo, Rio Grande e Paraná.

Conversávamos no próprio Ministério do Exército, nas salas em que trabalhávamos. Os companheiros vinham, trocavam-se informações, mas, como já disse, não havia uma preparação direta do movimento. Achávamos que ia haver um levante geral, como aconteceu. É claro que, tendo sido desencadeado o movimento em Minas, embora precipitadamente, tínhamos que dar imediata continuidade. Foi quando se fez o movimento no Rio de Janeiro e quando os oficiais procuraram fazê-lo em São Paulo, embora tivessem inicialmente a oposição do Kruel, que era do Jango. Quando o Jango chegou em Brasília em 1961 para assumir o governo, o Kruel veio junto com ele. Depois se tornou um controlador do Exército na Casa Militar da Presidência. Viu que o movimento tinha proporções muito grandes e resolveu entender-se com o Jango para que dissolvesse o CGT e abandonasse a esquerda e o comunismo. Como o Jango não cedeu, teve um pretexto para aderir à revolução.

Seus irmãos Orlando e Henrique apoiaram o movimento?

Orlando apoiou. Estava fazendo o curso na Escola Superior de Guerra, era a favor da revolução e conspirava. Henrique foi partidário da revolução, mas já estava na reserva, no Rio Grande do Sul, plantando trigo. Foi para a reserva como coronel porque se desentendeu com o Lott e a partir daí passou a trabalhar com os filhos. Já a participação do Orlando foi ativa. Não tinha comando, mas os amigos do seu círculo, todos eles conspiravam. Ele se entendia muito comigo. Cada um de nós, além dos amigos comuns, tinha outros amigos e companheiros com os quais conversava, trocava informações, inclusive de natureza pessoal, e analisava o desenvolvimento da situação.

Orlando havia sido chefe de gabinete do ministro Denys na época da renúncia do Jânio. Evidentemente, era muito ligado ao Denys contra a posse do Jango e ficou muito marcado por isso. Brizola, como já narrei, alardeava que na época o Orlando tinha mandado bombardear o palácio do governo em Porto Alegre, o que era uma invencionice. Não tinha nenhum fundamento. Mas ele ficou marcado e passou todo o governo do Jango sendo preterido nas promoções a general de divisão. Só foi promovido na última promoção que o Jango fez. Não sei se o promoveram achando que ele já não tinha capacidade de ação ou já tinha sido castigado suficientemente. Mas ficou numa função secundária, de diretor de Engenharia. Apesar de tudo, resolveu resistir, não se transferindo para a reserva, inclusive para participar da revolução.

Na preparação da revolução, Golbery teve uma ação importante. Já estava na reserva, e os empresários de São Paulo e do Rio criaram uma organização que se chamava Ipes,[55] da qual ele se tornou executivo. A classe empresarial começou a se envolver no problema. Alguns governadores também começaram a participar da conspiração, como Magalhães Pinto, Ademar de Barros, Lacerda, Meneghetti. O movimento cresceu muito, inclusive porque houve mobilização das mulheres e do clero. Realizou-se a célebre marcha da Igreja pela família,[56] que foi um movimento grande em São Paulo e no Rio. Não estou de acordo quando se considera essa revolução um golpe militar. Realmente foi um movimento político, militar e popular. Foi um movimento quase que espontâneo.

O senhor chegou a ter algum contato com o Ipes?

Não com o Ipes, mas com o Golbery. Não conheço o Ipes. Sei que, congregando o interesse da classe empresarial, difundia a ideia de um movimento contra o Jango. O Ipes era um meio de comunica-

---

[55] O Instituto de Pesquisas e Estudos Sociais foi lançado em novembro de 1961 e oficialmente fundado em 2 de fevereiro de 1962. Reunia empresários contrários às orientações políticas de esquerda.
[56] A Marcha da Família com Deus pela Liberdade realizou-se em São Paulo em 19 de março de 1964, com o objetivo de sensibilizar a opinião pública contra o governo. Também no Rio foi organizada uma Marcha da Família, mas em 2 de abril, quando já havia caído o governo João Goulart.

ção, de difusão. Tinha adeptos em São Paulo, no Rio, em Minas, no Paraná, em toda parte.

Os contatos dos militares com os empresários se faziam principalmente através do general Golbery. E com os políticos?

Com os políticos também se conversava, mas não com todos, porque, por vezes, havia receio de inconfidências. Em Minas, creio que os maiores contatos com os políticos foram feitos pelo general Guedes. Em São Paulo, era o Cordeiro quem conversava com Ademar de Barros. No Sul havia o Meneghetti, no Paraná o Nei Braga, e aqui no Rio a turma lacerdista: Sizeno e outros.

O senhor teve algum contato com o pessoal do Ibad?[57]

O Ibad era uma organização política, uma articulação que pretendia a predominância no Congresso. Meus contatos naquela época eram exclusivamente na área militar. Um dos nossos problemas era escolher o chefe da revolução. E o homem mais indicado, pelo nome, pelas qualidades pessoais, era o Castelo.

Como se deu a conversão do general Castelo à conspiração?

Castelo sempre tinha sido legalista. Na Revolução de 24, ele combateu os revolucionários. Mas foi vendo o quadro nacional se deteriorando com o Jango, tinha tido suas desavenças com o Lott, e aos poucos, depois de muita conversa, veio para a área da revolução. Quem o convenceu a participar da revolução, no meu entender, foi o Ademar de Queirós, que era seu amigo fraternal. Ademar era um temperamento completamente diferente do Castelo e tinha sido sempre revolucionário, pelo menos a partir de 1930. Foi contra o Lott no golpe de novembro de 1955, sofreu no exílio em Mato Grosso e lá foi punido disciplinarmente. Era francamente revolucionário e foi aos poucos catequizando o Castelo.

---

[57] O Instituto Brasileiro de Ação Democrática foi fundado em maio de 1959 com o propósito de combater o comunismo no Brasil. Nas eleições de 1962, patrocinou candidatos de oposição ao governo de João Goulart.

Muitos de nós não gostávamos do Castelo na vida militar, inclusive eu e meu irmão Orlando, por causa do seu feitio, por ser irônico. Ele tinha sido instrutor do meu irmão Henrique na Escola de Estado-Maior, e Henrique lhe fazia críticas, não sei se fundadas. Orlando também serviu com ele na Escola de Estado-Maior e lá, uma ocasião, eles se desentenderam. Quando eu era chefe de gabinete da Diretoria de Motomecanização com o general Álcio Souto, Castelo várias vezes quis me levar para ser instrutor da Escola de Estado-Maior, de que era comandante. Estava organizando na Escola um novo curso sobre o emprego de grandes unidades blindadas, curso esse que eu tinha feito em Leavenworth, nos Estados Unidos, e me convidou para dirigi-lo. Eu disse: "Sirvo aqui numa função de confiança com o general Álcio Souto. É preciso que o senhor se entenda com ele. Se ele concordar, eu vou". Álcio Souto disse-lhe que não, que não abria mão da minha colaboração. Tempos depois, Dutra foi eleito e Álcio foi ser chefe da Casa Militar, saindo da Diretoria de Motomecanização. Castelo voltou à carga junto ao Álcio: "Agora o senhor vai sair, o major Geisel vai ficar liberado, e renovo o convite para que ele vá para a Escola de Estado-Maior". O Álcio respondeu: "Não! Ele aqui me ajudava e para onde eu for ele vai também, para me ajudar. Vai comigo para a Secretaria do Conselho de Segurança". Ou seja, duas vezes Castelo me convidou.

Castelo tinha alguns generais amigos, contrários a nós e ligados ao sistema Jango. Eram Cunha Melo, Henrique Moraes e Napoleão Nobre. O Ademar de Queirós foi a ele, já na conspiração, e disse: "Castelo, você tem que se livrar desse pessoal, que é do Jango, e procurar gente capaz que possa assessorá-lo". Ele perguntou: "É, mas quem?" E o Ademar, que era meu amigo, disse: "Tem o Geisel e o Golbery". Castelo: "Mas eles não vão querer. Eles querem?" Aí o Ademar foi me procurar. Passamos algumas horas conversando, ele procurando me convencer. Eu não queria aceitar mas acabei indo trabalhar com o Castelo e por fim me dei muito bem com ele. Houve um período inicial de falta de intimidade e de uma certa desconfiança recíproca, mas ao fim de algum tempo, após alguns meses de convivência, nós nos entendíamos muito bem.

Por que o senhor achava que o general Castelo era a pessoa mais indicada para chefiar o movimento?

Era o general que tinha mais nome no Exército, ocupava a chefia do Estado-Maior do Exército e estava sendo trabalhado pelo Ademar. Fez uma conferência na Escola das Armas muito interessante, em que caracterizou a posição do Exército e sua responsabilidade no problema da ordem interna, já aí implicitamente considerando a atuação nociva do governo Jango. Essa conferência foi o divisor de águas. A partir dali Castelo passou a integrar o setor revolucionário, embora muito discretamente. Íamos ao Estado-Maior conversar com ele. Éramos todos generais, embora de graduações diferentes. Ele contava pouca coisa e só perguntava: "O que há de novo? O que vocês contam?" Mas não dizia como via os acontecimentos.

Quando o general Castelo aderiu à conspiração, quem formava o estado-maior revolucionário?

Não havia um comando único. Em Minas estava o Mourão, que atuava de modo independente. Havia o Costa e Silva, que entrou na revolução muito por influência do Jaime Portela. Havia ainda o Cordeiro, que andava por São Paulo e Paraná. Não havia um comando único da revolução, mas para o nosso grupo, no qual estavam Ademar, Mamede, Muricy, Cintra e Orlando, como principais, o chefe era o Castelo. Para outros, porém, não era: era o Costa e Silva. Castelo, repito, era legalista e foi entrando na conspiração à medida que viu o governo do Jango se deteriorando, sobretudo após o comício da Central, à medida que cresceram as indisciplinas na área militar, dos sargentos e marinheiros. Isso influiu muito nele, cujo espírito militar era muito arraigado. Havia muito tempo, desde o Lott, ele estava vendo o quadro político piorando. Havia vários problemas muito graves, entre eles o comunismo, inclusive pela sua infiltração nas Forças Armadas.

Como Costa e Silva entrou na conspiração?

Não conheço os detalhes, mas acho que Costa e Silva, no começo, não era revolucionário. Ele deve ter sofrido muito, como já disse, a influência do Jaime Portela. Quando se convenceu de que a revolução vinha, achou evidentemente que era melhor estar com ela. Eu conhecia o Costa e Silva, tinha relações com ele, e sabia que era muito amigo do Amaury Kruel, desde o Colégio Militar, e o Kruel era muito amigo do Jango. Castelo também tinha sido muito amigo do Kruel, mas na campanha da Itália se desentenderam e passaram a ser, de certa forma, adversários.

O senhor acha que Costa e Silva "pegou a cauda do cometa"?

É possível. Há um fato que observei em relação ao Costa e Silva e que me deixou, na época, cismado com ele. Eu era general e comandava a Artilharia no Paraná. Meu quartel-general ficava num antigo quartel e abrigava uma série de pequenas unidades: certos serviços regionais, a companhia do comando da região militar, a companhia de manutenção motomecanizada, além do serviço de abastecimento de combustíveis. Costa e Silva havia ido em férias ao Sul de automóvel, passou por Curitiba e se abasteceu nesse posto dentro do meu quartel. Tinha, como já disse, relações comigo. Várias vezes na vida militar tínhamos nos encontrado, ele era adido militar na Argentina quando estive lá com o general Góes e tivemos então muitos contatos. Ele abasteceu o carro e foi incapaz de entrar no meu gabinete, onde eu me encontrava, para me fazer uma visita, conversar comigo. Foi embora. Eu soube que ele tinha estado lá porque no dia seguinte me disseram: "O general Costa e Silva esteve ontem aqui abastecendo o carro". Pensei: "Por que ele não me procurou? Por que não foi falar comigo, apesar das nossas relações pessoais? Será que é porque eu estou no índex?" Não sei. Nunca procurei explicar isso, também nunca perguntei a ele. Mas ficou no meu subconsciente uma desconfiança.

Qual foi o papel dos coronéis na conspiração?

Muitos estavam mais ou menos envolvidos, mas só atingiram projeção depois. Andreazza, por exemplo, era oficial de infantaria, amigo do Golbery. Depois virou para o outro lado, foi para o gabinete do Costa e Silva e aí se fez. Foi um dos campeões da candidatura do Costa e Silva para presidente da República. Mas antes disso já era um oficial bem conceituado, inclusive como instrutor.

Os coronéis não fariam a revolução sozinhos?

Alguns poderiam. Mas quase todos, no Rio, se uniram ou ao Castelo ou ao Costa e Silva. Nós procurávamos fazer a revolução, tanto quanto possível, dentro da hierarquia, para preservar a autoridade militar. Daí a chefia do Castelo, a posição do Costa e Silva e do Cordeiro. Isso caracterizaria um movimento que, nós achávamos, correspondia aos anseios do Brasil, do povo brasileiro. Não era uma aventura. Tinha base sólida.

Os conspiradores do Exército tinham articulação com a Marinha e a Aeronáutica?

Meu grupo atuava basicamente dentro do Exército. Na Marinha tínhamos amigos, como Faria Lima. Na Aeronáutica também havia oficiais com os quais conversávamos, particularmente Délio Jardim de Matos. Mas não havia um plano militar. Achávamos que ia haver um levante geral que dispensaria um planejamento sobre as operações. Não sabíamos quais as resistências que poderíamos encontrar, mas tínhamos a convicção de que seriam muito poucas e sem consistência, como realmente aconteceu.

E quanto à influência norte-americana no golpe?

Não cheguei a ter contato direto com esse assunto, mas certamente houve. O americano estava muito interessado na nossa situação, inclusive na sua estratégia política de evitar a propagação do comunismo. Era a época em que os Estados Unidos consolidavam o cordão de isolamento ao comunismo, depois da Guerra da Coreia e em plena Guerra do Vietnã. Achávamos que o governo americano estava certo nessa questão e por isso estávamos alinhados com eles. Castelo era amigo do Walters, que tinha servido na guerra como elemento de ligação entre a Força Expedicionária Brasileira e o comando americano na Itália, ao qual a FEB estava subordinada, e era, na época, adido militar norte-americano no Brasil. O Walters tornou-se amigo não só do Castelo, mas também de outros militares brasileiros.

Em que se traduziria esse apoio ao golpe?

Não sei bem qual era o apoio previsto, mas acho que seria mais uma demonstração americana. Dizem que havia navios de guerra e petroleiros americanos, para o nosso abastecimento, se aproximando da costa. Não sei se isso é verdade. Mas parece plausível admitir que, se a revolução tivesse dificuldades, os Estados Unidos nos apoiariam. Disso não tenho dúvidas. Sobretudo com armamentos e munição. Tropas não creio, para não criar maiores suscetibilidades. Não disponho de dados concretos, positivos, para fazer essa afirmação. Estou apenas fazendo uma ilação do que me parece lógico, natural. O embaixador americano no Rio, Lincoln Gordon, era também francamente favorável à revolução.

O senhor e seu grupo foram surpreendidos pela iniciativa do general Mourão em Juiz de Fora?[58]

Não totalmente. Sabíamos que Minas estava conspirando, que o Mourão estava agindo numa propaganda antissubversiva, mas não confiávamos nele pelos seus antecedentes. Eu, por exemplo, conheço vários fatos com relação ao Mourão. Quando eu estava em Curitiba e passei aquele telegrama para o Jair Dantas Ribeiro dizendo que, ao contrário do que ele dizia, a região do Paraná e Santa Catarina estava em condições de manter a ordem, que não havia qualquer perturbação, o Mourão comandava Santa Maria e não fez nada, ficou calado. Encontrei-me com ele depois em Porto Alegre e perguntei: "Como é Mourão? E o telegrama do Jair?" Ele me respondeu: "Ah, não! Eu não fiz nada, fiquei na moita. Fiquei calado". Aí fiquei cismado... Eu conhecia os antecedentes dele, no Plano Cohen[59] e no governo do Juscelino. Depois, ele conseguiu ser transferido para São Paulo, para um lugar melhor e mais importante. Uma ocasião fui procurado por civis que vinham falar comigo por sua orientação. Ele estava organizando militarmente civis em São Paulo, procurando armá-los para a revolução, e aquela gente queria fazer a mesma coisa no Paraná. Diziam que tinham meios, elementos, que fariam aquilo numa preparação para a revolução. Eu lhes disse: "Não, não coopero. Se houver revolução, vai ser por conta das Forças Armadas. Aqui, por conta do Exército. Se vocês se meterem a armar civis e a criar organizações de tipo fascista ou coisa semelhante, podem ter certeza de que o Exército vai ser contra. Não se metam. Fiquem lá com as suas vidas, se quiserem façam propaganda da revolução, mas não se metam". Pois bem, o Mourão vivia alardeando o que estava fazendo e não acontecia nada com ele. Pouco depois foi novamente transferido, agora para Minas. Deram-lhe comandos bons e importantes. E eu ficava cismado. Pensava: o Mourão está aqui se fingindo de revolucionário mas não é revolucionário coisa nenhuma. Quando dou acordo de mim, ele faz o levante em Juiz de Fora.

---

[58] Na madrugada do dia 31 de março, o general Mourão Filho, comandante da 4ª Região Militar, sediada em Juiz de Fora (MG), iniciou a movimentação de tropas em direção ao Rio de Janeiro. Deflagrada a sublevação, os principais comandos militares se articularam para dar seu apoio à ofensiva de Minas Gerais.

[59] O Plano Cohen, contendo instruções para um levante comunista no Brasil, foi produzido por integralistas e divulgado pelo governo de Vargas em 30 de setembro de 1937 como verídico.

Pensava-se que o movimento fosse sair uns dois ou três dias mais tarde. Tinha havido a revolta dos marinheiros e a audiência dos sargentos no Automóvel Club, e nós achávamos que o problema estava maduro, inclusive porque muitos oficiais que eram apáticos ou não se envolviam, a partir daquele momento, sentiram que a situação estava ficando muito ruim e, como nós dizíamos, saíram de cima do muro e vieram para o lado da revolução. De repente, de manhã, fomos surpreendidos pela ação do Mourão, que se revoltara em Minas. Achamos que não se podia esperar mais, porque se o resto ficasse parado e não se fizesse nada, o movimento do Mourão fracassaria, o que seria muito ruim. Resolveu-se então desencadear o movimento no Rio.

E o general Médici tomou a iniciativa de fechar a via Dutra com os cadetes da Aman.

Sim, mas ele não quis envolver a Escola Militar na revolução. Tínhamos o exemplo trágico da Revolução de 22, em que a Escola Militar se engajou, ficou sozinha em Gericinó, e os alunos foram quase todos expulsos. Então, ele não quis sacrificar a Escola Militar. Apenas ocupou a via Dutra para evitar um confronto. E foi ali que o pessoal vindo de São Paulo se entendeu finalmente com o general Âncora, que desistiu de qualquer reação.

O general Castelo tentou fazer com que o general Mourão voltasse atrás?

Não. Castelo achou que o movimento era prematuro, que o Mourão tinha agido afoitamente, mas que, uma vez iniciado o movimento, deveríamos prosseguir. Dizem as más línguas que o Mourão ia ser transferido para a reserva porque tinha chegado à idade limite.

Como foi seu dia 31 de março de 1964?

Nesse dia de manhã nós fomos à casa do Castelo e conversamos. Ele tinha algumas notícias. Dali fomos para o Quartel-General, e o Castelo foi para o seu gabinete trabalhar. Mais tarde veio a notícia de que ele ia ser preso: "O ministro vai mandar prender o Castelo hoje". Mamede mobilizou alguns oficiais e alunos da Escola de Estado-Maior que dirigiram-se armados para o Estado-Maior do Exército, para dar proteção ao Castelo em qualquer eventualidade. Às quatro horas da tarde, desci com o Castelo para o andar térreo e saímos de automóvel pelo portão principal. O sentinela fez continência e fomos embora. Cordeiro tinha arranjado emprestado, por pessoa de suas relações, um apartamento térreo em Copacabana, onde instalamos o nosso comando. Passamos o resto do dia e toda a noite lá com o Golbery e outros, acompanhando a evolução dos acontecimentos e orientando a ação de companheiros que tinham comando de tropa. Mais tarde, já na manhã do dia seguinte, nos mudamos desse apartamento para outro no morro da Viúva. Aí prosseguiu a articulação do pessoal que estava ligado a nós, e começamos a ter notícia também do pessoal do Costa e Silva e de São Paulo. Eu e Golbery tínhamos redigido um manifesto que o Castelo e outros generais assinaram, e que foi irradiado naquela noite.

O governo do Jango praticamente já tinha acabado. Houve ainda uma ação do pessoal da Escola de Estado-Maior contra a Artilharia de Costa, e outra de um regimento de infantaria da Vila Militar, que fazia parte de um destacamento organizado às pressas sob o comando do general Cunha Melo para combater o Mourão, que descia para o Rio com a sua tropa. Cunha Melo, que era "general do povo", sob a liderança do general Assis Brasil, levou esse regimento e mais outra tropa até Petrópolis para lá enfrentar, no caminho de Juiz de Fora, a força que vinha de Minas. Quando ele estava realizando esse movimento, o comandante do regimento foi a ele e se manifestou pela revolução. Era um oficial muito ligado ao marechal Denys, e o Denys era um dos que estavam fortemente na conspiração, um dos que mais se movimentavam. Foi a Minas e estava lá quando houve o levante. Aliás, quando houve o movimento em Minas, Castelo mandou para lá o Muricy. Ele veio com um destacamento do Mourão, controlando-o pessoalmente e evitando maiores loucuras. Cunha Melo ficou sem ação, de vez que perdeu a força principal de seu destacamento.

Em suma: o "dispositivo militar" de João Goulart não existia.

Era um blefe! Era conversa do Assis Brasil. Ele contava com alguns generais sem maior expressão, que não tinham bom conceito ou capacidade no Exército. Na Aeronáutica, nos Fuzileiros Navais etc., estavam todos minados pela conspiração. Houve a notícia de que os Fuzileiros Navais iam atacar o palácio do governo do Lacerda, mas não foram. Havia ali um sistema de defesa montado pelo Lacerda, com armas, mas não houve ataque algum. Vários oficiais foram lá para ajudar e não foi necessário.

Assis Brasil, que era chefe da Casa Militar do Jango, havia sido meu companheiro de Colégio Militar, embora fosse mais moderno e mais moço. Tinha sido muito ligado ao general Osvino e depois ao Jair Dantas Ribeiro, e garantiu ao Jango que tinha um dispositivo militar muito eficiente, capaz de enfrentar os revoltosos. E aí vieram com a história dos "generais do povo". Nós não éramos generais do povo, eles é que eram... Mas eles eram os generais de menor conceito dentro do Exército e não puderam fazer nada. Como o Kruel, o próprio Assis Brasil não fez nada. Estava em Brasília e ficou sem ação. Meira Matos veio de Mato Grosso e marchou sobre Brasília.

No dia 31 o grosso do oficialato já estava claramente definido a favor ou contra o movimento, ou ainda havia uma margem grande de indecisos?

Havia indecisos, como sempre há. Inclusive os que estão esperando para ver de que lado sopra o vento. Não estou falando mal dos militares, porque isso é humano! Isso sempre existe em qualquer organização: há uns de um lado, outros de outro, e há uma massa amorfa no meio que espera o desenrolar do acontecimento. Essa massa, em grande parte, tomou partido quando houve a audiência aos sargentos no Automóvel Club. Jango, em vez de se reunir com os oficiais qualificados e discutir com eles os problemas pertinentes, foi conversar com os sargentos, foi aliciá-los! O presidente da República!

E por que Jango fazia isso? Seria uma estratégia premeditada ou falta de conhecimento dos princípios da hierarquia?

Falta de conhecimento da hierarquia não seria propriamente. Ele podia estar convencido de que os sargentos mandavam mais no Exército do que os oficiais. Porque os sargentos, como eu disse, são os elementos que têm mais contato com a tropa, com os soldados. Embora os oficiais também tenham contato, os sargentos normalmente já foram soldados e cabos. Talvez Jango pensasse em fazer dos sargentos uma força dentro dos quartéis capaz de se opor à ação dos "gorilas". Foi um erro de avaliação, possivelmente induzido por homens como Assis Brasil e Jair. Relativamente ao Jair, acho que era muito medíocre. Na Revolução de 64, ele se tinha hospitalizado para fazer uma operação na próstata. Morreu mais tarde, vítima de câncer. Quando começou a revolução, o ministério praticamente estava acéfalo. Respondia pelo ministério o general Âncora, e a situação por baixo estava de tal forma minada que não havia comando capaz de enfrentar o nosso movimento.

E quanto a Brizola? Geralmente atribui-se a ele uma influência muito grande sobre João Goulart.

É, mas houve ocasião em que eles brigaram. Brizola tinha lá suas ambições, quis ser ministro da Fazenda, e o Jango não o atendeu. Indiscutivelmente Brizola, que era cunhado do Jango — sua mulher, Neuza, era irmã do Jango —, tinha suas fichas junto ao Jango, inclusive porque tinha sido o "herói" da posse. Foi quem capitaneou a resistência em 1961. Foi por essa ocasião que ele se candidatou a deputado pelo Rio de Janeiro e teve a maior votação de todos os tempos. Ele estava em ascensão política, mas o Jango brecou, não atendeu às suas pretensões.

Comenta-se também que uma vez deflagrado o movimento, houve uma falta de coordenação muito grande.

Sim, isso acontece, e é próprio de uma revolução com vários chefes. Mas não houve incidente. Na Vila Militar, comandada por Oromar Osório, partidário do Jango, as unidades de tropa acabaram aderindo, e ele não teve força nem ação para reagir. Nessa ocasião o general Muniz de Aragão se deslocou para Marechal Hermes, para cooperar na queda da Vila Militar e obter sua adesão à revolução. Não havia real chefia dos comandos que eram janguistas, e assim eles não foram capazes de enfrentar a revolução. Primeiro, pela extensão que esta tinha; segundo, porque eles não se prepararam. Achavam que promovendo os "generais do povo", ou fazendo política de sargentos, iam resolver o problema. Não avaliaram a repercussão negativa do governo do Jango — um exemplo é o comício da Central, que teve péssimo reflexo na opinião pública. Principalmente, não avaliaram que a maioria do povo estava conosco.

O senhor assistiu ao comício de 13 de março?

Não. Eu estava no Estado-Maior, que fica nos fundos do Quartel-General, de modo que não ouvi nada. Somente depois soube da história. Castelo e outros generais foram ao Jair antes do comício convencê-lo a não ir lá. Insistiram para que ele não fosse ao palanque, para que se abstivesse. Procuraram preservar a pessoa do Jair e evitar o envolvimento do Exército. O Jair prometeu que não iria, mas não conseguiu resistir à pressão do pessoal do Jango e foi para o palanque onde o Jango fez seu discurso demagógico. A revolução foi uma natural decorrência dos erros, desmandos e desencontros do governo Jango.

Mas as reformas propostas por João Goulart não eram necessárias?

Acho que algumas eram necessárias, mas ele não tinha condições para fazê-las nos termos que queria, com o pessoal que o cercava, todo da esquerda, e sem a participação efetiva do Poder Legislativo. Jango nunca apresentou um projeto com algum detalhe explicativo que o tornasse aceitável. Era sempre uma conversa demagógica orientada pelo CGT. A reforma agrária, por exemplo, sempre gerou reações no Brasil. Sou seu partidário, mas não como eles preconizavam. A reforma agrária seria feita sem critério na discriminação das propriedades a serem desapropriadas. Isso se prestava a uma ação política, contra adversários. O segundo problema é o da indenização, que, da forma como seria feita, correspondia a uma real expropriação. E, uma vez desapropriada a propriedade, há o problema do assentamento, que exige a aplicação de recursos financeiros para que o colono disponha de casa, de instrumentos indispensáveis ao seu trabalho e possa viver com sua família até a primeira colheita. Acho que devemos fazer a reforma agrária, mas creio que o regime da pequena propriedade só subsiste para culturas muito especiais. A União Soviética criou o sistema de *colcoses* e *sovcoses*, habitado por várias famílias, reunidas para terem uma propriedade grande. Puderam ter máquinas, tratores etc., meios para combater eficientemente as pragas, sementes selecionadas, adubos. O que fazer numa pequena propriedade? Um agricultor com a família, mulher e meia dúzia de filhos? Antigamente, na agricultura, a tendência era sempre ter famílias numerosas. Era ter muitos filhos para ter mão de obra, porque a agricultura era feita com a enxada. Cultivava--se com a enxada e o arado puxado por boi ou por cavalo, e o trabalho era manual. Isso acabou. A máquina e a tecnologia tomaram conta da agricultura.

Uma saída seria a cooperativa, mas a cooperativa no Brasil quase sempre tem fracassado. Geralmente degenera por má administração, feita em benefício pessoal dos administradores com prejuízo dos cooperativados. O sistema de cooperativa é um sistema teoricamente muito bom, mas recai no homem. E aí volta a velha história: o homem é um bicho terrível.

Outra coisa em que o Jango falava era nos direitos dos trabalhadores rurais. Mas o que ele fez de concreto? Nada. As reivindicações apresentadas eram muito teóricas, políticas, e no terreno prático não se concretizavam. Inclusive porque os homens que atuavam nessa área, Dante Pellacani e João Pinheiro Neto, não tinham experiência nem capacidade para resolver os problemas.

Os conspiradores discutiram algum plano de governo, para fazer face aos problemas do país?

Não. O objetivo era tirar João Goulart. A ideia sobre o futuro governo era ainda muito superficial: pôr ordem no país, combater a inflação, assegurar o desenvolvimento. Eram sempre ideias muito gerais, sem coordenação. Não havia nada previsto nem quanto à ocupação dos cargos. Não tínhamos uma proposta de governo. Achávamos que esse problema iria ser resolvido depois. Em primeiro lugar, tínhamos de derrubar o Jango.

Avaliando hoje, o senhor acha que essa foi uma estratégia adequada?

Não foi, mas vejam o seguinte. Muitos estavam ali apenas por serem contra o comunismo. Outros porque viam a nação se desintegrar e ir para um estado caótico. Era preciso pôr um paradeiro nisso. Achávamos que este era o problema principal e que, depois de liquidado, a situação iria se resolver com um governo oriundo da revolução ou que obedecesse mais ou menos ao seu espírito. Não havia um programa preestabelecido nem se sabia como seria o governo, nada estava resolvido. E, como era de se esperar, logo em seguida surgiram divergências. Aliás, pela maneira como a conspiração se desenvolveu, em diferentes grupos, sem uma chefia efetiva, sem planejamento e com a ideia fixa de derrubar o regime janguista, não era possível traçar uma estratégia para o futuro governo.

Terminada a revolução, o primeiro problema foi a escolha do ministro do Exército: seria ministro o general mais antigo. O general mais antigo era o Cordeiro. Aí o Costa e Silva retificou: "Não. É o mais antigo em função". Ele tinha função, e o Cordeiro não tinha, estava no limbo. E assim Costa e Silva assumiu. Cordeiro tinha seus amigos, relações de conspiração, mas não tinha comando no Exército. Não tinha tropa e estava, como nós dizíamos, no ar, ao passo que Costa e Silva estava trepado no Ministério do Exército e contava com o apoio de muitos. Encontrou a cadeira vazia, sentou, e o Cordeiro não reagiu. É claro que o Cordeiro não se entendia bem com o Costa e Silva, e isso se prolongou. Mais tarde saiu do governo do Castelo por causa dele.

Em algum momento o senhor teve algum problema de consciência, algum conflito interno, por estar quebrando a legalidade do país?

Não, porque não havia mais legalidade. O governo do Jango, para mim, pelo que fazia, era ilegal.

O senhor ficava à vontade na hora de conversar com a tropa sobre a necessidade de uma intervenção?

Nessa época eu não tinha tropa. Meu cargo era administrativo, mas quando estive no Paraná, à medida que os oficiais iam adquirindo confiança em mim, conversava muito com eles sobre a situação nacional, revelava a atuação do governo, inclusive na área militar. Problema da mesma natureza eu tive em 1930, quando conduzi a tropa que comandava para a revolução contra o "governo legal" de Washington Luís, e confesso que não tive nenhum escrúpulo em fazê-lo. Ao contrário, parecia-me um dever para com a pátria.

O general Moraes Rego, por exemplo, conversando conosco, falou do dilema interior que viveu para aderir ao movimento.

É porque o Moraes Rego era de outra geração. Não vinha das revoluções de 30, era a primeira vez que enfrentava um problema dessa natureza. E o Moraes Rego sempre foi muito soldado. Servia na Divisão Blindada e acabou entrando no movimento, talvez, por suas relações de vários anos com o Castelo, a quem era muito ligado. Serviu com ele no comando da Amazônia e depois em Recife. Castelo e Moraes Rego, para caracterizar a situação a que tínhamos chegado, assinalavam, com estranheza, que praticamente ninguém defendeu o Jango dentro das Forças Armadas, nem os próprios janguistas. Todos acabaram se entregando sem esboçar qualquer reação. Isso mostra o grau de decomposição a que o governo tinha chegado. O "dispositivo militar" era um mito. Foi organizado na base de satisfazer ambições, e não de devoção, lealdade ou convicção de apoio ao Jango.

O senhor vê semelhanças entre 1930 e 1964?

Uma avaliação dessas não é muito fácil, mas sei que a Revolução de 30 foi talvez a primeira vez em que houve uma manifestação em todo o território nacional. Desde o Amazonas, o Nordeste, Minas Gerais, São Paulo, o Sul, todos participaram da revolução. O sentimento nacional se manifestou, o Brasil deixou de ser um conglomerado de áreas que quase não se intercomunicavam, houve uma comunhão nacional. Isso durou algum tempo, mas depois começaram a surgir as desavenças, os desacordos etc.

A Revolução de 30 veio com o caráter de renovadora. Osvaldo Aranha fez um discurso dizendo que contra os interesses do país, ou contra a revolução, não havia direitos adquiridos. Por isso a revolução podia fazer o que quisesse. A população, de um modo geral, a apoiou e se mostrou favorável a ela. Já a Revolução de 64 teve outra característica, porque era outra época. Foi mais atuante aqui na região Centro-Sul: Rio de Janeiro, Minas Gerais, São Paulo, um pouco o Rio Grande do Sul. O Norte quase não participou. Houve alguma ação em Pernambuco, na Bahia, no Ceará, a deposição dos governadores, mas não foi um movimento tão popular como o de 30.

Esta é uma comparação rápida. Se se refletir, se se ponderar mais, poder-se-á chegar a maiores conclusões. Mas assim, à primeira vista, eu tenho essa impressão. A Revolução de 30 foi mais profunda, mexeu mais com o povo brasileiro. Em 64 havia muitos adeptos do Jango, inclusive no operariado. Ao passo que Washington Luís tinha apenas algum apoio político, e nada na camada popular.

10

O governo Castelo Branco

No dia 1º de abril de 1964, João Goulart viajou para o Rio Grande do Sul, e à noite Ranieri Mazzilli assumiu interinamente a presidência da República. O senhor acompanhou esses primeiros passos?

Sim. Aí fizeram a Junta Revolucionária com o Costa e Silva, que representava o Exército, o ministro da Marinha e o ministro da Aeronáutica. Não havia consenso em torno disso, mas foi aceito na área militar sem muitas divergências. O almirante da Marinha fora para o Ministério do Exército prestar solidariedade aos revolucionários, e, com a ideia de união das Forças Armadas, não sei se por inspiração do Costa e Silva, fizeram um comando revolucionário conjunto. Eram os três ministros militares, e dentre eles o mais forte era o Costa e Silva, porque o Exército era a força principal.

Costa e Silva era uma liderança expressiva na tropa?

Não. Essa liderança veio depois. Ele tinha ali apenas o poder hierárquico. Já contava com o apoio de vários oficiais, de gente trabalhada pelo Jaime Portela, como Sizeno Sarmento e outros. Mas ele, nessa ocasião, ainda não era muito forte. Fazia reuniões com a presença dos governadores de Minas e da Guanabara, além de generais, e havia muitas discussões. Numa dessas reuniões, Juarez disse uma série de verdades ao Costa e Silva; Lacerda, por sua vez, também brigou e se retirou em seguida. Disse que não voltaria mais, e foi o Juracy quem acabou resolvendo o problema. Houve muitos desencontros: quem seria escolhido presidente? Nós achávamos que devia ser o Castelo, mas alguns civis também queriam o cargo. No Estado-Maior do Exército, Magalhães Pinto, conversando, disse: "Por que não eu?" Lacerda também tinha as suas ambições. Já Ademar de Barros e Ildo Meneghetti estavam mais apagados. Houve muitas conversas, que se davam nos escalões mais altos que o meu. Eu era apenas um general de brigada. Mas conversávamos com o Castelo e ficávamos a par de tudo.

Castelo tinha muito mais nome no Exército e nas Forças Armadas do que Costa e Silva. Sua escolha para a presidência verificou-se numa reunião, à noite, no palácio Guanabara, com a presença de vários governadores, entre eles Lacerda, Magalhães Pinto, Ademar de Barros, Ildo Meneghetti e Nei Braga, após muita discussão e com uma intervenção do general Muniz de Aragão. Acho que o Costa e Silva não gostou muito dessas conversas e, no meio dessas discussões sobre quem ia ser o presidente, disse ao Castelo uma frase que não achei muito apropriada: "É, vamos solucionar isso. Vamos evitar a repetição do conflito de Deodoro com Floriano".

Lembro-me também de um fato, que nunca vi publicado, ocorrido um ou dois dias depois da revolução: houve uma reunião no gabinete do Costa e Silva à qual compareci com Castelo. Lá estavam Costa e Silva e outros generais, entre eles Peri Beviláqua, que aderiu à revolução mas era muito ligado à esquerda. Costa e Silva, falando sobre a revolução, declarou: "Nossa revolução não vai se limitar a botar o Jango para fora! Temos que remontar aos ideais das revoluções de 22, de 24 e de 30!" Ele queria fazer uma revolução mais profunda. Ficaram todos em silêncio. Apenas Beviláqua começou a falar, mas Costa e Silva não deixou que prosseguisse. Beviláqua comandava Santa Maria em 1961 e tinha ficado ao lado do Machado Lopes. Costa e Silva disse que ele não tinha o direito de se manifestar em virtude de sua atuação naquela emergência.

Costa e Silva e Castelo já manifestavam, nesse começo, opiniões diferentes sobre o caráter da intervenção militar?

Sim. Costa e Silva era mais radical, enquanto Castelo era mais moderado. Castelo achava que a tarefa governamental era resolver os problemas negativos deixados por Jango e fazer o país entrar na normalidade. Essa divergência, no meu modo de ver, teve influência muito grande depois, ao longo do governo Castelo. Creio também que Costa e Silva queria ser presidente, já nessa fase inicial da revolução. Não posso afirmá-lo com segurança, mas tive algumas indicações positivas a esse respeito, inclusive em fatos posteriores.

E o general Castelo Branco? Como encarava a questão da presidência?

No começo, pelo menos aparentemente, ele não manifestava qualquer pretensão de ser o presidente. Entretanto, todos nós trabalhávamos para isso e lhe mostrávamos que ele era a pessoa mais qualificada para a função. Era a figura mais respeitada, tinha um passado muito bom, inclusive por sua atuação na Força Expedicionária na Itália. Seu nome tinha muita repercussão no Exército porque fora instrutor de várias gerações de oficiais na Escola Militar e na de Estado-Maior.

O grupo militar que queria Castelo Branco articulou-se com os políticos, com os empresários, com o Ipes, por exemplo, para sustentar seu nome?

A ação dos políticos verificou-se mais tarde. Juarez pugnava pelo Castelo, e depois os políticos, vendo que o escolhido não seria um deles, aderiram. Castelo era um admirador do Lacerda, era lacerdista. Magalhães Pinto ia ao gabinete do Castelo, no Estado-Maior do Exército, para conversar. O fato é que havia rivalidade entre os governadores, todos com suas ambições, e no fim todos eles acabaram concordando com a escolha do Castelo. Quem influiu muito para que se escolhesse o nome do Castelo, como já relatei, foi o general Muniz de Aragão. Essa é a minha versão.

Escolhido o Castelo, era necessário assegurar sua eleição pelo Congresso, pelo tempo restante do período governamental, fórmula prevista inclusive para dar-lhe o cunho da legalidade. E aí, para assegurar a maioria, foi necessário o entendimento com o PSD. Líderes deste partido estiveram com o Castelo e o levaram para uma conversa com o Juscelino. Há diversas versões sobre esse encontro, mas não há nenhuma confirmação de qualquer delas. O que de efetivo resultou dessas conversações foi a escolha do Alkmin para vice-presidente. Em meio a isso, Costa e Silva e os que o acompanhavam acabaram por apoiar o Castelo porque viram que não havia outra solução pacífica. Castelo tinha o melhor conceito. Costa e Silva ocupava uma posição de mando, era ministro e, por isso, tinha mais poder de ação. Acho que Costa e Silva, no começo, queria a permanência do Mazzilli, porque o Mazzilli era um homem relativamente fraco e seria um instrumento na sua mão. Como ministro e com o comando revolucionário, quem mandaria e desmandaria, caso o Mazzilli continuasse na presidência, seria o Costa e Silva. Mas a ideia de manter o Mazzilli foi logo abandonada.

Os senhores achavam que iam ficar no poder 20 anos?

Não. Foi um erro ter-se ficado tanto tempo. Surgiu, desde logo, o problema do combate ao comunismo, ao terrorismo, à corrupção. Além disso, manifestou-se outro problema grave: o da divisão no Exército entre a linha dura e a área mais moderada, que tendia para a normalização. Os duros sabiam que não podiam ficar definitivamente no poder, que um dia as coisas tinham que se normalizar, mas sua tendência era prolongar a revolução até que se pudesse fazer tudo o que eles imaginavam.

Nesse primeiro momento já havia uma percepção clara dessa divisão entre linha dura e moderados?

A percepção era muito tênue no início, mas foi se acentuando. Havia muitos oficiais que eram moderados e cuja tendência era se agrupar em torno do Castelo. E havia outros que eram mais exaltados, mais radicais, e que se uniram em torno do Costa e Silva. Essa divisão continuou até o meu governo: quando fui presidente da República, ainda tive que enfrentar o problema da linha dura. Os que estavam em torno do Castelo tendiam para a normalização da vida do país. E os outros achavam que não, que era preciso continuar o expurgo. Terminaram criando um lema que era inteiramente negativo. Era o *contra*. Diziam que eram contra a corrupção e contra a subversão. Como seria possível construir o Brasil com a divisa de ir contra? Era preciso construir, e não só destruir. O problema da corrupção subsiste até hoje. Não se acaba apenas com o expurgo. O que se deve fazer é, progressivamente, pelo desenvolvimento, eliminar as causas que levam à corrupção. Mas esse é um problema da natureza humana! Hoje temos o problema da corrupção no Congresso: o que ocorreu no governo Collor? Não adiantou passar 10 ou 15, 20 anos lutando contra a corrupção. Foi uma luta praticamente inócua. Não digo que a corrupção não deva ser punida exemplarmente, mas não pode ser o objetivo principal de um governo. O que se precisa é tirar as condições que favorecem a corrupção, a miséria, a pobreza etc., uma série de fatores que levam a isso.

O divisionismo vinha daí e foi se acentuando ao longo do tempo. Castelo lutou terrivelmente contra isso, mas a eleição do Costa e Silva em 1967 foi uma vitória da linha dura. Embora Costa e Silva endossasse ou apoiasse essa linha, ele era pessoalmente um homem mais pacato. Mas achou que era melhor apoiar essa linha dura porque lhe servia para chegar à presidência da República.

Por que o presidente Castelo não tirou Costa e Silva do Ministério do Exército, a exemplo do que fez com os outros ministros militares?

Uma noite, ainda com o problema da formação do ministério e com algumas dificuldades, Castelo nos disse que tinha resolvido dissolver o Comando Revolucionário, substituindo os ministros da Marinha e da Aeronáutica. Nós dizíamos: "Por que o senhor não aproveita, já que vai tirar esses dois, para tirar também o Costa e Silva?" Ele: "Não, não posso tirar. O que faria com ele?" Sugeríamos: "O senhor dá a ele a embaixada em Buenos Aires e resolve o problema. Ficando no ministério, ele vai lhe dar trabalho". Ele: "Não, não vou tirar não". Então deixou o Costa e Silva e tirou os outros dois. Foi uma decisão pessoal.

Tenho uma interpretação que pode servir para explicar as relações do Castelo com o Costa e Silva. É muito subjetiva e decorre da análise que faço sobre a trajetória dos dois. É o seguinte: Castelo e Costa e Silva foram companheiros no Colégio Militar em Porto Alegre. Castelo era cearense, gostava de fazer discurso, gostava de escrever, e tinha o defeito físico da coluna. O Colégio Militar mantinha uma sociedade cívico-literária dos alunos, e nela realizavam-se sessões cívicas. O orador da sociedade era o Castelo. Ele levou para o Colégio as histórias do Nordeste com as secas, matéria que no Rio Grande não se conhecia. Era considerado um literato, um homem ligado às coisas do Nordeste, benquisto no meio da turma. Como aluno, como estudante, estava na média. Não era brilhante, não se destacava. Costa e Silva, ao contrário, era primeiro aluno, muito benquisto, muito bem apessoado, tocava na banda de música do Colégio. Era dedicado ao esporte, fazia ginástica, e Castelo não. Costa e Silva, naquela fase, evidentemente tinha uma posição de ascendência. Foi comandante-aluno do Colégio. Na Escola Militar aconteceu a mesma coisa. Costa e Silva foi muito bom aluno no curso de infantaria, e o Castelo ficou na média. Saíram oficiais juntos. Dessa mesma turma, na artilharia, saiu o Ademar de Queirós, e na cavalaria, o Kruel, que também vinha do Colégio Militar de Porto Alegre. Kruel e Costa e Silva eram companheiros de mocidade do Castelo e os três eram amigos. Parece que na Escola de Aperfeiçoamento de Oficiais Costa e Silva ainda fez um bom curso, mas depois disso deixou os livros de lado, nunca mais estudou, casou-se cedo e depois tornou-se uma espécie de *bon vivant*. Gostava de jogar em corrida de cavalos, pôquer. Fez o curso do Estado-Maior muito tarde e teve dificuldades. Problemas psíquicos ou familiares. Castelo, que até então tinha sido um oficial da média, quando chegou na Escola de Aperfeiçoamento, mas principalmente na Escola de Estado-Maior, se destacou. Tanto se destacou que foi indicado pela Missão Militar Francesa para fazer o curso da Escola Superior de Guerra na França. Sempre havia um oficial dos que terminavam o curso no Estado-Maior que ia estagiar nessa Escola. Antes dele fora o Lott, que ainda estava lá quando o Castelo iniciou o curso. Castelo passou a ter maior projeção militar que o Costa e Silva. Foi instrutor na Escola Militar e na de Estado-Maior, depois teve um papel muito importante na FEB, a Força Expedicionária na Itália, como seu chefe de Estado-Maior. Mas, por incrível que pareça, Costa e Silva, sempre com boas relações, era promovido antes do Castelo. Chegou a general de exército na sua frente.

    Acho que essas situações do passado, do tempo do Colégio Militar, da Escola Militar e ao longo da carreira fizeram com que o Castelo tivesse sempre certa consideração pelo Costa e Silva. Reconhecia os defeitos dele, achava que era indolente, atribuía-lhe uma frase de que os franceses muito gostavam: "*Je suis très fatigué*", isso porque o Costa e Silva chegava ao palácio e dizia: "Estou muito cansado, muito cansado". Em suma, achava que o Costa e Silva era preguiçoso, mas o respeitava e evitava ter conflito com ele.

Já o senhor tinha uma posição de enfrentar os problemas de imediato.

Sim, e com a necessária oportunidade, antes que eles se agravassem. No tempo do governo Castelo tínhamos crises na área política e sobretudo na área militar, com os inquéritos e prisões. Eu era chefe da Casa Militar e o Golbery era chefe do SNI e nós dois trabalhávamos no mesmo gabinete, porque o palácio Laranjeiras, onde funcionávamos quando no Rio, tinha poucas acomodações. Nós nos entendíamos muito bem e conversávamos muito sobre a situação. Quando despontava uma dessas crises, íamos ao Castelo, normalmente de manhã cedo. Chegávamos, subíamos, o encontrávamos com o barbeiro fazendo a barba, ou tomando café, e começávamos a conversar. Um de nós relatava o problema: "Presidente, está se iniciando uma crise. Está havendo isso e isso, e esse problema vai se complicar". Ele perguntava: "Bem, e o que se pode fazer? O que eu vou fazer?" Dizíamos: "O senhor pode fazer isso ou isso, tomar tais providências, fazer com que essa crise seja abortada". Ele dizia: "Vou pensar". Dois ou três dias depois a crise se complicava. Íamos de novo ao Castelo. "Presidente, aquele problema que expusemos ao senhor outro dia está agora mais complicado, já está com outros contornos, está ficando mais difícil, mais grave". Ele dizia: "Sim, mas ainda vou pensar". E assim levava. Quando a crise estava desencadeada dizíamos: "Presidente, a crise estourou". "E a solução de vocês? Vamos agir". Então dizíamos: "Presidente, aquela solução não serve mais, o quadro agora é outro". E ele: "Sim, mas vamos agir". Aí ele entrava na luta e era positivo. Essa era uma das suas características. Ele temia a precipitação. E nós, ao contrário, achávamos que devíamos atacar o problema na origem. Eu era partidário, em muitos casos, de uma ação preventiva. Dizíamos sempre que o Castelo recuava, e quando não podia mais recuar, partia para o contra-ataque com grande vigor.

Por que o senhor foi nomeado chefe do Gabinete Militar?

Minha aproximação e do Golbery com Castelo, como já contei, foi feita pelo general Ademar de Queirós antes da revolução, quando o Castelo estava na chefia do Estado-Maior do Exército, e ainda muito indeciso quanto à conspiração. Parecia que o Castelo tinha alguma repugnância em aparecer como conspirador, porque sempre fora um homem da lei, tinha sido assim toda a vida. Creio que conspirou e preparou a revolução porque se convenceu de que o quadro nacional era realmente calamitoso.

Castelo eleito, havia o problema da organização do governo. Nós nos encontrávamos geralmente, o Ademar, eu e Golbery, na casa do Castelo em Ipanema. Aí se começava a estudar e analisar nomes. Por indicação do Juracy, Castelo escolheu para chefe do Gabinete Civil o Luís Viana Filho, político tradicional, deputado pela Bahia e também um literato, com muitos livros publicados; era considerado um homem de bem e capaz. Para o Gabinete Militar, quando Castelo indicou meu nome, alguém lhe disse: "Você vai levar o Geisel para ser o chefe da sua Casa Militar? Você confia nele?" Aí o Castelo ponderou: "Sim, confio nele, mas mais em mim mesmo". Como querendo dizer: "É evidente que quem vai comandar, dirigir o país, sou eu. Caso o Geisel queira fazer coisas que no meu entender não estão certas, não vou permitir". Era o que estava subentendido.

Quem escolheu os demais membros do Gabinete Militar: o senhor ou o presidente?

Castelo tinha oficiais ligados a ele, e alguns, como o Meira Matos, foram para a Casa Militar por sua indicação. Outros foram levados por mim. Havia três subchefias no Gabinete, uma do Exército, uma da Marinha e uma da Aeronáutica. Cada subchefia era dirigida geralmente por um coronel, um capitão de mar e guerra e um coronel-aviador, que dispunham de dois adjuntos. E eu tinha um ou dois auxiliares e um ajudante de ordens. Além disso, como chefe da Casa Militar eu era o chefe da Secretaria do Conselho de Segurança Nacional, onde trabalhavam.

A esse respeito, devo registrar um fato ocorrido com o Jaime Portela. Quando assumi a Casa Militar e me tornei, como era previsto legalmente, secretário do Conselho de Segurança, encontrei nessa Secretaria, como chefe de gabinete, o general Jaime Portela, que havia ocupado essa chefia e tomado conta do gabinete logo depois de 31 de março. Ele não me procurou, nem pediu demissão. Dizia que ocupava aquele lugar por direito de conquista. Eu o demiti e nomeei o chefe de gabinete que eu queria: o general Ariel Paca da Fonseca.

O senhor acompanhou a escolha dos demais ministros do governo Castelo?

Sim. A escolha dos ministros foi difícil. O ministério foi concebido à última hora, quase na véspera da posse. Para o Ministério da Educação, por exemplo, o Castelo convidou a Raquel de Queirós e outros, que não aceitaram. Então, no fim, fixou-se no Suplicy, que era um bom reitor da Universidade do Paraná e que eu tinha conhecido quando lá servi. Não foi bom ministro, era meio trapalhão. Juarez foi ministro da Viação e Obras Públicas.

Para enfrentar o problema econômico, ele escolheu Roberto Campos para o Ministério do Planejamento, alguns dias depois de assumir a presidência. Roberto Campos era, naquela época, um diplomata e economista controvertido. Trabalhara com Juscelino e tinha sido do BNDE. Otávio Gouveia de Bulhões já estava no Ministério da Fazenda, por indicação do Comando Revolucionário. Ambos, Bulhões e Roberto Campos, formaram uma dupla coesa que trabalhou muito. Em todo o período do governo nunca houve, ao que eu saiba, divergência entre os dois. Com eles, o governo Castelo procurou normalizar o quadro econômico do país. O programa que desenvolveram foi duro, foi difícil, provocou uma certa recessão, causou dificuldades na indústria e no comércio, mas por fim a inflação baixou, o balanço de pagamentos melhorou, a situação de crédito no exterior também. E quando eles saíram, o país estava começando uma fase de desenvolvimento que continuou durante o período Costa e Silva. O problema na área econômico-financeira foi normalizado.

Na área política, Castelo fez uma reforma da Constituição, fez uma reorganização partidária que muita gente condena, que introduziu o bipartidarismo. Fez a reforma administrativa com o Decreto-lei nº 200. Essa reforma vinha sendo tentada havia vários anos pelos governos anteriores. O próprio Amaral Peixoto havia sido incumbido de fazer o projeto da reforma administrativa no governo do Jango, mas nada conseguiu. Castelo fez. Muitos condenam a reforma, achando que eram soluções teóricas, mas na realidade foram soluções tendendo para a normalização da vida do país. Só que o Castelo pensou que pudesse resolver tudo em pouco tempo, e a realidade mostrou que isso não era viável.

O senhor se preocupava com a política econômica?

É evidente que acompanhávamos o que ocorria na nossa economia, mas não nos cabia interferir. Estávamos mais preocupados com o desenvolvimento da revolução. O problema mais complexo era o dos inquéritos. Tinha sido criada uma Comissão Geral de Investigação, que foi progressivamente alargando sua área de ação. Além de investigar o passado, passou a investigar também o presente, a tal ponto que, um dia, eu disse ao Castelo: "Presidente, o senhor tome cuidado, qualquer dia eles vão indiciar o senhor num inquérito". Como querendo dizer: "Essa comissão está extravasando de suas funções". O homem que dirigia a comissão fora contemporâneo do Castelo. Era o general Taurino Resende, que depois se complicou por causa do envolvimento do filho. Quando houve a crise, o Castelo me disse: "Vou demitir o Taurino hoje, mas você tem que me trazer outro em 24 horas". Respondi: "É difícil escolher em 24 horas um homem capaz. Vamos dar um jeito". Fomos buscar, por indicação do comandante Quandt de Oliveira, que estava na subchefia da Marinha, o Bosísio, oficial da reserva da Marinha que estava em Bragança Paulista criando coelhos. Bosísio era uma pessoa muito correta, um homem muito bom e de muito valor.

Como funcionava a Comissão Geral de Investigação?

Era um quadro muito difícil. Recordo, por exemplo, que um dia um general meu conhecido foi falar comigo e me disse: "Sou o encarregado da investigação na União Nacional dos Estudantes. E preciso que você me arranje 30 sargentos datilógrafos". Eu perguntei: "Você quer 30 datilógrafos para quê?" Ele respondeu: "Terminei a fase de investigação relativa ao estudo e exame dos arquivos, dos papéis, do material que foi encontrado na sede da União. Agora vou começar a fase da inquirição. Vou tomar os depoimentos, são centenas de depoimentos". Ponderei: "Nesse conjunto de pessoas, possivelmente oito ou 10 são os cabeças, os principais. Deixe o resto! Concentre a investigação em torno dos cabeças, dos principais, que são os responsáveis. E aí você não precisa de 30 datilógrafos". Ele me respondeu: "Não! Ou eu atuo sobre todos ou então não pego ninguém". Faltava objetividade. Como é que se ia colocar no inquérito cento e tantos indiciados?! Era um problema sem fim. Estou citando isso para mostrar como às vezes as investigações eram conduzidas.

Certa ocasião, fizeram um inquérito incluindo o Auro de Moura Andrade, que tinha sido presidente do Senado e era político de São Paulo. E isso porque um parente dele fazia negociatas com a loteria federal em São Paulo. Procurei acabar com esse inquérito na parte referente ao Auro, que criava uma área de atrito com o governo.

Faltava, nesses inquéritos, um sentimento objetivo e prático. Se o problema é corrupção, então devemos apurar essa corrupção. Até porque a corrupção tem determinados níveis, tem determinadas circunstâncias. Ao querer resolver todo o problema da corrupção no Brasil, morre-se de velho e não se consegue nada. Faltava, repito, objetividade.

Como era instaurado um IPM?

Ante uma denúncia fazia-se uma investigação preliminar e, conforme o que essa investigação revelasse, procedia-se ao inquérito. Isso é o normal: há uma denúncia, há a suposição de um fato delituoso, investiga-se, e se o fato denunciado tiver procedência, faz-se um inquérito. Esses inquéritos, envolvendo pessoal civil e militar, eram controlados pela CGI. E esta, encerrado o inquérito, fazia a sua conclusão e, conforme o caso, a remetia para a Justiça ou para a área administrativa do governo para a punição adequada. Muitas vezes o inquérito ia para os ministérios. Para o Exército ia o que se relacionasse, principalmente, com oficiais seus. Muitos oficiais foram, em função disso, transferidos para a reserva. Uns voluntariamente, outros compulsoriamente, com enquadramento no Ato Institucional. Outros inquéritos iam para a Justiça, quando realmente havia indícios de crime que competia ao Poder Judiciário julgar.

Antes da posse de Castelo Branco houve o Ato Institucional e começaram as listas de cassações de direitos políticos. Como foram feitas essas listas?

Essas listas foram feitas na área do Costa e Silva. Elas chegaram ao Castelo, que promoveu a retirada dos nomes de diversas pessoas que, na sua opinião, não deviam ser cassadas. Porque nessa hora de fazer uma lista de cassações entra muito o lado pessoal, de antipatias, ou de problemas vividos ao longo do tempo. Os que ficaram foram cassados mais ou menos por consenso.

E qual era a justificativa ou o embasamento jurídico para se fazer isso?

Sobre o embasamento jurídico prevalecia a revolução. Era um problema da revolução. Eram cassados, uns porque eram corruptos, outros pela ação nociva durante o governo Jango, e outros, enfim, porque poderiam prejudicar a ação da revolução. Uma vez eliminado o Jango, muita gente achava que a revolução tinha acabado. Mas subsistiram as sequelas, havia muitos problemas decorrentes da gestão do Jango.

Na qualidade de chefe da Casa Militar do presidente Castelo Branco, o senhor acompanhava a feitura dessas listas?

Eu só participei quando Castelo levou a lista lá para o Estado-Maior do Exército e nós nos reunimos. Quem conversou nessa ocasião com o Castelo foram o Ademar, o Golbery e eu. E o Castelo, então, mostrou a lista e os elementos que ele tinha cortado. Golbery cortou o Jânio. Jânio naquele tempo já era uma figura fora do baralho. Era realmente o maior responsável, em consequência do que tinha acontecido com a sua renúncia, mas se dizia também que ali havia uma questão pessoal do Costa e Silva. Quando o Jânio era não sei se prefeito ou governador de São Paulo, Costa e Silva exercia um comando de general em São Paulo e houve um desentendimento entre os dois. Não sei se a cassação obedeceu a esse problema pessoal ou se foi uma decorrência da irresponsabilidade ou da culpa de Jânio nos acontecimentos que o país viveu após sua renúncia.

Posteriormente, Castelo já na presidência, as propostas de cassações, originadas na CGI ou nos ministérios, vinham ao palácio, ao Castelo, e depois a mim ou ao Luís Viana, conforme fosse. Se o Castelo achasse que havia fundamento, havia motivo, fazia-se, através da Secretaria do Conselho de Segurança, uma remessa do processo, ou das conclusões do processo, para os ministros membros do Conselho de Segurança, que deviam votar se eram pela cassação ou não. Cada um deles dava o seu voto, e em função da votação o presidente tomava a decisão. Geralmente os ministros apoiavam as cassações. Nos últimos dias vieram também cassações do Ministério das Relações Exteriores, que até então não tinham ocorrido. Na véspera ou antevéspera de acabar o prazo, veio um representante do governador de Minas com um calhamaço pedindo a cassação de não sei quantos, um grande número de pessoas de Minas. Na última hora. Castelo ficou irritado. Sugeri que não atendesse, porque já se estava no fim do prazo. Por que é que o Magalhães Pinto guardou o pedido de cassação e deixou para a última hora?

A cassação do Juscelino foi mais difícil. Juscelino era candidato a presidente da República. Aliás, Lacerda também era. Foi ao Castelo comunicar que era candidato pela UDN, e o Castelo lhe disse: "Está bem. Mas a sua candidatura vai ficar ao sol e ao sereno..." Ficou esperando, não é? Quanto à cassação do Juscelino, sua origem foi a seguinte. Tínhamos ido a São Paulo para o encerramento da campanha do Assis Chateaubriand, "Dê ouro para o Brasil". De tarde, tomamos o avião para voltar. Castelo já estava no avião, eu esperando, quando o Costa e Silva chegou esbaforido e foi dizendo: "Seu Castelo, temos que cassar o Juscelino". Castelo disse: "Se você acha que o Juscelino deve ser cassado, você propõe a cassação". A maneira como o Costa e Silva se comportou, falando em alta voz e tratando desse assunto naquele local, me chocou. Se ele achava que era fundamental cassar o Juscelino, deveria falar com o Castelo numa hora mais apropriada. Castelo ficou numa situação difícil. Na verdade, acho que ele não queria cassar o Juscelino. Mas o Costa e Silva fez a proposta, e o Castelo mandou estudá-la, convocou especialistas da área do imposto de renda para examinar as declarações do Juscelino. Sabíamos que no governo do Juscelino tinha havido muita corrupção de auxiliares dele, mas não havia muita coisa contra ele. Como governador de Minas, loteou e vendeu lotes na área da Pampulha, e muitos desses lotes foram comprados por ele ou pela sua mulher. Recebeu de presente do Stroessner uma casa no Paraguai, vizinha a Foz do Iguaçu. O apartamento em Ipanema, em que morava, tinha sido dado a ele pelo Paes de Almeida, que era o homem do "vidro plano". Havia, assim, uma série de indícios, talvez não suficientes para uma cassação. Sua atuação em 61, aconselhando o Jango a vir tomar posse do governo, fazia dele um adversário da revolução. No fim o Castelo resolveu cassá-lo. Nessa cassação o Juarez não votou. Absteve-se sob o argumento de que tinha sido o candidato competidor do Juscelino na eleição para presidente da República. Roberto Campos também não votou, porque tinha sido auxiliar do Juscelino. E aí deu-se a cassação. Creio que foi a mais difícil para o governo e lhe custou parte do apoio do PSD. Mas foi devida, principalmente, à obsessão do Juscelino de voltar à presidência da República, desde a época em que saiu do governo, em janeiro de 1961. Obsessão que o dominou até sua morte. Idêntica obsessão foi a do Lacerda, levando-o, inclusive a romper com o Castelo, que, como já referi, tinha sido e ainda era, no começo de seu governo, um lacerdista.

O Conselho de Segurança Nacional se reunia para discutir as cassações?

Não, porque os membros do Conselho de Segurança, que eram os ministros, recebiam cópia de todo o processo, o examinavam e davam o voto. Cada ministro emitia seu voto individual, e, ponderando esses votos, o presidente tinha facilidade para decidir. Além de não ser necessário, era difícil reunir o Conselho para esse fim, e isso porque havia ministros no Rio e em Brasília, e o próprio presidente tinha praticamente duas sedes de governo e vivia se deslocando de uma para a outra. Eu, como chefe do Gabinete Militar, sempre acompanhava o presidente. Isso me criava problemas domésticos pelo desencontro com minha mulher e minha filha, consequentes dos erros de estimativa quanto ao tempo de permanência em cada uma das sedes. Muitas vezes, quando minha família chegava a Brasília, para lá permanecer algumas semanas comigo, Castelo resolvia vir ao Rio e eu vinha com ele. O mesmo acontecia quando estávamos no Rio para uma temporada mais prolongada e eu tinha que ir para Brasília.

O Conselho de Segurança Nacional também propunha cassações?

Os ministros podiam propor cassações, fundamentando-as, e aí se fazia o processo, que concluía com um parecer, elaborado na Secretaria do Conselho de Segurança.

Quer dizer que durante o governo Castelo Branco todos esses processos de cassações passaram pela sua mão.

Muitos deles iam originariamente ao chefe da Secretaria do Conselho de Segurança, pessoa da minha confiança, o general Ariel Paca da Fonseca, um homem de primeira ordem.

E quanto à prorrogação do mandato do presidente Castelo?

Castelo não queria a prorrogação, dizia para nós que não queria. Foi um problema difícil, complicado. Nós achávamos que devia haver a prorrogação porque o mandato dele, para completar o período do Jango, era muito reduzido e insuficiente para realizar o que achávamos que ele tinha por fazer, principalmente nas áreas econômica e social. Creio que o Castelo dizia que não queria por escrúpulo, embora no fundo estivesse convencido de que era conveniente continuar por mais um ano. Realizou-se um trabalho no Congresso, onde o Pedro Aleixo era o líder do governo. Recordo que numa reunião a que estive presente, o Pedro Aleixo disse ao Castelo: "Se o senhor quiser eu manobro dentro do Congresso, e a prorrogação não é aprovada". Quando ele saiu eu disse ao Castelo: "Se houver essa manobra do Pedro Aleixo nós também vamos manobrar, porque achamos que deve haver prorrogação. Se o senhor quer fazer alguma coisa nesse país, necessita de mais tempo". Foi então que se deu a separação com o Lacerda. Lacerda nunca se conformou com a prorrogação, que desfez o seu sonho dourado de vir a ser presidente da República. Lacerda achava que o inspirador da prorrogação tinha sido o Golbery. E então deu-se o conflito entre os dois.

E Golbery era realmente o inspirador da prorrogação?

Sim, como eu e muitos outros companheiros, inclusive políticos.

A ideia era prorrogar o mandato por um ano e fazer o que depois?

Nós não íamos muito longe em nossos projetos. Achávamos que com o tempo se acertariam as coisas e, evidentemente, haveria eleição ao fim do mandato. Mas considerávamos ruim a solução de ter Juscelino como presidente. Juscelino era o homem do desenvolvimento, mas também da alta inflação e de muita corrupção na construção de Brasília. Continuo a crer que um dos grandes males do Brasil foi a transferência do governo para Brasília. Tínhamos também restrições aos outros candidatos. Lacerda era um excelente orador, um demolidor, mas não era o indicado. Parecia-nos que não era homem para governar o Brasil. Ademar de Barros também queria ser candidato. Era o homem do *slogan* "Rouba mas faz", ou então: "O Brasil precisa de um bom motorista: é botar o pé na tábua e sair", "Fé em Deus e pé na tábua". O quadro político não era muito animador.

O presidente Castelo Branco manteve as eleições para os governos dos estados em 65, e houve muita oposição a isso, não foi?

A tendência do Castelo era acelerar as coisas e ver se podia voltar ao regime normal. E um dos problemas era a eleição nos estados. Achávamos que deviam ser realizadas. E então, a oposição venceu, em Minas Gerais e no Rio de Janeiro. Surgiu logo a manifestação dos radicais: "Não, não devem tomar posse". Castelo fincou o pé: "Devem e vão tomar posse. Já que foram eleitos, em eleição normal, não há por que impedir". No Rio venceu o Negrão de Lima, que era de longa data uma pessoa das relações do Castelo. E logo veio a reação. Alguns oficiais mais radicais, na Vila Militar e em Campinho, começaram a conspirar. Mas não creio que houvesse a iminência de um levante na Vila. Costa e Silva foi até lá e conversou com esses oficiais. Mas daí a dizer, como alguns dizem, que o levante estava sendo desencadeado e que foi abortado pela ação do Costa e Silva, que assim teria salvo o governo do Castelo, me parece falso. Foi mais propaganda em torno do Costa e Silva do que um acontecimento real. O que dizem é que o coronel Pitaluga, que comandava uma unidade de cavalaria mecanizada em Campinho, próximo de Cascadura, iria se rebelar. O Pitaluga era um homem ligado ao Castelo, com quem mantinha relações. Participou da FEB, na campanha da Itália. Um dia ele foi ao palácio, aqui no Rio, para uma visita ao Castelo. Começaram a conversar, e o Pitaluga se pôs a falar sobre coisas do governo, sobre o que estava errado, o que precisava ser feito, e a dar conselhos. Castelo ficou ouvindo, e quando o Pitaluga terminou, perguntou: "Escute, coronel: como vai a instrução dos oficiais do seu regimento?" Como querendo dizer: "Quero saber do seu comando. Você tem que comandar a sua unidade, e não meter o nariz no governo". Eu e o Golbery, pela percepção que tínhamos e pelos dados que possuíamos na época, achávamos que esse levante na Vila e em Campinho era apenas conversa.

A liderança desse movimento contra o governo em 1965 é também atribuída ao general Albuquerque Lima, com o apoio dos almirantes Sílvio Heck e Rademaker.

É, pode ser, mas o Albuquerque Lima era relativamente novo, moderno como general. Era um oficial capaz, inteligente, mas não tinha dentro do Exército maior repercussão. Podia ter alguma liderança no meio dos companheiros da arma de engenharia, mas não era um líder dentro do Exército. Era revolucionário, a família toda era revolucionária, eram vários irmãos oficiais do Exército, a maioria já na reserva. O Albuquerque Lima era o mais moço de todos e só adquiriu alguma autoridade depois, na sucessão do Costa e Silva.

Mas não creio nessa história de que ia haver um levante contra o Castelo para derrubá-lo: é pura fantasia, alimentada pelo *entourage* do Costa e Silva. Havia, sem dúvida, oficiais que eram contra a posse dos dois governadores, batiam-se contra a posse, queriam que ela fosse impedida. Castelo, entretanto, firmou-se na sua decisão. "Não senhor, eles têm que tomar posse." E o Golbery e eu concordamos com o presidente.

Nessas eleições de 1965, alguns militares quiseram se candidatar. Almejavam, principalmente, os governos dos estados.

Realmente houve alguns casos. Castelo era totalmente contra. O principal foi o do Muricy, que comandava em Recife. Algumas correntes políticas queriam fazê-lo governador de Pernambuco, mas outras não. Na escolha feita pelo diretório político ele foi derrotado. Muricy era amigo do Castelo, e o caso não teve maiores consequências. Que eu me lembre, foi a única candidatura que realmente chegou a ser formulada e discutida no diretório político do estado. Em outros estados houve algumas tentativas nesse sentido, mas todas foram frustradas.

Esse desejo de ficar no poder não era inusitado. Havia o precedente da Revolução de 30. Em muitos estados os interventores federais foram militares. Juracy foi interventor na Bahia, Cordeiro mais tarde foi interventor no Rio Grande do Sul. Em São Paulo, inicialmente foi João Alberto, e depois de 1932 Valdomiro Lima e Daltro Filho. Magalhães Barata ficou no Pará, além de outros no Amazonas, Ceará, Piauí etc. Realmente, houve diversos interventores militares que depois quiseram continuar como governadores. Na época do Castelo, alguns militares também quiseram eleger-se governadores, mas como tentativa concreta houve apenas a do Muricy.

Havia entre os militares outros grupos divergentes em relação ao governo?

Havia evidentemente muita agitação. Houve um grupo, creio que era a Líder, do Martinelli, que cultivou publicamente suas divergências com o governo. O grupo foi dissolvido, e ele foi punido. Foi uma ação esporádica de um grupo exaltado e ambicioso. Eram oportunistas.

Nas revoluções há múltiplas tendências, tanto no meio militar quanto no civil, que se manifestam mais ativamente, seja do ponto de vista intelectual, como do caráter, das ambições, das divergências pessoais, das amizades etc. O quadro humano é, por natureza, muito complicado. Por isso é que eu digo que o pior animal que Deus pôs no mundo foi o homem.

Voltando ao problema da linha dura: havia alguma divisão interna entre duros e radicais?

A linha dura em si era radical, mas não era homogênea. Uns eram mais, outros menos. Não havia uma chefia propriamente da linha dura. Quem corporificava a chefia, embora não a exercesse efetivamente, era o Costa e Silva. A linha dura não foi organizada pelo Costa e Silva, mas se formou em torno dele. Um dos homens da linha dura era o Portela. Depois o Andreazza. Queriam acabar, extirpar do país a corrupção e a subversão. Isso é utopia. Sempre haverá corruptos e também conspiradores, em maior ou menor escala.

Essa linha dura tinha uma adesão maior de coronéis do que de generais?

Sim, mais de coronéis e de oficiais de hierarquia mais baixa. Generais, muito poucos. A maioria deles era mais equilibrada e estava do lado do Castelo. Há generais que comandam, que são chefes, mas há outros que às vezes se deixam levar pelos subordinados, inclusive por comodismo. Há generais mais rigorosos, outros que querem ser mais bondosos, pensando captar o apoio dos subordinados. Há de tudo. Havia generais que eram, praticamente, conduzidos pelos seus auxiliares ou seus subordinados, que muitas vezes eram da linha dura. Eles em si não eram, mas se tornavam pela influência do *entourage*. Isso é próprio da natureza humana. O fato de alguém ser general não quer dizer que seja diferente dos outros homens: é um homem, embora selecionado, que tem as qualidades e os defeitos de qualquer ser humano.

De toda forma, é curioso que o radicalismo revolucionário em 1964 estivesse entre os coronéis, uma geração que não viveu 1922, 1930...

Sim, mas eles conheciam a história. E não era somente entre os coronéis. Trata-se de um processo que foi evoluindo, inclusive desde o governo Juscelino. Depois da morte do Getúlio, houve o governo do Café Filho, em que se deu a intervenção do Lott, e que gerou muitas contradições no meio militar, onde muitos divergiram. Muitos eram partidários do Eduardo Gomes, que ainda corporificava os sentimentos puros que vinham das revoluções de 22, de 24 e de 30.

Embora este não tenha sido um problema característico do período Castelo Branco, na época houve um início de contestação armada contra o governo. Como isso foi recebido?

O primeiro caso, o do Jefferson Cardim, estava ligado ao Brizola. Brizola tinha recebido apoio financeiro do Fidel Castro para promover a insurreição, assunto que até hoje se discute, pois as más línguas dizem que ele embolsou o dinheiro. Eu já falei do Jefferson. Era um oficial comunista, protegido do Lott. Não sei com que argumentos ele convenceu o Brizola. Sei que, apoiado por Brizola, saiu do Uruguai com meia dúzia de adeptos, entrou no Rio Grande do Sul e no município de Três Passos, perto de Santa Rosa e Santo Ângelo, invadiu uma delegacia de polícia e se apoderou do armamento que lá havia. Foi entrando até Santa Catarina e Paraná. Nessa época, nós estávamos com o Castelo no Paraná, em Foz do Iguaçu. Recebemos informações do Rio Grande do Sul e do próprio comando militar de Curitiba, houve uma ação e eles foram desbaratados. Foi um fato que não preocupou.

11

De Castelo a Costa e Silva

No início do governo Castelo Branco houve denúncias de tortura, principalmente no Nordeste, e o senhor recebeu a missão de averiguá-las. Como foi isso?

Pouco depois do início do governo Castelo, os jornais começaram a veicular que havia tortura. Castelo ficou muito preocupado e me incumbiu de verificar o que realmente havia, para as providências necessárias. Junto com Moraes Rego, que servia na Presidência, e Hélio Mendes, da Secretaria do Conselho de Segurança, fiz uma viagem ao Nordeste, área sobre a qual recaíam as principais acusações. Fomos a Recife e à ilha de Fernando de Noronha, vendo os presos; depois estive na Bahia e em São Paulo. Comandava a área do Nordeste, com sede em Recife, o general Muricy. O que constatamos é que houve torturas nos primeiros dias da revolução. Um dos que foram seviciados foi um ex-sargento comunista, Gregório Bezerra. Mas, na época em que estivemos lá, não havia nada, não encontramos nada irregular. Visitamos as prisões e falamos com os presos. Em Fernando de Noronha estava o Arraes, com quem conversei: nenhuma queixa de tortura. Fui à Bahia e lá também não encontrei nada irregular. Em São Paulo, os assuntos principais relacionados com a revolução estavam sendo tratados pela Aeronáutica. Os inquéritos estavam a cargo do coronel Brandini. O comandante da Zona Aérea era o brigadeiro Márcio de Sousa Melo, meu colega de Escola Militar, que depois foi ministro da Aeronáutica. Não havia qualquer notícia de torturas, apenas os inquéritos do Brandini. Voltei ao Rio e fiz meu relatório escrito ao Castelo.

O senhor se encontrava diariamente com o general Golbery, trabalhavam na mesma sala. Deve ter acompanhado, portanto, a criação do SNI.

    Sim. Trabalhávamos na mesma sala no Rio de Janeiro, e em Brasília, em gabinetes próximos. Conversávamos muito, almoçávamos juntos, procurávamos fazer com que as nossas ações, eu através do Conselho de Segurança, e ele com o Serviço de Informações, fossem concordantes, de apoio recíproco e sem divergências, atendendo aos interesses do governo.

    Num entendimento nos primeiros dias após a posse, Castelo e Golbery chegaram à conclusão de que o governo brasileiro, a exemplo de todos os países do mundo, precisava ter um serviço de informações e contrainformações centralizado. Castelo defendeu essa ideia, e Golbery ficou incumbido de estudar e redigir o projeto de sua organização, e a regulamentação das atividades. Em decorrência desse trabalho, o presidente baixou uma lei criando o Serviço Nacional de Informações, o SNI. Golbery foi nomeado para chefiá-lo e tratou logo de prover sua organização. Além de um centro sob sua direção imediata, havia diversas agências regionais. A do Rio de Janeiro, sob a direção do Figueiredo, era na época a principal, mas havia também agências importantes em São Paulo e em algumas outras capitais. Através dessas agências o chefe exercia a sua função. Além das informações que ia fornecendo ao governo à medida que os fatos ocorriam, Golbery todo mês fazia um relatório de informações sobre a situação internacional e a situação interna, política, militar etc. Esse relatório dava o quadro geral do que estava havendo e concluía com uma perspectiva de evolução. Era entregue ao Castelo e, se ele concordasse, os ministérios também tomavam conhecimento.

Qual era exatamente o conteúdo dessas súmulas do SNI? Problemas nacionais, a vida das pessoas...

    No nosso tempo, nós não nos preocupávamos em acompanhar a vida das pessoas. Os relatórios tratavam dos problemas que surgiam na área interna, em todo o país, mas não havia nada de pessoal. Era o problema político do Rio Grande do Sul, ou do Congresso, da Câmara dos Deputados, e as tendências de evolução desses problemas. Havia também uma parte que apresentava o quadro internacional, ainda na fase em que os Estados Unidos estavam empenhados na contenção do comunismo.

O cliente do SNI era o presidente da República?

Era o presidente da República. Mas, depois de ele aprovar, os relatórios desciam também aos ministérios a que pudessem interessar. Geralmente eram todos. Mas o cliente principal era o presidente da República.

Nessa época o SNI já tinha braços nas estatais, nas universidades, ou isso veio depois?

Desde que se criou o Conselho de Segurança no tempo do Getúlio, Conselho que foi preconizado e proposto pelo general Góes Monteiro, em todos os ministérios havia uma seção de segurança. Era uma seção de segurança nacional, mas que, praticamente, era de informações e contrainformações. Embora existissem desde aquele tempo, muitas dessas seções não estavam organizadas nem funcionavam. Procurou-se reativá-las. No tempo do Castelo elas não tiveram maior expressão. Depois começaram com maior atividade, querendo influir nos ministérios, o que, contudo, não era a função delas. Cabia-lhes colher informações e sugerir medidas para combater ou anular tendências ou ações consideradas prejudiciais à segurança. Assim, houve uma interferência excessiva na vida dos ministérios.

Quantos funcionários, mais ou menos, o general Golbery tinha?

Não tenho informações sobre isso, mas não era muita gente. Depois o SNI foi crescendo. Tinha que crescer mesmo, para se estender por todo o país. Mais tarde criou-se a Escola Nacional de Informações, medida fundamental para o desenvolvimento do SNI. No início, muitas vezes eram recrutadas pessoas que não tinham formação para um trabalho daquela natureza. A Escola de Informações era frequentada não apenas por militares, mas também por civis. A tendência lógica era que o SNI ao longo do tempo se tornasse um serviço de civis, tal como a CIA nos Estados Unidos ou o serviço correspondente da Inglaterra. No Brasil, por causa da revolução, o SNI ficou na mão dos militares. Mas o que se procurou fazer foi, progressivamente e através da Escola de Informações, organizar o serviço baseado em civis.

Golbery e o presidente Castelo Branco conversavam muito?

Sim. Golbery tinha contatos diários com Castelo, como eu também tinha. Geralmente conversávamos juntos de manhã, outras vezes ao meio-dia, quando almoçávamos com o Castelo no palácio, aqui no Rio, ou às vezes de tarde, depois dos despachos, antes de encerrar o expediente. Aos domingos em Brasília, onde eu morava na Granja do Torto, Castelo telefonava: "Você pode vir aqui?" Ele se sentia isolado, sozinho, e então eu ia para lá conversar. Passava uma, duas, três horas conversando. E lá se ia o meu domingo! Com o decorrer do tempo se estabeleceu um maior grau de confiança, de franqueza. Não uma intimidade familiar, mas de pontos de vista comuns, de discussão dos problemas.

Um outro caso que o senhor deve ter acompanhado na época foi a questão do Mauro Borges, governador de Goiás.

Havia denúncias contra o Mauro Borges. Ele tinha sido militar, mas ficou do lado do Jango em 1961, embora fosse do PSD. Trabalhou pela volta do Jango. Era praticamente contra a revolução. O pessoal da UDN em Goiás se pôs a trabalhar contra ele, mas Castelo o conhecia, tinha relações com ele e não queria atuar. A situação foi se precipitando, e o Castelo acabou entrando na questão. Teve, inclusive, uns desentendimentos com o PSD, que era presidido pelo Amaral Peixoto. O PSD, que até então tinha convivido razoavelmente com o governo, discordou da intervenção e resolveu apoiar o Borges, principalmente por influência do Pedro Ludovico, político goiano que tinha feito a mudança da capital do estado para Goiânia. Não obstante, a intervenção foi feita, e o Castelo queria que fosse de curta duração. Sugeri ao presidente a nomeação do Meira Matos para interventor. Eu achava que a intervenção duraria alguns meses e que o Meira Matos tinha qualificações para realizá-la. Castelo concordou e nomeou-o. Meira Matos era então subchefe da Casa Militar. É um homem inteligente, culto e hábil. Mais tarde foi substituído por um general, não sei se já da reserva, que foi um desastre. Com ele se encerrou a intervenção.

Meira Matos também foi incumbido do fechamento do Congresso em novembro de 1965, não foi?

Foi. Nós estávamos aqui no Rio, e o Meira Matos em Brasília. O Congresso estava se rebelando. Queriam resistir dentro do edifício, para onde levaram colchões, comida etc. Adauto Lúcio Cardoso era o presidente da Câmara, onde estava o foco da resistência. Castelo não gostaria de fechar o Congresso, mas decidiu fazê-lo porque não era admissível. O Congresso se rebelando contra o governo, um governo revolucionário? Ele fez a intervenção a contragosto.

Como é que os senhores viam o papel do Legislativo nesse momento?

Era um órgão necessário. A nação não pode prescindir de um poder legislativo. Mas o funcionamento do Poder Legislativo, entre nós, era muito complicado, como ainda o é até hoje. No entanto, a nação tem que ter um poder legislativo.

Para a imagem externa do país?

Não apenas externa, mas para a vida nacional. Castelo sempre procurava a normalização, no que estava muito certo. Ele realmente pensava que poderia encerrar o período revolucionário, queria a eleição de um presidente civil, da área política, para que o país entrasse em regime normal. Isso tudo foi obstado, não foi realizado porque os mais radicais, que nós chamamos de linha dura, exerceram pressões, envolvendo os próprios políticos, que, por sua vez, preferiram eleger o Costa e Silva. A linha dura não estava só no Exército, nas Forças Armadas. Havia também linha dura no meio civil, no meio político.

Ainda no governo Castelo, a intransigência civil e militar da linha dura levou ao AI-2.

Para se sentir o clima da época, vou narrar um episódio. Houve uma manobra da guarnição de São Paulo na região de Itapeva que teve uma certa relevância. Castelo compareceu, e eu e o Moraes Rego o acompanhamos. Foram também vários generais, entre eles

Costa e Silva e o comandante da região militar, Amaury Kruel. Depois da fase final da manobra, houve a crítica, como é comum, analisando erros e acertos, e um almoço, oferecido pelo dono do sítio onde se realizou o exercício. Nesse almoço o Costa e Silva fez um discurso que, de certa forma, era uma crítica ao governo, sobretudo pelo conflito que havia com o Supremo Tribunal Federal. O Supremo Tribunal Federal estava dando *habeas corpus* aos presos políticos envolvidos em inquéritos ou em investigações. Houve *habeas corpus* que não foram cumpridos, e o presidente do Tribunal se dirigiu ao Castelo e reclamou. Castelo, por seu lado, exigiu dos militares o cumprimento das decisões do Supremo Tribunal. Preocupou-se em prestigiar a Justiça. Pois o Costa e Silva, no seu discurso, investiu contra a Justiça e indiretamente contra a decisão do Castelo, o que nós consideramos muito ruim. Era um discurso de certa forma indisciplinado, na presença de generais e oficiais, alguns dos quais apoiaram ruidosamente a fala do ministro. Havia oficiais que estavam exaltados. Um deles, no meio do discurso, disse, sentado no fim da mesa: "Manda brasa, ministro! É isso mesmo! Manda brasa!" Castelo ficou quieto, no fim falou alguma coisa, e se dissolveu a reunião. Nós voltamos de avião para São Paulo, e de lá para o Rio. Eu disse a ele: "O senhor tem que demitir o Costa e Silva hoje! Depois desse discurso não é possível continuar!" Mas o Castelo ficou calado. Remoeu aquela coisa toda e se aquietou. Isso, conjugado com o problema da vitória da oposição nas eleições aqui no Rio e em Minas Gerais, ficou fervendo e levou finalmente à decisão da formulação do Ato Institucional nº 2.

Em parte, as críticas ao Castelo eram consequência das eleições, da sua posição prestigiando os resultados. O revolucionário não quer saber de lei. Ele tem seus objetivos e se torna intransigente. Geralmente a revolução é feita pelos exaltados que dela se assenhoram. Gustave Le Bon, no seu livro *Psicologia das multidões*, diz que as revoluções não se fazem sem as multidões; mas que, depois, não se pode governar com elas. Em 64, a maior parte dos oficiais do Exército entrou na revolução, e depois vieram as reivindicações, não pessoais nem de classe, mas relacionadas às ideias, de como acabar com a subversão, como acabar com a corrupção... Com o problema das eleições em Minas e no Rio conjugado ao problema dos inquéritos, e com o Supremo Tribunal Federal pródigo em conceder *habeas corpus* que alguns militares não queriam cumprir, mas que, como já disse, Castelo obrigava a cumprir, criou-se um clima de certa efervescência. Havia também o problema dos partidos políticos, UDN, PSD e PTB, que muitas vezes criavam dificuldades para o governo, apesar de o Castelo despender grande parte de seu tempo em conversas com políticos parlamentares, visando à defesa e à difusão das suas ideias. A UDN, que mais apoiava o governo, era um partido liberal. Sempre quis a revolução, mas depois não queria que se adotassem as medidas decorrentes. Todas essas circunstâncias levaram à decisão de baixar um novo Ato Institucional, o nº 2.

O ministro da Justiça era Juracy Magalhães, e com ele se realizou o trabalho da redação do ato. Quem muito cooperou e deu forma final à sua redação foi um advogado de renome, Nehemias Gueiros, de Pernambuco. Golbery e Moraes Rego, assim como Juracy, participaram das discussões feitas no Gabinete Militar. Nehemias Gueiros trabalhava ali, auxiliado por outro bacharel Gueiros, que mais tarde foi ministro do Tribunal em Brasília. Ali, no Gabinete Militar, se elaborou o projeto, que ia ao Castelo e às vezes era por ele modificado. Num processo de aproximações sucessivas, chegou-se, por fim, à redação definitiva.

Não me lembro dos detalhes, mas sei que o ato continha uma série de medidas, entre as quais a extinção dos partidos políticos existentes. Houve uma relutância da UDN, principalmente do Eduardo Gomes, mas acabaram concordando. Outra questão controvertida era a das eleições para presidente da República. Castelo fez questão de um dispositivo determinando que o "atual presidente" era inelegível. Sobre isso há duas versões. Uma, segundo a qual Costa e Silva teria sido contrário, achando que, se Castelo se declarasse inelegível, iria haver um açodamento no meio político, com civis querendo se candidatar. Castelo se afastando dava margem a que esses candidatos civis se precipitassem nas suas próprias candidaturas. A outra versão é de que o Castelo estabeleceu esse impedimento já sob a influência da candidatura do Costa e Silva. Realmente, no dia da reunião no palácio em Brasília para a leitura e assinatura do ato, antes que chegassem os convidados, alguns líderes do Congresso e da UDN que apoiavam o governo, e antes de o Luís Viana proceder à leitura do documento, Castelo estava sentado na sala, esperando, quando entrou o Costa e Silva, que foi dizendo: "Castelo, onde é que está, onde é que está?" Castelo abriu a papelada e disse: "Está aqui". Era o tal artigo em que ele se declarava inelegível.

Vários fatores influíram no Ato Institucional nº 2: o problema criado pela linha dura com o Supremo Tribunal, o problema das candidaturas presidenciais, mas também o grande problema dos partidos políticos.

O senhor e o presidente Castelo Branco eram favoráveis ao bipartidarismo?

Éramos, e o Golbery também. Pelo menos naquela situação era a melhor solução. Em resumo, permitia caracterizar quem estava com a revolução e quem era contra. Era uma forma de definir posições.

Olhando de hoje, como o senhor avalia a importância do AI-2? O senador Amaral Peixoto, por exemplo, dizia que o grande erro dos militares foi ter acabado com os partidos políticos.

Por que será que ele disse isso? Porque era o cacique do PSD. A posição dele — talvez a nossa também — era suspeita. Ele defendia as tradições da agremiação em que tinha vivido e ocupado importantes posições, notadamente no Rio de Janeiro, estado que era seu feudo. Amaral não considerou que havia iniciado sua vida política sem partido, no Estado Novo. Não estou procurando criticá-lo. Eu tinha boas relações com Amaral Peixoto. O pessoal da UDN também não gostou do AI-2. Os conflitos com a UDN vinham de longe, vinham com o problema do Lacerda candidato do partido à presidência da República. Como nós, Castelo achava que era uma candidatura prematura. Lacerda era um batalhador interessantíssimo na oposição, mas no governo, não. Era um homem de oposição, panfletário, agitador. Chego a achar que se ele fosse presidente da República tornar-se-ia ditador.

O senhor considera que o AI-2 foi necessário?

Acho que foi. Naquela ocasião foi. Apesar dos defeitos que possa conter, foi adequado à época. Nós achávamos que era preciso fazer alguma coisa, inclusive para regular o problema das eleições. E vivíamos muito o problema político. Militar não gosta de política. Política é uma coisa necessária, e nós dizíamos que era um mal necessário. É evidente que deve haver política, mas o nosso quadro político, de um modo geral, não era, como não é, muito bom. O Brasil deveria ter coisa melhor, pois muitos dos nossos políticos, em vez de servir à nação, interessam-se em se servir.

Mas a gente não aprende fazendo?

Nós estamos aprendendo desde 1500! A gente aprende fazendo, mas é preciso, em primeiro lugar, que se tenha vontade de aprender. Eu acho que é isso o que falta aqui. Não há vontade de aprender. A senhora não reclamou esses dias do ensino de história?[60] Quem é que hoje em dia conhece história do Brasil e estuda história do Brasil? Quem estuda as coisas do Império, as coisas da República? Qual é o garoto, qual é a menina que estuda? Entre os próprios adultos, quais são os que se preocupam com isso? E a história é mestra da vida, não é o que se diz?

Pouco antes da promulgação do AI-2 Milton Campos deixou o Ministério da Justiça, sendo substituído por Juracy Magalhães. Como o senhor viu essa demissão?

Milton Campos era um homem da lei. Era conservador, um homem tranquilo, estático. Quando surgiu a ideia da candidatura Castelo, na fase revolucionária dos primeiros dias, e uma vez assentado o nome dele, tivemos uma reunião no Estado-Maior do Exército, a que estavam presentes Castelo, Ademar, eu e Golbery. Castelo vivia nessa ocasião, como era natural, muito assediado pela imprensa. E nós dissemos a ele: "General, o senhor tem que cuidar desde logo de encontrar um bom secretário de imprensa. Um homem que saiba lidar com os repórteres, saiba selecioná-los, para evitar que o senhor entre em dificuldades com entrevistas e declarações". Castelo respondeu: "Não, não. O que eu preciso, e quero encontrar, é um bom ministro da Justiça. Um ministro da Justiça ágil, que viaje, que vá ao Pará, ao Maranhão, ao Rio Grande do Sul, para ver os diferentes problemas que surgirem". Foi escolher o Milton Campos! Uma grande diferença entre a concepção e a execução. Milton Campos era um homem de primeira ordem, mas completamente contrário à dinâmica revolucionária, e imóvel. Era mais de gabinete. Sério, correto, decen-

---

[60] Refere-se ao artigo "Que história é essa?", de Maria Celina D'Araujo, publicado em *O Globo* de 24 de outubro de 1993.

te, mas inadequado para a função naquele momento. Mas saiu bem do governo, não saiu brigado, e aí veio ocupar o Ministério da Justiça o Juracy Magalhães.

Houve um outro problema que marcou o governo Castelo: a chamada questão da aviação embarcada. Foi um problema realmente sério?

Foi uma das grandes dores de cabeça do Castelo. O problema da aviação embarcada não foi criado depois da revolução, já vinha de antes. O ponto de partida foi a compra do porta-aviões. Juscelino, que não contava com a Marinha, resolveu melhorar essas relações comprando um porta-aviões. Compraram um já fora de uso na Inglaterra e o levaram para a Holanda a fim de ser remodelado, atualizado; depois de meses em obras, finalmente o porta-aviões veio para o Brasil.

Quando se fala em porta-aviões, é preciso pensar nos aviões que o vão guarnecer. De acordo com o modelo internacional — Inglaterra, Estados Unidos, França etc. —, toda Marinha tem uma aviação própria. Aqui no Brasil, antes de se criar o Ministério da Aeronáutica, também havia uma aviação do Exército, uma aviação da Marinha e uma aviação civil, esta vinculada ao Ministério da Viação e Obras Públicas. Mas quando o Getúlio resolveu criar o Ministério da Aeronáutica, sob a chefia do Salgado Filho, que era um homem público muito conceituado, formou um quadro de oficiais no qual ingressaram os aviadores do Exército e da Marinha. O Departamento de Aeronáutica Civil também passou para o Ministério da Aeronáutica, onde está até hoje. Ou seja, toda a aviação foi concentrada no Ministério da Aeronáutica. A justificativa para isso era que, em primeiro lugar, se se queria criar um ministério, não havia razão para a dispersão das forças; em segundo lugar, o Brasil se caracterizava por ter poucos recursos, poucos meios, e quem tem poucos meios tende a concentrá-los. Não tínhamos muito dinheiro para comprar uma aviação particularizada, para equipar uma aviação grande; a tendência foi, pois, concentrar, o que trouxe economia de serviços, de cursos de formação etc.

Com a compra do porta-aviões, a Marinha quis ter novamente a sua aviação própria. Achava que para operá-lo adequadamente os aviões tinham que ser dela e, por isso, montou uma base aérea em São Pedro da Aldeia. O governo Juscelino e os governos subsequentes não se preocuparam com isso. A Marinha foi montando a base, começou a ter aviões, começou a ter helicópteros, e a Aeronáutica reagiu. Surgiu então um conflito entre a Marinha e a Aeronáutica, que foi sendo exacerbado. Houve incidentes, vários. Na época do Castelo, jogaram tijolos num helicóptero no Rio Grande do Sul. Os dois lados ficaram intransigentes, e o Castelo empenhou-se em resolver o problema e evitar o conflito. O ministro da Marinha era o almirante Melo Batista, amigo do Castelo. Tinham se relacionado quando Castelo comandava a Região Militar em Belém do Pará, e Melo Batista comandava lá o Distrito Naval. Foi uma das razões por que ele foi nomeado ministro da Marinha. Na Aeronáutica, o ministro também era amigo do Castelo, o brigadeiro Lavenère Wanderley. Castelo tinha dois amigos no ministério e cada um deles era mais intransigente que o outro. Cada um deles refletia o impulso que recebia dos subordinados, da classe. Cabia ao Castelo resolver o problema, que era realmente muito sério, difícil, e que incomodou muito, por causa dos conflitos resultantes.

O problema acabou caindo na minha área, onde eu tinha dois subchefes interessados: um da Marinha e o outro da Aeronáutica. Estudou-se uma fórmula segundo a qual a Marinha não teria aviões. Os aviões do porta-aviões seriam da Aeronáutica, aviões próprios, devidamente preparados e com pessoal instruído para trabalhar no porta-aviões. A Marinha, por sua vez, por outras considerações, teria helicópteros e uma base adequada para seu abastecimento e manutenção e para instrução. Esta fórmula foi aceita pelo Castelo e transcrita num projeto de decreto. Castelo apresentou a solução aos dois ministros e, na preocupação de obter a concordância deles, retardava a solução, fazendo pequenas alterações no texto. Estava ganhando tempo. Por fim resolveu assinar o decreto. Melo Batista se demitiu espalhafatosamente do Ministério da Marinha, onde foi substituído pelo almirante Bosísio, e Lavenère Wanderley também saiu do Ministério da Aeronáutica. Resolvido o problema, Castelo fez uma visita oficial ao porta-aviões e no regresso fez questão de levantar voo num avião da FAB.

Ficou bem resolvido?

Não sei se haveria melhor solução, mas o que foi feito atendeu aos objetivos, porque extinguiu o conflito. A área militar estava mais ou menos coesa em termos de revolução, embora com divergências entre os moderados e a linha dura. Esse conflito profundo entre a Marinha e a Aeronáutica passava a ser muito grave para o futuro revolucionário. O grande argumento foi que nós não podíamos ter duas Aeronáuticas. Não tínhamos dinheiro para custear mais aviões, mais manutenção, mais parques de material, tudo exigindo inversão vultosa de recursos.

Foi em meio a essas tensões civis e militares que a candidatura de Costa e Silva foi se consolidando.

Ela já vinha fermentando. Enquanto isso, Castelo se preocupava em dar sequência à execução do AI-2 e em reformar a Constituição. Isso foi muito trabalhado. Inicialmente houve uma comissão que fez um projeto. Depois Carlos Medeiros, que era da nossa área pelas suas ideias e que vinha com longo tirocínio das futricas políticas — tinha trabalhado com Francisco Campos, o homem da Constituição de 37, a "Polaca", e do AI-1 —, deu uns retoques, Castelo também modificou alguma coisa, e o projeto de Constituição foi enviado ao Congresso. Com algumas alterações acabou aprovado. Castelo também se preocupou muito com a reforma administrativa, que era outro problema que vinha rolando havia muitos anos, inclusive, como já disse, andou na mão do Amaral Peixoto em certa época. A reforma foi aprovada, finalmente, pelo Decreto-lei nº 200. Havia também medidas na área econômica, na área do Ministério da Fazenda. A inflação já tinha diminuído, a recessão já estava em melhores condições, a situação no país tinha melhorado. Antes, bem antes, tinha sido instituída a correção monetária, para proteger da inflação e estimular a poupança privada. Ela foi conjugada com a solução de outro problema: o da habitação popular, através do BNH, que foi criado na época e financiava com essa poupança a construção de casas, cuja falta constitui até hoje grave problema social.

Veio a sucessão, e Castelo pensou num candidato civil. Era o sonho dele. Mas era um sonho utópico naquelas circunstâncias. Ele tinha tirado o Bilac Pinto do cenário nacional, para poupá-lo, e o havia mandado para a embaixada do Brasil na França. Pensou em fazer do Bilac Pinto o novo presidente da República. Depois pediu uma lista aos políticos do partido do governo, com cinco nomes. Mas isso não deu em nada. Os políticos e a maioria dos militares se fixaram no nome do Costa e Silva. Passou a ser um fato consumado. Achei que iria atrapalhar o Castelo ficando na Casa Militar, porque eu era sabidamente contrário à candidatura do Costa e Silva. Pedi demissão e Golbery teve idêntica atitude. Eu disse ao Castelo: "Quero sair, porque ficando aqui vou atrapalhar o senhor. Todo mundo vai achar que me mantendo aqui, e eu sendo contra a candidatura do Costa e Silva, o senhor estaria de acordo comigo. Não quero lhe criar dificuldades, e por isso pretendo sair". Ele me respondeu: "Não, se você sair é que me vai criar dificuldades; preciso que você permaneça". Assim, acabei ficando até o fim.

Pouco antes de o Costa e Silva assumir o governo, abriu-se uma vaga no Superior Tribunal Militar. Castelo me falou a respeito, e resolvi aceitar minha nomeação, inclusive porque se ficasse no Exército acabaria polarizando a oposição de militares ao Costa e Silva em torno de mim. Os oficiais que eram contra Costa e Silva iriam me procurar, e eu iria ser praticamente um conspirador contra o governo, coisa que eu não queria. Costa e Silva encontrou comigo e perguntou: "Mas vem cá, você vai sair?" Eu disse: "Vou sim". Ele: "Mas eu tenho um comando para você! Você vai comandar a região do Nordeste". Respondi: "Não, agora não dá mais, já aceitei ser designado para o Tribunal". Acho que fiz bem, embora minha carreira militar ficasse truncada. No posto que eu tinha atingido, de general de exército, eu podia ambicionar ser algum dia chefe do Estado-Maior do Exército, desempenhar um alto cargo dentro da corporação militar. Eventualmente poderia pensar em ser ministro do Exército e executar as ideias que desde cedo vinha acumulando. Muitos anos eu usei a farda, sedimentando ideias com relação ao Exército, analisando o que estava errado, o que estava certo, o que devia permanecer, o que devia ser modificado. Mas quando chegou a fase da minha vida em que eu poderia pôr essas minhas conclusões em prática, me retirei, renunciando. Fui para o Tribunal.

Costa e Silva lhe ofereceu o comando do IV Exército.

Sim. Não aceitei porque acabaria sendo um polo aglutinador contra o governo, porque era notório que eu tinha sido contra a forma como fora feita a mudança de governo. Eu sabia que o governo Costa e Silva ia intensificar a ação da linha dura e que, em vez de se pender para uma normalização, ia haver novamente inquéritos e prisões. Sabia que todos aqueles que fossem contrários a isso iriam me procurar para me transformar no chefe deles. Como já disse, eu me tornaria o chefe da oposição dentro do Exército, e não queria isso, absolutamente. Eu não devia perturbar a ação do novo governo. Já que Costa e

Silva era o presidente, ele que governasse. Eu não queria ser um fator de perturbação. E se eu ficasse no Exército, acabaria sendo.

O senhor achava que novas prisões e inquéritos não eram mais necessários?

Eu achava que já não havia mais razão. Mas muitos que eram da linha dura, e que continuaram até o meu governo, diziam: "Nossa divisa é: contra o comunismo e contra a corrupção". *Contra* uma coisa e *contra* a outra. Eu dizia: "Não pode ser. Vocês não podem imaginar um governo baseado numa fórmula negativa, isto é: governo *contra*. Vocês têm que ser *pró*, vocês têm que ser a favor de alguma coisa. Vamos trabalhar para desenvolver o país. Vocês continuam contra, e quem é contra acaba não construindo nada". É uma questão de ideologia, de maneira de encarar o problema nacional. Além disso, eu achava que o Costa e Silva era um homem que não gostava mais de estudar, de ler. Era um homem que gostava de jogar, jogar o seu pôquer, jogar nas corridas de cavalo. Isso vinha de longa data. Gostava muito de resolver palavras cruzadas.

E a saúde dele?

Nessa época, o Serviço Médico da Presidência me informou: "Nós constatamos que ele tem problema de coração. É doente do coração". Levaram isso ao conhecimento de alguns, inclusive do Andreazza, que disse: "Não tem importância. Agora ele já está lançado candidato e não se pode voltar atrás".

Por que não foi possível articular, entre os militares, uma candidatura alternativa? Por exemplo, Cordeiro de Farias?

Cordeiro era um candidato em potencial. Mas quando o Castelo citou o Costa e Silva, o Cordeiro se zangou, saiu do ministério e foi embora. Ele tinha contra si a pouca vivência dentro do Exército. Cordeiro foi revolucionário nos anos 20 e esteve muito tempo afastado do Exército. Mais tarde fez seus cursos, serviu no Sul, foi chefe do estado-maior do Daltro e interventor no Rio Grande. Então passou anos envolvido na política. Depois foi governador de Pernambuco. Era uma pessoa ótima, muito bom companheiro, mas o pessoal no Exército não simpatizava muito com ele. Ele fez a FEB, foi à guerra. Era muito ligado ao Getúlio. Teve promoções muito aceleradas dentro do Exército, fez uma carreira que poucos fizeram, talvez o Góes tenha feito. Não era benquisto em certas áreas do Exército. Não era absolutamente da linha do Costa e Silva. Cordeiro era seu adversário potencial. Escolhido o Costa e Silva, ele se retirou.

Quem era o seu candidato à sucessão de Castelo Branco?

Eu não tinha candidato. Sinceramente, não tinha.

O senhor disse que uma candidatura civil seria "utópica". A seu ver o candidato devia ser militar?

Sim. Podia ter sido o Cordeiro, mas como acabei de dizer ele não tinha apoio militar, tinha mais apoio político na área da UDN, inclusive por suas relações com Eduardo Gomes. Mas teria que ser um militar, porque os militares revolucionários, principalmente os mais radicais, não aceitariam um presidente civil. Chegou-se a pensar no Mamede, mas ele não queria ser presidente de jeito nenhum. Mamede é muito modesto. É da turma do Juracy, de quem é muito amigo. Foi revolucionário de 30, e nessas fases todas, sempre retraído, nunca quis saber de candidatura. Foi quem me substituiu no Tribunal, quando vim para a Petrobras.

O presidente Castelo Branco chegou a conversar com o senhor sobre a possibilidade de devolver o poder aos civis?

Era o sonho dele. Castelo queria encerrar, o mais rapidamente, o ciclo revolucionário. Castelo, por formação, pelo seu passado, por princípio, por quase toda a sua vida, era um homem da lei. Ele tinha combatido os revolucionários de 22, de 24. Era considerado por nós um legalista. Foi para a Revolução de 64 levado pelos acontecimentos, pela gravidade da situação, porque estava vendo que o governo do Jango era uma calamidade, e por outro lado pela consciência da posição que ocupava no Exército. Era o general, naquela ocasião, de mais prestígio, o que naturalmente acarreta maiores responsabilidades. Assim ele acabou entrando nessa história da revolução. Mas ele não tinha, propriamente, mentalidade revolucionária. Talvez tivesse mentalidade revolucionária no sentido de fazer reformas como a da Constituição, a reforma administrativa, mas era muito contra inquéritos e punições.

O que acontece é que o Castelo achava que o período revolucionário já estava praticamente extinto, e que era preciso entregar o governo aos políticos e restabelecer a ordem constitucional no país. Restabelecer a vida normal da nação. Ele achava que com a nova Constituição, com o regime de dois partidos e talvez com a instituição da eleição indireta, Costa e Silva ficaria enquadrado e o país poderia caminhar normalmente. E os outros achavam que não, que era preciso continuar contra a corrupção e contra o comunismo. Isso era continuar com a revolução. Até quando, eles não diziam.

Era a tal história da ausência de projeto.

Havia um projeto, um projeto negativo, mas havia. Costa e Silva talvez não participasse diretamente dele. Era um homem pacífico. Sua tendência pessoal era governar tranquilamente e normalizar a vida do país. Estou convencido disso. Entretanto, ele era um instrumento na mão daquela gente, sobretudo do Portela. Portela, a pretexto de diligentemente auxiliá-lo, mandava e desmandava, porque o Costa e Silva não queria se dar ao trabalho.

Na ocasião eu disse ao Castelo que o governo Costa e Silva ia ser um governo ruim, e ele respondeu: "Não, você está enganado. O Costa e Silva, com essas coisas que eu estou fazendo, com a nova Constituição, os problemas no campo econômico-financeiro resolvidos, com a reforma administrativa..." — e citou várias outras medidas — "vai ficar enquadrado. Vai ficar tolhido por esse conjunto legal e vai seguir o caminho certo, porque não poderá fugir disso. Ele estará cercado por esses dispositivos". Eu disse: "Presidente, o senhor está enganado. O Costa e Silva, na primeira dificuldade séria que tiver, vai derrubar tudo isso e se tornar ditador". E foi o que aconteceu. Na primeira dificuldade, ele baixou o AI-5.

O atentado que Costa e Silva sofreu em Recife, no aeroporto de Guararapes, teria influenciado esse endurecimento?[61]

É, talvez os outros explorassem... Foi um atentado praticado pela esquerda. Ele escapou porque seu avião se atrasou, mas houve

---

[61] No dia 25 de julho de 1966, um atentado no aeroporto de Guararapes, Recife, contra o então ministro do Exército general Artur da Costa e Silva, matou o almirante Nélson Fernandes, diretor da Companhia Hidrelétrica do São Francisco, e o jornalista Édson Régis.

mortos e feridos... Esse fato pode ter influído e servido de justificativa para a repressão. São, da minha parte, apenas suposições. Suponho que quem deve ter influído muito no espírito do Costa e Silva, na ambição de se tornar presidente, deve ter sido dona Yolanda. Ela era conhecida como a pessoa que conduzia o Costa e Silva para a frente, impulsionando-o. Era ambiciosa.

Seu irmão Orlando também era contrário à candidatura Costa e Silva?

Era, mas não tanto quanto eu. Ele tinha tido um incidente com o Costa Silva logo no começo da revolução. Quando a revolução venceu, em 64, ele foi designado para comandar a Vila Militar. Montou o seu comando, e um belo dia começaram a mexer nesse comando, designando outros oficiais para lá à sua revelia. Ele não aceitou e em consequência foi exonerado. Foi essa a turra que ele teve com o Costa e Silva. Mas depois as coisas foram se acertando, e ele foi nomeado comandante do Exército do Sul. Talvez meu irmão fosse um pouco mais habilidoso do que eu. Ele tinha as suas ideias próprias, o seu ponto de vista... Já contei que no golpe do Lott eu fui contra e ele foi a favor. Por isso é que nós dois, às vezes, tínhamos as nossas divergências. Contudo, creio que ele não morria de amores pelo Costa e Silva.

E Pedro Aleixo? Como surgiu sua candidatura a vice-presidente?

A candidatura do Pedro Aleixo surgiu por iniciativa do Castelo para melhorar o quadro sucessório com um vice que era político e civil, e assim demonstrar que o governo não era um governo militar. Pedro Aleixo era semelhante ao seu antecessor, Alkmin, mas de melhor caráter e um pouco mais ativo. Era um político, um homem da lei, tinha sido líder do governo na Câmara. Foi ministro da Educação do Castelo. Quando saiu do Ministério da Educação, o pessoal fez um versinho malicioso cujo final dizia: "Nada fiz, nada deixo. Assinado: Pedro Aleixo"... Ele se dava bem com o Costa e Silva, que aceitou a indicação, dizendo inclusive que Aleixo era o nome do seu pai.

O senhor, no Gabinete Militar, certamente acompanhou o dia a dia dessa transição para o governo Costa e Silva.

Sim, mas nem sempre com profundeza. Eu procurava ser muito cioso do meu lugar. Tinha intimidade com o Castelo, conversava com ele, trocava muitas opiniões com o Golbery, mas em muitas coisas eu não me envolvia. Não futricava. Podia conversar com o Castelo e dar as minhas opiniões. As coisas que eu ouvia, que chegavam a mim, e que eu achava que tinham substância, eu as transmitia a ele. Mas tinha cuidado em não ultrapassar os limites da minha função.

12

O fechamento do regime

O endurecimento ocorrido durante o governo de Costa e Silva teria sido menos de responsabilidade dele mesmo do que do grupo que o sustentava?

A responsabilidade era toda dele, como chefe, como presidente. Diante das dificuldades criadas pelos estudantes e pelos políticos, fez o AI-5. Mas o fez sob uma certa pressão.

Quem eram os mais radicais do grupo que o apoiava?

Eram Portela, Andreazza, Albuquerque Lima, Sizeno, Costa Cavalcanti, Boaventura...

O senhor não ficava preocupado vendo que Jaime Portela era a eminência parda do governo?

Preocupado, propriamente, não. Achava, entretanto, que era ruim. Mas esse sentimento não era só com relação ao Portela. Havia outros cuja posição era difícil aceitar. Em todo caso aquela situação não me afetava pessoalmente, embora o Portela vivesse dizendo que o Exército estava farto dos Geisel... Mais tarde, no tempo do Médici, quando meu irmão era ministro do Exército, houve uma cerimônia de fim de ano, e os generais que estavam em Brasília foram cumprimentá-lo. Quando chegou a vez do Portela, o Orlando lhe disse: "Olha, Portela, o meu desejo é que nesse próximo ano você conspire menos". Espantado, ele perguntou: "Eu, ministro?" E o Orlando: "Sim. Você vive conspirando. Você pensa que eu não sei o que você anda fazendo por aí?" Já no meu tempo, ele montou um gabinete em Brasília para a propaganda da candidatura do Frota. Depois se reconciliou com o Figueiredo, porque o Figueiredo nomeou um filho dele diretor do Banco do Brasil. Figueiredo o comprou. Mas pouco tempo depois ele morreu, de câncer.

Por que Jaime Portela teve tanta influência?

Ele teve influência junto ao Costa e Silva. Era operoso, tomou a si os problemas, e Costa e Silva descansou. Dizem que foi ele quem convenceu o Costa e Silva a entrar na conspiração contra o Jango e a participar da revolução. Porque o Costa e Silva, até então, tinha sido contra a revolução. Havia apoiado o golpe do Lott, quando estava no comando da Brigada de Infantaria em Caçapava, São Paulo.

Entre os oficiais superiores do Exército predominava naquela época a perspectiva de endurecimento ou a de retorno à normalidade?

No Exército, como em toda corporação, toda coletividade, relativamente a uma ideologia ou a determinado problema, uns são radicalmente a favor, outros radicalmente contrários. E a grande maioria permanece indecisa, quando não indiferente, muitas vezes olhando para onde vai pender a balança. Havia uma minoria radical, que ficou em torno do Costa e Silva; havia a grande massa que estava alheia e que, evidentemente, com o Costa e Silva no poder, acabou por apoiá-lo, e havia uma outra parte que era pela normalização, que não conspirava, e estava com o Castelo.

Como foi sua experiência de ministro no Superior Tribunal Militar durante o governo Costa e Silva?

Na composição do Tribunal, havia 11 ministros, dos quais quatro eram civis, togados, três eram generais do Exército, dois almirantes da Marinha e dois brigadeiros da Aeronáutica, além de um procurador-geral. E, subordinadas ao Tribunal, havia auditorias, que eram de primeira instância e funcionavam nas áreas dos exércitos, dos comandos navais ou das zonas aéreas. O Tribunal tinha, naquela ocasião, dependendo de seu julgamento, em grau de apelação ou de revisão, dois tipos de crimes. Um tipo eram os crimes militares. O processo, nesse caso, era distribuído a um ministro militar, que seria o seu relator, e a um ministro civil, que seria o revisor. Colocado em pauta pelo presidente, realizava-se o julgamento em sessão plenária. O relator fazia a exposição da matéria e emitia seu parecer e voto. A seguir o revisor se pronunciava, concordando ou discordando do relator, e dava seu voto. O procurador-geral também tinha a palavra e falava sobre o processo, dando as razões da acusação. A defesa, por seu advogado, justificava o pedido de absolvição. Debatida a matéria pelos ministros, e se não houvesse pedido de vistas por qualquer um deles, procedia-se ao julgamento final, com o voto de todos. Era, na realidade, o processo normal de julgamento dos tribunais. Os crimes civis — que constituíam o segundo tipo — obedeciam a idêntico procedimento, mas nesse caso o relator era um ministro civil, e o revisor era militar.

Qual era a proporção entre processos militares e civis?

Não tenho dados para dizer. Talvez, naquela época, houvesse mais processos civis. Mas eu não gostava de ser juiz. Não era do meu feitio. Não tinha vocação de magistrado. Julgar os outros é muito ruim. Eu estava ali porque era uma saída para os meus escrúpulos em relação ao governo Costa e Silva.

Os processos chegavam ao Tribunal bem instruídos?

Em geral os processos eram bem instruídos, mas se estivessem incompletos ou mal instruídos, voltavam para a primeira instância ou eram anulados. No julgamento, se não houvesse base suficiente para condenar, não se condenava. Havia advogados que funcionavam no Tribunal. Um dos que mais deblateravam era Sobral Pinto, que foi advogado do Prestes. Havia outros, como Técio Lins e Silva, estreando, e Heleno Fragoso.

Passaram pela sua mão processos relativos a estudantes?

Sim. Naquele tempo também tivemos lá o problema de Caparaó.[62] Havia guerrilhas se organizando. Caparaó foi liquidada pela polícia de Minas Gerais quando ainda estavam numa fase preparatória.

Quando chegava um processo relativo a estudantes, como o senhor se sentia, julgando os mais jovens?

É o problema dos jovens... Recordo que havia um ministro civil que, nos debates, dizia: "Estudante não comete crime". Eu retrucava: "Não vamos ao exagero". Crime é uma coisa, estudante é outra. Há atitudes, gestos, arroubos de estudantes que são perdoáveis, inclusive porque são jovens, imaturos. Mas um jovem de 20, 21, 22 anos que pratica um crime, que rouba, que mata, não é responsável? O que se pode fazer, levando em conta o fato de ele ser jovem, é admitir atenuantes e dar-lhe uma pena menor. Mas o fato de ser estudante, eu não achava que fosse suficiente para absolvê-lo. Se ele dá um tiro e mata uma pessoa, deverá ser absolvido porque é estudante?

Como o senhor encarava as passeatas estudantis, o congresso da UNE em Ibiúna? Isso não lhe lembrava seus tempos de mocidade, quando o senhor, como nos contou, também gostava de ser contra o governo?

Não recordo como foi Ibiúna. Mas a questão é que na minha juventude, quando nós éramos contra o governo, não partíamos para a ação. Achávamos que era ruim, que era malfeito, e ficávamos nisso. Quando alguém se envolvia na sedição era expulso, e mesmo condenado. A absolvição de estudantes que infringem a lei constitui, de fato, um incitamento, um estímulo para novas ações subversivas.

---

[62] No início de 1967 houve uma tentativa de guerrilha rural na serra do Caparaó, entre os estados de Minas Gerais e Espírito Santo. Os guerrilheiros, em sua maioria ex-militares expulsos da corporação no início do governo Castelo Branco, foram descobertos e capturados pela Polícia Militar de Minas ainda durante a fase de treinamento.

O ano de 1968 foi um marco no Brasil e no mundo. Por aqui surgiram algumas greves operárias, houve mobilização de estudantes... Como o senhor via esse clima de radicalização? Achava que levaria inevitavelmente a um confronto?

Era, de fato, um clima de radicalização, uma reação contra o governo. Na realidade, os acontecimentos, as perturbações que na época se verificaram em outros países, particularmente na França, promovidos principalmente pela classe estudantil, fortemente infiltrada e seduzida por agentes comunistas, estimularam e incentivaram os estudantes brasileiros. E evidentemente o governo, tanto quanto possível, fez a repressão. Na França, De Gaulle resolveu o problema. A polícia entrou, houve muita cacetada, muita violência.

Mas a impressão que se tem hoje é de que o governo exagerava muito o peso desses movimentos, bem como os métodos para combatê-los. A Passeata dos Cem Mil, por exemplo...

Não creio que tenha havido exagero nos métodos do governo. A Passeata dos Cem Mil não era apenas de estudantes. Havia ali outra gente. E o que queria o Vladimir Palmeira? O que quer até hoje o presidente da UNE? Estudar, para mais tarde ser útil à nação? Ou se tornar estudante profissional e explorar o espírito da classe? Os estudantes levaram a questão no deboche. Foram conversar com o presidente da República em mangas de camisa, tratando-o por "você". Será que isso é democracia? Líder trabalhista também acha que deve ir em mangas de camisa conversar com o presidente da República. Há certas coisas que envolvem certa mística, exigindo respeito e acatamento.

O senhor acha que o AI-5 foi inevitável, ou havia outra saída?

Agravaram o problema sem necessidade. Foi o discurso do Márcio Moreira Alves na Câmara dos Deputados que acelerou o processo. O discurso foi desaforado, aconselhando entre outras coisas que o povo não fosse assistir à parada de 7 de setembro, em repúdio ao Exército. Os ministros militares tomaram isso como ofensa. Exigiram a cassação do mandato político do Márcio, Costa e Silva os apoiou, mas o Congresso votou contra a cassação. Daniel Krieger, que era partidário do Costa e Silva e senador com largo tirocínio, disse-lhe que o Congresso não aprovaria a cassação e aconselhou-o a retirar a proposição. Deu-se aí o choque entre o Congresso e o governo, e Costa e Silva, pressionado por alguns líderes militares, inclusive os ministros, possivelmente a contragosto, acabou editando o AI-5. Para tanto muito influiu o ministro da Justiça, Gama e Silva, que era homem querido e da absoluta confiança do Costa e Silva, desde a primeira fase da revolução. Era um exaltado, e já tinha preparado um AI-5 ainda mais forte. A proposta apresentada por ele foi abrandada pelo Costa e Silva, e o AI-5 foi aprovado pelos ministros.

O pronunciamento do Márcio Moreira Alves, em si, não tem significação alguma. Foi importante em função do quadro que o país estava vivendo. O que eles poderiam ter feito era uma desforra pessoal com o Márcio. Resolvia-se o problema muito melhor, em caráter particular. É preciso, entretanto, ver o quadro que o país estava vivendo. Deve-se levar em conta o clima, os diferentes acontecimentos que iam se somando, criando um ambiente perturbador, um quadro subversivo e de desmoralização que ia se ampliando, tendo ressonância e acabando por descambar na reação. Olhando-se friamente o acontecido em relação ao Márcio, conclui-se que foi uma bobagem sem maior importância. Mas quem tem responsabilidade e está vivendo o dia a dia, vai vendo mais uma coisa e mais outra se amontoando, até que chega a um ponto de saturação e parte para a reação.

Ainda mais quando quem está no poder é um grupo que não sabe negociar...

Não creio que o governo não soubesse negociar. Basta que se considere a audiência que Costa e Silva deu aos estudantes e que teve de interromper. A negociação era inviável. Não justifico o AI-5, mas entendo por que foi feito. Costa e Silva só tinha duas soluções: ou fazia o AI-5 ou renunciava. Não tenho dúvida em relação a isso. Sua situação, naquele momento, era muito pior que a que o Castelo passou em Itapeva quando do seu próprio discurso, que já mencionei. Castelo nunca chegou a esse ponto. Na minha opinião pessoal, Costa e Silva, como presidente, fez o AI-5 contrariado, porque estava sofrendo grandes pressões da área militar. Não era só dos três ministros militares, não eram só o Lyra, o Rademaker, o Márcio. Havia vários outros. O general Sizeno Sarmento comandava o I Exército, e um general vinculado a ele foi ao palácio várias vezes querendo falar com o Costa e Silva, que não o recebeu. O presidente ficou a noite inteira estudando e pensando. No outro dia convocou o ministério, que aprovou o ato. O máximo que conseguiu foi abrandar um pouco o texto que o Gama e Silva havia preparado.

Antes do AI-5 e depois, Costa e Silva procurou melhorar a situação fazendo uma nova Constituição, ou remendando a existente, com a colaboração íntima de Pedro Aleixo. Dizem que a nova Constituição estava praticamente pronta quando ele teve o acidente vascular. Pode-se concluir que ele tinha a convicção de que o AI-5, que tinha sido a solução na emergência, e que ele teve que adotar, não era uma solução definitiva. Era preciso promover uma solução constitucional.

Os governantes achavam realmente que o país estava à beira de uma guerra?

Não sei. Mas havia uma subversão. Qual o objetivo dos manifestantes, de Márcio Moreira Alves e outros empenhados nas manifestações? Desmoralizar o governo, derrubar o governo? Não posso avaliar corretamente o que aconteceu, porque eu estava inteiramente alheio a isso. No Superior Tribunal, não participava de reuniões, discussões etc. com pessoas vinculadas ao governo. Conhecia os fatos através dos jornais e conversava apenas com alguns amigos. Como disse, estava desligado do governo.

E o general Golbery? O senhor continuava a manter contato com ele?

Não, nessa época nós quase não tínhamos contato. Ele estava no Tribunal de Contas, em Brasília, e eu no Superior Tribunal Militar, que nessa época funcionava no Rio.

O senhor acompanhou a doença do presidente Costa e Silva e a formação da Junta?

Aí aconteceu o seguinte. Em 1969, comecei a sentir fortes dores no estômago, e os médicos não atinavam com o que era. Em maio tive uma crise maior, e meu médico diagnosticou uma pancreatite. Fui transportado para o Hospital do Exército, onde entrei num rigoroso tratamento. Estive lá entre a vida e a morte. Vencida a crise, após alguns dias, foram verificar a causa da pancreatite, e concluíram que era a vesícula que estava cheia de pequenas pedras.

Eram pedrinhas translúcidas que não apareciam na radiografia comum. Fui então operado da vesícula. A operação transcorreu normalmente, e, no fim, um médico mais graduado que estava assistindo determinou que me fizessem uma transfusão de sangue. O operador lhe disse que não era necessário, porque eu havia perdido muito pouco sangue. Mas diante da insistência daquele médico, acabaram por fazer a transfusão. Dias depois, tive alta e fui para casa. Passados uns três ou quatro dias, comecei a ficar verde, amarelo, e com febre. Estava com hepatite. Fiquei espichado em cima de uma cama até o começo do mês de novembro. De maneira que todas aquelas questões decorrentes da doença e da morte do Costa e Silva, assim como da escolha do Médici, eu as vivi em casa. Pelo telefone, no meu quarto, recebia informações de amigos sobre o que ocorria. Também por visitas que me faziam, ficava a par dos acontecimentos. Já em convalescença, já autorizado a caminhar, recebi o convite do Médici para exercer a presidência da Petrobras.

Por que Pedro Aleixo não tomou posse?

Fala-se em golpe de 64, mas o golpe realmente foi dado quando impediram Pedro Aleixo de tomar posse. Por que Pedro Aleixo não assumiu? Porque era um político, e fora o único membro do governo a votar contra o AI-5. Achavam que ele não ia dar conta do problema. A primeira coisa que haveria de querer era derrubar o AI-5. Por isso, concluíram que não podia assumir.

O senhor acha que outro político civil que estivesse no lugar de Pedro Aleixo assumiria?

É difícil dizer. Mas, pelo estado de ânimo que prevalecia no governo, talvez eu possa responder negativamente. A não ser que fosse um civil muito entrosado com a revolução e com a área militar.

O general Muniz de Aragão criticou muito Costa e Silva naquela época.

Sim. Ele inclusive achou que havia desonestidades no governo e, por isso, teve um conflito com o ministro do Exército, o Lyra Tavares. Meu irmão defendeu o Aragão, de quem era muito amigo. Sei que o Aragão era muito impulsivo e atacou Costa e Silva e sua família, mas não conheço detalhes.

Como se processou a consulta sobre candidatos à sucessão de Costa e Silva entre os oficiais das Forças Armadas?

O quadro do que aconteceu nessa época foi muito lamentável. Havia um general mais moço, Afonso de Albuquerque Lima, da arma de engenharia, que tinha sido ministro do Costa e Silva, no ministério que fora do Cordeiro: o dos Organismos Regionais. Albuquerque Lima fora afastado em virtude de um atrito com o todo poderoso ministro Delfim Neto, e, consequentemente, passou a dirigir uma espécie de oposição, principalmente no meio militar. Ele ambicionava a presidência da República. Começou a se cercar de militares mais jovens, e boa parte do pessoal de engenharia do Exército se engajou na sua campanha. Quem era mais a favor do Afonso era o Rodrigo Otávio — aí vinha a mentalidade do companheirismo da arma, da engenharia. Mas o comando superior do Exército não concordou com esse aliciamento. Primeiro, porque o Afonso era general de divisão e os outros eram todos generais de exército. Estes últimos, mais responsáveis, trocaram opiniões e acabaram por fazer uma espécie de escrutínio. Muricy foi um que muito trabalhou nesse problema. Creio que ele já fez um relato, inclusive na imprensa, de como foi feita a escolha do novo presidente. Dessa escolha, e muito por influência do meu irmão Orlando, resultou a aprovação do Médici.

Médici comandava o Exército do Sul. Era um general muito benquisto, desde o Colégio Militar e durante toda a sua carreira. Foi um aluno médio, nunca se destacou como estudante, mas era muito bom jogador de futebol. Fez carreira como oficial de cavalaria, principalmente no Rio Grande do Sul, onde foi chefe do estado--maior do Costa e Silva quando este foi comandante da região. Quando o Costa e Silva assumiu a presidência, foi chefiar o SNI. Falava-se nele para ser o chefe do Gabinete Militar, mas o Portela se atravessou, e ele acabou indo para a chefia do SNI. Era benquisto, como já disse, não era radical, e tinha a vantagem de ser amigo do Costa e Silva. Não iriam escolher alguém que tivesse sido hostil ao Costa e Silva.

Médici também havia sido colega do Golbery, e ambos haviam conspirado pela revolução. Mas depois se desentenderam. Tiveram um incidente que veio até a repercutir no meu governo. No governo Castelo Branco, Golbery chefiava o SNI. Quando terminava o período, Médici foi escolhido para o seu lugar, e Golbery mandou-lhe um recado dizendo que estava à disposição para mostrar-lhe o que era o Serviço, como funcionava, fazer-lhe um *briefing*. Médici não foi. E numa entrevista que deu, declarou: "O SNI agora vai ser diferente, vai ter uma outra orientação..." Golbery se chocou com isso. Passou a chefia do SNI para um subordinado imediato e se afastou. Já tinha sido nomeado ministro do Tribunal de Contas. Quando Médici foi assumir a chefia do SNI, estranhou que Golbery não estivesse presente para lhe passar as funções e, desde aí, se tornou inimigo do Golbery. Achou que era um desaforo o Golbery não lhe ter passado o cargo. Criou-se, assim, uma questão insanável.

Acho que havia entre os dois uma diferença de orientação, do que devia ser um serviço de informações. A declaração do Médici dizendo que o SNI "agora seria diferente" apenas agravou sua desfeita ao não aceitar o convite prévio do Golbery. De toda forma, com o Médici, o SNI não ficou melhor. Ficou talvez até pior.

Por que seu irmão Orlando patrocinou a candidatura Médici?

Ele conhecia o Médici como eu, do Colégio Militar. Eu era de uma turma depois da do Médici, e o Orlando de uma turma antes. Houve ocasiões em que ambos serviram no Rio Grande. Aquelas relações antigas perduraram e se estreitaram aqui no Rio.

Vários generais queriam que o Orlando fosse o escolhido, mas ele não queria. Vinha sofrendo de enfisema havia alguns anos. Tinha sido asmático na infância e fumado durante muitos anos. Embora já tivesse deixado de fumar, estava começando a ter dificuldades respiratórias. Veio a morrer devido ao enfisema. Creio que já achava que não teria condições... Mais tarde, quando surgiu o problema da minha candidatura, eu reagi e disse a ele: "Por que não vai ser você?" Ele me respondeu: "Eu não posso, porque minha saúde não permite".

Seu irmão Orlando conversava com o senhor sobre esse processo que resultou na escolha de Médici?

Às vezes ele ia me visitar, mas nem sempre. A única coisa que eu tinha naquela ocasião, como já disse, era um telefone na minha cabeceira. Às vezes conversávamos por telefone.

O senhor não foi cogitado para candidato?

Mas eu também não podia! Além de doente, não fora do grupo do Costa e Silva.

Esse processo de escolha do presidente, através de listas, causou algum trauma ou mal-estar nas Forças Armadas, ou foi, ao contrário, uma forma de dar legitimidade ao escolhido dentro da área militar?

Foi, de certo modo, uma forma de dar legitimidade e assegurar apoio para o novo presidente. Não gostei da publicidade que houve. A publicidade maior, a movimentação maior foi do grupo que apoiava o Albuquerque Lima. Mas tudo devia ter sido feito com muito mais recato.

Mesmo dentro das Forças Armadas algumas pessoas não se comportam de acordo com certas regras de autoridade, não é?

Claro. A corporação militar é como toda e qualquer corporação. Tem de tudo. Tem gente devotada, tem gente dedicada, tem gente mais ou menos, tem gente menos. Não se pode pensar que seja uma organização homogênea e completamente diferente do resto do país. A mesma família que dá um político, dá um bacharel ou dá um médico, dá um militar. Os defeitos de educação ou as virtudes são os mesmos. É claro que dentro da área militar o espírito de classe tem uma importância, uma influência muito grande. O oficial vive anos e anos na caserna, convivendo e trabalhando em conjunto, o que forma e desenvolve o espírito de classe.

E as Forças Armadas, naquele momento, estavam muito divididas, não?

A base de todo problema era a divergência dos que queriam continuar com a linha dura e dos que queriam normalizar o país, sabendo que a normalização tinha que ser progressiva e que não se podia fazê-la do dia para a noite.

O governo Médici era uma perspectiva de normalização?

Era. Inclusive pelo temperamento do Médici. Era um homem de bem, um homem bom. Era simpático, todos gostavam dele. Tinha as condições para a tarefa. É verdade que não era um homem de grandes luzes, também não era um homem de trabalhar muito... Ficava nas grandes linhas. E era apaixonado pelo futebol. Naquela situação, naquela emergência, foi a melhor escolha. Quem podia ter sido se não fosse o Médici? Lyra? Muricy? Sou muito amigo do Muricy, mas o temperamento dele é impulsivo, nem sempre muito refletido.

Ainda no período da Junta, antes da posse do presidente Médici, houve o sequestro do embaixador americano. Vários grupos de esquerda estavam então optando pela luta armada. Como isso repercutia nas Forças Armadas?

Muito mal. Houve roubos de bancos. Quanto roubaram dos bancos? Era evidente que o dinheiro do roubo se destinava a sustentar a subversão armada. E o sequestro do embaixador americano tornou-se um problema muito sério. Houve, inclusive, na época, uma insubordinação de paraquedistas, que, em protesto contra a negociação para libertar o embaixador americano, se recusaram a participar da parada de 7 de setembro. O comandante dos paraquedistas era um general de brigada. Quando eu era presidente, veio o problema da sua promoção a general de divisão. Apesar de ser das minhas relações, não o promovi, porque ele revelara não ter qualidades de chefe naquele acontecimento. Mas o que se podia fazer com aquele caso de sequestro? Qual era o dilema do governo? Ia sacrificar o embaixador americano? Como ficariam as relações com o governo americano? Acho que se tinha que negociar e liberar aquela turma toda de não sei quantos, que foi de avião para o México. Era uma capitulação de um lado, mas, mais adiante, poderia vir a reação.

O senhor acha que os militares se sentiam preparados para combater a luta subversiva?

Não, não estavam preparados. Foram aprendendo. Mas roubos a bancos haviam se verificado em quantidade, houve o problema do sequestro do embaixador, depois, em São Paulo, houve o assassinato de um capitão do Exército americano. Houve a morte de um líder da Oban, um empresário que dirigia uma companhia de distribuição de gás, que foi assassinado. Era um radical, contra os comunistas. Houve um atentado contra o quartel-general do II Exército com um carro-bomba. Mataram um sentinela. E diversas outras ações subversivas. Cada vez que acontecia uma dessas ações, criava-se um clima de exacerbação e, assim, a reação foi num crescendo.

Em que momento se concluiu que a polícia seria incapaz de combater sozinha a subversão e que seria necessário a participação das Forças Armadas?

Não tenho uma informação precisa sobre essa decisão, mas creio que foi quando a subversão passou a ser armada. Desde o começo a polícia coadjuvava, enquanto o papel principal coube às Forças Armadas. Na repressão, a polícia que mais atuava era a de São Paulo.

A gente entende que violência gera mais violência. O senhor não acha que, se estivesse no poder um grupo que tivesse mais bom senso e não quisesse botar mais lenha na fogueira...

Aí vem a história do "se"... Isso tudo é muito subjetivo. Vocês acreditam que, se houvesse um grupo mais ponderado, que não botasse lenha na fogueira e procurasse moderar suas ações, o quadro se iria amainando e a subversão desapareceria? Mas o inverso também seria possível: se houvesse tolerância, cada vez que se fosse cedendo, os subversivos haviam de querer mais e mais e acabariam tomando conta do poder. Porque o outro lado tinha um objetivo determinado. Grande parte era realmente da esquerda comunista. Quer dizer, eles tinham uma ideologia e não parariam enquanto não conseguissem implantá-la. Não é verdade? Até hoje, apesar da derrocada da Rússia, ainda há um bocado de comunistas por aí, ainda que se apresentem um pouco mais pacíficos. E para nós, essa ideologia não servia. Achávamos que devia ser combatida. Como já disse, isso remonta aos acontecimentos da revolta de 35. Desde 35 está aberta a ferida.

O senhor acha então que no combate à subversão o remédio foi adequado?

A subversão estava crescendo e, evidentemente, tinha que ser enfrentada. Não sei se as medidas ou os processos que foram adotados para enfrentá-la estavam certos, se eram os mais adequados, mas ela tinha que ser enfrentada.

Esse combate à subversão acabou dando um poder muito grande à linha dura.

Eu sei. O problema é, depois que se solta a fera, conseguir dominá-la e prendê-la novamente. É realmente um problema difícil. Mas eles não tinham um lema de ir contra a subversão? Então eram o grupo mais indicado. Havia, entretanto, muitos que não eram do grupo e que participaram da luta.

E o fato é que esse grupo acabou se convertendo em um grupo poderoso e autônomo dentro do próprio Exército.

Não creio que fosse autônomo, mas exercia influência junto a alguns chefes. Acho que esse grupo prosseguiu com o tempo, quando a situação já era outra, e veio a influenciar mais tarde, no meu governo, a candidatura do Frota. E praticamente só veio a diminuir, e a se extinguir, quando eu tirei o Frota do ministério. É possível que até subsistam alguns desses elementos com suas ideias, com sua visão da subversão. Por outro lado, até hoje não existem alguns comunistoides ainda por aí? É a mesma coisa. São fenômenos sociais, em que o aspecto psicológico, o espírito de grupo, a visão catastrófica etc., tudo isso entra em cena e procura influenciar os que são responsáveis pela coisa pública.

Foram tempos difíceis. E é claro que, olhando para trás, a gente gostaria que certas coisas não tivessem acontecido na história do país...

Claro. Gostaríamos que a situação tivesse sido diferente, mas, infelizmente, há muitas cabeças que pensam, ou acham que pensam, e sobre elas é difícil exercer uma ação adequada.

Foi nessa época que se criou o CIE.

O CIE foi proposto no governo Castelo, por intermédio do Costa e Silva, mas Castelo não aprovou a proposta. Eu e Golbery fomos contra, mostramos ao Castelo seu inconveniente, e ele concordou conosco. Achávamos que a centralização das informações e contrainformações tinha que estar junto do governo. E esse era o órgão e a tarefa do Golbery. Mas, assim que Costa e Silva assumiu a presidência, sendo Lyra Tavares o ministro, criou-se o CIE. Vieram, então, os desdobramentos, que, no meu modo de ver, se em alguns casos foram positivos, em muitos outros foram prejudiciais à imagem do governo. O CIE passou, com a capa do Ministério do Exército, a atuar independentemente, e muitas vezes efetuou ações autônomas. Nós só vínhamos a saber o que estava acontecendo no CIE depois de ocorrido.

Nós achávamos que se o SNI fosse organizado adequadamente, resolvia todo o problema. Seria também o caso de se acabar com o Cenimar e o Cisa. O serviço de informações do governo era o SNI. Esses serviços de informações dos ministérios só se justificariam se fossem limitados a colher informações no âmbito das respectivas forças e não extravasassem para a vida nacional, como ocorreu. Como já disse, a informação que o Exército tinha que colher era relacionada apenas aos problemas dentro dele, não se tinha nada que extravasar para a área civil. Tinha-se que saber qual o estado de disciplina, qual o estado de organização, quais os problemas internos, qual o grau de adestramento etc. O que interessava era o amplo conhecimento do quadro interno do Exército. "O Exército não está satisfeito porque os vencimentos são muito baixos." Era um problema. "O Exército não está satisfeito porque a alimentação não é adequada. Nessa unidade houve demonstrações de indisciplina, descontentamento, por causa disso e daquilo." Essas é que eram propriamente as informações que deviam interessar diretamente à administração do Exército. E o mais que o Exército necessitava, como informações relativas à subversão do país, fatos que aconteciam fora da corporação, eram próprios do SNI. Na Marinha e Aeronáutica do mesmo modo. Partia-se, entretanto, do princípio de que o SNI não funcionava, seja porque estava na mão do Golbery, seja por isto ou por aquilo, e resolveu-se criar um serviço próprio, numa superposição às vezes conflitante. Era uma mentalidade egoísta, que o francês usava muito e nos vendeu ensinando nas nossas escolas militares: "Nunca se é melhor servido do que por si mesmo". Não aceitavam a ideia de cooperação ou de correlação. Já os americanos, com a experiência da guerra, insistiam, no ensino, em duas expressões: "coordenação e cooperação".

A existência de vários serviços gerou divergências e ações isoladas. Muitas vezes, a ação de um era feita à revelia do outro, cada um agindo por conta própria.

13

O governo Médici

Por que, no governo Médici, o almirante Rademaker foi escolhido vice-presidente?

Primeiro, porque era da Marinha, para não mostrar exclusivismo do Exército. Depois, o Rademaker era ministro da Marinha já no tempo do Costa e Silva. Tinha feito parte do célebre comando revolucionário sob a chefia do Costa e Silva e que o Castelo se empenhou em dissolver, exonerando os ministros da Aeronáutica e da Marinha. Desde então, o Rademaker ficou contra o Castelo, mas Costa e Silva continuou seu amigo e o defendia muito. Quando assumiu a presidência, nomeou-o ministro da Marinha. E o Médici, que conheceu o Rademaker nessa época, quando foi designado para ser presidente, escolheu-o para ser o seu vice. Rademaker não quis aceitar, mas, diante da intransigência do Médici, que exigiu a cooperação de todos, rendeu-se e aceitou.

Rademaker era considerado uma pessoa da linha dura.

Era. Integrava o grupo das "Dionnes".[63]

---

[63] O termo "Dionnes", uma referência a cinco gêmeas idênticas nascidas no Canadá, foi usado para designar os cinco almirantes considerados mais radicais: Augusto Rademaker, Levi Aarão Reis, Melo Batista, Saldanha da Gama e Mário Cavalcanti.

E como se deu a escolha de seu irmão Orlando para o Ministério da Guerra?

Não conheço detalhes, mas, como já disse, ele se dava muito com o Médici, desde os tempos do Colégio Militar. No governo Costa e Silva, as relações se estreitaram. Orlando se empenhou na escolha do Médici para presidente. Tinha muita autoridade e ascendência sobre os seus camaradas, e foi o fator decisivo para que todos aceitassem a escolha. Era avalista do Médici junto aos demais generais.

Já que o senhor mesmo foi convidado a assumir a presidência da Petrobras, percebe-se que houve uma aproximação entre o presidente Médici, seu irmão e o senhor.

O convívio era muito mais com o Orlando do que comigo. Poucas vezes procurei ou estive com Médici quando ele estava na presidência. Mas o Orlando tinha muito contato. Ele gozava de toda a confiança do Médici. Acredito mesmo que em certas matérias ele tinha ascendência sobre Médici. Uma ascendência intelectual. Médici o ouvia muito e confiava nele.

Conta-se — não sabemos se é verdade — que o general Orlando teria dito que só seria ministro se tivesse carta branca.

Não acredito. Ele não precisava dizer isso, de certa forma estava subentendido. Em primeiro lugar, pelas relações entre ambos, em segundo lugar, pelo conceito que o Orlando tinha no Exército. Toda a vida ele foi um oficial brilhante. Foi muito prejudicado na época do Jango, passou quase todo o tempo desse governo preterido nas promoções, e no entanto sua conduta sempre foi exemplar. Orlando teve uma ação muito grande, no governo do Juscelino e no começo do governo do Jânio, como chefe de gabinete do ministro Denys. Tinha, como já disse, grande ascendência sobre os generais, que eram muito mais modernos do que ele. Que ele tenha imposto ao Médici "só vou se tiver carta branca", eu não acredito.

Como o senhor vê o papel dos chamados "três grandes" — Figueiredo, Leitão de Abreu e Carlos Fontoura —, que tomavam café da manhã todos os dias com o presidente Médici?

O governo Médici se apoiou, principalmente, em três figuras: Leitão de Abreu, Delfim e Orlando. Delfim tomava conta da área econômica e financeira, Leitão de Abreu, um grande ministro, era um homem da lei e manobrava na área política, e Orlando cuidava mais da área militar. O Fontoura era do setor do SNI, de informações. E o Figueiredo era o chefe da Casa Militar, da intimidade do presidente, mas sem maior expressão, e isso porque a área militar estava com o Orlando.

Então, aquela reunião matinal dos "três grandes" era mais conversa do que poder efetivo?

Creio que sim. Mas era conversa em que os assuntos abordados eram os acontecimentos do dia.

O ministério do presidente Médici conciliou muito com os duros. Havia Márcio de Sousa Melo, Andreazza, Costa Cavalcanti, Buzaid...

Não creio que o Costa Cavalcanti e o Andreazza fossem muito radicais. Eles cuidavam de suas respectivas áreas. Andreazza era dinâmico e sempre queria mais dinheiro, para fazer mais estradas, e Costa Cavalcanti era um homem inteligente e mais pacífico. Já o Márcio e o Buzaid eram radicais.

O senhor não sentia uma continuidade entre os governos Costa e Silva e Médici?

Não posso afirmar. O governo do Médici era mais dinâmico e teve que enfrentar maiores ações subversivas do que o do Costa e Silva. Não vivi muito os pormenores do governo Médici, pois estava restrito à vida da Petrobras. Minhas preocupações e minhas atividades eram absorvidas pela Petrobras. De muitas coisas que aconteciam no país eu só vinha a saber pelos jornais.

Uma vez tive uma pendência com o Delfim. Fazia parte da Petroquisa a Fábrica de Borracha, a antiga Fabor, atual Petroflex. Esta empresa, quando assumi a Petrobras, estava no vermelho, dando prejuízo. Eu procurava ver a causa do prejuízo e concluí que era devido ao preço da borracha, que o Delfim não deixava aumentar. Para combater a inflação, ele, sem maior exame, não deixava aumentar os preços. Depois de algum tempo e de ponderações sobre a necessidade do aumento, mandei um recado ao Delfim. Ao emissário dei a seguinte orientação: "Diz a ele que eu vou entregar-lhe a chave da Fabor com a fábrica fechada e noticiar o fato nos jornais, se continuar nessa política de não aumentar o preço". O governo tinha uma empresa boa, nova, funcionando com um produto de largo consumo no Brasil por causa da indústria automobilística, e não podia subir o preço, apesar de os custos crescerem com a inflação. Assim o caso foi resolvido mais racionalmente, com o aumento adequado do preço. Delfim era muito centralizador dos assuntos relativos à economia. Tomava conta de tudo, conversava com o Médici, e este concordava com o que ele queria fazer.

O governo Médici teve a característica de estimular um certo tipo de ufanismo, com campanhas do tipo "Brasil grande", "Brasil, ame-o ou deixe-o". Foi a época do "milagre econômico"...

Eles tinham as suas razões para isso, porque tanto o Médici quanto o Costa e Silva se beneficiaram muito do que foi feito no governo Castelo, com a ação do Bulhões conjugada harmoniosamente à do Roberto Campos. Ambos, prestigiados pelo Castelo, se entenderam muito bem, sem divergências, e implantaram uma política financeira e econômica que, embora tenha posto o país no começo em recessão, deu resultados e frutos que foram aparecendo depois. A inflação caiu, a produção aumentou, o balanço de pagamentos melhorou. Os resultados positivos alcançados beneficiaram o governo do Costa e Silva e mais ainda o do Médici. Delfim, que já vinha tratando do problema financeiro no governo Costa e Silva, continuou com o Médici, centralizou e trabalhou no sentido de desenvolver o país, sobretudo com crédito externo. Naquele tempo o crédito externo era barato, os juros muito baixos e as ofertas de recursos para o país eram grandes. Delfim trabalhou muito com crédito. Ele dizia: "Já que nós não temos poupança própria para aplicar no país, vamos aproveitar a poupança dos outros que está disponível, para o nosso desenvolvimento". Assim, ele desenvolveu o país, em muitos setores da produção. Vivia-se relativamente bem, tendendo para o pleno emprego, embora os reajustes de salários não fossem os desejados. A inflação continuou diminuindo. Daí, com o B*rasil ingressando no Primeiro Mundo, veio o slogan "Ninguém segura mais esse país!"* Ainda mais quando, com *o nosso futebol, co*nquistamos o tricampeonato mundial. Médici teve um papel importante nessa vitória, porque influiu na nossa representação, inclusive na escalação da delegação brasileira e na escolha dos técnicos.

Quem fazia as campanhas publicitárias do governo?

A Aerp, órgão de relações públicas do governo Médici. Por outro lado, havia medidas coercitivas, como a censura à imprensa e a repressão contra a guerrilha, contra os problemas criados pela subversão. Ações adversas, como o sequestro de embaixadores, criaram problemas complexos para o país no quadro internacional. Houve, consequentemente, uma forte repressão. Acusam muito o governo pela tortura. Não sei se houve, mas é provável que tenha existido, principalmente em São Paulo. É muito difícil para alguém como eu, que não participou nem viveu diretamente essas ações, fazer um julgamento do que foi realizado. Por outro lado, parece-me que, quando se está envolvido diretamente no problema da subversão, em plena luta, não se consegue, na generalidade dos casos, limitar a própria ação. Houve aí muita cooperação do empresariado e dos governos estaduais. A organização que funcionou em São Paulo, a Oban, foi obra dos empresários paulistas. As polícias estaduais também participaram da repressão. O problema da subversão tinha caráter nacional, e o seu combate, principalmente por isso, devia ser feito pelas Forças Armadas. A polícia, em geral, não tinha organização para essa luta. Contudo, a de São Paulo muito atuou. A do Rio também participou. Na realidade, a polícia não foi preparada para esse tipo de luta. Ela é mais uma polícia de ocorrências do dia a dia, pega um ladrão, prende um assassino etc. No caso, havia um confronto ideológico, uma luta civil, na realidade uma guerra civil, embora de reduzidas proporções, mas abrangendo praticamente todo o território nacional.

Àquela altura o senhor também achava que o país estava vivendo uma guerra?

Achava que era um confronto que era preciso enfrentar. Achava que era uma questão que tinha de ser liquidada. O Brasil não podia estar vivendo situações como a de meia dúzia de esquerdistas sequestrarem um embaixador! Ou roubarem bancos! E havia conluios nessa história. Parte do clero estava envolvida, apoiando a subversão ideologicamente, apoiando os estudantes. Estes eram explorados pela religião e por meia dúzia de líderes. Havia a participação do exterior, de Cuba principalmente. Havia líderes tradicionais, como Marighella. Mais tarde surgiu Lamarca, com suas guerrilhas, e que teve de ser liquidado. Era essencial reprimir. Não posso discutir o método de repressão: se foi adequado, se foi o melhor que se podia adotar. O fato é que a subversão acabou. Quando assumi o governo, havia ainda casos isolados em que a linha dura se engajava, mas o problema do Araguaia tinha acabado.[64] O de Caparaó estava extinto. No Sul, as ações do Brizola também tinham cessado.

A impressão que se tem é de que, às vezes, não se considerou muito os métodos para acabar com a subversão...

É possível. É possível que muita coisa que foi feita não se devesse fazer. Mas não podemos julgar isso à distância, sem estar vivendo diretamente o problema. A posição do *outsider*, daquele que está de fora e que, depois do fato passado, faz a sua crítica, é muito diferente da daquele que viveu diretamente o problema e enfrentou a situação. Houve o caso em que jogaram um caminhão com explosivos no prédio do Quartel-General em São Paulo e mataram uma sentinela. Invadiram o Hospital Militar de São Paulo e se apoderaram do armamento da guarda. Vários casos dessa natureza constituíram uma verdadeira provocação. Dá-se então a represália e, na hora da represália, muitas vezes se chega ao excesso. Então aí vem a tortura etc.

Entre os militares, há desde os que negam a existência da tortura até os que a justificam.

Eu acho que houve. Não todo o tempo. Uma das coisas que contavam do Frota era que ele, quando comandou o Exército no Rio, impediu a tortura. Ia lá, visitava a área onde estavam os presos e impedia a tortura. Acredito. Mas já outros... Por exemplo, um caso que aconteceu no meu governo — mais tarde vamos voltar a isso — foi o

---

[64] Em 1972, o Exército desencadeou operações contra um movimento guerrilheiro organizado pelo PC do B na região do rio Araguaia, próximo às cidades de Xambioá (GO), Marabá (PA) e São Geraldo (PA). A maior parte dos cerca de 70 guerrilheiros havia chegado incógnita à região por volta de 1970. Para combatê-los, foram mobilizados milhares de soldados até 1975, quando as operações foram oficialmente encerradas com a morte ou prisão da maioria dos guerrilheiros.

problema de São Paulo, do jornalista Herzog e do operário Manuel Fiel Filho. Houve ali a omissão do comandante, do general Ednardo. O que acontecia? Ele ia passear no fim de semana, fazendo vida social, e os subordinados dele, majores, faziam o que bem queriam. Quer dizer, ele não torturava, mas, por omissão, dava margem à tortura. Várias vezes eu tinha advertido o Ednardo, de maneira que, quando ocorreu o segundo enforcamento, não tive dúvidas e o demiti. Ele não estava comandando!

O senhor acha que não havia uma necessidade tática de acontecer a tortura? Era sempre uma omissão, uma falta de controle do comandante?

Não, nem sempre. Acho que a tortura em certos casos torna-se necessária, para obter confissões. Já contei que no tempo do governo Juscelino alguns oficiais, inclusive o Humberto de Melo, que mais tarde comandou o Exército de São Paulo, foram mandados à Inglaterra para conhecer as técnicas do serviço de informação e contrainformação inglês. Entre o que aprenderam havia vários procedimentos sobre tortura. O inglês, no seu serviço secreto, realiza com discrição. E o nosso pessoal, inexperiente e extrovertido, faz abertamente. Não justifico a tortura, mas reconheço que há circunstâncias em que o indivíduo é impelido a praticar a tortura, para obter determinadas confissões e, assim, evitar um mal maior!

O senhor mencionou que teria havido cuidados do general Frota no I Exército, mas nesse período quem estava no DOI-Codi era Fiúza de Castro, um militar considerado muito radical, sem muitos problemas de consciência para lidar com "excessos".

Fiúza de Castro foi meu cadete na Escola Militar, na bateria que eu comandava e instruía. É filho do general Fiúza de Castro, que foi chefe do Estado-Maior do Exército, e era muito bem conceituado. Mas ele se engajou na reação contra a subversão e ficou obcecado com o problema. Ligou-se ao Frota e depois se desmandou. Comandou aqui a polícia do Rio de Janeiro. Foi o braço direito do Frota. Não entendo essa vinculação. Quando se falava no Frota, constava sempre que ele coibia a tortura. Talvez o Fiúza, nessa época, ainda não estivesse ligado ao problema. O fato é que o Frota depois se tornou o chefe da linha dura. Culminou no meu governo, e tive que tirá-lo do cargo de ministro.

Como funcionava a cadeia de comando no caso das prisões?

Não participei dessas operações e, assim, não tenho elementos para uma resposta certa. Acredito que variava muito, de acordo com o comando. Cada comandante de área tinha suas relações de comando: em quem tinha confiança, em quem não tinha, quem é que ficava encarregado de uma missão etc. Variava com cada um, não havia uma regra preestabelecida. Mas é claro que o comandante era o responsável pela sua área.

Em última instância, o comandante de Exército era o responsável por tudo o que acontecia.

É claro. Por isso é que eu tirei o comandante do II Exército naquela época. Ele era, em última instância, o responsável por tudo. O que acontecia de bom e de ruim.

Quando a cadeia de comando fica complicada pela proliferação de órgãos com atividades que se cruzam, não fica muito mais difícil manter o controle?

Fica, mas depende do chefe. Depende do chefe local, dos auxiliares que ele escolhe, e do grau de controle que exerce. Isso depende de cada um. Não existe regra fixa, pois o temperamento, a formação, as tendências individuais interferem.

Os comandantes de Exército tinham uma passagem temporária pelo comando, enquanto muitas vezes outros oficiais permaneciam mais tempo. Isso não gerava uma autonomia grande?

Repito que isso tudo depende do comandante. Se o novo comandante, levando em conta a sua responsabilidade, resolver assumir, ele toma conta logo nos primeiros dias. Isso porque os oficiais mais graduados são conhecidos. O novo comandante que chega não está entrando no escuro. Ele conhece a maior parte do pessoal e pode trazer consigo alguns oficiais mais íntimos. No caso do I Exército, quando assumi a presidência, lá coloquei o general Reinaldo de Almeida, que era meu velho conhecido. O Frota ficou enciumado. Mas o Reinaldo tomou conta do problema e evitou muita coisa.

Seu irmão, o general Orlando Geisel, era o ministro do Exército. Como o senhor avalia o papel dele em relação ao CIE e à repressão?

Não posso avaliar exatamente, porque nem sei o que o CIE fez. Sei que a repressão na época era relativamente forte, inclusive porque havia Xambioá, havia uma série de questões que surgiram no fim do governo Costa e Silva e no início do governo Médici. Não critico a atuação do Orlando. Não sei se mais adiante as coisas poderiam ter sido mais abrandadas. Como já disse, naquela época eu estava inteiramente voltado para a Petrobras. Não conhecia o que estava acontecendo. Sabia o que os jornais davam e, às vezes, em uma ou outra conversa, tinha informações.

Mesmo à distância, como o senhor via a atuação do general Milton Tavares, chefe do CIE?

Conheci Milton Tavares, e ele era dos mais radicais. Outro que era muito radical era o Humberto de Souza Melo. Também Antônio Bandeira, que vinha de Pernambuco e tinha vivido os problemas de lá, do Arraes, das Ligas Camponesas. Eu não conversava muito com o Bandeira. Conheci-o ligado ao presidente Castelo, porque ele era da turma de Pernambuco quando o Castelo comandava o IV Exército. Acho que o Bandeira, como chefe, tinha seus predicados. No comando de Minas Gerais, quando da demissão do Frota, ficou comigo, sem qualquer manifestação contrária.

O senhor se havia oposto, no governo Castelo, à criação do CIE. Houve afinal uma duplicação dos órgãos de informações?

Houve, no meu modo de ver, uma superposição. Eu interpreto assim, mas pode ser que a minha interpretação não seja correta ou seja um pouco maliciosa. A criação do CIE, ligado ao ministro, à semelhança do que existia na Marinha com o Cenimar, e na Aeronáutica com o Cisa, era uma maneira de subtrair as ações das diferentes Forças Armadas ao controle da presidência da República, enquanto nós achávamos que a operação tinha que ser controlada pela presidência, tendo como órgão informativo e de acompanhamento dessas questões o SNI. Foi dentro desse espírito que o SNI foi criado, porque se achava que a presidência da República precisava ter, como todos os países têm, um serviço de informações, inclusive, em certos casos, de caráter secreto, e assim manter-se esclarecida sobre os acontecimentos, para poder tomar, com oportunidade, as providências e atitudes correspondentes. Criando-se um órgão no Exército, um na Marinha e um na Aeronáutica, abria-se um processo de descentralização que ia permitir que as ações particulares ou isoladas desenvolvidas por esses órgãos fugissem ao controle da presidência. Podia até acontecer que esses órgãos colhessem algumas informações e as sonegassem ao SNI. Ao invés de trabalharem coordenadamente, em conjunto, muitas vezes, ou por questão de ciúmes, de antipatias pessoais, ou por questão de pontos de vista, esses órgãos podiam ter ações isoladas, e não conjugadas. Isso é muito comum entre pessoas, sobretudo pessoas que fazem parte de uma mesma corporação. Às vezes a pessoa gosta de ter informações exclusivas e não as passa aos outros interessados. Há muito personalismo nessas questões. Dessa forma, embora houvesse um esforço grande para uma coordenação, havia muitas questões que fugiam ao controle da presidência da República.

Esses órgãos tinham muita autonomia? Interferiam na cadeia de comando?

Tinham autonomia, e isso de certa forma afetou a cadeia de comando. Porque muitas vezes, com a complementação depois dos DOI-Codi, cada um deles iria agir por conta própria: saía da área de um Exército e entrava na de outro, às vezes sem o conhecimento prévio das suas autoridades. Vou dar um exemplo: o DOI-Codi no Rio de Janeiro investigava uma ocorrência no Rio, mas verificava que ela se vinculava com a área de São Paulo. Muitas vezes, acontecia que se saía daqui e se ia atuar em São Paulo, à revelia do comando de São Paulo.

O que veio a permitir que os órgãos tivessem essa autonomia foi a falta de planejamento, a falta de autoridade ou a própria dinâmica do combate à luta armada?

Em parte, a luta em si foi um dos fatores. Uma operação que fosse desencadeada em função de uma informação colhida não deveria ser retardada. O estabelecimento de todas as vinculações, com os diferentes comandos, levaria a uma perda de tempo, e muitas vezes a operação podia ser frustrada porque deixava de ser oportuna. Essa foi uma das razões. Outra foi o personalismo. Outra — isso é uma coisa lamentável, mas é preciso dizer — foi que havia chefias omissas, ou comodistas, que, para não se incomodarem com uma série de problemas, descentralizavam. Saber até que grau se deve exercer a centralização ou a descentralização é um problema que depende de cada um, mas que também depende da formação profissional, da maneira como se exerce a chefia. Há os que centralizam demais, há outros que por omissão descentralizam completamente. Encontrar um meio-termo, saber dar um balanço nessa questão, é um dos atributos de um bom chefe. Há chefes que se omitem muito. Há os que, ao contrário, centralizam tudo, entorpecem a máquina, e ela não funciona. Saber quando se precisa centralizar, quando se pode ou se deve descentralizar, isso é, como já disse, um atributo do chefe, uma qualidade que ele ao longo da sua vida profissional deve cultivar.

O Codi visava a dar uma certa integração a essas atividades de repressão. Por que não funcionou, nesse sentido de estabelecer uma coordenação?

Porque a chefia do Codi era uma chefia de um nível mais baixo, submetida a uma supervisão superior, e, além disso, muitas vezes eles trabalhavam em compartimentos fechados. Havia o DOI-Codi do Rio, o DOI-Codi de São Paulo, e podiam não se entender. Isso são feridas que as Forças Armadas têm. Admita, por exemplo, dois indivíduos que cursam a Escola Militar juntos e, por motivo de antipatia ou outros, não se gostam, até se inimizam e vão fazendo suas carreiras. Sobem na hierarquia, atingem o posto de major, coronel, o que for, e essa inimizade subsiste e se reflete nas ações que eles vão desenvolver. Isso é um fator que pode influir. O indivíduo, quando atua numa dessas áreas, na lógica dos fatos, na sua racionalidade, sofre a influência do seu temperamento, das suas tendências, do que acumulou ao longo dos anos. Não tem uma absoluta independência de julgamento e de ação. Influem nas suas decisões, subjetivamente, irrefletidamente, e sem ser sua intenção, fatores como o que ele é, a cultura que adquiriu, a experiência que tem, os vícios, os defeitos, as antipatias e as amizades. É um problema de psicologia. Todos nós sofremos tais influências. Saber se sobrepor a elas no momento em que se deve atuar, ou num momento de dificuldade, nem sempre é fácil. Todos esses fatores influíram, muitas vezes em sentido negativo, na ação repressiva. Havia uma luta declarada, que começou com os roubos aos bancos, depois foi para os sequestros, depois para as guerrilhas, e essa luta acabou sendo levada a ferro e fogo. Foi debelada em grande parte, mas ainda houve alguns confrontos durante o meu governo.

Dentro dessa luta, qual era o órgão mais forte?

Creio que o órgão mais forte era o do Exército, o CIE.

Durante o governo Médici, o senhor recebeu algum pedido de famílias para localizar ou libertar algum preso político?

Não. Eu cultivava muito poucas relações no meio civil. Como presidente da Petrobras, recebi muitos convites para recepções, coquetéis, almoços e jantares, e não atendi a nenhum deles. Por comodismo, de um lado, e, de outro, para poder não me envolver em problemas de outras pessoas. Eu tinha o grande problema de dirigir a Petrobras. Por que iria viver também os problemas dos outros?

O único caso desse tipo que tive foi, já na presidência da República, com o Eduardo Gomes. Era com relação a um oficial da Aeronáutica, do Para-Sar. Contava-se que o brigadeiro Burnier havia reunido o pessoal do Para-Sar, que era uma organização da Aeronáutica de salvamento, para sair num avião levando alguns comunistas e jogá-los no mar. O oficial em questão era capitão intendente, mas era uma figura importante no Para-Sar, conhecido como Sérgio "Macaco". Ele se rebelou contra a ordem do Burnier e, consequentemente, foi cassado, perdeu o posto, foi expulso da Aeronáutica e perdeu os direitos políticos por 10 anos. Eduardo me escreveu uma carta relatando o que havia acontecido para que se reparasse a injustiça.

O brigadeiro Eduardo Gomes estava convencido de que era verdadeira a denúncia do capitão Sérgio?

Sim, e eu também. Seria muito bonito eu reparar a injustiça, tornando sem efeito o ato oficial, mas iria criar um precedente e um problema sem fim. Porque, assim como havia esse caso, havia muitos outros de cassações que poderiam ser injustas, feitas em outras épocas, desde o Ato Institucional nº 1. Se eu atendesse ao Eduardo, acabaria por ter que examinar todos os demais casos que viessem a mim, alegando injustiças. Seria, praticamente, uma revisão nos atos da revolução, o que me criaria sérios problemas políticos e militares. Iria precipitar o problema da abertura que eu tencionava fazer no meu governo, quando julgasse oportuno, e essa precipitação poderia levar a resultados opostos aos desejados. Depois de muita reflexão, e com sérios dramas de consciência, resolvi não atender ao pedido do Eduardo. Zangou-se comigo.

O brigadeiro Burnier era realmente uma pessoa radical e sem limites, como se diz?

Não o conheço pessoalmente, não tenho relações pessoais com ele. Sei que era coronel ou brigadeiro da Aeronáutica e que era radical. Foi inclusive reformado no governo Médici. A Aeronáutica estava dividida em duas correntes: uma era radical, pela luta intransigente, e a outra mais conciliadora. A primeira era liderada pelo ministro Márcio e por Burnier. Em virtude dessa situação e do seu agravamento, Médici resolveu exonerar o ministro e, segundo creio, foi nessa ocasião que Burnier foi transferido para a reserva. O novo ministro, brigadeiro Araripe, apaziguou a Aeronáutica, e desde então não houve novos excessos repressivos. Araripe tinha sido meu colega na Escola Militar, éramos velhos amigos, e quando assumi a presidência resolvi conservá-lo como ministro.

Quer dizer então que dentro da Aeronáutica essa posição radical era mais acirrada?

Os radicais eram uma minoria, mas uma minoria atuante, que estava no poder com o apoio do ministro Márcio. Do Burnier, mais tarde, ouvi falar que durante o governo Figueiredo participou de atentados a bancas de jornais. Não sei se a versão que ouvi corresponde à verdade.

Durante o governo Médici a Anistia Internacional e a imprensa estrangeira deram muita atenção à questão dos direitos humanos no Brasil. Como isso era recebido entre os militares?

O que o governo achava, e eu também sempre achei, era que essa imprensa e essas questões da Anistia eram muito tendenciosas. Em primeiro lugar, porque esse problema existia em todos os países. O que faz a Inglaterra com o problema da Irlanda? O que é nos Estados Unidos o problema com os negros e os porto-riquenhos? Há pouco tempo, nos Estados Unidos, cercaram uma seita religiosa, incendiaram o prédio onde estavam os fiéis, e morreram todos.[65] A Anistia não explorou isso. Para mim, no meu conceito, a Anistia é um organismo tendencioso e infiltrado pela esquerda, destinado a explorar essas questões. Não dou à Anistia a credibilidade que se lhe procura dar como organismo internacional.

O senhor conversava com o seu irmão sobre esses assuntos?

Não. Geralmente, eu conversava com o meu irmão sobre outros problemas. Conversávamos sobre questões propriamente do Exército, de sua organização, de seus equipamentos, sobre certos oficiais ou generais... Ou então a conversa era familiar, sobre relações familiares. Sobre os problemas do governo Médici, de repressão, geralmente eu não conversava com ele. Também não conversava sobre problemas diretos da Petrobras.

Quem era a grande cabeça do plano de combate à subversão? Quem era o grande estrategista do governo Médici nessa área?

Creio que não houve uma centralização. Podia haver interferência do governo e dos ministros militares numa série de questões, como ocorreu na luta contra a guerrilha de Xambioá. Nessa ocasião, a repressão foi mais ou menos centralizada. Havia, contudo, uma orientação geral, e os comandantes de Exército, das diferentes áreas, tinham autonomia para atuar. Não havia um trabalho centralizado. Havia uma orientação geral. Era o combate à subversão, era o combate ao sequestro.

Consta que em Xambioá havia cerca de 80 guerrilheiros e milhares de soldados.

Não sei quantos guerrilheiros havia, também não sei quantos soldados foram. O problema era que a região era uma área completamente desconhecida. Houve várias tentativas de guerrilha. Uma tentativa do Lamarca, no Vale da Ribeira, em São Paulo. Antes disso houve Caparaó. E houve incursões. A primeira incursão foi a do maluco Jefferson Cardim. No meu governo eu peguei o rescaldo, o fim, mas praticamente a guerrilha de Xambioá já estava liquidada.

---

[65] Refere-se ao massacre de fanáticos religiosos em Waco, Texas, em abril de 1993.

O governo Médici terminou com muito prestígio. Houve um combate muito duro à esquerda, mas também um desempenho econômico muito expressivo. Por que não se pensou nesse momento em fazer a transição para um governo civil?

Há tempos, depois de o Médici já ter morrido e eu já estar fora da presidência da República, no governo Sarney, o *Jornal do Brasil* resolveu ouvir algumas ex-primeiras-damas. E aí apareceu a senhora do Médici, uma senhora muito distinta, muito retraída, com a história de que o Médici, no fim do governo, queria acabar com o AI-5, queria normalizar a situação, e que eu me opus, declarando ao Médici que, nesse caso, eu não assumiria a presidência da República. Isto tudo é uma grande inverdade. Houve uma tentativa no governo Médici, feita pelo Leitão de Abreu. O sr. Huntington, cientista político americano, em visita ao Brasil, conversou com o Leitão de Abreu sobre as possibilidades de normalização do país, sem que obtivesse resultado prático. Depois, quando eu já era presidente, ele esteve uma ou duas vezes com o Golbery também para tratar do mesmo problema. Também não deu em nada. O que eu posso afirmar é que essa conversa em que o Médici teria manifestado o desejo de acabar com o AI-5 e que eu me teria oposto não existiu.

14

A Petrobras e a presença do Estado na economia

Qual a origem do convite que lhe fez o presidente Médici para assumir a presidência da Petrobras?

Como já contei aqui, eu conhecia o Médici e era amigo dele, embora não fôssemos íntimos, desde o tempo do Colégio Militar. Ao longo da nossa carreira, de vez em quando nos encontrávamos e sempre confraternizávamos. Médici fez parte da conspiração, mas nessa fase não tive contato com ele. Na promoção a general, no governo Jânio, embora ele fosse um ano mais antigo do que eu, fui promovido antes dele. Mas todos nós torcíamos para que ele também fosse promovido. Não guardou nenhum ressentimento pela preterição. Quando se organizava o governo Costa e Silva, propôs que eu fosse para a Petrobras, pelos meus antecedentes na refinaria de Cubatão e no Conselho do Petróleo. Parece que isso estava mais ou menos acertado, quando surgiu o problema do general Candal. Ele ia ser ministro das Comunicações, mas o Luís Viana, que seria o governador da Bahia, foi ao Costa e Silva, ponderou que a Bahia não teria nenhum ministro e conseguiu que esse ministério fosse atribuído a um baiano. O Candal então sobrou, e resolveram colocá-lo na Petrobras. Isso tudo eu vim a saber depois. Foram gestões feitas à minha revelia. Parece-me que o Médici, desde então, tinha a convicção de que, entre o pessoal do Exército, eu era o mais capacitado para dirigir a Petrobras.

O senhor na época não pensou em voltar à tropa?

Não. Eu não queria mais me envolver com problemas militares e jurídicos. Estava ainda convalescendo de uma hepatite, em fase final de tratamento, quando me pediram que fosse ao Galeão conversar com o Médici. Nessa ocasião ele me convidou para presidir a Petrobras. Não tinha motivos para não servir ao governo do Médici, que foi presidente da República por consenso de quase todos nós. Aceitei o convite, me aposentei no Tribunal, pedi minha transferência para a reserva do Exército e assumi a presidência da Petrobras, a 14 de novembro de 1969. Gostava do encargo de dirigir essa empresa, na qual teria um campo de ação muito vasto.

O senhor teve carta branca para montar sua equipe?

Sim, embora tivesse algumas divergências com o Ministério das Minas e Energia, ao qual a Petrobras estava jurisdicionada. A primeira coisa que resolvi, mesmo antes de assumir a presidência, foi substituir toda a diretoria. Eu tinha informações negativas sobre seus membros, embora o presidente que eu iria substituir, o marechal Levi Cardoso, meu amigo, fosse bom. Mas, na empresa, havia muita fofoca, muitos desentendimentos e intrigas, fomentados por diretores e seus auxiliares imediatos. Isso era muito prejudicial aos trabalhos. Assumi assim com uma nova diretoria, que o Médici aprovou, exonerando a anterior. Passei a dirigir a Petrobras com grande autonomia, o que não agradava ao ministro das Minas e Energia, Dias Leite, que por vezes me criava dificuldades.

A diretoria era relativamente pequena. Havia um diretor encarregado da área comercial e financeira. Era o Shigeaki Ueki, um economista descendente de japoneses indicado pelo marechal Ademar de Queirós, com quem tive várias conversas antes da nomeação. Depois ele foi ministro no meu governo, e presidente da Petrobras no governo Figueiredo. Outro diretor era o Leopoldo Miguez de Melo, químico, que servira comigo em Cubatão. Cabia-lhe a área técnica de engenharia e a área industrial das refinarias. Era muito inteligente e capaz, com espírito criador. Faria Lima era almirante, havia trabalhado comigo no Gabinete Militar do Castelo. Depois me substituiu na presidência da Petrobras e governou o Rio de Janeiro para a fusão do estado com a Guanabara. Coube-lhe a área dos transportes, com a Fronape, os terminais e os oleodutos. Era o único diretor militar. O quarto diretor era Haroldo Ramos, engenheiro de petróleo, funcionário muito conceituado na Petrobras e que tinha a seu cargo a prospecção e a produção do óleo.

As atividades dessas diretorias eram muito entrelaçadas, exigindo um contínuo e perfeito entendimento, o que faltava na diretoria anterior. Desde o início pus em prática um hábito que consistia em nos reunirmos em meu gabinete todas as manhãs às oito horas, antes de começarmos o trabalho. Tomávamos um cafezinho e ficávamos conversando 15 a 20 minutos sobre as novidades na empresa, os problemas em curso e as novas ideias que surgiam. Discutia-se e chegava-se a um consenso. Muitas vezes eu ali estabelecia as diretrizes a seguir. Os diretores se entendiam, e eu participava desses entendimentos, inclusive para dirimir conflitos e fixar a orientação. Com isso, a diretoria se tornou coesa.

Acima da diretoria havia o conselho de administração. Era composto pela diretoria e mais três personalidades: um renomado engenheiro do Rio Grande do Sul, um representante da indústria de São Paulo e um excelente geólogo que havia sido diretor e presidente da Petrobras. Os assuntos mais importantes, que implicavam maiores despesas, novos empreendimentos, novos projetos, recursos financeiros etc., eram submetidos ao conselho de administração, que, nas suas reuniões, os discutia e decidia.

O senhor então teve carta branca não só para compor sua equipe, mas para dar diretrizes à empresa.

Realmente tive. E funcionava. O obstáculo que de vez em quando eu tinha que enfrentar, como já disse, era o Ministério das Minas e Energia. O ministro Dias Leite tinha um amigo íntimo que era general, já na reserva, e esse general às vezes me procurava para conversar. Houve uma ocasião em que se fez a eleição para a renovação da diretoria da subsidiária Petroquisa. Eu indiquei os nomes, e eles foram eleitos. Dias depois recebo a visita do general, que me diz: "O ministro está muito zangado, porque tomou conhecimento da nova diretoria da Petroquisa pelo jornal. Não foi consultado". Respondi: "Não teve conhecimento antes e nem foi consultado porque ele não tem nada a ver com isso. Ele devia ter-se incomodado quando eu mudei a diretoria da Petrobras sem consultá-lo. Aí sim, teria razão. Mas o caso da subsidiária é da minha esfera, das minhas atribuições, e ele não tem razão para se incomodar. Você pode dizer isso a ele". As relações, de fato, não eram boas, mas consegui evitar uma inadequada interferência dele.

O presidente Médici sabia dessa rivalidade?

Eu não conversava com o Médici sobre isso, mas ele sabia. Sabia e evidentemente me apoiava. E o ministro não tinha coragem de brigar com o Médici. Eu acho que a Petrobras só pode funcionar assim. O presidente escolhido para a empresa deve ter todos os poderes e, consequentemente, todas as responsabilidades. O drama da Petrobras nos últimos anos, com exceção talvez do período atual, foi a interferência exagerada do governo, principalmente com o presidente Sarney, que resolveu combater a inflação à custa das empresas estatais. Não deixavam aumentar os preços, e elas passaram a se endividar e a paralisar seus programas de desenvolvimento, porque seus preços não eram reajustados razoavelmente, de acordo com a inflação. Os salários, a matéria-prima, a manutenção, tudo isso subia com a inflação, mas os preços eram mantidos mais ou menos congelados. Houve diversas diretorias que se demitiram. Diretorias que duravam um, dois ou três meses, gerando uma constante descontinuidade, além de greves. Aí dizem que a empresa estatal não funciona. Não funciona por culpa do Poder Executivo, que interfere demais. Ele deve dar encargos, fixar metas e cobrar resultados. A Petrobras é uma empresa do governo, mas que deve ser conduzida como uma empresa privada. Essa é que é a razão da existência de empresas estatais, constituídas como sociedades anônimas e sujeitas a toda a legislação pertinente.

O senhor sempre comunicava ao presidente Médici as decisões que tomava na empresa?

Às vezes lhe comunicava certos resultados. Ele foi, por exemplo, a Sergipe ver o campo produtor de Carmópolis e algo da atividade no mar, foi à inauguração da refinaria de Paulínea e da Petroquímica União, em Capuava. Mas as decisões eram tomadas por mim, pelos diretores e pelo conselho de administração. Dentro da legislação, legitimamente. Creio que é assim que se deve dirigir a Petrobras. O governo deve começar pela adequada escolha do presidente e, depois, dar-lhe responsabilidade e poder.

Insistindo ainda: a Petrobras, por sua importância, estava enquadrada dentro de uma área que se chamava de segurança nacional. Não era necessário discutir suas diretrizes em nível ministerial?

De um modo geral, não. Contudo, fui convocado para reuniões de nível ministerial com o Dias Leite, com a presença do Pratini de Morais e também do Delfim. Foi quando se resolveu criar o polo petroquímico na Bahia, com base em subsídios e estudos fornecidos pela Petrobras. Outra reunião a que fui convocado, embora nada tivesse que ver com o assunto, foi quando resolveram contratar a empresa Westinghouse para a construção do que, presentemente, é a Angra I — como se verificou depois, um desastre, uma usina muito malfeita, com muitos problemas. Naquela ocasião estive na reunião e não atinei por que me chamaram. Aliás, não pediram a minha opinião. Quanto a mim, sempre achei que devíamos considerar o problema da energia nuclear e enfrentá-lo, não para fazer bombas, mas para termos a tecnologia necessária para o enriquecimento do urânio. Não podíamos nos sujeitar a ficar eternamente servindo como colônia. Um país com a dimensão do Brasil não querer saber de energia nuclear? Só porque existe uma bomba que algum dia pode estourar? E vamos nos sujeitar a ficar na dependência da boa ou má vontade dos outros para receber o urânio enriquecido para gerar energia?

Várias vezes estive em reuniões com o Dias Leite e outros ministros. Houve uma ocasião em que ele fez uma convocação dos dirigentes de todas as empresas ligadas ao seu ministério. Além de Itaipava, no rio Piabanha, havia uma pequena usina hidrelétrica, a mais antiga do Brasil. Lá havia uma residência com diversas acomodações. A reunião foi ali e objetivava discutir problemas gerais do ministério. Não teve maiores resultados.

E quanto a seus auxiliares de gabinete?

Meu primeiro chefe de gabinete foi o então coronel Ivan de Sousa Mendes. Depois o Ivan teve que retornar ao Exército. Naquela época, o coronel Moraes Rego, que trabalhara comigo na Casa Militar no tempo do Castelo, estava voltando da Amazônia, do comando em Tabatinga, nas fronteiras da Colômbia e do Peru. Empenhei-me para que fosse o meu novo chefe de gabinete. Moraes Rego já tinha servido antes com o próprio Castelo na Amazônia. No gabinete serviram vários engenheiros, além do Humberto Barreto, que, como meu amigo, foi trabalhar na Petrobras. Mais adiante eu também trouxe para a empresa o Heitor Aquino.

Não havia problema de relacionamento entre os assessores militares e o pessoal civil da empresa?

Não. Que eu soubesse, o único assessor militar que havia na ativa era o Moraes Rego. Havia outros da reserva, como o Barros Nunes, que chamávamos de "Cacau". Era um coronel da reserva muito amigo meu e do Golbery, que estava na Petrobras havia muitos anos, no serviço de relações públicas.

De onde vinham os recursos da Petrobras?

Eram constituídos por geração própria da empresa, e às vezes se realizava um aumento de capital. Em regra, a subscrição era aberta com os dividendos atribuídos à União. O governo subscrevia a parte que lhe cabia para manter sua posição majoritária, e os investidores privados também acorriam com muito interesse. Uma das minhas providências foi determinar que a Petrobras também passasse a pagar à União imposto de renda, o que não fazia anteriormente. É uma empresa que deve funcionar tal como uma empresa privada e, portanto, deve pagar o imposto de renda.

Fizemos, com grande participação do Ueki, quadros de pessoal para as refinarias, primeiramente as novas, estendendo a medida progressivamente às antigas, onde havia excesso de empregados. Fez-se um estudo das necessidades para assegurar o funcionamento contínuo das refinarias por 24 horas, dia e noite, durante longos períodos, às vezes de anos. As paradas, quando preciso, eram parciais, para manutenção, reparação de defeitos em equipamentos etc. As paradas totais eram previamente bem programadas e visavam a uma recuperação geral, com duração de vários dias. Os quadros de pessoal foram implantados progressivamente e resultaram em substancial economia, sem que houvesse qualquer deficiência consequente no funcionamento das refinarias.

Ao fazer essas mudanças, o senhor não sofria pressões?

Havia pedidos que, quando razoáveis e possíveis, eram atendidos. Tive, todavia, um problema que me incomodou. Após a revolução foi feito um inquérito para apurar os que tinham atuado, dentro da empresa, como agitadores esquerdistas. A Petrobras viveu um período muito tumultuado durante o governo Jango. Houve presidentes, diretores, que eram da esquerda, e a ordem, o trabalho e os resultados foram por água abaixo. Quem fez o inquérito foi o Barros Nunes. Era de uma família de oficiais da Marinha, um irmão seu foi o ministro da Marinha no governo Médici. Com grande parte dos indiciados nada aconteceu, mas alguns, relativamente poucos, foram excluídos da empresa, recebendo todos os proventos a que, pela legislação trabalhista, tinham direito. Um dia recebi um ofício do Ministério do Exército, subscrito pelo general Frota, que estava incumbido de controlar certas áreas de comunização em repartições governamentais. No ofício ele listava vários funcionários da Petrobras que tinham figurado nesses inquéritos e haviam sido isentados, e ele queria que eu mandasse apresentá-los, para serem inquiridos novamente. Fui ao ministro, que era o Orlando, e lhe disse o que estava acontecendo. Perguntei: "Por que o Frota tem que meter o bedelho na Petrobras? O problema da Petrobras é meu. Sou tão ou mais responsável do que ele. Quem cuida da Petrobras sou eu! Eu é que controlo o pessoal e sei como é que cada um age. Tenho as minhas informações e, se algum dia houver alguma coisa por lá, a mim cabe a responsabilidade. Não ao Frota. Não aceito essa interferência".

O fato de seu irmão ser ministro do Exército de certa forma coibia alguma pressão que pudesse haver da área militar sobre a Petrobras?

Sim, mas a área militar não se metia. Acredito que o Exército, os seus generais, confiavam em mim. Nenhum, nem ninguém, procurou se meter lá, a não ser por essa infeliz tentativa do Frota. Eu viajava muito, ia aos campos de petróleo, ia às refinarias do interior e acompanhava e controlava as questões da empresa.

A Petrobras se caracteriza hoje pela existência de uma organização sindical muito forte. Como era naquela época?

Os sindicatos não eram tão fortes como hoje. Existe atualmente na empresa uma organização de engenheiros com muita influência, muito combativa, mas naquele tempo não havia isso: a empresa tinha sido mais ou menos expurgada na Revolução de 64. De toda forma o espírito de corpo da Petrobras era muito grande. Todo empregado se sentia realizado, orgulhoso por ser da Petrobras. Ganhava relativamente bem, mas não sei o que se ganha hoje.

Um problema que havia na empresa era que ela estava cheia de funcionários antigos. Engenheiros, geólogos e economistas não se aposentavam porque a aposentadoria que poderiam receber no INPS era ridícula, em comparação com os vencimentos que tinham. Criamos um fundo de pensão, a Petros, e muitos desses velhos, que já não produziam, se aposentaram, abrindo vagas para os mais jovens. Organizamos os quadros de engenheiros, químicos, geólogos e economistas, com diferentes níveis, e dentro desses quadros fazíamos promoções anualmente, de acordo com o mérito, o valor do funcionário. Havia um exame minucioso, entre os diretores, desse pessoal, para a devida avaliação. Era, de fato, um plano de carreira, de que eles muito gostaram, porque evitou a estagnação. Nenhum dos funcionários efetivos foi forçado a entrar na Petros. Entrava quem quisesse. Quanto aos novos empregados, todos eram obrigados a entrar para o plano.

A Petrobras tinha cursos de formação de engenheiros de petróleo. Eram engenheiros civis que se inscreviam, faziam um concurso e, se aprovados, passavam depois seis meses ou um ano, por conta e sob a direção da Petrobras, fazendo cursos sobre a indústria do petróleo, sobre refino, prospecção, exploração etc. No começo, quando se criou a Petrobras, foram instalados cursos com engenheiros de petróleo contratados no exterior, mas posteriormente nossos engenheiros mais qualificados se habilitaram para manter e dirigir esses cursos.

Criou-se um grande centro de pesquisa, que funciona na ilha do Fundão. Tem o nome do Leopoldo Miguez de Melo, que foi seu idealizador. Quando escolhi Leopoldo Miguez de Melo para ser um dos diretores, procurei conhecer sua ficha no SNI, como fiz com os outros. Constava o seguinte: "Comunista. É o cérebro maquiavélico do comunismo dentro da Petrobras. Esteve nos países da cortina de ferro a pretexto de vender óleo combustível, mas era para fazer contatos, discutir problemas de comunismo etc.". Perguntei no SNI de onde vinha esse informe, e disseram-me que vinha da Marinha, do Cenimar. Perguntei se tinham procurado verificar o seu fundamento, e responderam que não. Por fim, eu disse: "Então rasguem isso, porque ele vai ser diretor da Petrobras, sob minha responsabilidade". Esse "consta que" às vezes ficava na ficha da pessoa, e não se verificava a veracidade. O Leopoldo era o "cérebro maquiavélico" do comunismo dentro da Petrobras! Eu estava convicto de que ele não era comunista e por isso não dei valor à informação.

Com relação ao SNI, nesse tempo, tive outra questão. Havia um economista do BNDE que conheci e com quem trabalhei num inquérito durante o governo Juscelino. Nos entendemos muito bem. Era um homem inteligente e capaz. Depois ele foi para os Estados Unidos como diretor num daqueles bancos de que participamos, não sei se o Bird, e passou lá vários anos. No BNDE fazia parte de uma ala que se dizia ser da esquerda. Quando eu estava na Petrobras, recebi uma carta dele. Dizia que tinha filhos que precisavam voltar ao Brasil, que estava cansado da vida nos Estados Unidos e pretendia retornar. Mas antes queria saber como seria recebido, pois sabia que constava ser um homem de esquerda. Escrevi uma carta ao chefe do SNI, o general Fontoura, e não obtive resposta. Escrevi-lhe uma segunda carta, e nada de resposta. Aí telefonei para o Fontoura e disse-lhe: "Olha, Fontoura, você está me fazendo uma desconsideração muito grande não respondendo às minhas cartas. Você tem a obrigação de dizer se há algo que deponha contra o economista ou não. Diante do seu silêncio, vou promover a volta dele para o Brasil sob minha responsabilidade. Ele vem, vai viver aqui no Brasil e não vai acontecer nada com ele". De fato, ele veio com a família e não o incomodaram.

Neste caso, pelo menos para mim, o Carlos Alberto da Fontoura se omitiu ou não teve coragem de dizer: "O homem tem isso e aquilo". Não devia ter nada, ou talvez uma bobagem. No fundo, o que eles queriam era que ele não voltasse ao Brasil. Mas como é que se faz uma coisas dessas? Acho que enquanto se está no terreno das ideias a pessoa pode ter a ideia que quiser. O grande problema é quando da ideia ele passa para a ação, fazendo proselitismo etc. Aí sim, se pode, e muitas vezes se deve, reprimir.

Do ponto de vista do desenvolvimento da empresa, que fatos marcaram sua gestão na Petrobras?

Ainda antes de assumir meu cargo na Petrobras, visitei o Levi Cardoso, a quem iria substituir, e procurei obter dele informações sobre o estado da empresa e sobre as iniciativas em curso. Na ocasião, havia um projeto de construção de novas refinarias. As que existiam eram insuficientes para atender ao mercado, e se importava gasolina e outros derivados de petróleo, o que era mais dispendioso do que se se importasse o óleo cru e se fizesse a sua refinação no Brasil. Esse projeto foi executado sob a minha administração. Construíram-se as refinarias de Paulínea, de São José dos Campos e do Paraná, sendo que as duas últimas foram concluídas posteriormente, e as refinarias existentes foram todas remodeladas. Esse programa foi financiado em parte com recursos próprios e com um empréstimo que a Petrobras havia feito na Inglaterra. Os materiais necessários, tanto quanto possível, eram produzidos pela indústria nacional, mas havia equipamentos que só poderiam ser produzidos no exterior. Fizemos um acordo com a Cacex estabelecendo que 50% do material empregado deviam ser de origem nacional, e que os 50% restantes poderiam ser importados.

Construíram-se também vários oleodutos, para Canoas, no Rio Grande do Sul, para Betim, em Minas Gerais, para Volta Redonda, e terminais marítimos em São Francisco, em Santa Catarina, São Sebastião, em São Paulo, Angra dos Reis, no Rio de Janeiro, e Tramandaí, no Rio Grande do Sul, dos quais alguns foram concluídos mais tarde. Adquiriram-se navios para a Fronape, inclusive alguns superpetroleiros. Continuou-se ativamente com o programa de exploração, com a pesquisa de novos campos de petróleo. As pesquisas em terra, no Paraná, na Bahia, no Nordeste, na Amazônia, praticamente não deram resultado positivo. Intensificou-se então a pesquisa no mar, onde já havia algum trabalho iniciado na gestão anterior. Demos maior desenvolvimento a esse trabalho, preparando equipes no exterior, capacitando-as para a pesquisa e a produção no mar. Adquiriram-se equipamentos apropriados, fez-se o levantamento sísmico completo do mar territorial brasileiro. A primeira área que se resolveu atacar foi a bacia de Campos. Os resultados começaram a aparecer com a produção de óleo já no primeiro ano do meu governo. A partir daí começou-se a desenvolver a bacia de Campos, o que prossegue até hoje. Além disso, na época em que estive na Petrobras, iniciou-se a indústria petroquímica, começou-se a distribuição dos combustíveis e lubrificantes competindo com as companhias estrangeiras. Criou-se a Braspetro, uma empresa que começou a trabalhar no exterior com o objetivo principal, além de pesquisar e produzir óleo, inclusive para o nosso abastecimento, de conhecer e familiarizar-se com as modalidades dos contratos de *joint venture*, celebrados por diversos países com as empresas petrolíferas visando à produção de óleo. Nessa época já explorávamos algumas áreas e pensávamos na possibilidade de, eventualmente, o Brasil vir a praticar esse tipo de contrato. São os "contratos de risco", realizados durante o meu governo, e que a Constituição de 1988 proibiu.

Os contratos de risco já estavam realmente sendo vislumbrados desde aquela época?

Quando se criou a Braspetro, nossa ideia foi conhecer o problema geral do petróleo no mercado internacional. A empresa fazia contratos com a Líbia, com a Argélia, com a Colômbia etc., para explorar petróleo nesses países, e queríamos também saber como se comercializava esse petróleo. A Petrobras conhecia todas essas questões, mas teoricamente, porque estava muito isolada. Era necessário termos maior contato internacional, e foi daí que surgiu a Braspetro, que até hoje opera e com resultados relativamente bons. Ela explora vários campos de petróleo com outras empresas, principalmente em Angola. No Iraque, encontramos um grande campo de petróleo, que, mais tarde, pela dificuldade de ser ativado, foi negociado com esse país. A ideia de fazermos contratos de risco no Brasil só a admitíamos futuramente, caso falhássemos no descobrimento de novas jazidas, particularmente no mar, onde as perspectivas eram muito promissoras, como se verificou posteriormente. A abertura dos contratos de risco, no meu governo, foi uma decorrência da crise que sofremos com a quadruplicação do preço do petróleo, pela Opep.

Como se deu a instalação da indústria petroquímica no Brasil?

Naquele tempo estava em início um projeto de entidades civis, autorizado ainda no tempo do Costa e Silva, para a construção de uma central petroquímica em São Paulo, em Capuava, a atual Petroquímica União. Era um empreendimento privado, mas achávamos que a indústria petroquímica devia estar ligada à Petrobras, que é a fornecedora de nafta, a matéria-prima dessa indústria. A obra foi sendo desenvolvida pelos empresários privados, e a Petrobras, como associada, contribuía com uma participação no capital sempre que havia necessidade de mais recursos. Chegou-se a um momento de crise, quando esses empresários negaram-se a fazer novos aumentos de capital. O empreendimento ia parar. Após muitos entendimentos, a Petrobras subscreveu todo o capital necessário e tornou-se majoritária na empresa, assumindo sua direção. Fiz questão, em carta dirigida aos sócios particulares, de afirmar que no dia em que a Petrobras resolvesse vender a empresa, eles teriam prioridade para a compra. Essa foi a indústria que ensejou a criação da primeira subsidiária da Petrobras, a Petroquisa. Mais tarde foram criadas outras, a Braspetro, a Distribuidora e a Interbrás, e também foram compradas a Companhia de Petróleo da Amazônia, a Copam, uma refinaria pequena, sediada em Manaus e, posteriormente, a Refinaria Capuava, em São Paulo.

Quer dizer que de início, embora se achasse que a indústria petroquímica devia estar ligada à Petrobras, não se pensava em estender a ela o monopólio estatal?

Não. Sempre se partiu do princípio de que a área petroquímica devia ser da empresa privada. Tanto que a primeira indústria petroquímica, a Petroquímica União, era privada, contando, como já disse, com a participação minoritária da Petrobras.

Qual é a sua posição hoje em relação ao monopólio estatal do petróleo?

Há tendência de muita gente de acabar com o monopólio. Eu não penso assim. Aliás, com relação a esse programa de privatização, tenho uma série de opiniões diferentes das que estão sendo praticadas. Acho que a Petrobras pode abrir, pode, por exemplo, negociar mais em certos setores, com as grandes empresas de petróleo. Ela poderia voltar aos contratos de risco. Mas acabar com o monopólio da Petrobras não me parece apropriado. O país ainda é muito vulnerável nesse sentido. Todo o nosso sistema de transporte, hoje em dia, depende do petróleo. Praticamente já não há mais entre nós transporte por ferrovia, e o que existe depende de locomotivas movidas a diesel. Todo o tráfego é feito em caminhão e automóvel. O número de automóveis está crescendo incrivelmente, sobretudo nos centros urbanos, mesmo com a recessão em que vivemos. O transporte aéreo também apresenta grande aproveitamento. E o Brasil ainda está importando, praticamente, a metade do que consome de petróleo, apesar da grande produção de álcool empregado como combustível. Não podemos, nessa questão, ficar muito na dependência externa. Qualquer situação internacional mais séria ou mais grave, qualquer circunstância que venha a se complicar, poderá ser catastrófica para o Brasil. Nós sentimos isso durante a última guerra, em que sofremos muitas restrições.

Sei que há grupos interessados no fim do monopólio. É um sinal de que o negócio é bom, não é verdade? Agora, se é bom, por que entregá-lo? Então vem aquela história da empresa estatal, do governo se meter em setores que poderiam ser de responsabilidade da empresa privada. Um deles é, desde logo, a siderurgia. Outro são as telecomunicações, outro é a produção de energia, e outro, que está ligado à produção de energia, é a Petrobras. Por que o governo tomou conta desses setores, se engajou e fez o que tinha que ser feito? A primeira coisa a se fazer é analisar o país. O país não podia continuar, como era no passado, mero exportador de alguns produtos. O Brasil exportava café e açúcar e importava tudo. Até a Revolução de 30 era isso. Quando eu era garoto lá em Bento Gonçalves, no interior do Rio Grande, todos os produtos industrializados eram estrangeiros: o botão para a roupa, uma linha de coser, uma agulha, as fazendas, a manteiga, o sal de Vichy, e por aí afora. Então veio a ideia de industrializar o país. Isso se acentuou com o Juscelino, que criou a indústria automobilística e, na área de siderurgia, fez a Usiminas, já aí em associação com os japoneses. Por que ele teve que fazer isso? Porque no Brasil não há capitais, e os capitais que existem são desviados para coisas mais lucrativas, de resultados imediatos.

O que os portugueses que juntavam dinheiro aqui faziam? Construíam vilas residenciais. Não sei se vocês conhecem alguma história das vilas residenciais. O Rio de Janeiro, antigamente, era cheio de cortiços, e muitos deles eram de portugueses. Um grande cortiço era do Conde d'Eu, que dizem que era muito fomina. Mas depois os portugueses começaram a fazer vilas. Adquiriam uma área transversal, faziam uma rua estreita e construíam casas de um lado e de outro, que alugavam. Não houve ninguém que quisesse botar dinheiro para se fazer uma siderúrgica. O Brasil, com grandes jazidas de minério de ferro, talvez as maiores do mundo, tinha uma indústria siderúrgica muito limitada, muito reduzida. Exportava minério, exportava matéria-prima, quando poderia exportar um produto acabado. O problema é que não havia capitais que se interessassem em fazer isso. Com a energia elétrica, foi a mesma coisa. O Brasil durante muito tempo queimou lenha. Quando não tinha mais lenha, não tinha carvão, passou a ter umas empresas estrangeiras, como a Light, que consumiam óleo — óleo importado, óleo de petróleo. Começaram então com as construções das grandes hidrelétricas, em Minas Gerais, mas o capital privado também não se interessou.

A área de telecomunicações começou a se desenvolver no governo Castelo — no governo do Jango houve alguma coisa, mas ficou no papel. No governo Castelo não havia ainda o Ministério das Comunicações, e quem lidava com esse assunto era a Casa Militar. Ou seja, eu, como chefe da Casa Militar, praticamente tomava conta do problema. Havia um Conselho de Comunicações que tinha funcionado no tempo do Juscelino com o general Mourão — que era um homem do Juscelino. O conselho tinha controle de rádio, mas as concessões telefônicas eram municipais. Não funcionavam! Para falar da Casa Militar, do palácio Laranjeiras, com o governador do Rio Grande do Sul, levava-se às vezes quatro, cinco horas até se conseguir. Havia, intercalado no circuito telefônico, um trecho que era rádio. Em regra, as ligações do Rio Grande do Sul com o presidente da República eram feitas por telégrafo. Havia uma estação de telégrafo no palácio do Catete, porque não existia um sistema telefônico. Aliás, em todo o Brasil as comunicações eram por telegrama, e o serviço era ruim, o único que funcionava um pouco melhor era o dos ingleses. Só depois de muito tempo começou-se a pensar em melhorar as comunicações e instalou-se o grande serviço de micro-ondas. O homem que trabalhou nisso é um homem extraordinário, oficial de Marinha, hoje reformado: Euclides Quandt de Oliveira. Era da Casa Militar do Castelo, servia na subchefia da Marinha e, mais tarde, foi ministro das Comunicações. Foi quem fez funcionar esse sistema todo. O Brasil, hoje em dia, conversa com qualquer lugar, sem problemas, num sistema unificado. O capital privado se interessou? Só há uma pequena empresa, que nós respeitamos, que funciona em alguns municípios de Minas, mas ligada ao sistema nacional.

A partir de um determinado momento, todas as empresas de serviços estrangeiras que funcionavam no Brasil se deterioraram: a Leopoldina, aqui no Rio, a Great Western, que era a grande ferrovia do Nordeste, a companhia de gás, o sistema de bondes, de ônibus etc. As companhias inglesas, que eram as principais, foram embora, e o resto acabou se liquidando. Por quê? Porque elas tinham que investir capital e achavam que não tinham uma remuneração de acordo com esse capital. A luta contra essas empresas começou com o José Américo, como ministro da Viação e Obras Públicas, logo depois da Revolução de 30. Ele acabou com a célebre taxa ouro. Na época era o padrão-ouro que vigorava, a moeda era lastreada em ouro. As tarifas dessas empresas tinham um certo valor, mas eram alteradas de acordo com o valor do ouro, de maneira que sempre subiam, para gerar maiores lucros. Quando o José Américo acabou com a remuneração das empresas na base do ouro, e elas viram que o filé tinha chegado ao fim, se desinteressaram, não investiram mais nada. Como tudo o que se fazia naquele tempo, na República antiga, era com capital estrangeiro, tudo se deteriorou. E o capital nacional nunca se interessou! Passou a se interessar agora. Por quê? Porque compra as coisas por uma ninharia. Aí voltamos às privatizações. Acho que o governo está botando fora o seu patrimônio! Os compradores pagam em moeda corrente talvez 10% do valor das empresas, e 90% com o que nós chamamos de "moeda podre". São títulos de dívidas que vão vencer daqui a 10 ou 15 anos, com juros baixos.

O governo poderia vender a usina siderúrgica, pelo seu justo valor, mas não há capital no país. O capital, aqui, encontra maior remuneração na especulação. Quem é que ganha dinheiro hoje em dia no Brasil? São os bancos. Há bancos que distribuem dividendos todo mês, enquanto empresas industriais estão quebrando. Quer dizer, não há dinheiro disponível. E quando há, uma grande parte é levada para o estrangeiro, por uma questão de segurança. Não se confia no governo, não se sabe qual vai ser o futuro do país, então, para garantir, manda-se o dinheiro para a Suíça. O capitalista brasileiro não tem vocação, pelo menos nesta fase, ou não teve, nas fases dos governos anteriores, para investir. Aí vem a história: fulano é estatizante. Eu tenho fama de estatizante, Roberto Campos acha que eu sou estatizante. A estatização resulta de uma situação forçada! O sujeito não é estatizante porque gosta, é estatizante porque é a única maneira de fazer as coisas, e se não se fizerem as coisas o país não se desenvolve. Como é que nós vamos desenvolver o país, um país pobre, sem um sistema adequado de transporte, sem uma energia barata, sem produção de matéria-prima como o aço?

Posso estar errado, ter uma mentalidade deformada, mas acho que essa venda atabalhoada das coisas que o governo tem, em primeiro lugar, é macaquice. Estamos copiando o que os outros fazem, sem ver a diferença dos outros para nós. O inglês tinha e tem excesso de capitais. Roubou o mundo inteiro durante 300 anos e juntou todo o dinheiro na mão. Quando o governo está em apuros, trata de vender, porque existe capital para comprar. O mexicano está fazendo isso porque atrás dele estão os Estados Unidos. O México virou colônia dos Estados Unidos e vai virar mais ainda se aprovarem o Nafta. Agora, o Brasil é diferente! Por que vai copiar?! Vamos resolver o problema de acordo com a nossa realidade! Não vamos fantasiar, não vamos fingir: "Ah, mas o governo precisa de dinheiro", se ele não recebe dinheiro quase nenhum! Ele não reforça o seu caixa com a venda das empresas estatais, porque não as vende pelo valor real. Para vender, ele usa tudo quanto é artifício. Agora vai-se engajar o PIS, o Fundo de Garantia, essas coisas todas na privatização. Trata-se de uma concepção toda errada do Fundo de Garantia. Ele foi criado no tempo do Castelo, quando se resolveu modificar a legislação trabalhista. Antes, o empregado não podia ser despedido se tivesse 10 anos de serviço. Então, quando chegava aos 10 anos, o sujeito passava a se desinteressar, não ligava para mais nada porque estava com o emprego garantido. Aí as empresas começaram a despedir aos nove anos. O Tribunal do Trabalho dizia: "Não, com nove anos também não pode". Anteciparam para oito anos: "Também não pode". Para resolver isso, modificou-se a legislação, acabando com a garantia de emprego mas criando o Fundo de Garantia. Quer dizer, quando o empregado fosse se aposentar ou fosse despedido, teria um pecúlio com o qual podia reiniciar a vida, podia viver enquanto não conseguisse outro trabalho em melhores condições. Estão acabando com isso. Estão querendo que o trabalhador pegue esse dinheiro antecipadamente, antes de ser despedido ou antes de se aposentar, para comprar ações. E aí? O que ele vai fazer? Daqui a pouco essas ações não rendem, não dão dividendos ou dão dividendos pequenos, e ele vai vender as ações e gastar o dinheiro, ou em comida, ou na compra de um automóvel, ou no que for. Daí a uns dias ele está pobre, miserável, porque não tem nada. Aí nós vamos fazer uma campanha com o Betinho para dar comida para ele. Estou sendo um pouco crítico, talvez exagerado, mas é o que sinto. Sinto que o país fica parado e não se constrói nada.

Por que será que o governo se engaja no desenvolvimento? Porque, se o governo não se engajar, esse país vai ficar pior, vai ser igual ao que era no tempo da colônia. O mundo progredindo, o mundo se desenvolvendo, o mundo criando coisas novas, e nós no primitivismo de um país colonial. Precisamos nos desenvolver, inclusive porque, com o crescimento de população, essa gente toda deve ter as suas aspirações. Temos que fazer o país. O país é grande territorialmente, mas é pequeno no resto. E a iniciativa privada não se interessa pelo real desenvolvimento do país.

O atual discurso da modernização está bastante associado à privatização.

Não concordo com o discurso da modernização do país. Querer fazer do Brasil um país moderno é uma bobagem! A modernidade só pode vir se o país se desenvolver. Dentro do quadro de estagnação que se vê hoje, com problemas de saúde, problemas de educação, problemas econômicos, uma inflação crônica e tudo o mais, o Brasil não pode querer ser um país moderno! A mesma coisa é você pegar um pé-rapado e de repente querer que ele vista uma gravata, um *smoking*, uma casaca, e vá frequentar a alta sociedade. Não pode! O país pode ter seus brios, pode ser cioso da sua independência, pode ter lá suas horas de patriotismo, mas vamos reconhecer, é um país atrasado! Vejam a massa de favelados aqui no Rio, o problema dos meninos de rua, o problema de certas áreas do interior. O problema do Nordeste! O país é atrasado! Como é que vão querer que ele seja moderno? Através de um decreto? Isso é uma concepção tola, que empolgou muita gente pelo fraseado. É a tal história: "O automóvel brasileiro não presta, é uma carroça, temos que importar carro estrangeiro". Mas meu Deus do céu, esse carro brasileiro, levando em conta as nossas condições, o tipo e o estado de conservação das nossas estradas, é apropriado! Para que querer um carro que ande 200 quilômetros por hora, se a estrada não permite?

O Brasil não vai entrar no Primeiro Mundo com as mazelas que tem, com o analfabetismo, com a subnutrição, a falta de emprego. Vê-se que o governo não tomou nenhuma providência para sair desse quadro de estagnação, de recessão, e melhorar as condições de emprego. Os empregos dia a dia estão diminuindo, e vão diminuir mais ainda, na medida em que se avançar tecnologicamente. Toda vez que você faz um avanço tecnológico, há um retrocesso no setor de emprego. Por que o Japão hoje em dia está em crise, a Alemanha e todos esses países? Em grande parte pelo avanço tecnológico. Uma coisa que era feita por 10 agora é feita por cinco, ou às vezes por nenhum, só pela eletrônica. Isso no Brasil é mais grave, porque você tem uma massa de gente sem cultura, sem preparo, sem coisa nenhuma. O afluxo de nordestinos para São Paulo e para o Rio é um fenômeno que a gente compreende, mas é uma desgraça. Ninguém faz nada em relação à favela. A favela está aí, aumentando a cada dia, e você não vê nenhum governo se preocupar com isso. Hoje em dia, inclusive, a favela serve de acolhimento ao tráfico de drogas, a tudo que é crime. Como é que o país pode ser moderno? Não basta o presidente da República chegar e fazer um discurso: "O país tem que ser moderno! O país tem que ser do Primeiro Mundo!" Sim, daqui a 50 anos! Vamos trabalhar para isso.

Um assunto grave, por exemplo, continua a ser o problema do ensino. A professora antigamente era sempre uma figura acatada, respeitada, reconhecida dentro da sociedade. Era instruída, preparada e vivia com um salário adequado. Hoje em dia a professora não vale mais nada. Ganha uma miséria, ninguém lhe dá bola, nem sei como ela está sendo preparada... E tome a construir mais Cieps, quando eu acho que o problema não é o Ciep, o problema é a professora! Você pode dar aula até debaixo de uma árvore, não precisa ter piscina, não precisa ter uma série de coisas. Será que a orientação que está aí é certa? O Brasil continua a ser um país de analfabetos!

Na sua visão, então, o Estado no Brasil é um agente crucial do desenvolvimento.

Eu acho. Ele tem que atuar. Até que o quadro mude. Agora[66] está todo mundo eufórico porque está entrando dinheiro estrangeiro. Ainda esses dias, um amigo meu que é corretor da bolsa dizia: "Uma coisa formidável, esse mês entraram não sei quantos milhões de dólares, tudo isso está sendo aplicado na bolsa, a bolsa está em alta, e

---

[66] Este trecho da entrevista foi concedido em 16 de novembro de 1993.

não sei o quê". Eu digo: "Eu sou contra isso, porque esse dinheiro vem hoje aplicado na bolsa, dá lucro, mas quando o sujeito dali a pouco vê que já realizou um bom lucro, vai embora de novo. Quer dizer, em vez de cooperar para o nosso desenvolvimento, ele está nos sugando!" O Getúlio brigava muito contra isso. Não sou inimigo do capital estrangeiro, mas acho que a gente tem que ter inteligência adequada para tratar com ele. Se vier para cá para ser investido em indústrias, em outros empreendimentos, muito bem! Será muito bem aceito. Mas se vier aqui para nos explorar, sem deixar rastro! O sujeito entra com o dinheiro, faz o lucro e vai embora! É o *hot money*, não é?

Estou aqui com os recalques de um velho de 86 anos. Pode ser que eu esteja muito errado, mas minha concepção é esta: o Estado tem que dirigir. Tanto o capital privado nacional, que no meu modo de ver é escasso, quanto o capital estrangeiro são bem-vindos se forem adequadamente aplicados. Não sou contra isso. Pode mesmo chegar um dia em que realmente devamos passar adiante todas essas empresas que estão aí. Mas não sei quando esse dia vai chegar. Acho que ainda está longe e que o país está estagnado porque ninguém fez mais nada.

O governo Itamar tem oscilado nessa questão da privatização.

O presidente Itamar traz com ele os recalques do tempo em que era senador e homem de oposição. Foi nacionalista, defensor da Petrobras, defensor da Vale do Rio Doce. Agora, como presidente, está sendo pressionado para privatizar a Vale do Rio Doce. Então reage e fica nessa história, vai não vai. Deve estar com verdadeiras torturas de consciência. Não é fácil. Compreendo sua posição, é difícil.

Qual é sua visão sobre o papel do empresariado nacional no processo de modernização e de crescimento do país?

Há muito empresário nacional bom, capaz, mas há muito empresário nacional que, no meu modo de ver, não é bom. Há muito empresário que quer ter lucro fácil. Agora, por exemplo, querem ver o que está acontecendo com essa história da abertura da economia? O governo Collor, com a ideia de modernidade, e para agradar ao americano, usou um sistema de baixa das tarifas alfandegárias, que antes davam às empresas nacionais um certo protecionismo. Então, vejam: a indústria petroquímica produz determinadas matérias-primas que depois são transformadas nos produtos petroquímicos que estão aí à venda. Muito bem. Começa que nós estamos numa recessão, quer dizer, o consumo desses produtos, como de outros, tende a diminuir. Agora, lá fora eles também estão em recessão. Então, eles vendem por custos marginais, sem levar em conta os custos fixos, porque estão com produção que não tem saída. E o mais grave é que financiam essas vendas. Vendem a prazo, por exemplo, de seis meses, cobrando os juros de lá, que são muitíssimo mais baixos que os juros aqui dentro. Às vezes o sujeito deixa de comprar o produto nacional apenas por causa desse financiamento. O governo sabe disso. Ele faz alguma coisa? Faz nada. Há indústrias de produção de matéria-prima que estão na iminência de quebrar ou podem quebrar. Havia um ministério que funcionava, que tinha uma certa atuação, que era o Ministério da Indústria. O Collor acabou com ele. Agora restauraram, mas não funciona, porque botaram lá um banqueiro que é metido a agricultor, pecuarista, que não quer saber de nada. É um homem rico, dono do Bamerindus. Não tenho nada contra ele, mas ele não é ministro da Indústria.[67]

Posso pensar errado, mas não quero ser moderno. Quero é que o povo e o país vivam bem e cresçam, se desenvolvam. Essa expressão "moderno" é bobagem. Eu penso assim.

---

[67] Refere-se a José Eduardo Andrade Vieira.

SEGUNDA PARTE

A Presidência da República

15

Preparando o terreno

A partir de que momento, no governo Médici, o senhor soube que seria o próximo presidente da República?

Fixar o momento, a data, em que surgiu minha candidatura, eu não sei. Com o decorrer do tempo, começou-se a cogitar e a conversar sobre a sucessão, especulando sobre quem seria o futuro presidente. Houve tentativas de se prorrogar o mandato do Médici, mas ele reagiu a isso, não aceitou. Começou-se a falar em vários nomes, entre eles o meu. Dizia-se que a ala castelista estava trabalhando para eu ser presidente. Admito que alguns quisessem essa solução, mas não tinham poder nem influência.

O que era a ala castelista naquela época? Havia o Golbery, o Luís Viana, talvez Roberto Campos, entre as figuras mais importantes. Mas nem Luís Viana nem Roberto Campos tinham influência junto ao governo. Golbery tampouco, inclusive pelo desacordo que houve entre ele e o Médici, a pretexto do SNI. Admito que eles possam ter influído sobre outras pessoas no sentido de eu ser o candidato, mas teria sido à minha revelia. De vez em quando chegavam aos meus ouvidos algumas notícias sobre minha possível candidatura, mas eu não dava importância. Cuidava da minha tarefa na Petrobras.

Apareceram vários nomes. Falavam em fulano, beltrano, e o comentário era sempre negativo: "Esse não pode porque é burro; esse não pode porque tem tal ou tal defeito". Sempre que surgia um nome, era destruído. Um dia, meu irmão me disse: "Prepare-se, porque é possível que você venha a ser presidente da República". Perguntei: "Por que eu?" E ele: "Você quer que seja fulano?" — era o tal que era burro. "Quer que seja sicrano?" — era o sujeito que não prestava. Aí perguntei: "Por que não você?" Respondeu: "Porque eu não tenho saúde". Não posso dizer que eu reagisse, que não quisesse ser presidente. Achava que alguém tinha que ser, e que eu poderia vir a ser. Mas não tinha maior interesse, nem entusiasmo. Não trabalhei absolutamente pela indicação. Contudo, o tempo foi passando, até que um dia me disseram: "O Médici já fez a escolha. Vai ser você. Ele quer lhe falar e marcou a audiência".

Há várias versões sobre essa escolha. Uma é a contada pelo Figueiredo: houve uma reunião do Médici com Leitão de Abreu, Figueiredo e Fontoura. Analisaram a situação, conversaram sobre a sucessão e, por fim, Médici teria declarado o seguinte: "Se o país estivesse inteiramente normalizado, se não houvesse mais nada de subversão, o candidato natural seria o Leitão; se o país tivesse problemas graves, envolvendo a área militar, seria o general Adalberto Pereira dos Santos. Como não há nenhum problema grave na área militar, nem o país está suficientemente tranquilo para o governo de um civil como o Leitão de Abreu, acho que, para administrar o país e seu desenvolvimento, o melhor nome mesmo é o Ernesto". Vou admitir que o que o Figueiredo conta seja verdadeiro. Admito também que meu irmão tenha tido alguma influência, não tanto no meu interesse, mas porque achava que eu era a pessoa mais indicada.

Também há uma versão que diz que o presidente Médici não queria o senhor.

Pois é. Acho difícil que não quisesse. Se o Médici não me quisesse, escolheria outro, porque tinha poder e autonomia suficientes para isso. Embora estivesse muito vinculado ao meu irmão, e admitindo-se que o Orlando pudesse ter alguma ascendência sobre ele, se quisesse outra solução, a adotaria.

O senhor acha que o presidente Médici não tinha outro candidato da preferência dele, pessoal?

Creio que não. Sua posição política, suas vinculações nas Forças Armadas, seu prestígio pessoal lhe permitiriam, sem contestação, fazer candidato quem preferisse. A exploração política da oposição, de descontentes e de maledicentes espalhou com menosprezo que eu tinha que ser o candidato porque eu tinha oito estrelas, quatro minhas e quatro do meu irmão! Não quiseram ver quem eu era, quais as minhas qualidades, o meu passado, a minha capacidade. Ninguém procurou saber quais os meus atributos positivos ou os meus defeitos, nenhum desses críticos fez qualquer análise. São coisas a que não se pode dar importância. É deixar passar. Mas havia uma opinião em certos círculos da área militar, da área revolucionária e da área civil que se orientava para o meu nome. Eu tinha feito muitas relações e era respeitado, inclusive, pela minha atuação na Casa Militar do Castelo. O próprio Costa e Silva, de quem eu divergia, sempre me tratou muito bem, com consideração. Contudo, assim como se falava no meu nome, também se falava em outros.

O senhor também acha que não havia espaço político dentro da área militar para o ministro Leitão de Abreu sair candidato?

Acho. Embora Leitão de Abreu fosse amigo do Médici, fosse bem relacionado e tivesse vindo para a área revolucionária, não tinha projeção dentro do Exército para ter o seu apoio. Ele surgiu no cenário nacional como chefe de gabinete de um ministro da Justiça do Castelo, Mem de Sá, senador pelo Rio Grande do Sul, do Partido Libertador, parlamentarista. Mem de Sá trouxe o Leitão de Abreu, que era bacharel no Rio Grande, professor da universidade, para o seu gabinete, e foi aí que o Leitão surgiu e foi crescendo. Era cunhado do general Lyra Tavares, ministro do Exército do Costa e Silva. Na crise do Costa e Silva, participou ativamente na reforma da Constituição. Desde o governo Castelo me relacionei com o Leitão, e quando assumi a presidência indiquei-o para o cargo de ministro do Supremo Tribunal Federal. Era um homem inteligente e preparado.

Mas qual era o obstáculo para se fazer um presidente civil, Leitão de Abreu ou outro que fosse? Era a existência de focos de luta armada?

Era. O civil ainda não teria condições de enfrentar esse problema. A revolução ainda não tinha chegado ao fim. Vejam o seguinte. Quando assumi a presidência, estabeleci que meu propósito era alcançar a normalização da situação no país, mas que essa operação tinha que ser feita com segurança. Não se podia liberar o país e daí a pouco ter que voltar atrás. Era uma operação gradativa, lenta. Esse era mais ou menos o conceito que se tinha dentro das Forças Armadas. Não se poderia, de repente, estabelecer a liberalização de todos os problemas, porque as forças subversivas continuavam. Em menor ritmo, em menor escala, mas continuavam. Conspiração daqui, conspiração dali, movimento aqui, um roubo de banco ou de armas acolá, um assassinato etc.

Em meados do governo Médici já estava mais ou menos definido que o novo presidente seria o senhor?

Não. Foi decidido em 73. Tinha que ser com uma certa antecedência, tendo em vista a necessidade da desincompatibilização. Tive que renunciar à presidência da Petrobras seis meses antes da eleição.

Como foi a transição para o seu governo? Enquanto o senhor queria normalizar o país, o pessoal que estava no governo Médici não queria...

É, levou tempo para se chegar ao fim dessa história. Médici ainda sofria muito a influência da linha dura. O pessoal daquele tempo, de um modo geral, talvez meu irmão também, ainda achava que a luta continuava. Eles olhavam esse problema com muita intransigência.

Qual foi o papel do general Golbery nessa articulação? O que ele estava fazendo durante o governo Médici?

Quando o governo Castelo terminou, Golbery foi para o Tribunal de Contas. Guilhermino de Oliveira, que era ministro do Tribunal e seu amigo, se aposentou, e Golbery foi escolhido para preencher a sua vaga. Passou alguns anos lá, no governo Costa e Silva, uma parte do governo Médici, e aí se aposentou, ficou livre. Foi então trabalhar como conselheiro na Dow Chemical, uma empresa americana do setor de química. Depois, parece-me, tornou-se diretor-presidente da Dow no Brasil. Na época em que estávamos cada um em um tribunal não tínhamos contato, mas depois Golbery me procurou para conversar. Às vezes ele tinha interesses da Dow que se chocavam com os da Petrobras, tinha problemas no BNDE que também se vinculavam com interesses da Petrobras, e ia conversar comigo para resolver essas questões. Sempre muito objetivo e cordato. Era meu amigo.

Essas conversas eram mais empresariais do que políticas?

Sim, mais empresariais do que qualquer outra coisa, embora também analisássemos a situação nacional. Quando chegou a fase em que se falava na minha candidatura, Golbery evidentemente foi trabalhar por ela, ainda que à minha revelia. Foi também nessa época que veio trabalhar comigo outro amigo, uma pessoa muito ligada ao Golbery e que de certa forma também se ligou a mim no tempo do governo Castelo. Era o Heitor Aquino, um excelente capitão de cavalaria, muito bom oficial, muito boa cabeça, mas inteiramente engajado na área revolucionária.

No tempo do Castelo, por indicação do coronel Herrera, que era amigo do Golbery, o Heitor foi trabalhar com ele no SNI. Como eu e o Golbery trabalhávamos juntos, o Heitor também se vinculou comigo. Por essa época ele se desentendeu com a sua senhora, acabou se separando e mais tarde se divorciou. Terminado o governo Castelo, foi servir num regimento de cavalaria no Mato Grosso, na fronteira com o Paraguai. Acho que quis ir para esquecer a revolução. Lá se enamorou de uma moça e passou a viver com ela — hoje estão casados. Depois veio para o Rio de Janeiro, cursar a Escola de Armas. Os capitães casados têm direito a morar em um apartamento na Vila Militar durante o curso, mas, quando chegou a vez do Heitor, o comando da Escola não lhe deu o apartamento, sob o argumento de que não era casado. Pela mesma razão ele também não teve direito a tratamento de saúde para a mulher. Ficou tão irado que pediu demissão do Exército. Era amigo do Roberto Campos, que o empregou no empreendimento do Ludwig, no Pará, o Projeto Jari. Numa das viagens que fiz à Amazônia, a serviço da Petrobras, passei por Belém e fui visitá-lo. Não gostei do que vi. Fiquei com a impressão de que a posição que o Heitor ocupava no Jari era inferior ao seu valor, à sua capacidade, e que ele ali não teria futuro. Tempos depois ele veio ao Rio, e o convidei para servir na Petrobras, para trabalhar comigo. Foi nesse momento que minhas relações com o Golbery cresceram, porque o Heitor passou a servir de ligação. Mais tarde, na presidência, ele foi meu secretário particular.

Na época da sucessão também foi lançada a anticandidatura de Ulysses Guimarães e Barbosa Lima Sobrinho. Isso chegou a incomodá-lo?

Não, não dei importância, porque eles não tinham possibilidades de ganhar a eleição. A Arena tinha uma grande maioria no Congresso.

Qual era sua opinião acerca de Barbosa Lima Sobrinho e de Ulysses Guimarães?

Eu não tinha relações com Barbosa Lima Sobrinho. Às vezes o encontro quando vou à Santa Casa, onde faço parte da administração, assim como ele. Nos cumprimentamos cordialmente. Barbosa Lima tem sua história... Após a redemocratização de 45, realizaram-se eleições nos estados. Em Pernambuco havia dois candidatos: Barbosa Lima, que era do PSD, apoiado pelo Agamenon Magalhães, e Neto Campelo, que era da UDN. Nessa ocasião — era o governo Dutra —, fui mandado várias vezes a Recife, onde havia problemas. Houve a eleição, foi eleito o Barbosa Lima, mas a UDN entrou com um recurso no Tribunal, dizendo que tinha havido erro na apuração. Barbosa Lima governou quatro anos e depois, quando já tinha terminado o mandato, o Tribunal julgou o recurso: o eleito fora Neto Campelo! Não estou dizendo que o Barbosa Lima tenha cometido uma fraude, mas o seu partido cometeu. Barbosa Lima é um homem coerente. Jornalista, mantém-se ativo, trabalhando. Não lhe faço nenhum reparo. O fato de ter sido candidato à vice-presidência contra mim não tem importância. Suas ideias são diferentes das minhas. Contudo, ele constrói. Tem firmeza nos seus pontos de vista. O Ulysses, não. Nunca construiu nada, na minha opinião. Sempre fez sua demagogia, sua politicagem, mas jamais produziu. Coitado, já morreu. Sempre foi oposição, a não ser quando foi ministro no regime parlamentar de 1961. De concreto, na vida pública, Ulysses fez apenas esse monstrengo que é a Constituição que está aí.

O senhor deixou a presidência da Petrobras já como candidato, para se desincompatibilizar. Foi então que se dedicou a elaborar seu plano de governo? Como transcorreu esse período?

Como candidato, tive que fugir de uma série de coisas, inclusive da imprensa, que vivia me assediando, querendo entrevistas. Recebi o oferecimento de morar no Jardim Botânico, onde estava disponível a casa do ministro da Agricultura. Saí do meu apartamento no

Leblon e fui para lá. Além disso, ocupava uma dependência do Ministério da Agricultura, no Castelo, onde montei meu escritório. Trabalhavam comigo o Golbery, o Moraes Rego e o Heitor. Aí começamos a analisar a situação, os homens capazes e disponíveis, suas ideias, suas ações. Levamos algum tempo discutindo e acertando certas ideias. Com o Golbery, sobre como e quando nós iríamos marchar para a abertura. Fomos aos poucos montando um projeto de programa de governo. Mais adiante, entre a eleição e a posse, procurei organizar o ministério.

Quando o presidente Médici lhe comunicou que o senhor seria o candidato, houve alguma sugestão em relação a seu plano de governo?

Não, nada. Agi com absoluta independência. Foi uma fase em que li e refleti muito. Li relatórios, mensagens e também livros escritos na época. Li, inclusive, relatórios do tempo do Castelo e obras de historiadores. Sempre me interessei pelo passado do Brasil. O livro que me deliciou nessa época foi o do Afonso Arinos sobre Rodrigues Alves. Era um homem extraordinário: "Meus ministros fazem tudo o que querem, menos aquilo que eu não quero..." Procurei conhecer tudo o que tinha acontecido, porque depois do governo do Castelo eu me havia afastado. Quando fui para a Petrobras, almoçava, jantava e dormia Petrobras, 24 horas por dia. Meu horizonte se limitou aos problemas que eu tinha na empresa. Fui então estudar as coisas do governo Médici. Procurei todos os ministros do Médici — pelo menos, os principais — para ter uma longa conversa e me pôr a par do que havia sido feito e do que estava projetado. Estive com o Delfim, com o Leitão, com o ministro da Saúde, com o Passarinho, da Educação, com o Veloso, do Planejamento, com o Andreazza, da Viação, com o ministro da Agricultura... Eu queria saber o estado do ministério, quais eram os seus planos, o que se estava fazendo, qual era a orientação — dentro da ideia de assegurar a continuidade, tanto quanto possível.

E quanto ao conteúdo mais político de seu plano de governo? Como nasceu o projeto de abertura, de distensão?

Isso era assunto da minha conversa com Golbery, que era muito favorável à abertura e à distensão. Golbery, excelente oficial, muito preparado, tinha uma cultura humanista muito desenvolvida e uma mentalidade muito superior à da maioria dos oficiais do Exército. Via o Brasil de uma forma diferente. Sabia que o processo de abertura não seria fácil, que teríamos que vencer uma série de obstáculos. Era uma meta, um objetivo que tínhamos que atingir. Daí começamos a conversar, a planejar, a discutir como e quando iríamos marchar para a abertura.

Imaginava-se, por exemplo, o fim do AI-5, ou a anistia? Previam-se prazos?

Nós não tínhamos prazo prefixado, mas achávamos que quando deixássemos o governo o país estaria mais ou menos normalizado. Não nos aventurávamos a dizer: "Em tal data, em tal época, vamos fazer isso, vamos fazer aquilo". Não éramos senhores das circunstâncias supervenientes. O que iria acontecer durante o período de governo?

De qualquer maneira, muita coisa foi pensada antes.

Sim, mas muitas coisas vieram depois. Vejam o seguinte: nós tínhamos vivido intensamente o governo Castelo, muitas vezes, inclusive, criticando coisas que achávamos que estavam erradas no próprio governo. Às vezes sem razão, mas criticávamos. Depois, eu não tanto, mas o Golbery, no Tribunal de Contas, deve ter acompanhado o governo do Costa e Silva. Havia, assim, uma base, uma sedimentação da nossa posição em relação às coisas do Brasil.

Como foi a montagem de seu ministério? Chama atenção o fato de que a grande maioria de seus ministros permaneceu do início até o final do governo.

Não posso dizer em que ordem foram feitas as escolhas. Mas para a Fazenda, depois de uma análise das pessoas que poderiam ocupar a pasta, o nome mais indicado foi o do Simonsen. Embora anteriormente não tivesse tido maior contato com ele, eu já tinha lido alguns dos seus escritos e conhecia suas ideias. Conversei com ele e resolvi convidá-lo. No Planejamento, achei que podia continuar com o Veloso, porque ele estava entrosado com o processo. Eu não conhecia o Paulinelli, mas nas minhas leituras tomei conhecimento da sua ação em Minas no desenvolvimento da agricultura. Li vários relatórios, várias informações sobre a agricultura e a pecuária mineiras, conversei com o Paulinelli várias vezes para me orientar, e concluí que ele era um homem com condições de ser o ministro da Agricultura.

Com o Ministério da Saúde aconteceu o seguinte. Quando fui escolhido presidente, fiz uma viagem com o Moraes Rego. Saímos daqui do Rio e fomos ao Mato Grosso e à Amazônia. Estivemos em Manaus, em Belém do Pará, visitamos a Transamazônica. Depois, na Bahia, fui ao São Francisco, a Paulo Afonso. Foi uma viagem para adquirir conhecimentos sobre problemas locais. Eu já conhecia muita coisa, porque viajava muito no tempo do Castelo. Tinha ido várias vezes à Amazônia, tinha ido a Fernando de Noronha, havia estado várias vezes em Pernambuco. Mas eu queria ver principalmente como estavam as realizações do Médici. No São Francisco, estava em construção a barragem de Sobradinho, que foi concluída no meu governo. Fui ver, conhecer os problemas. Moraes Rego, que tinha servido em Manaus, conhecia o dr. Almeida Machado, que naquele tempo dirigia o Instituto Nacional de Pesquisa da Amazônia. Fiquei alguns dias em contato com o instituto, com suas realizações e projetos, e conheci o professor Machado. Quando estava organizando o ministério, inclusive por sugestão do Moraes Rego e pela impressão favorável que guardei, resolvi convidá-lo para ser ministro da Saúde. Foi um bom ministro.

Outro ministro que convidei foi Severo Gomes, para a Indústria e Comércio. Eu o conhecia do tempo do Castelo. Tinha sido ministro da Agricultura no final do governo e seu conceito era muito bom.

Para essa escolha o senhor consultou círculos empresariais?

Não. Alguns conversavam comigo, mas não exerciam influência nesse sentido. Mesmo porque a opinião dos empresários às vezes é suspeita. Estão presos aos seus interesses.

Rangel Reis, ministro do Interior, foi um dos últimos a ser escolhido. Vim a conhecê-lo por uma série de indicações. O ministro das Relações Exteriores, Azeredo da Silveira, também foi dos últimos. Eu o conhecia de nome e pedi-lhe para vir ao Jardim Botânico conversar comigo. Conversamos vários dias, e no fim resolvi convidá-lo para o ministério.

Armando Falcão, que foi para a Justiça, era revolucionário, combativo, radical anticomunista. Nos conhecíamos — mas não tínhamos maiores relações — desde o fim do governo Juscelino, quando ele era ministro da Justiça e eu servia no gabinete do Denys. Na época Juscelino cruzara os braços, mas o país estava cheio de greves, sobretudo nas ferrovias de São Paulo. E esse problema recaiu em cima do Ministério do Exército, que teve de resolvê-lo. Havia, para isso, contatos do Denys com o Falcão. Ele tinha experiência política e administrativa e era revolucionário, engajado do nosso lado.

Mas ainda assim era uma figura polêmica.

Era antipatizado por muita gente. Mas eu não vou a esse ponto. Como todo ser humano, deve ter os seus defeitos — também devo ter os meus. Como tinha sido político, havia áreas que não o viam muito bem, havia inclusive militares que tinham sido contra o Juscelino e não gostavam dele. O pessoal da oposição também não gostava e depois o criticou por causa da chamada Lei Falcão. Ele não gozava da simpatia geral. Era muito atacado por sua vivência política anterior, o que já não acontecia com os outros ministros, que, em sua maioria, não tinham vinculações políticas. Simonsen, por exemplo, não tinha. O próprio Ueki. O único que tinha uma certa vinculação política era Severo Gomes, que estava um pouco ligado à área da esquerda. Mas os outros não tinham ligações, ao passo que o Falcão trazia consigo o passado. Por isso, muita gente não gostava dele. Mas independentemente disso ele me ajudou bastante. Há episódios controvertidos. Disseram, numa certa época, que ele participava da ação do ministro do Exército, que era partidário da candidatura do Frota a presidente. Mas a mim isso nunca chegou. E quando o Frota saiu, o Falcão estava ao meu lado, estava comigo.

Shigeaki Ueki, das Minas e Energia, foi outro ministro muito criticado...

Ueki tinha sido meu diretor na Petrobras, eu conhecia sua mentalidade e sua capacidade. Foi eficiente e bom ministro. Criticam-no, dizendo que ele roubou. Eu nunca apurei nada. Ele é uma pessoa altamente criativa e capaz. Trabalha muito, tem a cabeça cheia de números e projetos. Tem boas relações no exterior, nos Estados Unidos, Japão e outras áreas. Tem empresas aqui no Brasil. Agora, daí a dizer que ele rouba, não tenho qualquer base para afirmar. Sei que o criticam, mas ele é um homem que venceu na vida.

Discordo dele em certas ideias, certas iniciativas. Presentemente, nossos pontos de vista quanto à privatização da Petrobras são discordantes. Mesmo durante o meu governo, houve muitas proposições dele que não aceitei.

E quanto aos ministros restantes? Educação, Trabalho...

Nei Braga, que foi para a Educação, eu conhecia desde quando servi no Paraná. Era governador do estado e depois foi ministro do Castelo. E era um homem ligado a mim. Eu achava que pelo seu feitio, pela sua ponderação, pelo seu diálogo, poderia se dar bem com a classe estudantil. Queria alguém que tivesse predicados essenciais, tivesse habilidade, soubesse lidar, não fosse radical. E realmente, no meu governo, não houve muita perturbação, exceto na Universidade de Brasília, que mais se agitou. No conjunto da área, no país, houve relativa tranquilidade.

Arnaldo Prieto, meu ministro do Trabalho, foi dos últimos escolhidos. Era deputado pelo Rio Grande do Sul, tinha bom nome, bom conceito, e foi indicado não me lembro mais por quem. Era um homem acessível, dedicado, trabalhador. Acho que foi um bom ministro, era hábil. Eu havia convidado o Arnaldo Sussekind, que conheci no tempo do Castelo, mas ele declinou do convite dizendo que não queria mais se envolver na administração pública. Depois, após o início do governo, fiz um projeto de lei criando o Ministério da Previdência, desmembrando o do Trabalho. Escolhi o Nascimento e Silva, que eu conhecia do tempo do Castelo e tinha sido do BNH. Esse era um dos poucos castelistas que eu tinha no ministério.

As áreas estudantil e sindical de fato eram delicadas, haviam sido muito atingidas pela repressão. Daí sua preocupação com a habilidade dos ministros?

Sim. Eu queria tranquilizar as áreas da educação e também do trabalho, para que não me dessem muitos problemas. Eu tinha visto, no tempo do Costa e Silva, os problemas que a área estudantil criou. No tempo do Médici já não tanto. A área trabalhista só foi dar problemas quase no fim do meu governo, com as greves dirigidas pelo Lula.

Ainda falta falar dos ministérios dos Transportes e das Comunicações. Para o primeiro, escolhi Dirceu Nogueira, um oficial de engenharia cuja escolha teve o consenso da área militar. Ele e Euclides Quandt de Oliveira, primeiro ministro das Comunicações, foram os únicos militares em pastas civis. O Quandt, a quem já me referi neste depoimento, era um oficial de Marinha que tinha trabalhado comigo no Gabinete Militar do Castelo. Era especializado em comunicações. Como já disse, foi ele, com sua equipe, que transformou as comunicações do Brasil. A estrutura de micro-ondas ao longo do país, as comunicações por satélite, a compra da Light, a estrutura da Telebrás etc., tudo é obra dele e de alguns companheiros. É um homem de primeira ordem.

Chegamos por fim aos ministérios militares.

Sobre o Araripe, ministro da Aeronáutica, já falei. Era meu amigo e muito capaz. Na Marinha, examinei vários nomes e me fixei no do Henning. Era um oficial bem conceituado, muito disciplinado. Um dos que me ajudaram nessa escolha foi o Barros Nunes, amigo do tempo da Petrobras. Era oficial do Exército, na reserva, mas era irmão de oficiais da Marinha, filho de almirante. Muito amigo do Golbery e muito relacionado.

O ministro do Exército foi o Dale Coutinho. Era amigo meu, conhecido de longa data. Tinha sido oficial de artilharia e era um homem muito sério. Morreu logo nos primeiros meses. O conceito que eu fazia dele era muito bom. Um pouco radical, mas muito ligado a mim. Era um ministro que eu poderia, sem dificuldades, levar para as minhas posições.

No Gabinete Militar, o general que eu tinha convidado, que eu queria, era o Dilermando Monteiro, que conheci quando servi no gabinete do Denys, onde ele trabalhou sob minhas ordens. Depois, no governo Castelo, ele foi para a Casa Militar. Em seguida foi designado adido militar na França, onde ficou dois anos. Escolhi-o para a chefia da Casa Militar, mas, poucos dias antes de eu assumir o governo, andando de bicicleta, ele teve uma queda com fratura do fêmur. Até que aquela perna ficasse boa ia demorar. Eu tinha que escolher outro. Houve muitas indicações a favor do general Hugo Abreu, que tinha o conceito de ótimo soldado. Não era grande inteligência, mas era um homem leal, com renome no Exército. Tinha-se destacado na guerra da Itália, onde fora condecorado com a Cruz de Combate de Primeira Classe. Exerceu o comando dos paraquedistas e participou das operações em Xambioá. Não podendo ser o Dilermando, sob a pressão do tempo, escolhi o Hugo Abreu.

O senhor conversava com seu irmão a respeito das escolhas na área militar?

A escolha do ministro do Exército foi um dos problemas que mais me incomodaram, mas que eu tinha de resolver. Havia um grande movimento no Exército, principalmente dos generais, para que meu irmão continuasse como ministro. Pelo conceito, pela ação, talvez pelo domínio, em suma, pela ascendência que ele tinha conquistado junto aos generais, queriam que ele continuasse. Eu argumentava, conversando com o Heitor e com o Golbery: "Não pode! Como é que eu vou ser presidente da República tendo o meu irmão como ministro do Exército? Além da posição ser desconfortável num conceito geral, de domínio familiar, eu tenho pontos de vista diferentes dos dele!" Dos irmãos, nós éramos os mais unidos, muito amigos, desde a infância. Ele era dois anos mais velho do que eu. Mas em assuntos militares às vezes divergíamos. A começar pelo golpe do Lott, em que ele fora a favor e eu contra. Numa série de outras questões ele esteve de um lado e eu de outro. Sempre fomos muito amigos, mas sempre com essas divergências. Eu então dizia: "Afora o aspecto desagradável de se colocar um irmão na presidência e outro no Ministério do Exército — as duas posições dominantes —, afora o efeito psicológico, que será certamente negativo, o que vai acontecer é que no primeiro despacho que ele tiver comigo eu posso brigar com ele, porque ele vai me propor uma medida com a qual eu talvez não concorde".

Foi uma agonia. "Como é que eu vou resolver esse problema?" E o pessoal, em vez de me ajudar, tomava a posição exatamente contrária. O ministro do Exército foi o último que escolhi. Fui deixando, esperando que alguém conseguisse resolver o problema. A questão chegou até a família. Minha irmã um dia me disse: "Por que tu não botas o Orlando como ministro do Exército? Ele conhece tudo isso, é muito bom, vai te ajudar". Respondi: "Não, não pode". Contrariei minha irmã. Lá na família do Orlando também houve algumas insinuações.

O general Orlando aceitaria continuar?

Não sei. Ele nunca me disse que queria continuar. Mas creio que estava esperando continuar, pela pressão que houve sobre mim. Um domingo, ele e a senhora foram nos fazer uma visita no Jardim Botânico. Conversamos sobre uma série de coisas, e no fim me sentei só com ele e disse: "Olha aqui, Orlando, já resolvi todo o problema do ministério, só falta o ministro do Exército. E quero dizer que não vai ser você". Foi uma coisa desagradável. Ele não disse nada, apenas "está bem". Mas daí em diante eu senti que as nossas relações já não eram as mesmas. Continuamos amigos até ele morrer, muito amigos. Eu ia visitá-lo... Ele nunca foi me visitar na presidência. Aliás, estava muito doente, com enfisema. Mas foi um drama pessoal extremamente desagradável, o pior por que passei.

Se, de um lado, havia a complicação de ser irmão, de outro, o general Orlando seria uma pessoa em quem o senhor poderia confiar, não?

Sem dúvida eu podia confiar. Mas a questão é a seguinte: o efeito psicológico na opinião pública seria muito ruim. O governo passaria a ser visto como um feudo de família. Tive dois parentes em função no meu governo. Arno Markus, que dirigiu o Departamento dos Portos, é meu cunhado. Mas esse já estava no cargo antes de eu assumir o governo. Era muito conceituado, excelente profissional em matéria portuária. E havia outro que presidia a Petroquisa. Era meu sobrinho.[68] Esse também já estava anteriormente no cargo e gozava de bom nome na Petrobras. Achei que seria uma injustiça tirá-los do exercício em cargos técnicos por causa do parentesco. Mas não nomeei nenhum parente, e por isso tive alguns dissabores. Muitos esperavam que fossem ter função no governo. Tive um sobrinho que era economista, trabalhava no Banco Central. Ele me procurou, queria um cargo perto de mim, para me ajudar etc. Não o atendi, dizendo: "Não. Você está trabalhando no Banco Central, continue no seu cargo". Acho que governo não se faz com família nem com amigos. Pode-se fazer amigos no governo: os ministros, muitos dos quais eu antes não conhecia, tornaram-se

---

[68] Trata-se de Bernardo Geisel Filho.

meus amigos. Mas levar alguém para o governo só porque é amigo? Não. Para o governo devem ir pessoas qualificadas pelas condições culturais, pela tradição, pela educação, pela probidade e assim por diante. Procurem ver no meu governo. Não há ninguém que tenha ido para o governo só porque era meu amigo ou porque era parente. Não sei se essa minha norma frutificou. Não sei se outros resolveram ou não segui-la.

O senhor chegou a pedir alguma indicação a seu irmão Orlando?

Não. Depois ele me disse que havia um general que ele imaginava que podia ser o ministro do Exército, mas eu achava que não devia ser. Era o Antônio Jorge Correia. Não digo que o Orlando tivesse feito grande empenho, mas achava que era um bom nome. Já eu tinha mais vinculação com o Dale Coutinho e achava que a escolha tinha que ser minha, e não do Orlando. Eu conhecia as ideias do Coutinho, sua forma de proceder ao longo da vida, o tinha acompanhado. Estava empenhado em escolher uma pessoa que estivesse pronta para aceitar as minhas ideias e, pela confiança que existia entre nós, tinha certeza de que o Coutinho as adotaria e se empenharia em executá-las. Já não tinha certeza se iria conseguir isso do Jorge Correia, assim como, depois, do Frota. Jorge Correia se vinculou ao meu irmão no tempo em que ele foi ministro e mantinha comigo relações sociais. Conversávamos, mas não tínhamos nenhuma afinidade maior. Inclusive ele era originário da cavalaria, e eu era da artilharia. Depois eu o nomeei chefe do Emfa.

Pelo visto, nas escolhas para a área militar contaram muito suas relações pessoais, de confiança.

Sim. No ministério civil havia ministros que eu nem conhecia, que vim a conhecer depois. Mas a área militar, para mim, era mais sensível. Vejam como, nessas escolhas, o problema era de relacionamento: na Aeronáutica eu tinha escolhido o Araripe, que aliás já tinha sido ministro do governo Médici, depois da demissão do Márcio de Melo. Mas por que eu escolhi o Araripe? Porque ele era meu colega, meu companheiro, meu amigo de muitos anos. Foi para a aeronáutica, eu fui para a artilharia, mas tínhamos boas relações. Eu sabia quem era o Araripe.

E quanto ao general Figueiredo?

Figueiredo, eu o conheci nas campanhas do Clube Militar, de chapa amarela e chapa azul. Ele sempre fez parte do nosso grupo, junto com Golbery. Era muito benquisto, um oficial brilhante, inteligente e capaz. Fez todos os cursos com conceito muito bom, foi primeiro aluno da Escola Militar, da Escola de Aperfeiçoamento e da Escola de Estado-Maior. Quando, no governo Castelo, se fundou o SNI, Golbery o colocou dirigindo a Agência Central. Depois, quando houve a intervenção em São Paulo, com o afastamento do Ademar de Barros, substituído pelo Laudo Natel — foi aí que o Delfim apareceu pela primeira vez na área governamental, como secretário de Fazenda do estado —, Figueiredo foi para lá comandar a Polícia Militar. Mais tarde foi chefe do estado-maior do Médici no Exército do Sul, e quando o Médici veio assumir a presidência o trouxe para a chefia da Casa Militar. Permaneceu ligado a nós, e, quando assumi o governo, sonhava continuar na Casa Militar. Resolvi, contudo, colocá-lo na chefia do SNI, onde já tinha trabalhado. Em segundo lugar, tive o propósito de evitar fofocas no SNI com relação ao governo Médici. A tendência natural de novas chefias seria vasculhar, encontrar problemas do governo que saía e querer criar caso em torno deles. Não sei se existiriam ou não, mas, preventivamente, quis evitar. Figueiredo, que integrara o governo anterior, era o primeiro a saber o que tinha acontecido e seria capaz de pôr água fria em qualquer fervura que eventualmente quisessem levantar contra o Médici. Acho que ele não gostou muito, preferia continuar na Casa Militar, que era muito mais interessante para ele, mas ficou no SNI.

Parece que houve uma história de que ele não quis trocar de residência, não é?

Foi o problema dele com o Hugo Abreu. Ele morava na Granja do Torto. Eu também havia residido lá. Hugo Abreu achava que a casa era destinada ao chefe da Casa Militar. Era uma casa do governo, podia ser de um ou de outro. Figueiredo pleiteou continuar lá e eu concordei. O Hugo foi para uma das casas de ministro, na península, uma boa casa. Mas parece que daí surgiu uma divergência entre ambos, da qual não tomei conhecimento, nem quis saber.

Desde o início estava certo que o general Golbery ficaria no Gabinete Civil?

Não. Pensei no começo em colocá-lo no Planejamento. Mas depois começamos a ver o problema do Veloso, e aí a melhor solução foi o Golbery chefiar a Casa Civil. Inclusive porque ficaria muito mais em contato comigo. Na realidade, Golbery era um homem que podia ir para qualquer ministério.

Outra pessoa com a qual me relacionei nesse tempo, e que me ajudou muito, foi Petrônio Portela. Não o convidei para o ministério porque ele era figura importante no Congresso e na Arena. Era combatido em algumas áreas revolucionárias pela atitude que teve em 64. Era então governador do Piauí e ficou do lado do Jango, achando que a ele, governador, cabia apoiar o poder constituído. Eu sabia que ele tinha projeção dentro da Arena. Pedi que viesse falar comigo e, através de conversas, em vários dias, concluí que seria, no Congresso e no partido, o meu porta-voz, o homem que iria resolver os problemas políticos de acordo com a minha orientação. E foi assim até o fim. Petrônio me ajudou muito, inclusive na elaboração da legislação relativa ao processo de abertura.

16

Um estilo de governar

Como transcorreu o dia 15 de março de 1974, em que o senhor tomou posse na presidência da República?

Eu havia ido para Brasília dois dias antes e tinha me hospedado na casa do chefe do SNI, o general Fontoura, que me convidou para ficar lá. Ele saiu da casa, deixou tudo à minha disposição, e lá me instalei com Lucy. No dia da posse não houve muito ritual: peguei o carro de manhã e fui para o palácio do Planalto. Antes da transmissão ainda fui ao gabinete do Médici e conversamos um pouco. Houve então a posse, a despedida do Médici, e em seguida fui para o meu gabinete lavrar o decreto de nomeação dos ministros. E talvez ali eu já tenha convocado uma reunião do ministério para um ou dois dias depois, para dar aos ministros algumas ideias sobre o programa de governo. Depois do almoço houve os cumprimentos das delegações. Veio muita gente do estrangeiro. Como chefes de Estado, vieram os presidentes da Bolívia, do Uruguai e do Chile. Não veio o presidente da Argentina. A senhora Nixon representou o presidente dos Estados Unidos. Dos outros já não me recordo. A cerimônia de cumprimentos levou horas, eu em pé ali recebendo aquela gente toda. E à noite houve uma recepção no Itamarati, para as delegações estrangeiras e as autoridades brasileiras.

À transmissão da faixa, no Planalto, estiveram presentes os ministros do governo que saía e os que iam ser do meu governo. Uma das coisas que me impressionaram nos cumprimentos foi a participação da Igreja católica. Vários bispos e cardeais compareceram, apesar de eu não ser católico, mas luterano. Não sei se foi uma demonstração de boa vontade e de confiança na mudança do quadro nacional.

A partir de então, como foi sua rotina de presidente? Como era o seu dia a dia?

Eu morava no Alvorada e trabalhava muito em casa. De manhã cedo, recebia uma súmula dos principais assuntos tratados pela imprensa. Lia aquilo, passava os olhos em algum jornal e ia para o Planalto. Começava o expediente às nove horas. Ao meio-dia, ia almoçar. Geralmente almoçava em casa com dona Lucy e minha filha. Às vezes tinha convidados, mas normalmente não. Almoçávamos nós e o ajudante de ordens que estava de serviço. Depois do almoço eu me deitava e dormia de 10 a 15 minutos. Era pouco tempo, mas esse sono era muito bom. Lia jornais ou documentos, e às duas horas estava no palácio, onde ficava até as seis. Fazia questão de cumprir o expediente, porque do horário do presidente sofrem influência os auxiliares. Castelo dava expediente recebendo deputados, conversando e resolvendo problemas até de noite. E todos os principais auxiliares ficavam no palácio até tarde, esperando que o presidente encerrasse o expediente para poderem sair. Como chefe da Casa Militar eu ia para casa às oito, nove horas da noite. Sempre fui contra isso. Acho que uma das condições do chefe é cumprir um horário. Cumprir horário para não sacrificar o auxiliar, mas poder exigir do auxiliar tudo durante o horário. Durante essas horas, ele tem que trabalhar. Mas vencido o horário, o trabalho deve ser suspenso, a não ser que exista algum fato grave, algum fato novo que exija uma prorrogação. Eu cumpria, normalmente, o horário preestabelecido. Era a rotina.

Geralmente, às sextas-feiras eu viajava para visitar alguma localidade. Saía de manhã e voltava ao anoitecer. Ia a São Paulo, a Minas Gerais, ao Mato Grosso etc., a lugares onde me haviam convidado. Normalmente, no fim de semana, ia para o Riacho Fundo com a família. Era uma residência da época da construção de Brasília, melhorada no tempo do Médici, muito aprazível, com muito arvoredo, jardins, piscina etc.

O senhor fez obras nessa casa?

Não, a única coisa que fiz foi abrir uma porta para ter entrada independente para o meu escritório. Médici também tinha usado essa casa, já estava mobiliada. Ali eu ficava normalmente aos sábados e domingos, e na segunda-feira de manhã voltava para o Alvorada.

Quando o senhor chegava ao palácio do Planalto para trabalhar, às nove horas da manhã, os ministros da Casa já estavam lá?

Sim, estavam. Havia uma reunião logo de manhã. Muitas vezes eu ia do Riacho Fundo para o palácio do Planalto de helicóptero.

O senhor não tinha medo de helicóptero?

Não. Andei muito de avião também. No verão, em vez de tirar férias, eu geralmente passava um mês no Riacho. Às vezes ia ao palácio, mas normalmente, se houvesse um assunto mais importante, o ministro ou quem quer que fosse ia ao Riacho discuti-lo. Era a maneira de eu tirar férias: continuava a trabalhar, mas em ambiente mais saudável e sem formalismo. Já no Alvorada, era comum fazer reuniões à noite. Fiz muitas com o Petrônio, inclusive no trato do problema da abertura. Também tive reuniões à noite com o pessoal do Ministério das Relações Exteriores, o Silveira, seus auxiliares e outros assessores. Tínhamos na época um problema nas relações com a Argentina, ligado à represa de Itaipu. O Ministério das Relações Exteriores da Argentina era gerido por pessoal da Marinha, e esse pessoal era muito contra a represa. Conseguimos aos poucos, com troca de notas e discussões, que o problema chegasse ao fim, sem prejudicar aquele grande empreendimento.

Quando havia reuniões à noite no palácio da Alvorada, os funcionários do Planalto eram deslocados para lá?

Não. O expediente do Planalto terminava às seis horas, e a reunião era às oito, depois do jantar. O atendimento era feito pelos empregados do palácio da Alvorada, administrado com muita economia por Lucy.

Eram muitos funcionários?

Não. Além de um encarregado geral e de um mordomo, havia algumas arrumadeiras, cozinheiro, garçons e serventes. O Alvorada ocupa uma área grande com piscina, jardins e uma capela anexa. Todos esses empregados, nós já os encontramos e lá ficaram, sem maior alteração. Além disso, Lucy tinha uma secretária e umas moças, as arrumadeiras que cuidavam do problema das roupas. Uma delas até hoje é amiga da Lucy. Foi a que nos acompanhou nas viagens ao exterior.

Quando o senhor ia de um palácio para outro, havia rituais complicados a cumprir na saída ou na chegada?

No Alvorada não havia esse problema, porque eu descia pelo elevador para a garagem e tomava o carro. Ia comigo o ajudante de ordens. Quando chegava ao palácio do Planalto, estava a guarda formada, era dado o toque de presidente da República, e eu era recebido pelo chefe da Casa Militar. Era a rotina. No tempo do Castelo, eu ficava ali de manhã esperando que ele chegasse para recebê-lo na subida da rampa. É claro que a subida e a descida da rampa não eram feitas como no tempo do Collor. Na saída, também havia a guarda formada, mas muitas vezes eu descia pelo elevador, ia para a garagem e saía direto de automóvel. Quando chegava de helicóptero, na base que ficava nos fundos do palácio, havia um automóvel me esperando, e eu então podia dar a volta para entrar pela frente, pela rampa, ou andar uns 50 ou 100 metros até a garagem e subir pelo elevador para o meu gabinete. Aí não havia cerimonial nenhum.

Outro problema do cerimonial, mais complicado, era a entrega de credenciais aos embaixadores. Obedecia a uma rotina estabelecida pelo Itamarati.

Independentemente do expediente normal, eu recebia muitos políticos, muitos deputados, senadores, governadores, afora visitantes estrangeiros.

Como o senhor lidava com seus ministros, como o governo funcionava?

Quando assumi a presidência fiz uma reunião do ministério e estabeleci diretrizes gerais para o governo e para a atuação dos ministros. Para assegurar o adequado relacionamento entre os órgãos governamentais, os chefes dos gabinetes Civil e Militar, do Estado-Maior das Forças Armadas e do SNI passaram a ter o *status* de ministro. Resolvi, também, retirar do Ministério do Trabalho a gestão da Previdência, para que se dedicasse inteiramente às questões próprias da área trabalhista, e foi então criado por lei o Ministério da Previdência e Assistência Social.

Modifiquei a rotina dos despachos ministeriais, que, para cada ministro, passaram a ser quinzenais, mas com duração de uma hora, ao invés de semanais com duração de 15 minutos. Assim, tornou-se possível estabelecer maior identificação do presidente com os ministros e, consequentemente, melhor conhecimento e solução dos problemas administrativos de cada um. Além desses despachos de rotina, os ministros tinham toda a liberdade para telefonar ao presidente e, quando necessário, em assuntos urgentes, solicitar despachos especiais. Estabeleci, também, que cada ministro tinha plena liberdade para escolher seus auxiliares, sem qualquer imposição de minha parte, com a única ressalva de que não houvesse objeção fundamentada do SNI. Assim, não houve, na formação do ministério, nem na composição dos diferentes quadros de assessoramento dos ministros, nenhuma influência política, e os ministros se tornaram plenamente responsáveis por seus auxiliares diretos.

Além de estimular o entendimento direto entre os ministros nas questões interdependentes, criei duas câmaras ou conselhos setoriais: o Conselho de Desenvolvimento Econômico e o Conselho de Desenvolvimento Social. Sob minha chefia, secretariados pelo ministro do Planejamento e integrados pelos ministros das áreas correspondentes, esses conselhos se reuniam periodicamente. Nessas reuniões eram tratados os problemas relacionados com o plano geral de desenvolvimento e as eventuais divergências suscitadas no ministério. Cada ministro tinha a oportunidade de expor o seu ponto de vista, as divergências ficavam claras, e era possível encontrar uma forma de entendimento. Discutia-se muito, mas geralmente chegava-se a um consenso. Quando não, cabia a mim, em função do que eu tinha ouvido, dar a decisão final. Os ministros passavam a se conhecer melhor, identificavam-se mais uns com os outros. A "roupa suja" que houvesse era lavada ali, e nenhum ministro ia para o jornal fazer fofoca ou se queixar de outro. Decidiam-se questões como, por exemplo, a do abastecimento de combustível, em virtude do primeiro choque nos preços do petróleo, a da criação do programa do álcool carburante, a do IBC e do IAA, a do financiamento para a agricultura, a dos recursos para a Sudene e a Sudam, a das enchentes, particularmente em Recife etc.

Qual era a periodicidade das reuniões dos conselhos de desenvolvimento?

As reuniões eram de mês em mês, ou quando o ministro do Planejamento, que era responsável pela pauta, sugeria. Veloso sabia dos problemas que estavam ocorrendo, vinha a mim e sugeria a reunião. Passávamos então uma manhã discutindo, eu, ele e todos os ministros da área econômica — o Simonsen, o Severo ou o Ângelo, o Paulinelli, o Ueki e o Rangel Reis. A mesma coisa se fazia com os problemas de natureza social. Eram o ministro do Trabalho, o da Previdência, o da Saúde, o do Interior e, como sempre, o do Planejamento. Acho que essa era uma forma adequada de dar unidade ao governo, de evitar discrepâncias mais profundas, de evitar que um ministro falasse mal de outro através da imprensa — hábito que a República cultiva. Nós funcionamos assim do começo ao fim do governo, e, embora uns gostassem mais ou menos dos outros, o fato é que todos, acredito, eram amigos. A prova é que, a não ser na área militar, não houve substituições de ministros. O único ministro civil que foi substituído foi o Severo.

Com essa maneira de trabalhar, consegui várias coisas. Em primeiro lugar, havia harmonia dentro do ministério. Por outro lado, era possível discutir a fundo as soluções possíveis. Em vez de se adotar soluções de afogadilho, chegava-se pela discussão a uma análise de todas as facetas do problema, de tudo o que nele estava envolvido, e podia-se, com melhor conhecimento de causa, adotar a decisão. Não posso afirmar que as decisões tenham sido todas acertadas. É possível que tenha havido decisões erradas. Todavia, o processo de tomada de decisão era, no âmbito do governo, o mais adequado.

O fato de ouvir conselhos especializados para resolver os problemas supervenientes não significa que eu me eximisse de tomar decisões. Meu objetivo, através desses conselhos, era principalmente conseguir a convergência de forças do ministério. Em vez de ações isoladas, cada um puxando para um lado, eu conseguia uma concentração de forças e, portanto, melhor rendimento.

Fora da área econômica e social também havia discussões em conjunto? No campo político, por exemplo?

No campo político também se discutia, mas não mais em câmara. Geralmente os assuntos eram tratados, além da minha pessoa, pelo Golbery. E os homens mais credenciados nessa área eram

Petrônio Portela e Armando Falcão. Quando havia problemas, os três se reuniam e vinham a mim. Mas aí não se realizavam reuniões periódicas, como as dos outros conselhos. Os problemas políticos geralmente eram debatidos no dia a dia. Era uma área muito dinâmica, com uma oposição muito combativa. Os problemas eram quase que diários. Muitas e muitas vezes recebi o Petrônio no Alvorada de noite. Ficávamos conversando e debatendo os problemas. Falcão geralmente me telefonava, já de manhã, relatando os problemas que tinham surgido.

As relações exteriores também eram discutidas com Golbery e o ministro Silveira. Na área militar fiz poucas reuniões conjuntas com os três ministros. A não ser o problema da segurança interna, da repressão aos remanescentes das ações subversivas, não havia outras questões na área militar que justificassem uma ação comum. Os problemas eram próprios de cada força armada, e esses se resolviam no despacho do ministro com o presidente. Eu preferia tratar isoladamente com cada um deles.

Afora isso, havia uma reunião que herdei do Médici. Era a reunião que se fazia de manhã, quando eu chegava ao Planalto. Reuniam-se comigo o ministro do Planejamento, o da Casa Civil, o da Casa Militar e o chefe do SNI. Aí se analisavam as novidades. O que tinha havido durante o dia anterior? Quais eram os problemas? Quais as providências necessárias? Ouvia-se a opinião de todos e as informações que tinham. Era uma forma de atualização com a realidade, com os fatos que estavam ocorrendo, e também uma maneira de obter uma convergência de ação entre esses ministros, de fazer com que eles, após a apreciação dos problemas, agissem segundo um ponto de vista comum.

Essas reuniões matutinas, para o público, eram sempre um pouco misteriosas...

Sim, porque eram internas, eram reuniões diárias sobre as quais não havia notícias públicas. Ali eram feitas análises e tomadas decisões decorrentes dos fatos emergentes. Conflitos nas diferentes áreas de ação, problemas supervenientes, outras dificuldades que surgiam na ação governamental etc. eram analisados e tornavam-se objeto de eventuais decisões.

E seu contato com os governadores?

Os governadores me procuravam, vinham a mim com os seus problemas. Geralmente eram encaminhados aos ministros interessados, e tudo o que se pudesse atender favoravelmente se deferia. De um modo geral, havia um relacionamento relativamente bom com os governadores. Alguns não tinham atuação muito satisfatória. Contudo, os governadores dos diferentes estados, cada um com as suas características próprias, com o seu feitio próprio, conviviam bem. E assim o governo, no seu conjunto, era harmônico.

Algumas pessoas caracterizam seu estilo de governar como mais centralizador, por exemplo, do que o do presidente Médici, dizendo que na verdade o senhor teria mais assessores do que ministros.

Mas isso não é verdade. É claro que eu me considerava o maior responsável e tinha que tomar conhecimento dos fatos e muitas vezes decidir. Mas os ministros tinham grande poder de liberdade, de ação, inclusive, como já disse, para escolher todos os seus auxiliares. Entretanto, eu não me omitia. No despacho, por exemplo, havia muitas proposições que eram resolvidas ali, imediatamente. Os problemas mais complexos, eu retinha para estudar. Muitas vezes os entregava ao Golbery para que os examinasse. Outras, levava-os para casa, onde os estudava no sábado, no domingo ou à noite e, assim, ficava habilitado para conversar sobre a matéria com o ministro no próximo despacho e com ele tomar a decisão. A responsabilidade final era minha, sem dúvida.

Há também uma crítica segundo a qual o senhor teria centralizado muito as decisões no Conselho de Desenvolvimento Econômico, deixando a classe empresarial de fora.

A crítica é improcedente. Os empresários vinham a mim sem qualquer restrição, ou falavam com os ministros, para o que tinham toda a liberdade. O empresário, entretanto, de um modo geral, pleiteia o seu próprio interesse. Não quero com isso dizer que não houvesse sugestões boas, que eram aproveitadas. Houve muitas iniciativas de empresários que apoiamos. As confederações da Indústria, do Comércio e da Agricultura eram ouvidas e muitas vezes atendidas. Evitávamos negociações com as federações que se situavam abaixo das confederações. Contudo, Veloso e Simonsen muitas vezes foram a São Paulo conversar com o empresariado.

Apesar dos problemas que as organizações representativas têm, o senhor não as considera importantes para o país?

São muito importantes, assim como outras entidades ou órgãos, e não eram menosprezadas. Ao contrário, como já disse, eram ouvidas quando necessário e atendidas quando o pleito era justo. Às vezes as demandas dos empresários chegavam durante uma audiência. O empresário ou um grupo de empresários me solicitava audiência, ou então me convidava para ir a uma associação comercial, e lá os problemas eram apresentados. Outros iam diretamente a um ministro. Conforme o caso, o problema era levado ao ministro adequado. Era examinado, e vinha a proposição, que era então encaminhada para solução. Procurávamos agir racionalmente, sempre mirando o nosso interesse nacional.

Como o senhor reagia quando empresários como Antônio Ermírio de Morais criticavam seu governo abertamente na imprensa? Conversava com eles? Tentava negociar?

Quando vinham conversar comigo, eu os recebia, mas não ia procurá-los. Antônio Ermírio de Morais, da Votorantim, tem normalmente relações amistosas comigo, mas quando o governo do Rio de Janeiro, sob a chefia do governador Faria Lima, resolveu promover a construção de uma indústria de alumínio em cooperação com a Shell, ele reclamou, botou a boca no mundo. Por quê? Porque ia mexer com a sua indústria de alumínio em São Paulo, que praticamente, a não ser por uma outra instalação em Minas sem grande projeção, era a única do Brasil. Ele tinha praticamente o monopólio do alumínio, e quando se fez essa unidade aqui no Rio de Janeiro, sentiu-se ferido nos seus interesses. Era receio da concorrência. No caso do cimento, por exemplo, com três ou quatro produtores no país, que bem se entendem, há um oligopólio. Eles fazem o preço que querem. Esse é um dos problemas da nossa indústria privada. Outra característica nossa é que o capital privado se emprega de preferência em bancos. É o negócio mais rentável no nosso país. Há bancos, hoje em dia, que estão distribuindo dividendos mensais, quando muitas indústrias privadas estão com prejuízo. Nosso capital privado ainda é muito especulativo, só se engaja em empreendimentos que proporcionam lucro fácil.

Como se sente quando dizem que o senhor era centralizador? Vê isso como um elogio ou uma crítica?

Acho que é uma crítica de quem faz oposição sistemática e não conhece, não quer conhecer o problema. Dizia-se que o Médici era omisso, que o seu tema predileto no despacho era o futebol. Contava-se que o ministro ia ao despacho, começavam a conversar, e o Médici dizia: "Não, deixa os papéis aí", e começava a discutir problemas de Grêmio, Botafogo, Flamengo. Depois chamava o ajudante de ordens, dava-lhe a papelada e mandava: "Entrega ao Leitão". Não sei se isso é verdade, mas foi um estilo de governo, uma forma de governar. Eu não era assim, eu me considerava muito responsável. Não é que eu não confiasse nos ministros, mas com um ministério relativamente grande, com áreas de interesse às vezes comuns, em que havia uma superposição de ações de um ministério e de outro, como é que eu podia resolver os problemas sem uma coordenação? A primeira coisa que surgiria seria o conflito entre os ministros. Um ministro falando mal do outro, um ministro discutindo a supremacia do outro.

Houve muitas divergências entre ministros. Uma das grandes divergências, por exemplo, era entre o Simonsen, ministro da Fazenda, e o Paulinelli, ministro da Agricultura. Paulinelli foi um excelente ministro. Foi na sua época que se conseguiu incorporar o cerrado, antes uma área abandonada, à área própria da agricultura. Ele deu também um grande desenvolvimento à pesquisa agrícola, através da Embrapa. Mas é evidente que, como ministro da Agricultura, queria sempre mais dinheiro, mais financiamento para os agricultores. O Simonsen, que arrancava os cabelos por causa da inflação, era contra, e assim surgiu a divergência. Inicialmente era o Veloso quem me trazia, muitas vezes, o problema: um queria receber mais e o outro queria dar menos. Por fim eu chamava os dois, pois cabia a mim resolver. Examinava o ponto de vista de um e de outro e dava a solução que, na circunstância, me parecia a melhor. Eu não podia me omitir, pois era o responsável. O ministro, pela Constituição, é um simples auxiliar do presidente da República. O responsável é o presidente.

Como era a relação entre os ministros Simonsen e Severo Gomes?

Aí o problema era diferente. Não era somente o problema do Severo com o Simonsen, mas também do Severo com o Veloso. O Severo era ultranacionalista, era muito mais intransigente com as questões americanas do que eu. Muitas das suas posições me pareciam corretas, outras exageradas, mas ele as defendia intransigentemente. No âmbito do governo sua posição era um pouco difícil, porque criava problemas na área econômica, com a Fazenda e o Planejamento. A situação se agravou quando ele foi a uma recepção em São Paulo, bebeu um pouco demais e começou a falar mal do Médici. Evidentemente, eu não podia ter um ministro falando mal do Médici publicamente. Eu sempre procurava viver em harmonia com o Médici e com o governo dele. Criou-se então uma situação em que a permanência do Severo no governo era impossível. Golbery conversou com ele, e ele achou que a sua saída era justa. Continuou entretanto meu amigo. Pouco antes de morrer almoçou comigo, aqui no Rio. Foi na crise provocada pela saída do Collor, quando o Itamar estava em vias de assumir. Severo veio defender o Itamar junto a mim. Era amigo do Itamar, que naquela época também era da esquerda e ultranacionalista. Respondi-lhe: "Não há problema, é claro que o Itamar vai tomar posse e vai governar. Ninguém pode ser contra ele".

O senhor sempre interferia quando havia divergências entre seus ministros ou eles próprios podiam chegar a um acordo?

Às vezes eles se entendiam. Conversava-se e, no fim, sempre se conseguia uma forma de harmonia. As divergências, quando se manifestavam, não eram pessoais, eram objetivas e suscetíveis de solução. Não deixavam resíduos nem incompatibilidade. Não pode haver um governo permanentemente harmônico, tem que haver divergência! Essa fórmula da pessoa concordar sempre não serve. Tem que haver alguém que discuta, que possa divergir. Pessoalmente, sempre fui aberto à discussão. Nunca exigi que meus auxiliares, meus ministros, viessem a mim e, *a priori*, concordassem com tudo. Não! Vamos discutir, analisar, ver como é. Porque o que queremos não é um problema pessoal, de predominar a minha opinião ou a do fulano. Queremos que o problema tenha a solução mais justa, mais adequada. Esse é que é o objetivo. Em face do problema a pessoa se apaga, é secundária. O que é importante é a boa solução. Procurei conduzir o meu governo assim, sempre aberto à discussão: vamos ver o que há de bom e o que há de ruim, que outras soluções são possíveis. Mas, depois que se chegasse à solução, ninguém mais podia voltar a discordar. E também não podia, se as coisas não dessem muito certo, vir cobrar: "Eu bem que dizia!" Não. Aconteceu, agora vamos em frente.

Dizem que eu era "imperial", que não falava com ninguém, que era impositivo etc. Tudo isso foi difundido por jornalistas aos quais eu não dava maior importância. Um dos que falam muito mal de mim é o Carlos Chagas. Fala de mim, mas se esquece de que foi o homem de imprensa do Costa e Silva, a respeito de quem não fala.

Walder de Góes diz que o senhor teria tido um poder solitário, enquanto Médici teve Leitão de Abreu, que era um alter ego *do governo.*

Não. Certas decisões eram minhas, mas quantas decisões eu tomei conversando com o Petrônio, conversando com o Golbery, conversando com o próprio Figueiredo, com Moraes Rego e outros? Quantas vezes! Por exemplo, discursos: eu rascunhava algumas ideias, ia ao Golbery e aos outros, e cada um começava a colaborar. Assim o discurso ia se formando, até que chegava à forma final. Não é verdadeira a afirmação de que eu era um solitário. A última palavra, evidentemente, tinha que ser minha, quando havia divergência. Eu tinha que assumir a solução do problema. Agora, quando havia concordância, estava tudo muito bem.

Como era seu relacionamento com a imprensa?

Eu não dava entrevistas. Eu tinha o Humberto Barreto, que era o meu assessor de imprensa e que, mais tarde, foi substituído pelo Camargo. Eu não dava muita importância à imprensa, como até hoje não dou. A imprensa é do dia a dia, da fofoca, não é? A imprensa construtiva é muito reduzida. Penso assim, até hoje. Não sei se esse é um quadro normal em todo o mundo, mas a imprensa está louca para estourar um escândalo. Construir com ideias ou cooperar é muito raro. O jornal precisa ter essas notícias para ser lido e vendido, para ter tiragem, receber anúncios e assim ganhar dinheiro. Então, eu me preservava. Não hostilizava a imprensa, mas também não dava muita importância ao que ela dizia. Não dava e não dou entrevistas. Até hoje solicitam a toda hora declarações minhas, mas não os satisfaço. Ainda recentemente, como em 1994 faz 20 anos que eu assumi a presidência, queriam que eu desse uma entrevista, escrevesse um artigo. Há vários jornalistas que são meus amigos e pediram. Mas por que eu vou dar entrevista à imprensa nessa altura? Falar mal do governo que está aí? Reavivar problemas do passado? Isso não constrói nada. Penso assim. Se quiserem alguma coisa para a história, terão este depoimento. Vocês me convenceram e por isso estou aqui...

17

A opção pelo crescimento

Em discurso pronunciado no início de seu governo o senhor falava em distensão, mais desenvolvimento e menos segurança. O senhor passou a dar maior ênfase ao desenvolvimento do que à segurança?

Era isso mesmo. A segurança para mim já estava em grande parte assegurada quando se liquidou o problema de Xambioá. Dei ênfase ao desenvolvimento porque acho que um país do tamanho do Brasil, com a população que tem, com a sua pobreza, a sua debilidade, tem que se desenvolver. Se o Brasil quer ser uma nação moderna, sem o problema da fome e sem uma série de outras mazelas de que sofremos, tem que se desenvolver. E para isso, o principal instrumento, a grande força impulsora é o governo federal. A nação não se desenvolve espontaneamente. É preciso haver alguém que a oriente e a impulsione, e esse papel cabe ao governo. Esta é uma ideia antiga que possuo, sedimentada ao longo dos anos de vida e esposada nos cursos da Escola Superior de Guerra. Como o país não tinha capitais próprios, como a iniciativa privada era tímida, às vezes egoísta, e não se empenhava muito no sentido do desenvolvimento, era preciso usar a poderosa força que o governo tem. A ação básica do meu governo, o que mais me preocupava, era, naquele período de cinco anos, fazer o possível para desenvolver o país. Médici também tinha feito isso, tinha se preocupado com o desenvolvimento. Tínhamos modos diferentes de encarar a questão, mas houve de certa forma uma continuidade de ação. O desenvolvimento que o Médici deu ao país, o "milagre brasileiro", influiu sobre o que eu tinha que fazer.

No final do governo Médici, houve o primeiro choque do petróleo, e os preços do óleo cru quadruplicaram. Mas quem foi sentir as consequências foi o meu governo. Para enfrentar a situação criada, havia duas soluções: uma era moderar a atividade nacional, colocando a nação em recessão, seguindo o exemplo do que fizeram outros países, inclusive os mais desenvolvidos; outra, ao contrário, era ativar a economia, desenvolver o país e, assim, enfrentar esse quadro difícil, evitando paralelamente o agravamento do nosso problema social do desemprego. Muitos economistas, Roberto Campos inclusive, achavam que o Brasil devia entrar em recessão, que o governo tinha que se retrair, cancelando os empreendimentos. Fui contrário a isso. Como é que eu iria justificar uma recessão depois da euforia, do desenvolvimento do governo do Médici? E como iria resolver o problema social que resultaria do consequente desemprego? Se tínhamos problemas sociais no Brasil, de miséria absoluta, analfabetismo, doenças etc., para resolvê-los ou atenuá-los só havia uma maneira, isto é, o desenvolvimento. Dar comida para os famintos é uma solução paliativa, que resolve apenas no dia a dia e não é mantida ao longo do tempo. A solução definitiva é ter recursos para educação e saúde, desenvolver o país e criar empregos. Só dar comida? Pode-se fazer isso durante 15 dias, um mês, dois meses, três meses, mas não se faz durante 10 anos. Não discordo de que se dê comida, mas é uma medida transitória. É preciso encontrar uma solução de longo prazo, uma solução definitiva. Por isso, sempre fui contrário à recessão. Eu tinha vivido a recessão no governo Castelo e estava disposto a fazer tudo para evitá-la. Sair da recessão para voltar a uma situação normal, a uma situação de desenvolvimento, é muito difícil. Conseguiu-se sair da recessão, no final do governo Castelo, com muito sacrifício e graças a várias medidas que foram adotadas, inclusive sociais, como a correção monetária da poupança e a criação do Banco Nacional de Habitação, que, com seu programa, absorveu muita mão de obra não qualificada. Hoje em dia a Europa vive em recessão. A Espanha está com o maior índice de desemprego. Mas a Europa tem recursos para enfrentar essa situação muito melhor do que nós.

Queremos comparar o Brasil com outros países, sobretudo com os da Europa. É a história de que o Brasil é um país moderno. Se analisarmos um país da Europa, sobretudo da Europa Central, uma Alemanha, uma França, uma Holanda, uma Bélgica, o que vamos encontrar? Em primeiro lugar, a população não cresce, é estável, enquanto no Brasil ela crescia a uma taxa de dois e tantos por cento ao ano. Lá as famílias, no máximo, têm dois filhos, e muitas não têm nenhum. O problema habitacional praticamente está resolvido, todos têm casa para morar. O que há é um trabalho no sentido de melhorar a habitação. Escolas, não é necessário construir, as que existem são suficientes. Nos Estados Unidos, numa visita que fiz, eles estavam fechando escolas, porque não havia população infantil para frequentá-las. Não é necessário construir estradas de rodagem, nem estradas de ferro, nem aeroportos, nem portos. Tudo está feito. O que fazem, o que têm que fazer mesmo é, pelo desenvolvimento tecnológico, melhorar o que existe. Não é preciso construir mais hospitais, mas apenas evoluir em face das novas descobertas, com hospitais especializados. Nesses países a tônica do desenvolvimento está nos setores da pesquisa em todas as áreas científicas, que passam a ser o grande sorvedouro de recursos financeiros e de capital humano. Já aqui no Brasil, é necessário fazer tudo. Como a população cresce e como já estamos atrasados, temos que fazer escolas, estradas, casas, hospitais, temos que ocupar o território. Há inúmeras coisas por fazer.

Como já mencionei aqui, na época em que servi no Paraná inaugurava-se uma escola primária por dia. Assim, no fim do ano, havia 365 novas escolas. Mesmo assim sobrava uma população infantil carente, que não tinha escola para frequentar. Em todo o Brasil é isso. Não há escolas em quantidade suficiente. Na época da matrícula anual há um grande afluxo de pais que passam as noites em claro, nas filas, para conseguir matricular seus filhos. Nossas estradas são deficientes. Qualquer localidade que cresce um pouco necessita de aeroporto, tem que construir mais hospitais. Como vamos fazer isso? Temos que gerar riqueza, e isso só conseguiremos através do desenvolvimento. Portanto, é necessário engajar o governo num programa adequado. Foi o que fizemos com o II Plano Nacional de Desenvolvimento.

Quando começou a ser elaborado o II PND?

Alcancei o resto do I Plano, que vinha do Médici e ainda vigorava. Dali passamos a fazer o II PND, com grande participação do Veloso, que, como ministro do Planejamento, tinha uma posição abrangente. O II PND em grande parte foi montado pelo Ipea, um instituto especializado vinculado ao Ministério do Planejamento, então dirigido por um mineiro que faleceu há poucos anos.[69] Era muito competente e substituía o ministro do Planejamento nos seus impedimentos. O plano foi montado de acordo com algumas ideias que eu tinha exposto na primeira reunião ministerial e contou com a colaboração de todos os ministros. Foi muito discutido, inclusive no Congresso, que o aprovou com algumas emendas, e entrou em vigor em dezembro de 1974. O plano, com suas premissas e justificativas, está exposto pormenorizadamente numa publicação oficial. Mas deve-se observar que o II PND não era rígido. Era uma diretriz para os diferentes órgãos do governo pautarem suas ações e, como tal, foi sujeito a modificações, com ampliações ou reduções conforme a situação.

O desenvolvimento que o II PND pretendia alcançar era um desenvolvimento integrado, não apenas econômico, mas também social. Além do aumento da produção nacional, nossa preocupação era, tanto quanto possível, assegurar o pleno emprego, evitando o agravamento dos nossos graves problemas sociais e promovendo melhorias na sua solução. Por essa razão, considerada a principal entre muitas outras, o Brasil deve sempre empenhar-se efetiva e prioritariamente no seu desenvolvimento em todos os setores de atividade. Contudo, não há no país capitais disponíveis. Existem ricos, mas estão pouco dispostos a enfrentar esses problemas, e assim há relativamente pouco dinheiro para promover o desenvolvimento. Cabe então ao próprio governo, com os meios de que pode dispor, inclusive o crédito externo, assumir a tarefa. Passamos então a ser acusados, pelos teóricos que nada produzem, de estatizantes!

Realmente, no seu governo começou a campanha da desestatização. Qual sua avaliação sobre o assunto?

Relativamente à questão dos empreendimentos materiais que o Estado tem tomado a si e que poderiam ser atribuídos às empresas de capital privado, cabe fazer as seguintes observações. Em primeiro lugar, há os que, por sua natureza e finalidade, devem ser da exclusiva atribuição do Estado, tais como energia nuclear, telecomunicações,

---

[69] Trata-se de Élcio Costa Couto.

aeroportos internacionais ou empreendimentos vinculados a outros países, como Itaipu, eixos rodoviários, ferroviários etc. O petróleo também deve ser incluído entre os empreendimentos de atribuição exclusiva do Estado, em decorrência, por um lado, da importância de que se reveste para o suprimento das nossas necessidades e, por outro lado, da escassez revelada pelas prospecções em nosso território, o que, além de acarretar uma grande vulnerabilidade da soberania nacional — por várias vezes, inclusive durante a guerra internacional, sofremos graves restrições no abastecimento —, nos obriga a importar cerca de 50% do nosso consumo.

Em segundo lugar, há aqueles empreendimentos que, sendo de interesse nacional e devendo ser atribuídos à iniciativa privada, não são por ela realizados, seja por falta de capital próprio ou de empréstimo, seja por falta de interesse, inclusive por não terem assegurada a remuneração desejada, como se verificou nas grandes siderúrgicas e usinas hidrelétricas. Nesses casos, ou o empreendimento fica a cargo do governo ou não se faz. Finalmente, há atividades da empresa privada — indústrias, bancos etc. — que são malsucedidas financeiramente e que, por débitos com o fisco ou provenientes de empréstimos, acabam em poder do governo, o qual dificilmente consegue livrar-se delas ou liquidá-las.

No II PND, qual era o papel concebido para a empresa privada nacional? Diminuir a dependência da empresa estrangeira?

Não propriamente. Há setores essenciais que, no meu entender, devem ser ocupados pela empresa privada nacional. Contudo, não faço maiores restrições ao capital estrangeiro, que, na época, pela crise econômica generalizada, pela recessão, não estava inclinado, como ainda hoje não está, a investir no desenvolvimento tecnológico, nas indústrias que mais nos podiam interessar. Presentemente, muito capital estrangeiro entra no país para especular nas bolsas de valores e, após realizar um substancial lucro, se retira, o que no meu modo de ver não nos pode convir.

É sabido que a inflação aumentou durante seu governo. Mas parece que quando o senhor assumiu, já havia uma inflação reprimida.

É verdade. A inflação era oficialmente baixa, de 13 ou 14% ao ano, mas na realidade era mais alta. Quando assumimos o governo, logo nas primeiras semanas, Simonsen levou um susto. Havia mandado verificar os preços na praça, e esses preços eram bem maiores do que os que figuravam nas pautas no final do governo Médici. A conclusão a que chegou foi desagradável: a inflação era medida pela tabela de preços do governo, e não pelos preços realmente praticados. Por conveniência política, para evitar divergências e críticas com relação ao governo Médici, essa situação da inflação não foi divulgada, e o meu governo arcou com o ônus correspondente perante a opinião pública.

No primeiro ano de seu governo a inflação foi a mais de 30%, não foi isso?

Sim, 34,5%, em decorrência das dificuldades conjunturais, principalmente do impacto do aumento do preço do petróleo, que também causou maior déficit no balanço de pagamentos. Aí começamos a cogitar de uma série de soluções que fossem viáveis. A primeira que surgiu foi a restrição ao consumo. Descartamos, desde logo, o racionamento, cuja execução no Brasil é extremamente complexa, difícil, e se presta a fraudes e ações ilícitas. Passamos então a realizar a redução do consumo pela elevação dos preços, que é, de fato, um racionamento indireto. Essa elevação incidiu principalmente sobre a gasolina, partindo da consideração de que quem usa mais a gasolina é a classe mais favorecida e que pode pagar por isso. O consumo caiu e, consequentemente, diminuímos a importação de óleo cru. Foi esse o caminho que seguimos. Outra medida que adotamos foi incrementar a produção do álcool carburante, que cresceu graças ao programa elaborado pelo governo, oferecendo condições favoráveis para o custeio das instalações. O álcool carburante hoje em dia está em plena produção, com a vantagem adicional de reduzir a poluição.

É claro que a execução do II PND também gerou inflação, assim como safras agrícolas frustradas devido a más condições meteorológicas. Há um excelente trabalho sobre a nossa inflação, de autoria do Simonsen, que ele, como ministro do Planejamento do governo Figueiredo, apresentou ao Senado em maio de 1979. Segundo esse trabalho, a nossa inflação foi, em 1973, de 15,7%; em 1974, de 34,5%; em 1975, de 29,4%; em 1976, de 46,38%, e em 1977, de 38,7%. Era muito na nossa época, mas que dizer da situação atual, em que temos 45% ao mês?

Em seu governo a inflação era considerada uma variável secundária em função da retomada do crescimento?

Não, era preocupante. Simonsen de vez em quando arrancava os cabelos e vinha a mim com o problema da inflação. Pensávamos na inflação, procurávamos adotar medidas para reduzi-la, mas não era o problema número um do governo. Nosso problema número um era desenvolver o país, dar emprego, melhorar as condições de vida da população. Para tanto, tivemos que recorrer ao crédito externo, que na época era muito favorável. Havia muito dinheiro disponível no exterior, proveniente da reciclagem da receita auferida pelos países da Opep, os célebres petrodólares. E o Brasil tinha muito crédito.

Com os juros internacionais muito baixos, a alternativa de endividamento devia ser muito atraente, não?

A ideia de endividamento, aproveitando essas condições, vinha desde o tempo do Médici. Delfim fazia uma observação que, realmente, era muito interessante. Ele dizia que o Brasil não tem poupança. A poupança popular que temos é muito pequena e não pode ser usada, na escala devida, para o desenvolvimento do país — obviamente, o desenvolvimento se faz com poupança; foi o que permitiu, além das qualidades do povo, o desenvolvimento extraordinário do Japão. Mas, enquanto o Brasil não tem poupança, o estrangeiro tem, e de sobra. Portanto, o lógico, o racional é que, se nós não temos a nossa, usemos a deles! Vamos trazer a poupança do estrangeiro para o Brasil e aplicá-la criteriosamente, para que ela tenha um efeito reprodutor. Depois poderemos pagá-la de volta.

A tese do Delfim, em linhas gerais, me parece certa. Tudo depende do modo de sua aplicação. Já no governo Médici, se usou bastante o crédito exterior. No nosso tempo esse crédito se tornou ainda mais fácil, porque os bancos passaram a dispor de muito dinheiro. Os árabes, que se encheram de dinheiro à custa do primeiro choque do petróleo, colocaram os petrodólares nos bancos, e os bancos não tinham outra coisa a fazer senão emprestar. Então os juros eram realmente baixos. É claro que mais adiante o problema se complicou. No governo Figueiredo, quando houve um novo aumento do preço do petróleo, e quando países como os Estados Unidos entraram em recessão e tiveram muita inflação, adotou-se uma política de juros altos — como o Brasil está fazendo hoje, para fomentar a poupança, reduzir o consumo e sair da inflação, ou reduzi-la. Naquela ocasião o

Brasil foi penalizado, porque teve que pagar juros altos que nos foram impostos em virtude da nova situação internacional.

O endividamento é um aspecto de seu governo que normalmente é muito criticado.

Sim. O endividamento cresceu, atingindo em 1978 cerca de 43 bilhões de dólares — cerca de 14 bilhões de entidades privadas —, enquanto as nossas reservas se elevaram a 12 bilhões. Fazem essa crítica mas sem considerar, em contrapartida, o outro prato da balança, isto é, o que se fez com esse dinheiro. Não foi roubado. Não havia "anões" no nosso governo,[70] pelo menos até hoje não houve qualquer denúncia de roubo que tivesse ocorrido naquela época. No Congresso, no Executivo, no Judiciário, nas Forças Armadas, não há notícia de corrupção, como depois, desenfreadamente, ocorreu.

Na verdade, o que se pediu emprestado foi relativamente pouco. Uma das coisas de que o Simonsen podia se vangloriar era o saldo em divisas, eram as reservas do governo brasileiro em dólares. Um dos pontos graves que tivemos que enfrentar foi o balanço de pagamentos. A balança comercial e o balanço de pagamentos eram deficitários. Lutamos, aumentando nossas exportações, sobretudo de produtos industrializados, substituindo importações, e, no final, praticamente equilibramos a balança comercial. É claro que hoje em dia as reservas são muito maiores, mas tinham que ser, porque já decorreram vários anos e o Brasil progrediu. Condenam os empréstimos e a dívida. Entretanto, hoje em dia, tudo que é governante vai com a pasta embaixo do braço aos Estados Unidos pedir empréstimo. Inclusive prefeitos. Todos só querem governar com crédito do exterior. Além do governo federal, constituem exemplo dessa orientação os governadores de Minas, querendo duplicar uma rodovia, o de São Paulo, querendo despoluir o Tietê, e o do Rio de Janeiro, querendo despoluir a Guanabara. O prefeito do Rio de Janeiro também quis obter crédito no exterior. Quase todos querem dinheiro emprestado! Onde está a coerência? Se condenam os empréstimos do meu governo, como é que são incansá-

---

[70] Refere-se à atuação da Comissão de Orçamento da Câmara dos Deputados durante o governo Collor. A comissão, composta de sete membros, esteve envolvida em irregularidades na elaboração do orçamento da União.

veis em obter mais? Não deveriam pedir! É uma forma de desonestidade na crítica que fazem.

Ainda há pouco tempo,[71] Fernando Henrique Cardoso deu a entender num discurso que a herança que os governos civis receberam, inclusive a da dívida, vinha do regime militar. E ele? O que produziu? A crítica deve, antes de tudo, ser honesta. Não pode ser uma crítica apaixonada. Criticar por criticar? Realmente, se considerarmos a dívida num sentido absoluto, sem analisar as suas circunstâncias, os seus reflexos, sem examinar em que o dinheiro foi usado, o que ele produziu, se levarmos em conta apenas a cifra de tantos bilhões de dólares, verificaremos que ela cresceu. Mas isso é primário. Para julgar o fato, temos que analisar todas as circunstâncias: como o dinheiro foi obtido, qual o seu ônus, em que foi aplicado, o que produziu.

Durante todo o meu governo, esse malfadado FMI, que todo mundo condena desde o Juscelino, vinha ao Brasil, examinava as nossas contas e no fim emitia um parecer sempre favorável. Durante todos os cinco anos do meu governo, os pareceres do FMI sempre foram assim. Não sou muito favorável a que venham bisbilhotar nossas contas, mas, enfim, como dependemos do FMI nos créditos que ele nos concede, ele passa a ter o direito de vir aqui e proceder ao seu exame. Não gosto disso, mas não vou ao ponto do Juscelino, de romper com o FMI, o que me parece uma burrice inominável, pois é do interesse do Brasil manter o necessário relacionamento.

Havia pressões dentro do governo para que o senhor fizesse um ajuste econômico, ou a maior parte concordava com sua política de crescimento?

Não havia pressões nesse sentido. Acho que, de um modo geral, todos concordavam com a política de desenvolvimento. Essa política visou a áreas muito importantes do país, visou aos pontos fracos que o país apresentava, seja em termos de atraso, seja em termos de uma excessiva dependência do exterior. Atacamos o problema da energia, dos transportes, o problema do aço, da agricultura, paralelamente o problema da habitação, do saneamento, do abastecimento de água etc. Não disponho de dados no momento,

---

[71] Entrevista complementar realizada em 9 de fevereiro de 1994.

mas proporcionamos o abastecimento de água tratada a muitos municípios. E em vários deles se fez o saneamento básico. O Rio de Janeiro até hoje tem enchentes. Só agora se procura dar solução a esse problema, inclusive com o saneamento da baía de Guanabara, que é o escoadouro natural. São Paulo agora é que está pensando seriamente em despoluir o Tietê. São problemas que se resolvem progressivamente, com muita determinação.

Qual era o papel do Conselho Monetário Nacional em seu governo? Definir medidas financeiras?

O Conselho Monetário era um órgão ainda relativamente novo, e sua função era o controle da moeda. Era muito supervisionado pelo Simonsen. Há poucos dias manuseei um calhamaço, um relatório sobre empresas de financiamento a bancos e outros estabelecimentos que na época entraram em liquidação ou que tinham problemas de administração. Tudo isso era acompanhado pelo Conselho Monetário.

Havia as empresas incorporadas ao patrimônio nacional, empresas que caíam na mão do governo por diferentes motivos, algumas em consequência de ladroeiras — entre elas estavam hotéis, a estrada de ferro que vai ao Corcovado, uma fábrica de papel no Paraná etc. Eu insistia muito para que as liquidações fossem levadas a termo, mas não se conseguia porque, em geral, o liquidante era um funcionário aposentado do Banco do Brasil que ganhava ali o seu salário. Ele era o responsável, tinha poderes para liquidar e entretanto protelava, porque aquele era um bom emprego. Não consegui nesse ponto muita mudança. O Banco Halles, que foi um dos que quebraram logo no começo do meu governo, foi encampado pelo Bulhões, que era secretário de Fazenda do estado do Rio de Janeiro. Houve ainda muitos outros casos. A quantidade de empresas de administração financeira que caíram nas mãos do governo é incrível, e delas poucas chegaram a ser liquidadas. Não consegui dar solução a esses casos.

Qual era o papel do Banco Central? Discute-se hoje se deve ser independente.

A boa doutrina diz que o Banco Central deve ser independente. Mas isso no Brasil ainda é muito difícil, porque o governo depende muito de recursos, e o Banco Central independente seria um órgão quase que de confronto com o Executivo. Acredito que o Simonsen, que foi ministro da Fazenda, fosse partidário de um banco central independente. Mas isso tem que vir no seu devido tempo. No meu governo ainda não foi possível, como acredito que nesses governos que vieram depois também não tenha sido. Não sei se atualmente seria uma solução para o Brasil. O Banco Central inteiramente independente é um modelo que vem do exterior. Na Alemanha o Banco Central é onipotente, nos Estados Unidos também. São outros países, mais ricos, com outra mentalidade, outro povo. Já relatei nestes depoimentos o meu ponto de vista relativamente à situação dos países mais evoluídos na Europa e na América do Norte, com seus problemas básicos já resolvidos, e empenhados, nos seus investimentos, projetos etc., em acompanhar e desenvolver novas tecnologias para com elas se manterem como nações evoluídas e modernas. O problema que eles têm é a grave situação de um crescimento demográfico muito baixo, se não negativo, que inclusive os obriga a fechar escolas por falta de novos alunos. E nós? Com todos os nossos problemas, com a pobreza do Nordeste, a massa de favelados que se aglomera em São Paulo e no Rio, queremos ser modernos! Um absurdo! Só um paranoico que não conhece o Brasil e eventualmente passa suas temporadas no exterior pode querer fazer um Brasil moderno a curto prazo!

Que órgãos o ajudaram a implementar as políticas que o senhor delineava?

Em primeiro lugar, os próprios ministérios. Por exemplo, o Ministério da Indústria e Comércio desenvolveu todo o programa siderúrgico em suas diversas fases. O Ministério das Minas e Energia fez muito no campo da mineração, notadamente com a Vale do Rio Doce, dando grande desenvolvimento à produção de bauxita e depois à produção de alumínio. Atuou também no setor de energia elétrica, com a construção da usina de Tucuruí e de linhas de transmissão. A usina de Itaipu também estava sob sua supervisão. A Embrapa, a Emater e os problemas relativos à pesca e à agricultura do cerrado, os projetos de reforma agrária, de assentamento de colonos etc. cabiam ao Ministério da Agricultura. O Ministério do Interior cuidava dos programas de abastecimento d'água, de saneamento, de construção de casas de habitação e dos diversos polos de desenvolvimento. Era o próprio ministério que tomava conta da ação ou do desenvolvimento programado. Havia ainda programas que eram geridos pelos ministérios dos Transportes, das Comunicações, da Saúde, e tínhamos a cooperação das confederações da Indústria, do Comércio e da Agricultura e de empresários privados, principalmente da indústria. Além desses, devo mencionar o Banco Nacional de Desenvolvimento, que muito contribuiu para a execução de programas, e bem assim o Ipea.

Quando o senhor fez a opção pelo crescimento, tinha a seu lado Reis Veloso, que foi um dos grandes mentores do II PND. Mas ao lado de Reis Veloso estava Simonsen. Como era a relação entre Simonsen, que atuava mais no curto prazo, e Veloso, que ficava com a grande estratégia?

Em regra, eles se entendiam, mas às vezes tinham divergências. Nem sempre estavam de acordo. Mas devo dizer que os outros ministros também participaram do II PND e também tiveram desentendimentos com o Veloso. Cada um trazia as suas sugestões, suas ideias etc. Cabia ao Veloso reunir tudo e dar corpo ao conjunto, rejeitando algumas proposições que não eram viáveis e aceitando outras. Foi um processo de acomodações sucessivas até se chegar à formulação final.

O problema entre o Simonsen e o Veloso era que o Simonsen estava muito preocupado com o setor propriamente financeiro — bem diferente de alguns ministros das Finanças que apareceram depois. Fernando Henrique, por exemplo, quando passou a ministro da Fazenda, tornou-se praticamente o primeiro-ministro. Era o único ministro que falava, que propunha, que discutia. Os demais estavam apagados. No tempo do Collor a situação era ainda pior! Concentraram tudo no Ministério da Economia, que entregaram à senhora, naquele tempo senhorita, Zélia Cardoso de Melo. Os outros ministros não tinham voz ativa, nem sequer falavam. No meu governo não era assim. Todos os ministros tinham voz. Veloso, entretanto, tinha uma posição preponderante porque cabia a ele juntar as proposições e separar o que era viável do que não era, do que se tinha de rejeitar, do que não se podia ou não convinha fazer. Quando se fazia o orçamento, no fim do ano, ele vinha a mim, relatava a situação e fazia as suas sugestões. Cada ministério trazia as suas ideias, seus projetos, dizia o que pretendia, e então era preciso fazer a acomodação com as nossas disponibilidades. Daí decorriam as propostas de cortes, que passavam a ser objeto de novo entendimento com os ministros.

Simonsen fazia o orçamento da receita, e o da despesa era composto pelo Veloso com base nas propostas dos ministérios, limitadas às possibilidades da receita. Assim conseguimos, em todos os anos do governo, encerrar o exercício sem déficit e com pequenos saldos.

O orçamento ia para o Congresso, mas parece que não era discutido exaustivamente pelos parlamentares, não é?

O orçamento passava pelo Congresso para o necessário exame e aprovação, e era discutido. O que o Congresso não podia fazer era incluir novas despesas, de interesse dos deputados e senadores.

O senhor tinha dificuldades para que o Congresso aprovasse seus orçamentos?

Não. Os líderes da Câmara e do Senado tinham acesso ao Veloso e a mim para tratar de questões relativas ao orçamento e faziam propostas que muitas vezes eram aceitas. Tínhamos maioria no Congresso, e assim não havia muito problema com o Legislativo. Nosso orçamento, pelo que me lembro, nunca deixou de ser aprovado antes do fim do ano. A situação era bem diferente da que ocorre presentemente: o Congresso trabalhava e cumpria suas obrigações, apesar da agressividade da oposição.

A impressão que fica às vezes é de que a ação de Reis Veloso esteve muito próxima do modelo cepalino de substituição de importações. O senhor concordaria com isso?

Não sei se houve realmente influência da Cepal, ou se é uma coincidência. Uma das graves questões que enfrentamos foi o déficit da balança comercial. Era um déficit muito elevado e, para reduzi-lo, tínhamos que diminuir as importações e incrementar as exportações. Foi o que fizemos com um êxito razoável, que perdura. A exportação de produtos primários, produtos agrícolas etc. tem crescido muito pouco, mantendo-se mais ou menos estável, mas a exportação de produtos manufaturados teve crescimento muito grande. E, assim, a balança comercial deixou de ser deficitária.

Ao lado dos críticos de seu governo, há um conjunto de economistas e de analistas que consideram que o senhor foi o último presidente a ter efetivamente um projeto de governo.

Meu governo pode ter tido muitos erros, mas quem não erra nesse mundo? Ainda mais num quadro como o brasileiro? Quem diz que não erra e acha que tudo o que fez está certo e foi bem-feito, ou é ignorante, ou é excessivamente presunçoso. Errar é humano. Deve haver erros no meu governo, mas em linhas gerais, até hoje, estou convencido de que a solução que adotei foi a mais acertada. Vocês me deram outro dia para ler um artigo do Dionísio Dias Carneiro.[72] Ele está dentro do quadro dos que combatem a escolha que fizemos. Por ele, o Brasil devia ter entrado em recessão, como os Estados Unidos e os países da Europa entraram. Mas se os Estados Unidos aguentam uma recessão, o Brasil não aguenta. É muito diferente! Porque os Estados Unidos e a Alemanha entraram em recessão, o Brasil também vai entrar? Não! Vamos analisar a situação deles, os recursos que eles têm para enfrentar a recessão, e vamos ver os nossos. Havia uma série de razões para evitarmos a recessão. Entrar na recessão é fácil, sair dela é o problema.

---

[72] Trata-se do artigo Crise e esperança: 1974-1980. In: Abreu, Marcelo de Paiva (org.). *A ordem do progresso: cem anos de política econômica republicana, 1889-1898*. Rio de Janeiro, Campus, 1992.

18

Diretrizes para o desenvolvimento econômico

Na sua perspectiva, o desenvolvimento se faz com indústria? Com agricultura?

O desenvolvimento tem que ser, de certa forma, homogêneo. Há setores que são prioritários, que representam polos com um efeito multiplicador. Um exemplo é a indústria siderúrgica, cujo crescimento é essencial, pois o aço é matéria básica para muitas outras indústrias. O Brasil estava deficiente na produção de aço. No primeiro ano em que fui presidente, a importação de produtos siderúrgicos foi uma enormidade, atingiu 1.459 milhões de toneladas. Um país como o Brasil, que tem as maiores jazidas de minério de ferro do mundo! Por quê? Porque a indústria siderúrgica estava estagnada. Getúlio conseguiu, com o apoio do americano, aproveitando a situação da guerra, fazer Volta Redonda, mas o que era Volta Redonda? Trezentas mil toneladas de aço. Juscelino tinha feito com os japoneses a Usiminas. Além disso, havia a Acesita e siderúrgicas de menor porte, como a Belgo-Mineira. Então o Brasil tinha indústria siderúrgica, tinha minério, tinha tudo isso e importava aço. O problema era que nós tínhamos desenvolvido anteriormente, em escala crescente, a indústria de transformação. Delfim e outros, a começar por Juscelino, montaram uma série de indústrias, de refrigeração, de máquinas de lavar roupa, máquinas disso, máquinas daquilo, a própria indústria automobilística, sem cogitar de ao mesmo tempo prover as matérias-primas necessárias. Deixaram a produção de aço minguada, insignificante, e o aço necessário para essa produção tinha que ser, em grande parte, importado. Portanto, para suprir as necessidades nacionais, em primeiro lugar era preciso incrementar a indústria siderúrgica. Por isso foram ampliadas as siderúrgicas de Volta Redonda e da Usiminas, e iniciadas as da Açominas e de Tubarão, no Espírito Santo, esta em consórcio com japoneses e italianos, que se interessaram em ter a indústria aqui para depois poderem comprar os produtos em melhores condições.

Outro setor prioritário era o de energia elétrica. Um país que não tem energia elétrica não pode crescer, não pode se desenvolver, inclusive na zona rural. A energia elétrica é um insumo industrial, mas também social. Outra área de desenvolvimento importante era a da agricultura, para produzir mais alimentos e aumentar as exportações. As terras mais próprias para a agricultura, principalmente as do Sul e do Sudeste, já estavam exploradas. Graças ao desenvolvimento tecnológico e, principalmente, à pesquisa, a área do cerrado passou a ser explorada pela agricultura e passou a produzir soja, milho etc.

Outro setor, ainda, que exigiu maior atenção foi o naval. No governo Juscelino, instalaram-se no Rio de Janeiro alguns estaleiros de construção naval. Quando assumi o governo, havia um programa de construção naval em curso, elaborado pelo governo Médici. Nosso empenho foi no sentido de completar esse programa e iniciar um segundo plano, de modo a manter esse setor em plena atividade, porque, além de consumir grande quantidade de chapas de aço de produção nacional, ele ocupava milhares de trabalhadores.

Como foi tratado o setor de energia e o que se fez de concreto?

Encontrei o Tratado de Itaipu com o Paraguai concluído em todas as suas formalidades, à espera de execução. Resolvi dar andamento ao projeto e assim, finalmente, iniciar as obras de Itaipu. Foi uma grande fonte de despesas. Como o Paraguai não tinha recursos financeiros, o capital com que entrou na empresa, de 100 milhões de dólares, foi financiado pelo Brasil. O empreendimento foi realizado com financiamentos obtidos no exterior.

Outra grande usina hidrelétrica que construímos foi Tucuruí, no Pará, com o objetivo, além de suprir aquela região, principalmente Belém, de aproveitar a bauxita de Oriximiná, às margens do Trombetas, para a produção de alumínio em grande escala. Nós tínhamos produção de bauxita, mas importávamos quase todo o alumínio que consumíamos. Tínhamos apenas uma pequena indústria de alumínio em Minas Gerais e a Votorantim, em São Paulo. E no entanto o alumínio é um elemento essencial para muitas indústrias. Então, procuramos desenvolver a produção de alumínio no Norte, no Pará e Maranhão. Mas não havia energia elétrica, que é o principal insumo da produção de alumínio, e por isso resolvemos fazer Tucuruí. Presentemente o Brasil é um grande produtor de alumínio, no Maranhão e no Pará, graças a essa grande usina. São Luís do Maranhão também é suprida por Tucuruí. Há poucos anos, quando o nível do rio São Francisco baixou, por causa da estiagem nas cabeceiras, e Paulo Afonso não pôde fornecer toda a energia consumida no Nordeste, Tucuruí forneceu, através de uma linha de transmissão até Sobradinho, o complemento de energia para suportar o déficit. Outras usinas em várias regiões do país foram iniciadas ou concluídas. Os gastos correspondentes foram avultados, mas certamente compensados.

Um dos programas prioritários que tínhamos era realmente o da energia, que é um setor vital do desenvolvimento. O Brasil ainda não tem petróleo suficiente, ao contrário de outros países, em que grande parte da energia elétrica é produzida por óleo combustível. Entre nós, a Light, por exemplo, tinha uma usina em São Paulo, perto de Cubatão, que era movida a óleo combustível, o que na época era uma aberração, porque o óleo combustível ainda era importado. Também não temos carvão. Há carvão apenas em Santa Catarina e Rio Grande do Sul, mas não é um carvão de boa qualidade — assim mesmo, nesses estados há termoelétricas que empregam esse carvão. Lenha, já se consumiu muito, inclusive nas ferrovias, mas hoje em dia não se pode mais consumir, pois a reserva florestal não é tão grande, poucos são os que gastam dinheiro em reflorestamento, e procura-se defender o pouco que restou. Temos, contudo, energia hidráulica, o que levou os nossos governos para os grandes empreendimentos das hidrelétricas.

A tendência tem sido considerar que o Brasil ainda tem um potencial hídrico grande por aproveitar e que, assim, devemos continuar com o desenvolvimento da energia hidráulica. Esta, entretanto, deve ser complementada por uma geração de energia térmica da ordem de 30%, porque o seu rendimento, em anos de seca, está sujeito à água disponível. Relativamente à produção de energia térmica, como disse, somos muito pobres no Brasil em matéria de combustível, ao contrário de outros países. Além disso, as possibilidades de aproveitamentos hidrelétricos nas regiões Centro-Sul e Sul, as de maior crescimento econômico, já estão sendo praticamente todas exploradas. O que resta agora está na bacia Amazônica, no Tocantins etc. Além do inconveniente da distância, exigindo a construção de linhas de transmissão extensas, caras e vulneráveis, na bacia Amazônica não há grandes desníveis: o represamento de água ocupará grandes áreas, com muita evaporação, sendo, pois, inconveniente.

A energia hidrelétrica, se tem a vantagem de usar a água, que não custa nada e não produz poluição, apresenta vários problemas. A usina produtora não é construída onde a gente quer, mas onde a natureza permite. Muitas vezes a usina fica longe dos centros de consumo, como é o caso de Itaipu em relação a São Paulo. A construção de usinas hidrelétricas acarreta quase sempre um grave problema social, que é o da erradicação das populações da área a ser inundada, com transferências e indenizações. Isso constitui um trauma para as famílias que viviam e trabalhavam tradicionalmente naquele local. Há também perda para a agricultura, porque as terras geralmente são agricultadas. E mais um problema é o fato de que a energia hidrelétrica depende muitas vezes do bom ou do mau humor de São Pedro, que é o "mandachuva". Embora não fôssemos contrários à energia hidrelétrica, tanto que cumprimos o contrato com o Paraguai fazendo Itaipu e construindo mais outras usinas, achávamos, tendo em vista o crescimento do consumo do país, o crescimento populacional, o aumento da atividade industrial, e o que imaginávamos para o futuro do país, que deveríamos implementar também um programa de energia nuclear.

Daí o Acordo Nuclear Brasil-Alemanha.

Sim. Achávamos que devíamos seguir o que outros países fazem, isto é, construir usinas nucleares. O Japão tem grande número de usinas nucleares, os Estados Unidos também. Na França, na Alemanha, na Inglaterra, quase toda a base de energia é nuclear. No Brasil havia uma usina cuja construção começara no tempo do governo Médici, mas que teve inúmeras falhas, porque a companhia que a projetou e construiu, a Westinghouse, dos Estados Unidos, fez um péssimo serviço. Nosso projeto era construir progressivamente, junto da usina nuclear nº 1, que é a Angra I, duas outras. Mas no governo Figueiredo, quando o Brasil se defrontou com dificuldades financeiras, devidas principalmente ao segundo choque do petróleo e ao aumento das taxas de juros nos Estados Unidos, o programa praticamente foi paralisado. Paralisou-se inclusive a construção da usina nº 2, que já estava bem adiantada, com todo o seu equipamento.

O senhor acha que o programa nuclear acabou fracassando exclusivamente por causa das dificuldades econômicas do governo Figueiredo?

Possivelmente. E talvez o governo do Figueiredo não tivesse a mesma concepção que tínhamos com relação ao problema energético.

Mas também sempre houve uma desconfiança da comunidade científica brasileira, que foi muito contra o Acordo Nuclear.

A comunidade científica brasileira tinha os seus problemas. Viviam em seus laboratórios em São Paulo fazendo experiências. Durante 20 ou 30 anos fizeram experiências e mais experiências e quase nada produziram. Talvez houvesse falta de objetividade, excesso de teoria. Eram sábios demais. Por outro lado, gostavam muito de passear no estrangeiro. Iam todos os anos a reuniões na Agência de Energia Nuclear em Viena, eram meses de passeio pela Europa, e, quando voltavam, estávamos com as mãos vazias. Acompanhei de perto essa situação quando chefiava a Casa Militar no governo Castelo.

O programa de energia nuclear em seu governo foi desenvolvido apenas na área militar?

Não. O programa desenvolvido com a Alemanha não tinha nada a ver com os militares. Era um programa que se processava no Ministério das Minas e Energia, com o assessoramento da Comissão Nacional de Energia Nuclear.

Há analistas que dizem que, se o Brasil retomar o crescimento, daqui a pouco não terá mais energia. O senhor concorda com isso?

Concordo. Foi esse prognóstico que nos levou ao programa de energia nuclear. Repito: não temos muito petróleo, não podemos usar lenha, não temos carvão adequado e dependemos da água dos rios, cujo aproveitamento como fonte de energia não é simples, nem pode ser feito em qualquer lugar, nem é completamente seguro. A população do Brasil vai crescendo, para chegar a 200 milhões de habitantes, depois 300 milhões, e não terá energia, instrumento fundamental para o desenvolvimento? É fundamental olhar para o futuro e abandonar o comodismo do dia a dia: conhecer, pensar, raciocinar e agir.

O senhor mencionou o impacto do aumento dos preços do petróleo sentido no início de seu governo. Certamente foi nesse contexto que surgiram os chamados contratos de risco da Petrobras. Como se chegou até eles?

A Petrobras tinha explorado várias áreas favoráveis, ou supostamente favoráveis, à produção de petróleo. A primeira que se explorou foi na Bahia, onde se achou petróleo. Depois, num grande esforço, procurou-se na Amazônia. Uma ocasião, no governo Café Filho, descobriu-se petróleo num poço em Nova Olinda. Fui com ele a Manaus para ver Nova Olinda, mas no fim não era nada além de um pouco de petróleo que não valia a pena explorar. Logo no início da Petrobras, Juracy Magalhães, seu primeiro presidente, havia contratado o americano Link, que era um grande especialista. O Link estudou exaustivamente a Amazônia, mas não se conseguiu nenhum resultado positivo — é possível que essa conclusão resultasse em grande parte das dificuldades próprias da Amazônia, tanto assim que presentemente a Petrobras produz lá petróleo e gás, num campo descoberto há alguns anos. Explorou-se também em Sergipe e encontrou-se a bacia de Carmópolis. Mas depois, afora um pouco no Rio Grande do Norte e em Alagoas, não se achou praticamente quase nada.

A impressão que ficou, a conclusão dos geólogos, foi de que não era em terra que o Brasil ia resolver o seu problema de petróleo. Que a solução era ir para o mar, para a plataforma submarina, a exemplo do que ocorria em outras regiões do mundo. Houve um período, pouco antes de eu ir para a Petrobras, em que iniciáramos preparativos para explorar a plataforma submarina. Engenheiros foram enviados aos Estados Unidos e a outros países para fazer cursos, conhecer os problemas que iriam enfrentar. A seguir, fez-se a mobilização, a compra de equipamentos próprios para os trabalhos na plataforma. Depois fez-se a cobertura de todo o litoral brasileiro por linhas sísmicas, para revelar estruturas que pudessem ter petróleo, e começou-se a perfurar. Foram descobertos alguns campos na área de Sergipe. Havia muita esperança na costa do Espírito Santo, por causa de domos de sal na plataforma submarina. Mas, infelizmente, nada se conseguiu. O primeiro resultado positivo começou a surgir no primeiro ano do meu governo, em 1974, quando se descobriu a bacia de Campos no estado do Rio de Janeiro. Depois houve novas descobertas promissoras no Rio Grande do Norte.

Anteriormente, quando eu era presidente da Petrobras, havia-se criado a subsidiária Braspetro, para trabalhar no exterior e assim aprender em que consistiam e como funcionavam os contratos de risco. A Braspetro atuou em vários países, com resultados ora positivos, ora negativos, mas que proporcionaram conhecimentos muito valiosos — ela atua ainda hoje em dia na costa da Noruega, e principalmente de Angola, com bons resultados. Quando a situação do nosso suprimento foi ficando mais grave devido à exagerada multiplicação dos preços, e vendo que a resposta que a Petrobras vinha obtendo não era muito promissora a curto prazo, pelo menos em nível que correspondesse às necessidades do Brasil, Veloso e outros fizeram a sugestão de abrir o Brasil aos contratos de risco. Eu relutei muito. Não era muito favorável, mas acabei concordando e fui à televisão anunciar a decisão de autorizar esse tipo de contrato.

Entendi-me com a Petrobras para que tomassem as providências necessárias, inclusive a seleção das áreas a serem objeto dos contratos, e exigi que estas fossem áreas favoráveis à existência de petróleo, para que nosso objetivo de obter petróleo nacional fosse alcançado. Vários contratos de risco foram firmados, e praticamente só um deles teve resultado positivo. Creio que foi com a Shell, na bacia de Santos, onde se encontrou um campo de gás que está sendo explorado pela Shell em conjunto com a Petrobras. Havia grande esperança de se encontrar petróleo em Marajó, mas no fim nada se encontrou.

Mais tarde, com a nova Constituição, manifestou-se a fobia contra os contratos de risco, que foram proibidos. Contudo, eles deram uma vantagem boa à Petrobras. Essas áreas que as empresas estrangeiras exploraram sem resultado, a Petrobras não mais teve que explorar e, dessa forma, não teve o ônus da despesa correspondente.

Comentou-se, na época, que a Petrobras teria reservado as piores bacias sedimentares para as empresas estrangeiras...

Eu cheguei e vi que as áreas que foram dadas eram áreas que tinham possibilidades. Inclusive eu disse: "Não pensem que essas companhias estrangeiras são tão burras que venham aplicar recursos em áreas sem perspectivas. Na realidade, elas têm dados, têm levantamentos geológicos do Brasil. Não vão aceitar uma área que *a priori* não ofereça condições favoráveis. Vocês têm que oferecer áreas aceitáveis!" É evidente que a Shell, a Esso e outras companhias petrolíferas não viriam aqui furar sem ter adequado índice de possibilidade e de probabilidade. São técnicos e também têm amor ao dinheiro deles. Não estão dispostos a botar dinheiro fora.

Por que o senhor diz que relutou em aceitar os contratos de risco?

Relutei em aceitar porque eu era favorável ao monopólio, achava que a Petrobras devia tomar conta de todo o problema do petróleo. Tive que aceitar, contudo, em face da emergência que o país atravessava. Um país do tamanho do Brasil, com os problemas atuais e os que o futuro pode nos reservar, com uma população numerosa e crescente, não tendo petróleo, será um país sem futuro, perdido. Enquanto não se encontrar um substituto para o petróleo, uma outra fonte energética adequada, a dependência do petróleo será vital. Isso faz com que o Brasil, com sua extensa fronteira marítima, seja muito vulnerável. Se vier a sofrer um bloqueio em matéria de petróleo? É possível imaginar o Brasil sem petróleo? Para o seu sistema de transporte? Não falo do transporte individual, mas do coletivo, do transporte de mercadorias e de produtos. E o que seria da nossa aeronáutica? Já imaginaram a paralisia do país? O problema não resolvido constitui, hoje em dia, a maior vulnerabilidade que a nação tem. O Brasil não pode ficar na dependência da importação, em qualquer emergência. Durante a Segunda Guerra Mundial, embora fôssemos aliados dos Estados Unidos, Inglaterra e França, muito sofremos na nossa economia por falta de petróleo.

O Programa do Álcool foi uma alternativa para superar a dependência em relação ao petróleo, não?

Sim. Dentro das soluções que procuramos para o problema do petróleo, uma delas, como já disse, foi o aumento do preço da gasolina, outra foi o contrato de risco, que veio depois, e outra foi o álcool. O aproveitamento do álcool motor existia desde o governo do Getúlio, mas em pequena escala e muito irregular. As empresas distribuidoras eram obrigadas a comprar um certo percentual do álcool das usinas de açúcar, mas isso nunca funcionou. Havia anos em que havia disponibilidade de álcool, e aí as empresas tinham que comprar. Mas havia anos em que não havia disponibilidade, porque a produção de álcool estava condicionada à produção de açúcar. Quando o mercado de açúcar era favorável e o preço era bom, produzia-se açúcar e não se fazia álcool. Se o preço do açúcar estava deprimido, produzia-se álcool. Era muito inconveniente que a distribuição do álcool carburante e seus consumidores ficassem sujeitos a essas oscilações, porque o uso do álcool no automóvel exigia adaptações mecânicas. Por isso, esse sistema não funcionou. Resolvemos então montar um programa de construção de destilarias, por empresários privados, com financiamento do governo. Montaram-se as grandes destilarias de álcool, principalmente em São Paulo e no Nordeste. Hoje em dia, o programa está realizado, com as destilarias em pleno funcionamento.

O senhor acha que o programa é triunfante?

É um grande programa. E a produção de álcool no país é muito grande. Não só ele é misturado com a gasolina e reduz a poluição do ar, principalmente em São Paulo, como há muitos carros que utilizam apenas o álcool sem mistura.

Mas esses carros estão diminuindo cada vez mais, não é?

Percentualmente talvez estejam diminuindo, pela facilidade da gasolina. A Petrobras também guerreia contra o álcool. Guerreia porque, com a entrada do álcool, as refinarias começaram a ter excedente de gasolina. A refinaria tem que trabalhar num determinado esquema de produção que é condicionado por outros produtos essenciais, como o óleo diesel. Se ela produzir a quantidade de óleo diesel necessária, obrigatoriamente produz também determinada quantidade de gasolina, de óleo combustível etc. E assim, sobra gasolina. A Petrobras exporta esse excesso de gasolina, geralmente para o mercado americano, com uma remuneração menor. Na Petrobras eram, e talvez ainda sejam, contra o Programa do Álcool por essa razão.

Contudo, esse Programa do Álcool é vitorioso. Outros setores o condenam, alegando que grandes porções de terra em São Paulo, que poderiam ser utilizadas na produção de alimentos, estão ocupadas com a produção de álcool. O argumento é falso, não é real. Terra para produzir alimentos, há muitas. Se não são as terras dos municípios do vale do Tietê, são outras. A produção de alimentos não é menor por causa da terra, porque terra, no Brasil, existe em quantidade suficiente. No entanto, a produção do álcool carburante é uma produção que gera um grande número de empregos, absorve grande quantidade de mão de obra, o que é extraordinariamente benéfico. Além da produção de energia, os resíduos constituem um adubo de primeira ordem que também pode ser aproveitado. E mais, as destilarias cooperam na geração de energia elétrica com a queima do bagaço da cana. Tudo isso, sem contar a economia de divisas que resulta da menor importação de óleo, e o avanço tecnológico no rendimento da cana-de-açúcar que está sendo obtido. Trata-se de uma atividade de efeito múltiplo. Não há por que condená-la.

As críticas ao Proálcool mencionam o grande investimento que o Estado fez nesse programa.

O governo obviamente teve que investir no programa e financiou a construção de boa parte das refinarias de álcool. Mas não foi um investimento tão grande, e acho que a economia brasileira recuperou-o folgadamente. Mas todas as iniciativas desse tipo que o governo adota, e que conflitam com outros interesses, são sempre criticadas. Muitas críticas são superficiais, sem maior profundidade. No caso do álcool, as críticas já são bem menores. Nos Estados Unidos cresce o consumo de álcool carburante que é extraído do milho, cuja cultura é subsidiada pelo governo americano.

Nos Estados Unidos a agricultura é muito subsidiada. E a pecuária também. Um dos problemas do Brasil, uma das nossas dificuldades, é a exportação de carne, de frangos. A Sadia e outras companhias exportam muito frango congelado, principalmente para os países árabes, e aí entram em competição com os americanos e os franceses, que vendem o frango subsidiado. Eles, que falam em comércio livre, chegam no mercado com o produto protegido pelo governo, enquanto o nosso não é. Assim, muitas vezes, o mercado fica fechado para o Brasil e nossa produção tem que ser diminuída.

Como a Embrapa atuou no seu governo?

A Embrapa começou no governo do Médici, mas nós lhe demos muita atenção e desenvolvimento. Muitos técnicos e agrônomos foram enviados ao estrangeiro para se aperfeiçoar. Com o Paulinelli criamos vários centros de pesquisa da Embrapa espalhados pelo país: no Rio Grande do Sul, em Passo Fundo, funcionava o do trigo; em Mato Grosso, o do gado de corte; na Paraíba, o do algodão; em Goiás, o do feijão, e assim por diante. Havia diversos centros com técnicos em cada região, de acordo com a sua especialidade. Faziam seleção de sementes e outras pesquisas como a de forrageiras, e os resultados eram aproveitados na agricultura e na pecuária. Havia também outra empresa, a Emater, que dava assistência aos agricultores. Ainda existe hoje algum resquício dessa atividade, mas sem projeção e definhando.

O senhor já mencionou que havia divergências entre os ministros Simonsen e Paulinelli. Qual era o problema, exatamente?

Uma das coisas contra as quais o Simonsen lutava muito era o financiamento da agricultura. A agricultura até hoje é subsidiada com financiamentos a juros baixos. É evidente que muitos agricultores usam o financiamento adequadamente, honestamente, mas também há muita burla e muita ladroeira. O agricultor solicitava um financiamento no Banco do Brasil a juros favorecidos — estou dando o quadro no meu tempo, não sei se hoje em dia ainda é assim —, e esse financiamento era calculado em função da área que ele pretendia cultivar e da natureza da cultura — soja, milho, trigo etc. Vamos supor que ele fosse cultivar 100 hectares de soja. O financiamento era feito nessa base, o agricultor recebia, mas plantava apenas 20 ou 30 hectares, e o resto do dinheiro não empregado era utilizado para comprar uma casa na praia ou um automóvel novo para a filha. E o Banco do Brasil não fiscalizava. Ou seu fiscal era conivente com o agricultor e recebia sua parte. Num ano do meu governo foi feito um financiamento para a compra de adubos. Havia locais no Rio Grande do Sul onde o governo, através de cooperativas, vendia adubo. Aí começou outra ladroeira. O financiamento do Banco do Brasil não era empregado na compra de adubo e, assim, sem adubagem, a produção era reduzida.

Simonsen queria reduzir as vantagens do financiamento, e o Paulinelli, como homem da agricultura, tinha interesse em alargar o financiamento para aumentar a produção agrícola. Cada um defendia, acertadamente, o seu ponto de vista. Várias vezes tive que decidir ou acertar esse problema. Simonsen chegou a apresentar uma modalidade que achei muito interessante: o financiamento começava a favorecer menos à medida que o agricultor ocupasse área maior. Assim, se procurava beneficiar mais o pequeno agricultor. Mas esse era um dos problemas difíceis de resolver. E isso porque, no fundo de toda essa história, existia a fraude, sempre a fraude, o que é muito lastimável.

Há alguma realização do II PND que o senhor destacaria, além das já citadas?

Uma realização importante, efetuada de acordo com um dos objetivos do plano, que era a maior integração nacional, foi a terceira rodovia construída na vertente sul do Amazonas, de Cuiabá a Santarém. A esse respeito há uma consideração que me parece conveniente expor, relativa à bacia hidrográfica do rio Amazonas. Ela foi explorada pelos portugueses partindo da foz, que era o seu acesso natural, em direção ao Peru e ao Pacífico. Assim, no Amazonas, o desenvolvimento, a civilização, o povoamento foram feitos pelo vale do rio. As cidades, os núcleos de população, estão ali, à margem do rio principal, e poucas vezes de algum afluente. Contudo, o domínio das bacias hidrográficas não se faz pela foz, mas partindo das cabeceiras. Este é um princípio geopolítico. Juscelino começou a fazer isso, construindo a Belém-Brasília. Foi a primeira estrada de penetração no vale do Amazonas partindo do planalto. Depois se fez, creio que no tempo do Médici, a estrada de Cuiabá a Porto Velho. Era a segunda. E nós fizemos a terceira, a Cuiabá-Santarém. Então toda a região compreendida por essas estradas começou a se desenvolver. Passou a dispor de um melhor sistema de transportes, o que é fundamental.

Estive em Santarém para a inauguração da estrada. Era uma estrada de terra, sem revestimento de asfalto. Já havia algumas áreas colonizadas pela iniciativa particular, principalmente de um pioneiro paranaense que fundou Nova Floresta. Trata-se de uma região muito interessante. Pode ser desenvolvida tendo como escoamento, ao norte, o porto de Santarém. O objetivo principal da estrada foi abrir novas áreas para correntes migratórias que vêm do Sul, do Rio Grande, já hoje em dia do Paraná. Essas populações, com o crescimento demográfico, migram. Há gaúchos cultivando o cerrado em Minas Gerais, plantando soja no centro da Bahia, povoando Rondônia — hoje Rondônia é quase toda colonizada por gaúchos, como anteriormente o foi o sul de Mato Grosso. Quando se fez Itaipu, toda a população ribeirinha foi expropriada e, com o dinheiro da indenização, por não haver mais terras livres disponíveis no Paraná, migrou. Isso, do ponto de vista nacional, é bom, porque o interior do país, principalmente o Centro-Oeste, está sendo povoado. O interior do Brasil era um imenso vazio. Esse povoamento, e o desenvolvimento consequente, é o grande resultado da construção de Brasília. Mas parece que é o único, porque todas as outras consequências são negativas: desde o funcionamento dos poderes da República, tudo é muito negativo.

Como o senhor via a Transamazônica?

A Transamazônica foi um fracasso. Cheguei a visitar certas colônias que lá havia, numa época em que elas estavam bem. A ideia da Transamazônica foi uma decorrência da seca do Nordeste, no tempo do governo do Médici. Deslocavam-se flagelados destinando-os à Amazônia, e assim se fazia o povoamento local. A primeira condição era, evidentemente, ter estrada. Então se projetou a Transamazônica, e ao longo da estrada, em certos lugares apropriados, fundaram-se núcleos. Havia um núcleo urbano e, gravitando em torno dele, as áreas agrícolas com os colonos do Nordeste. Encontrei lá também muito colono do Rio Grande. Eram muito úteis, pois pelo conhecimento do problema da agricultura, serviam de exemplo para a formação adequada dos colonos nordestinos, transmitindo-lhes conhecimentos.

Não sei o que houve depois, ao longo do tempo, mas o programa fracassou. Acho que aí entrou a megalomania. A concepção que eu tinha da Transamazônica era a seguinte: construía-se um trecho de 100 a 200 quilômetros de estrada para povoar a região por ela atravessada, e, quando a área estivesse em vias de saturação, far-se--ia mais outro trecho de 200 quilômetros e assim progressivamente. Mas o Andreazza se entusiasmou e resolveu fazer a estrada até a fronteira com o Peru. Essa seria a estrada no sul. Depois começou-

-se a fazer a perimetral norte. Logo que assumi o governo, mandei suspender sua construção. Talvez, hoje em dia, ela servisse para a defesa da Amazônia. Mas, na época, qual seria a utilidade? Não havia gente para povoar aquela área. Com a grande extensão que foi dada à Transamazônica, sem maior povoamento, não há dinheiro para conservá-la. A estrada é de terra, sem revestimento, e muitas pontes são de madeira. Tudo se deteriora facilmente.

Qual sua opinião sobre o Projeto Jari? Era um empreendimento muito criticado...

Conheci o Ludwig e visitei o Projeto Jari, creio que durante o governo Castelo. Quem patrocinou muito o Projeto Jari foi o ministro do Planejamento, Roberto Campos. Ludwig era um grande empreendedor, um homem que tinha enriquecido com uma frota de petroleiros. Era solteirão ou viúvo, tinha uma grande fortuna e quis fazer ali um grande projeto para a produção de celulose. Queria construir uma fábrica e uma usina hidrelétrica. Comprou ou obteve a concessão de grandes áreas, começou a se instalar e foi muito combatido. Foi condenado porque era um estrangeiro e ocupava uma grande área. Mas creio que o Projeto Jari não iria afetar a nossa soberania, porque havia a presença ativa do governo, tanto do Pará e do Amapá quanto federal. E era uma maneira de desenvolver a região. Ludwig descobriu uma grande mina de caulim, mas o projeto não progrediu de acordo com o previsto. Havia uma várzea em que se planejou uma grande plantação de arroz, o que não se conseguiu fazer. Quando o Ludwig adoeceu e morreu, o projeto foi comprado por um consórcio de empresários brasileiros sob a liderança do Azevedo Antunes, que já explorava o manganês no território do Amapá. O projeto está indo bem, vendendo muito caulim e produzindo muita celulose.

Ludwig queria fazer ainda outros empreendimentos no Brasil. Quando eu era presidente da Petrobras, ele me procurou com o projeto de um grande estaleiro de reparação naval na costa do Nordeste do Brasil, porque considerava que aquela era uma área boa para os petroleiros fazerem suas reparações. Foi ao Andreazza, que era ministro dos Transportes, mas não conseguiu sua aprovação.

De modo geral, o Projeto Jari foi uma boa iniciativa para o Brasil?

A primeira fase foi um rosário de fracassos, mas depois ele progrediu, e acho que é um bom projeto. Ainda há lá muita coisa por fazer, para um maior desenvolvimento.

Um dos projetos de seu governo era o da Ferrovia do Aço. Por que não foi concluída?

A Ferrovia do Aço acabou paralisada porque já estava perto do fim do meu governo, e os recursos estavam mais escassos. Simonsen reclamava da falta de dinheiro. Mas a ideia da Ferrovia do Aço era correta. Era um projeto que vinha do governo anterior. A ligação de Minas Gerais com o litoral do Atlântico, afora a estrada da Vale do Rio Doce, que vai sair no Espírito Santo, no porto de Tubarão, fazia-se pela linha Centro, uma ferrovia da Central das mais antigas do país. É a estrada que vem de Belo Horizonte e sai aqui no Rio. Por essa estrada escoava o minério de ferro que era exportado pelo porto do Rio. Azevedo Antunes, por exemplo, exportava minério de ferro por um terminal próprio no litoral do estado do Rio, servido por um ramal ferroviário ligado a essa linha Centro. Mas as pontes da linha não suportavam o peso dos trens de minério. Por isso, no governo Castelo, fizeram-se negociações com a Rede Ferroviária para a execução de um programa para a reconstrução adequada dessas pontes. Quando assumi o governo, fui procurado pelo Antunes, que veio me mostrar que o programa não havia sido cumprido e que, em consequência, a exportação do minério estava prejudicada, com reflexo negativo na nossa balança comercial. Conversei a respeito com o ministro dos Transportes e, assim, as pontes foram reforçadas adequadamente. Mas, por outro lado, a ferrovia estava muito sobrecarregada. Estava praticamente no limite de sua capacidade de transporte. Não era possível carrear mais cargas de Minas Gerais para o Rio de Janeiro. Resolveu-se, então, reexaminar o projeto da Ferrovia do Aço. Era uma ferrovia direta de Belo Horizonte a Volta Redonda, que previa uma ramificação para São Paulo. Era o percurso mais adequado para o escoamento do minério de ferro.

Decidiu-se construir a Ferrovia do Aço dando-lhe as características de uma ferrovia moderna, eletrificada, e com velocidade de tráfego da ordem de 100 quilômetros por hora. O custo era elevado, pelo grande número de obras de arte, como túneis, viadutos etc. As obras estavam adiantadas, com trechos já concluídos, quando se resolveu suspendê-las, por falta dos recursos financeiros ainda necessários. Mais tarde, creio que durante o governo Sarney, os empresários interessados se uniram e conseguiram levar a ferrovia avante. Não dentro do programa estabelecido anteriormente, e nem eletrificando, mas assegurando o tráfego dos trens de minério. Não funciona nas condições do projeto inicial, mas, para o transporte de minério, cimento etc., ela satisfaz. As nossas ferrovias, de um modo geral, são obsoletas. Por isso, quase todo o tráfego de carga, inclusive em longas distâncias, é feito em caminhão, sobrecarregando as nossas deterioradas rodovias e consumindo derivados de petróleo, principalmente óleo diesel. Não acreditamos mais em ferrovias, quando os países mais avançados na Europa, os Estados Unidos e o Japão se empenham em melhorar seus parques ferroviários, trafegando em altas velocidades.

A Ferrovia do Aço seria o primeiro passo para a remodelação do nosso sistema ferroviário. Na crítica ignorante e maledicente passou a ser considerada, pejorativamente, uma "obra faraônica".

Seus ministros sentavam com o senhor para decidir as obras a serem cortadas quando os recursos começavam a escassear?

Entre outras obras, eles cortaram a ferrovia primeiro. Achavam que a ferrovia no momento não era tão necessária e que havia outras coisas mais urgentes. E a opinião deles era muito razoável. Eram corresponsáveis, e eu não podia dizer teimosamente: "Não, não corto, quero continuar com ela". Essa imagem do ditador que se apresenta a meu respeito não era bem assim. Meu governo era um governo cordato e que sempre procurou o consenso.

19

Princípios para o desenvolvimento social

Com quem o senhor se orientou para formular seu plano de governo na área social?

O homem que mais ajudou nessa área foi também o Veloso, com o Ipea, que lhe era subordinado. Veloso tinha sido ministro do Planejamento no tempo do Médici, mas sem o relevo que teve no meu governo porque, no tempo do Médici, Delfim dominava completamente e qualquer outro ficava apagado. No meu governo o Veloso pôde se expandir, pôde se desenvolver. Ajudou muito. Mas também ajudaram o Golbery, os ministros interessados, todos nós. Prieto, por exemplo, no Ministério do Trabalho, fez muita coisa, inclusive promovendo uma legislação em favor dos artistas. Fez-se também muita campanha contra acidentes de trabalho, embora o Brasil hoje em dia ainda continue a ser campeão de acidentes.

Mas de onde veio essa preocupação social, onde o senhor se inspirou para criar, por exemplo, um Conselho de Desenvolvimento Social?

É a realidade brasileira! Não é? É a pobreza, é o analfabetismo, é a doença, uma série de problemas. Quando assumi, encontrei o problema habitacional, por exemplo, um problema que foi atacado desde o governo Castelo pelo Roberto Campos. Naquela época incrementou-se a poupança com a correção monetária, criou-se o Banco Nacional de Habitação, o BNH, e o dinheiro da poupança, que passava a ser mais ou menos estável porque estava assegurada a correção da inflação, era revertido ao BNH para construir casas, conjuntos habitacionais — hoje em dia, o dinheiro fica com os bancos, que são os que mais lucram no Brasil, a ponto de distribuírem dividendos mensais, enquanto grande número de empresas industriais não realiza lucros que possibilitem dividendos. Mas, enfim, quando assumi, fui ver o problema do BNH. Havia uma série de conjuntos habitacionais construídos no Amazonas, no Nordeste e no Sudeste que apresentavam defeitos de construção, não podiam ser habitados. Uns tinham problemas difíceis de resolver com a empreiteira encarregada da construção, outros tinham problemas com os associados etc. Coloquei no BNH o Maurício Schulman, com a missão de regularizar a situação de todos os conjuntos habitacionais do país. Era um homem altamente capacitado e conseguiu resolver a maioria dos casos. Além disso, continuamos com o programa, e construíram-se muitas casas durante o meu governo.

Existem levantamentos do Ipea, inclusive recenseamentos, sobre a melhoria do estado social do país naquela época. Há índices que revelam quantos televisores existem em funcionamento, o número de máquinas de costura, geladeiras etc., e que permitem verificar a evolução do problema social. Melhorou-se muito o índice da mortalidade infantil, notadamente na cidade de São Paulo, sobretudo na periferia, nas favelas. Foi um trabalho do governador Paulo Egídio. O problema era o seguinte: nessas áreas havia abastecimento de água, mas a população não usava a água da Sabesp, e sim de poços. Havia poços que, evidentemente, estavam contaminados. Daí resultavam doenças, e crianças morriam. Paulo Egídio foi verificar por que eles não usavam a água do estado. O problema era o custo do hidrômetro. Instalaram-se hidrômetros de graça em todas essas casas, que passaram a usar a água saneada, e o índice de mortalidade infantil caiu.

Como essa medida, há muitas outras que revelam o que se poderia fazer para o desenvolvimento social. Uma iniciativa que, segundo creio, era do governo Médici e hoje está abandonada era a construção nas cidades, principalmente no interior e nas áreas mais pobres, de centros sociais. Era um empreendimento da Caixa Econômica. O centro social tinha uma série de atrativos para uso das populações, tais como escola, local de diversão, televisão e outros, todos relacionados com a vida social daquela área. O povo passava a frequentar o centro e eles mesmos elegiam a diretoria, que passava a geri-lo. No meu governo foram construídos muitos deles. Com o tempo, não sei por quê, foram abandonados. Eram uma espécie de clube que o governo construía e entregava a essas populações.

Na área da saúde, quais foram suas principais preocupações?

Quanto à saúde, tínhamos uma concepção diferente da que existe hoje em dia. Os ministérios, relativamente às suas atribuições e à sua área de atuação, podem ser divididos em duas categorias. Há ministérios que são principalmente normativos e há ministérios que são executivos. O Ministério do Trabalho, por exemplo, é um ministério normativo. Preocupa-se com as leis trabalhistas, procura acompanhar a sua aplicação, mas é sobretudo normativo. Já o Ministério dos Transportes faz estradas, cuida de sua conservação, constrói e opera portos etc. É, essencialmente, um ministério executivo. O Ministério da Fazenda pode ter uma parte normativa, mas é executivo: cabe-lhe arrecadar impostos, cuidar do tesouro e fazer os pagamentos. O Ministério da Saúde, hoje em dia, é considerado executivo — é preciso fazer hospitais, é preciso gerir hospitais, é preciso atender à saúde pública, proporcionar saúde para todo mundo. Meu governo pensava de modo diferente.

O problema da saúde é de cada um. Começa-se a cuidar da saúde em casa, depois vêm os ambulatórios, vêm os hospitais. Mas é a comunidade que faz o hospital, que cuida do hospital. E o que faz o Ministério da Saúde? Ele é normativo, ele fixa as condições a que um hospital tem que atender para existir: como devem ser os quartos? Que aparelhagem o hospital tem que ter? Depois, ele estabelece as normas para o hospital funcionar. Mas ele não vai administrar o hospital. Independentemente disso, ele é o ministério das grandes campanhas de âmbito nacional. É o ministério que cuida do problema da malária, das epidemias, da peste bubônica, que já se erradicou no Brasil, da campanha da esquistossomose, que é uma desgraça, no Nordeste principalmente, mas está em todo o país, das vacinações em massa. Foi nesse sentido que o Ministério da Saúde se orientou no meu governo.

Uma das grandes campanhas que se fez logo no começo foi para enfrentar uma epidemia de meningite, sobretudo em São Paulo. Compramos vacina na França e fizemos o que creio ter sido a primeira vacinação em massa. Fizeram-se grandes estudos de combate à esquistossomose no Nordeste, que, com a continuidade, estão prestes a gerar uma solução positiva no Instituto Oswaldo Cruz.

Saúde é um problema de todos. Como já disse, é em casa que se deve começar a cuidar da saúde. Depois vem a prefeitura, vem o governo do estado, e por fim vem o governo federal, ao qual deve caber a parte normativa. A parte executiva é dos demais. A ideia de que o governo federal tem a atribuição de fazer tudo ocorre também com a educação. Hoje em dia, o governo federal monta escola primária, dá dinheiro para os municípios pagarem a merenda escolar. Isso é problema do município! Como querer que o governo federal faça tudo? Ele dá a verba para o estado e para o município, e depois ainda vai fazer? É por isso que ele está quebrado!

Há uma questão que é sempre muito polêmica na área da saúde, que é a dos convênios da Previdência com os hospitais da rede privada.

É o governo federal que faz esses convênios, e quando assumi já havia vários estabelecidos. Mas devia ser o estado, devia ser o município. Há pouco tempo, fui em férias ao Sul e passei pela terra em que nasci e me criei, Bento Gonçalves, onde tenho poucas relações pessoais, porque todos os meus contemporâneos já morreram. Há lá um hospital que foi construído com o dinheiro do povo, com o nome de um grande médico italiano que cuidou daquela população durante o período colonial, com a interferência do próprio governo italiano. Esse médico era um benemérito, e eu o conheci pessoalmente. É um grande hospital, mas que não tem qualquer subvenção governamental. Vive à custa da população. Estavam empenhados em conseguir recursos financeiros para adquirir equipamentos modernos, fabricados no exterior, de grande eficiência sobretudo em diagnósticos, mas de elevado custo. Buscaram os recursos através de subscrição pública, inclusive com a minha participação pessoal. Todos ajudaram o hospital, com absoluta exclusão do governo em todos os seus níveis. É um grande hospital e funciona. Muitos outros, pelo Brasil, estão paralisados, não funcionam. Comeram o dinheiro, roubaram e acabaram em greve.

Em sua opinião, o que acontece com o dinheiro da saúde? Qual é o "buraco negro"?

Não sei. Acho que é a desonestidade. A pretexto de que o médico pode ter vários empregos, ele é mal pago pelo governo. Todos, de um modo geral, são mal pagos. Havia aqui no Rio de Janeiro um grande hospital, o dos Servidores do Estado. Hoje em dia está decadente. Era um hospital extraordinário.

Educação é um problema central no Brasil. Como o senhor tratou dessa questão em seu governo?

Meu ministro da Educação, Nei Braga, a quem conheci como governador do Paraná, quando ele inaugurava uma escola primária por dia, era dedicado e fez muita coisa acertada. Havia, contudo, carência de recursos. Para quem governa, o ensino passa a ser um saco sem fundo; quanto mais recursos se tem e se aplica na educação, mais se necessita. Minha opinião é que nesse problema do ensino, principalmente no primário e no secundário, assim como na área da saúde, os estados e os municípios devem atuar mais. A carga sempre recai sobre o governo federal: tantos por cento do orçamento federal têm que ser para a educação; o governo federal tem que dar isso, tem que dar aquilo. O governo federal, nestes últimos tempos, dá merenda escolar para os municípios! Impõe-se uma outra divisão de encargos. A divisão que se tinha anteriormente, e que me parece ser mais lógica, colocava o ensino primário sob a responsabilidade do município. De fato, o que faz o município no Brasil, além de pagar o prefeito, os vereadores e o seu funcionalismo? A maioria não faz nada. Eu daria a responsabilidade do ensino primário ao município. O ensino secundário ficaria sob responsabilidade do estado, e o governo federal ficaria com o ensino superior. É uma divisão de tarefas. O município não fazer nada, o estado cuidar de outras coisas e colocar todo o peso da responsabilidade sobre o governo federal é que não é possível! Nós fizemos, mais ou menos, essa distribuição entre município, estado e governo federal, mas isso é um processo que só se implanta se houver muita continuidade e muita doutrinação. E é algo absolutamente inviável com a Constituição vigente.

Sem dúvida, uma das questões mais importantes no nosso país é a da educação, problema em que também é relevante a responsabilidade familiar do pai e da mãe. Presentemente, como o país vive achando que o governo é que tem que fazer tudo, muitas famílias não cuidam mais dos problemas dos filhos, e daí resultam os meninos de rua, as meninas que andam por aí se prostituindo e assim por diante. Todo mundo é responsável, menos os pais. Eu acho que os pais é que têm que ser e devem ser responsabilizados. Acham que os outros é que têm o dever de tomar conta dos filhos alheios?

O senhor não aprova a ideia dos Cieps, não é?

Não sou a favor, pela seguinte razão: nesse sistema, tal como está montado, a criança fica o dia inteiro na escola, e a escola faz tudo, dá comida, médico, piscina, banho, biblioteca etc. Agora ela tem até televisão com antena parabólica. Tudo isso é muito bonito, mas me parece uma farsa, porque o governo não tem dinheiro para manter. Quantos professores, quantas pessoas devem trabalhar dentro de um Ciep para tomar conta dessas crianças durante toda a jornada? E quem vai pagar, e a que preço? Se o governo não tem condições de manter adequadamente o ensino no estágio em que estamos, como poderia fazê-lo nesses Cieps? Na realidade, acaba sendo uma farsa. Não sei se estou apaixonado, mas tenho essa impressão.

Quem viaja pelo interior do estado do Rio pode observar que todo Ciep é sempre construído na beira da estrada, para que todo mundo veja. Passa a ser meio de propaganda política! O Ciep não é construído no centro de gravidade da vida da população, onde realmente estão as crianças, e sim em lugar visível! Será que o governo do estado tem recursos para manter os Cieps como está no figurino? Além dos professores, quantos outros empregados eles têm que ter? Muita alimentação e roupas! É uma escola que se propõe substituir o lar. A família só vai tomar conhecimento da criança praticamente na hora em que ela vai dormir, e talvez aos sábados e domingos. O resto da semana as crianças estão, pelo menos teoricamente, desligadas dos pais. Pode ser que eu esteja pensando como velho, avesso ao que é considerado moderno hoje em dia, mas creio que não é um bom sistema. Dizem que é uma ideia antiga do Anísio Teixeira, que foi um grande educador. Mas não se pode isolar um problema no Brasil. Não se pode dizer que o problema da educação pode ignorar o resto. As coisas estão interligadas! A escola tem que estar interligada com os recursos de que se dispõe, deve estar vinculada à comunidade. Eu não posso querer fazer uma escola ideal, tenho que fazer uma escola compatível com aquilo de que disponho, com os recursos que tenho.

Nessa imitação dos Cieps, que são os Ciacs, o governo federal também está fazendo escola primária, o que, entretanto, deveria caber ao município. Se o município não tem condições de atender a esse ensino, suprima-se o município, incorpore-se-o a um outro. Mas aqui no Brasil criaram-se municípios apenas para usufruir o retorno de dinheiro do governo federal. A última leva de novos municípios criados obedeceu a esse objetivo. Se a comunidade quer ser relativamente autônoma, ter uma administração própria, sob a forma de município, ela também tem que ter responsabilidades, tem que atender a uma série de questões.

Problema semelhante ao que acontece na educação existe na saúde. A conclusão é que o governo federal tem que atender a todo mundo nos seus hospitais, tem que dar saúde a todos. Creio que não deve ser assim. A saúde começa em casa. Deve-se ensinar ao pai e à mãe a cuidar da saúde própria e da dos filhos. Muitas doenças, muitos problemas podem ser tratados em casa. Muitas vezes, os próprios ambulatórios servem para tapear. O indivíduo faltou ao trabalho, vai ao ambulatório e arranja lá um atestado de que está doente. No dia seguinte vai mostrar ao patrão por que não foi trabalhar.

Havia antigamente escolas de formação de professores em alguns estados. Aqui no Rio, funcionava o Instituto de Educação, que era altamente conceituado. Toda professora, para lecionar no estado ou no município, tinha que ter o curso dessa escola. Hoje em dia não sei se ainda existe. Não há mais escolas de formação de professores! Mas então o professor se improvisa? E ao lado disso viceja a indústria de material escolar, ganhando muito dinheiro com venda de caderno, lápis, mapa etc. Durante o meu governo, pelos índices que se tem, melhorou-se muito o problema do analfabetismo. Mas ainda é uma grande mazela neste país.

E quanto ao Mobral?

Encontrei o Mobral quando assumi o governo. Veio do governo do Médici. Funcionou comigo, mas não deu os resultados que se esperava. O Mobral se empenhou muito em alfabetizar adultos e velhos. Era um trabalho com uma categoria que talvez não devesse ter prioridade. Era preferível fazer mais esforço nas novas gerações. Uma certa época o Simonsen andou empenhado, pilotando o Mobral.

Havia ainda outras coisas boas. O Projeto Rondon recrutava estudantes universitários num curso de medicina ou outro e levava-os para o interior do país. Com isso os estudantes conheciam outras áreas. Iam, por exemplo, para a Amazônia, onde trabalhavam durante um certo período. Estudantes do Rio Grande do Sul iam para o Nordeste, com o objetivo principal de conhecer essa região, bem diferente do Sul e do Centro-Sul. Isso era bom, porque a maioria dos brasileiros não conhece o Brasil, fica muito presa à sua própria área e ignora o resto. Se nós queremos conservar o Brasil grande como ele é, e fazer dele realmente uma nação, temos que nos conhecer mais reciprocamente. As passagens de avião estão muito caras, infelizmente. E estamos com essa febre de Miami: os meninos têm que ir a Miami, têm que ir a Orlando, mas não sabem nada do Brasil!

Como o senhor lidou com o ensino superior?

Eu tive uma herança muito complicada. Haviam criado diversas faculdades de ensino superior. O esforço, nesse sentido, foi feito no governo do Costa e Silva. Às vezes, por causa dos excedentes dos vestibulares ou pela política da UNE, pela gritaria que se fazia, o governo resolvia aceitar essas novas faculdades, apesar de o problema principal estar na base do ensino, no curso primário. Assim, havia-se criado uma série de universidades que, entretanto, não estavam legalizadas. Encontrei em Montes Claros, Minas Gerais, uma Faculdade de Medicina que dois ou três anos antes tinha formado médicos que não podiam exercer legalmente a medicina porque a escola não estava legalizada. Resolvi não criar nada em matéria de ensino superior, mas procurei legalizar e fazer funcionar as escolas que já existiam. Uma dessas foi a atual Universidade de Uberlândia. É uma boa universidade, e a cidade de Uberlândia é excelente. Estive lá há poucos anos, com o país em crise, em dificuldade, e encontrei todo mundo eufórico, a região com grande produção agrícola, boa pecuária e alguma produção industrial, em pleno desenvolvimento. Aliás, o interior, seja de São Paulo, do Rio Grande, do Paraná ou de Santa Catarina, é outro país. Eles não sentem essa crise que estamos vivendo. Trabalham com muito interesse, progridem. São de outra origem e vivem em clima mais favorável. E, principalmente, trabalham!

No meu governo, eu me preocupava também em concluir a obra da universidade no Fundão, que vinha desde o tempo do governo Castelo. Foi concluída com a inauguração do respectivo hospital. Um belo dia o ministro Nei Braga veio a mim dizendo que eu devia inaugurar o hospital, mas que antes era necessário provê-lo com pessoal. Trouxe-me uma lista do pessoal a ser nomeado. Não concordei por ser muita gente. Disse-lhe que não havia dinheiro para tantos e pedi que reduzisse a lista. Ele reduziu, mas determinei que cortasse mais, o que ele fez. A nossa tendência, sempre que se inaugura um órgão novo, é fazer uma coisa suntuosa, com gente em quantidade.

Temos no Brasil outra disposição que considero inadequada e ruim, que é a autonomia universitária. Hoje em dia, o reitor é eleito. Votam todos os que trabalham e vivem na universidade: o faxineiro, o homem do cafezinho, o professor, todo mundo. Aparentemente isso é muito democrático. Mas isso não me parece autonomia. Não há preocupação com a qualidade do ensino, e sim o pleno exercício da politicagem. Será que a universidade funciona nessa base?

Como foi definida a política salarial de seu governo?

O salário mínimo era reajustado anualmente, em função da variação dos índices do custo de vida. Mas já a partir de 1975, as taxas de reajuste sempre estiveram acima dessa variação.

Variação dos índices de custo de vida significava aumento da inflação, não?

Sim. A inflação aumentou, mas não há nenhuma comparação com o que se tem hoje. Sempre se procurou manter o nível adequado do emprego. Houve muita preocupação na área do Ministério do Trabalho com salários de modo geral. Arnaldo Prieto se entendia muito bem com o Veloso e com o Simonsen, o que facilitou a tarefa de fazer os reajustamentos. Resolveu-se, também, dar meio salário para os velhos a partir de 65 anos. Não imaginam a quantidade de cartas que recebi, mesmo depois de sair da presidência, de velhos agradecendo. Meio salário mínimo! Parece ridículo, não é? O INPS, no meu governo, com o novo Ministério da Previdência que se criou, funcionou muito bem. No fim do governo apresentou saldo financeiro.

Esse benefício de meio salário foi estendido ao trabalhador rural também?

Sim, a todos os velhos de um modo geral. Não precisava nem ser filiado à Previdência. Agora, daí surgem fraudes, através de procuradores. A grande fraude da Previdência que agora está se usando é esta: a pessoa é filiada à Previdência e morre. O cartório onde foi feito o registro do óbito tem obrigação de comunicar ao Ministério da Previdência a morte, mas não o faz. Quem recebia o dinheiro desse velho, desse aposentado, era um procurador, e como a morte do mutuário não é registrada oficialmente, o procurador continua todo mês a receber e a embolsar o dinheiro. Isso aconteceu em larga escala aqui no Brasil. Será que a nossa gente é formada por ladrões?! Será que todo mundo tem que roubar?! Dizem que a ocasião faz o ladrão...

No fim do meu governo ainda havia salário mínimo regional, e reduzimos de cinco para quatro níveis. Mais tarde, fizeram o salário mínimo único. Parece-me contudo que isso não resolve o problema. Há no Nordeste prefeituras que não podem pagar um salário mínimo e então têm empregados que percebem meio salário. É uma solução ilegal, mas inevitável em decorrência da falta de recursos. Não se pode querer nivelar o interior do Piauí com São Paulo, com o Paraná! A fórmula de adotar uma lei geral nessa matéria para todo o país não é realista, não leva em conta a diferença existente entre as partes. É outra a situação econômica, completamente diversa, embora sejam brasileiros, e tão ou mais brasileiros do que nós.

Segundo o Ministério do Trabalho, entre 1990 e 1993 as perdas salariais no Brasil foram de 40%. A ideia que se tem no país é de que a perda salarial é sempre necessária para reduzir a inflação.

Pensa-se que a política salarial é a responsável pela inflação. Não é. A propósito, cabe lembrar a anedota: o italiano comenta o problema da inflação, e o brasileiro diz que não é tão ruim assim, porque quando aumenta a inflação também aumentam os salários, havendo sempre uma compensação. O italiano esclarece: "A questão é a seguinte: enquanto o salário sobe pela escada, a inflação sobe pelo elevador..." Isto é, o salário sempre chega atrasado. Esse é essencialmente o fenômeno. Nós sempre corrigimos a inflação *a posteriori*, defasados. E, assim, nunca se corrige integralmente.

Outra preocupação que o governo deve considerar é a relação que existe entre o salário e o desemprego. Muitas vezes é preferível não corrigir o salário como se deveria, para evitar mais desemprego. Isso porque, em muitas empresas, os aumentos salariais criam dificuldades que as induzem a despedir. Não é assim? Creio que a pior situação que o país e o mundo inteiro vivem é a recessão. Verificam-se suas consequências em todas as atividades econômicas do país, com um reflexo terrível sobre o emprego. A primeira coisa que a empresa faz, para se defender seja dos inconvenientes da inflação, seja da queda de vendas, da queda de preços ou de dificuldades na sua vida financeira, é despedir. Aí começa a surgir massa desempregada. Dizem que o Brasil não está em recessão porque a indústria cresceu. No entanto, há uma massa enorme de desempregados. O fenômeno dos camelôs é uma consequência da recessão. O empregado de uma empresa que foi despedido e que não consegue trabalho daí a pouco vira camelô. E se não puder ser camelô, ou se isso não resolver a sua vida, ele acaba no roubo, no assalto, no tóxico, acaba até sendo sequestrador... Ele tem que viver, a família tem que viver. O quadro que vemos hoje em dia, de crimes e de outras mazelas da vida, em grande parte é resultado da recessão. A política do meu governo, principalmente com o II Plano Nacional de Desenvolvimento, apesar da alta do petróleo e dos males decorrentes no nosso balanço de pagamentos, visou sempre a evitar a recessão.

Um outro problema que é estrutural no Brasil e que no seu governo até apresentou uma melhora substantiva é o da concentração de renda. O Brasil tem uma das maiores concentrações de renda do mundo. Qual é sua compreensão sobre isso?

Meu governo mudou um pouco o perfil nessa matéria. Uma das teses que parecem muito simpáticas diz: vamos tirar dos ricos para distribuir. Mas isso não pode ser assim. O rico, pelo fato de ser rico, não é condenável. O rico é condenável pela má aplicação que faz da sua fortuna. Entretanto, se aplicar os seus recursos para desenvolver o país, para criar empregos, seja numa indústria, seja no comércio, na agricultura, seja no que for, ele é muito bem-vindo. Mas no Brasil o que vigora é isso: vamos acabar com os ricos para melhorar as condições dos pobres. Aliás, no Brasil os ricos são poucos. A quantidade de riqueza disponível em função da população é ínfima, não dá para nada. Se tomarem o dinheiro dos ricos para distribuí-lo entre os pobres, no sentido de estabelecer um equilíbrio de recursos, todos vão ser pobres. Então, não é por aí que o problema se resolve. O problema se resolve assegurando-se o desenvolvimento do país.

Se o Brasil se desenvolver, se houver empregos, se os empregos forem progressivamente mais qualificados e se o empregado ganhar mais, se houver maior número de indústrias, maior atividade agrícola, maior atividade na pecuária e assim por diante, elevaremos o nível econômico da população e, progressivamente, melhoraremos sua situação. Um equilíbrio perfeito, a ponto de acabar com os ricos, talvez possa suceder num país comunista, mas num país capitalista, não. O que se deve fazer é melhorar as condições das classes mais pobres. E aí entra a ação do governo. Porque o particular, o rico, provavelmente, por si só, não vai fazer isso. O rico vai empregar o seu dinheiro na montagem de um banco ou de uma indústria, de um projeto agropecuário etc.

Eu condenaria o rico que fica com o seu dinheiro entesourado e vai gozar a vida com possíveis amantes. Esse não vale nada. Mas o rico que toma o seu dinheiro e aplica, eu aplaudo. Um exemplo é esse produtor de soja, Olacir de Morais. Ele era empreiteiro e deve ter ganho muito dinheiro. É dono do Banco Itamarati. Tem grandes fazendas em Mato Grosso, onde planta soja, e agora está querendo construir uma estrada de ferro para melhorar o escoamento da produção de Mato Grosso. É um homem que do ponto de vista da riqueza é excelente. Usa o dinheiro para desenvolver o país, é um empreendedor. O próprio Antônio Ermírio de Morais que, como já analisei aqui, tem aspectos censuráveis, é empreendedor.

Nesse problema de melhor distribuição de renda, não se pode esperar que tudo possa ser feito adequadamente pelo governo. É um processo progressivo, e só à medida que se eleva o nível da população é que se pode realmente evoluir.

O senhor lembra que, no governo Médici, Delfim Neto dizia: "Vamos deixar crescer o bolo para depois dividir"? O que o senhor pensa disso?

Quando e onde ele vai dividir? A divisão tem que se fazer na formação do bolo, dividir depois é uma utopia. Uma vez o bolo formado, quem ficou com ele vai reagir para não dividir. É possível que nessa concepção Delfim talvez não tenha se explicado direito. Não dá para pensar em fazer o bolo primeiro para depois dividi-lo. O que o governo tem que fazer é criar condições que estimulem o homem de dinheiro a investir. Hoje em dia, infelizmente, ele vai investir em banco. Não estou dizendo que os bancos não sejam necessários, mas sim que não o são na quantidade que temos. O negócio é tão bom que já há uma quantidade enorme de bancos estrangeiros no país. Agora vejam: pelos dados do Ipea a situação no meu governo melhorou um pouco. Seria bom que houvesse continuidade. E será que houve continuidade? Acho que não.

Como o senhor vê o problema da distribuição da terra no país?

Nosso problema em matéria de distribuição de terras é muito complexo. A tendência da Igreja é distribuir terras para os agricultores no regime de pequena propriedade. Mas a maneira como eles estão considerando esse problema é uma utopia. Dar, simplesmente, a terra ao agricultor não é suficiente. É necessário assentá-lo com sua família, é preciso dar-lhe casa para morar. Ele necessita de sementes, ferramentas e muitas outras coisas. Precisa ter vaca para produzir leite, precisa ter a subsistência assegurada durante pelo menos um ano até que possa colher a primeira safra. Esse é o problema do assentamento, e para resolvê-lo, além da terra, tem que haver muito dispêndio de recursos, inclusive financeiros.

Além disso, deve-se considerar que o problema da pequena propriedade, por si, não é uma solução adequada. O que o colono da pequena propriedade vai produzir? Só se forem especialidades, produtos mais caros, como frutas, flores, hortaliças etc. Nesse caso ele terá que estar próximo do grande centro para vendê-los, o que dificilmente ocorre. Senão, o que ele vai produzir em pequena propriedade? Soja, milho, feijão, arroz? Presentemente, o regime nessas culturas é o da máquina e o da especialização. É preciso ter maiores extensões de terra para usar a máquina, para ter agrônomos e silos, para ter toda essa infraestrutura. O agricultor deve dispor de sementes selecionadas, adubos, inseticidas e germicidas. A agricultura tornou-se um problema complexo.

Não é o regime de pequena propriedade que vai resolver o problema. O problema não tem essa simplicidade: o Incra vai lá, desapropria e redistribui a terra. Isso não vai resolver nada, e essa é a história do fracasso da reforma agrária. O que acontece é que o sem-terra recebe seu pedaço de terra e no fim de algum tempo passa adiante. Vende, vai embora e vai criar o problema em outro lugar.

A reforma agrária sempre foi uma questão muito ideologizada. Quando se diz que a pequena propriedade não resolve, não se corre o risco de favorecer o latifúndio improdutivo?

Sou contra o latifúndio improdutivo, acho que deve ser expropriado, deve ser liquidado. Não é aceitável que se possa ter uma propriedade e ficar sem fazer nada, esperando a valorização da terra para então ganhar dinheiro. Sou completamente contra isso. Mas a reforma agrária é um problema muito oneroso para que seja resolvido adequadamente. No meu governo foram feitos alguns assentamentos, mas não sei o que nessas áreas finalmente se produziu. O regime da pequena propriedade só pode subsistir se houver um grande sentimento de cooperação. A solução só pode vir através da cooperativa. No Brasil, entretanto, a cooperativa tem sido um fracasso, salvo poucas exceções, e isso porque a maioria das nossas cooperativas vira ladroeira. Acaba na mão do gerente, que usa a cooperativa em proveito próprio. Na minha terra, em Bento Gonçalves, quando eu era menino, faziam-se cooperativas de plantadores de uva. No fim de algum tempo, fracassavam. As cooperativas de trigo no Rio Grande do Sul também fracassaram pelo mesmo motivo. No Paraná e em Santa Catarina foi a mesma coisa. Talvez possamos mudar essa tendência para o roubo, e assim, algum dia, usufruir os benefícios da pequena propriedade.

E o que se faz, então, com esse povo que é expulso da terra, que não tem terra, não tem comida?

Tem-se que atender, mas não é dando apenas um pedaço de terra. É preciso retalhar uma grande propriedade improdutiva e aí assentar essa gente, organizar um adequado sistema cooperativista e educar. E quando o homem da cooperativa roubar, é preciso pô-lo na cadeia. Mas aqui não se pune, porque o deputado interfere, quer o voto da cooperativa... Uma cooperativa que teve grande êxito, resolvendo muitos problemas dos agricultores, mas que infelizmente entrou em concordata, ameaçada de falência, foi a Cotia, dos japoneses em São Paulo. Foi uma excelente organização. Assentou os colonos japoneses, distribuiu sementes selecionadas, adubos. Comprava toda a produção e colocava os produtos. E resolvia uma série de problemas dos colonos. No ano passado, não sei o que houve, se por má administração, ou por roubo, ou maus negócios, esteve por falir. Mas foi uma grande cooperativa, com a organização dos japoneses.

Creio que a solução do problema é o cooperativismo expurgado. Há um trabalho na agricultura, particularmente no cerrado de Minas Gerais, decorrente de um projeto executado pelo nosso Ministério da Agricultura, com a cooperação financeira do Japão. É o Projeto Campo, iniciado no meu governo. Trouxeram-se agricultores do Rio Grande do Sul, descendentes de alemães e italianos. Todos os recursos necessários foram dados a esses colonos: casas, máquinas e gado, sob a forma de financiamento a longo prazo. E organizou-se a adequada cooperativa. Isso foi feito em vários núcleos. Cada núcleo tem sua escola, recebe visitas periódicas de agrônomos para orientação. Há fornecimento de adubo, de sementes selecionadas etc. É um programa de colonização dirigido que deu resultado e que prossegue com a organização de novos núcleos análogos, na medida da disponibilidade financeira, que em grande parte é atendida pelos japoneses, nos termos do convênio firmado entre o Brasil e o Japão.

Como seu governo lidou com o problema dos índios?

Não concordo com a infiltração da Igreja, principalmente a estrangeira, em áreas indígenas em nosso país, notadamente na Amazônia. Havia, por exemplo, uma missão indígena no Pará que gozava de grande imunidade. Tinha aviões próprios e movimentava pessoas para dentro e para fora do país, sem qualquer controle, sem se submeter à fiscalização. Diziam que estavam fazendo o levantamento de idiomas indígenas da região, uma gramática da língua indígena, procuravam dar à sua atuação caráter científico, quando havia suspeitas de que, na realidade, praticavam contrabando. Quando terminou o prazo da concessão que usufruíam, não concedi prorrogação e providenciei sua saída do país. Mais tarde, no governo Figueiredo, eles conseguiram voltar.

Pelo Estatuto do Índio — uma lei feita por cientistas e antropólogos no governo Médici —, os indígenas têm o direito de preservar os seus padrões de vida e, assim, não nos cabe civilizá-los. Entre esses padrões, o mais importante talvez seja a religião, com suas crenças e mitos. Ora, é isso o que a Igreja católica, ou a luterana, querem modificar, inclusive com a consideração de que sem o batismo não se entra no céu. Não concordo com isso.

A questão do índio, entre nós, é muito explorada. Dizem, por exemplo, que quando Cabral aqui chegou, havia no Brasil 5 milhões de índios. Não sei quem fez esse recenseamento, nem que outra base surgiu para essa avaliação. A Argentina não tem mais índios, a não ser pequenos contingentes na fronteira com a Bolívia. O Uruguai também não tem. No Paraguai os índios guaranis estão civilizados. Nós temos índios no Rio Grande do Sul inteiramente aculturados, mas que dispõem de reservas e as arrendam para os agricultores plantarem milho, soja etc. Enquanto ganham dinheiro, se embriagam e roubam. Temos índios no Paraná, e até mesmo no Rio de Janeiro, que são reconhecidos e dispõem de uma reserva. E há índios no restante do Brasil, não só no Mato Grosso e na Amazônia, mas também em estados como a Bahia, Alagoas, Maranhão, Goiás etc., todos exigindo reservas territoriais. E essas reservas, devidamente demarcadas, devem ser muito grandes, porque o índio, de acordo com seus padrões culturais, vive da caça e da pesca e, para alimentar toda a tribo, necessita de uma base territorial dilatada. O resultado dessa teoria é que o índio que já não é mais tão selvagem, que está em contato com a civilização e é parcialmente aculturado, explora a floresta, extrai madeira, principalmente mogno, e vende no exterior, fazendo uma fortuna que lhe permite ter avião e automóvel importado. Ou então deixa que o homem civilizado faça garimpagem de ouro ou de pedras preciosas nas terras da sua reserva em troca de dinheiro, bebidas alcoólicas, entorpecentes etc. O problema do índio no Brasil está malposto com a legislação que temos. E, nele, indevidamente, interferem a Igreja e outras organizações internacionais, com menosprezo pela nossa soberania.

No seu governo surgiu a proposta de emancipação dos índios, ou seja, de reduzir o número dos que seriam caracterizados como índios. O senhor concorda com isso?

Isso está previsto na lei específica feita no tempo do Médici. A emancipação do índio, entretanto, é muito difícil. Há índios que frequentaram a universidade no Rio e em Brasília, terminaram seus cursos e voltaram para a tribo e aí começaram a insuflar os outros índios contra o governo. Chegamos ao absurdo demagógico de politizar um índio, que não é emancipado, e fazer dele deputado: o deputado federal Juruna. Eu não sou contra o índio. Acho que o índio deve ser bem tratado, viver decentemente, sem ser obrigado a se civilizar. Se ele quiser se civilizar, devemos criar condições de assimilação. Contudo, devemos considerar esse problema como exclusivamente nosso, dos brasileiros, e não admitir interferências externas. O americano matou quase todos os seus índios e agora é o grande campeão na defesa dos índios em outros países. O que é lamentável e incompreensível é que as autoridades e os cientistas brasileiros concorram para isso.

O que o senhor acha da reserva Ianomami?

Parece-me grande demais, um exagero demagógico. É uma área rica em minérios, que estimula a cobiça do homem, inclusive o estrangeiro. Nossa fronteira com a Venezuela está demarcada, mas não caracterizada. Na demarcação são colocados marcos nos pontos principais, nas montanhas etc., ao longo da fronteira, mas entre um marco e outro há geralmente uma grande extensão, da ordem de 20 a 50 quilômetros ou mais, em que não se sabe exatamente por onde passa a fronteira. Falta a colocação de marcos intermediários. Assim, nosso garimpeiro poderá, inadvertidamente, invadir a Venezuela, ou os garimpeiros da Venezuela poderão invadir o Brasil. E aí começa a fraude e por vezes a chacina contra os índios, além das desagradáveis questões diplomáticas. Isso porque a fronteira é morta, não tem vida, é desabitada, ao contrário, por exemplo, da nossa fronteira com o Uruguai. Aí, nas cabeceiras dos rios limítrofes — o Jaguarão e o Quaraí —, há uma série de marcos delimitando a divisa entre os dois países, e mesmo entre as cidades de Livramento e Rivera há uma avenida internacional.

Torno a repetir que não sou contra o índio, nem preconizo a sua emancipação forçada. Sou contra a maneira pela qual o problema é encarado, seja pela Igreja, seja pelo governo, seja pelos antropólogos. Não pretendo ser o dono da verdade, mas penso um pouco diferente.

20

Política externa e pragmatismo responsável

A política externa de seu governo ficou conhecida com o nome de "pragmatismo responsável". Como ela foi concebida?

O pragmatismo responsável resultou de conversas com o ministro Silveira. Ele era nosso embaixador na Argentina havia alguns anos quando fui escolhido para a presidência. Demorei, como já disse, na escolha do ministro das Relações Exteriores. Depois de examinar vários nomes, detive-me no do Silveira. Verifiquei seu passado e pedi que viesse ao Brasil. Conversei então com ele e concluí que suas ideias sobre política exterior, em grande parte, coincidiam com as minhas.

Eu achava, e vi isso nos governos anteriores, inclusive no do Médici, que o Ministério das Relações Exteriores procurava fazer boa figura, aparecer e prestar serviços aos Estados Unidos. O ministro das Relações Exteriores do Médici, Gibson Barbosa, esteve na Europa, andou pelo Oriente Médio e apareceu como querendo trabalhar para harmonizar os árabes e os israelenses. Deu entrevistas a respeito, e eu achava que aquilo era uma tolice. Que credencial tinha o Brasil no mundo internacional para promover a conciliação entre esses dois povos? O Brasil não tinha projeção nem poder para tanto.

Era um problema de vaidade, de interesse em aparecer, mas totalmente fora da realidade. Eu achava que a nossa política externa tinha que ser realista e, tanto quanto possível, independente. Andávamos demasiadamente a reboque dos Estados Unidos. Sei que a política americana nos levava a isso, mas tínhamos que ter um pouco mais de soberania, um pouco mais de independência, e não sermos subservientes em relação aos Estados Unidos. Tínhamos que viver e tratar com os Estados Unidos, tanto quanto possível, de igual para igual, embora eles fossem muito mais fortes, muito mais poderosos do que nós. Tínhamos que conversar e dizer as coisas como elas são, tínhamos que ser realistas no tratamento dos nossos interesses, querendo reciprocidade. Nossa política tinha que ser pragmática, mas também responsável. O que fizéssemos tinha que ser feito com convicção e no interesse do Brasil, sem dubiedades.

A mudança na política externa de seu governo em relação à dos governos militares anteriores estava ligada, portanto, à posição do Brasil diante dos Estados Unidos?

Sim. No governo Castelo, a política exterior foi muito ligada aos Estados Unidos. O embaixador americano na época, Lincoln Gordon, era muito a favor do governo brasileiro e mantinha ótimas relações com Castelo. Com Costa e Silva, a situação não se alterou. Depois, já no governo Médici e no começo do meu governo, o embaixador Crimmins era contra nós. Enviava notícias desfavoráveis para os Estados Unidos, notícias tendenciosas. Em vez de trabalhar para harmonizar interesses, criava divergências e desentendimentos. Mas ainda assim, na época do Médici, os Estados Unidos não fizeram reclamações sobre direitos humanos, não se envolveram nessa questão. Havia a grande euforia de "um país que ninguém segura", que ganhou o campeonato de futebol, com uma economia que ia relativamente bem. Médici não teve maiores problemas nessa área. Contudo, houve um desentendimento com a França a respeito da pesca, principalmente da lagosta, nas costas brasileiras, o que levou o Médici a estender para 200 milhas o nosso mar territorial. Recordo que houve também uma tendência a romper relações diplomáticas com a Argélia, porque seu embaixador entre nós intermediava o financiamento da subversão. Certa vez, quando eu era presidente da Petrobras, encontrei o Médici em Porto Alegre preocupado com esse problema e procurei demovê-lo sob o argumento de que tínhamos interesse em comprar petróleo daquele país e em vender-lhe o nosso açúcar. Após ponderar a questão, e não sei se pelos meus argumentos, ele desistiu do rompimento.

A política do meu governo, com a ativa colaboração do Silveira, era realista. Teve dificuldades mais graves com os Estados Unidos e com a Argentina, mas era uma política inteiramente a serviço do Brasil. Um problema de política exterior que eu considerava de grande interesse para o Brasil, e ainda considero, não apenas culturalmente, mas principalmente no sentido econômico, era o relacionamento com os países do Hemisfério Norte. São os países que dominam o mundo, são as civilizações mais adiantadas. Somos muito amigos dos países da América do Sul, com os quais cultivamos relações harmoniosas, mas o problema do nosso desenvolvimento passa pelo Hemisfério Norte. Procurei intensificar esse relacionamento, principalmente com a Inglaterra, a França, a Alemanha e o Japão. Não pude fazer mais coisas com os Estados Unidos por causa de exigências que foram surgindo e que me pareceram descabidas. Eles taxavam a importação de certos produtos brasileiros, embora fizessem apologia do comércio livre. Uma vez Kissinger esteve no Brasil e, conversando comigo, convidou-me a visitar os Estados Unidos. Respondi-lhe que poderia ir, mas só no dia em que o governo americano acabasse com essas taxações.

Até hoje, a importação de açúcar do Brasil pelos Estados Unidos é limitada por uma quota estabelecida. Os produtos de aço também são sobretaxados, sob o argumento de que aqui são subsidiados, inclusive devido ao menor salário dos nossos operários. O nosso suco de laranja, para entrar no mercado americano, é sobretaxado a pretexto de assim se proteger a produção local. No entanto, os Estados Unidos querem que o Brasil reduza ou acabe com as tarifas, prejudicando as suas indústrias! Sei que são um país poderoso, que têm a arma atômica e a bomba de hidrogênio, mas não aceito essa discriminação contra o Brasil! Durante o meu governo houve muitos entendimentos com os Estados Unidos, alguns desagradáveis, outros positivos. De qualquer forma, nosso diálogo com eles continuou aberto. Mas minhas relações com a Inglaterra, com a França, com a Alemanha e principalmente com o Japão foram muito boas. Com os árabes, desde quando presidi a

Petrobras, procurei maior aproximação e passamos a ter relações mais amistosas.

Quando se fala da política externa do seu governo, enfatiza-se sempre as iniciativas diplomáticas em relação ao Terceiro Mundo. No entanto, o senhor diz que o que importava era o Hemisfério Norte.

Isso pode parecer uma incoerência. Mas na questão do Terceiro Mundo, dos subdesenvolvidos, o Brasil não se filiou a qualquer organização correlata. Comparecíamos às reuniões e conferências, éramos a favor das reivindicações desses países, até porque também éramos um país subdesenvolvido, embora numa situação econômica, social e política em evolução, mas não assumíamos qualquer compromisso. Eles tinham a nossa simpatia, mas não nos engajávamos. Os nossos interesses, de fato, estavam no Hemisfério Norte. Os países do Hemisfério Sul, em termos de tecnologia, de financiamento, de equipamento, nada tinham que pudéssemos aproveitar. Seria uma posição egoísta? Talvez. Mas evidentemente, em primeiro lugar, estavam os nossos interesses.

Teríamos uma política de solidariedade para com o Terceiro Mundo e de preferência econômica pelo Norte?

Sim. Considerando o nosso desenvolvimento econômico e social, tínhamos que aprender muita coisa com o Norte. Mas mesmo nessa solidariedade com o Terceiro Mundo o Brasil nunca se empenhou a fundo. Para nos engajarmos a fundo, tínhamos que endossar as reivindicações dos subdesenvolvidos e sair pelo mundo fazendo campanha. Não convinha ao Brasil fazer isso. A solidariedade foi uma posição mais diplomática. A diplomacia é muito sutil. Nem sempre concordei com os diplomatas.

De qualquer forma o senhor não deu atenção apenas ao Hemisfério Norte, mas também à África, ao Oriente Médio...

Sim, à África ocidental, que é nossa fronteira marítima. E ao Médio Oriente, por causa do suprimento de petróleo e do mercado para os nossos produtos, principalmente alimentos. Dei também particular atenção aos nossos vizinhos da América do Sul.

Uma medida de impacto, tomada no início de seu governo, foi o reatamento de relações com a China. Do ponto de vista das relações internacionais, a China tinha algumas posições semelhantes às do Brasil. Por exemplo, também defendia o mar de 200 milhas, não tinha assinado o Tratado de Não Proliferação Nuclear... Isso foi levado em consideração para o reatamento das relações, ou pesaram apenas razões comerciais?

Eram razões estritamente comerciais. Mas a China também se portava em relação a nós, em outras áreas, como um país amistoso. E a mesma distensão que procurávamos fazer no ambiente interno também queríamos fazer no exterior. O reatamento das relações estava de acordo com o pragmatismo responsável.

Como foram os entendimentos para o Acordo Nuclear Brasil-Alemanha? Por que a Alemanha foi escolhida para um acordo desse tipo?

Muitas pessoas podem imaginar que eu tivesse simpatia pela Alemanha porque sou descendente de alemães. Mas isso é uma bobagem. Nós nos orientamos para a Alemanha porque considerávamos que, se ao longo do tempo iríamos construir usinas nucleares, tínhamos que ter o ciclo completo da produção da fonte energética, isto é, tínhamos que produzir o urânio enriquecido. E os Estados Unidos sempre foram contrários a isso, sempre quiseram que o Brasil ficasse preso a eles. Na usina Angra I, que já estava em construção, o suprimento da fonte energética, o urânio enriquecido, tinha que vir dos Estados Unidos. Eles cobrariam o preço que quisessem ou forneceriam a seu arbítrio, segundo suas disponibilidades. Era uma dependência inadmissível para a nossa soberania. A França produz o urânio enriquecido, o Japão também, mas o único país que se dispôs a transferir tecnologia para o Brasil foi a Alemanha. A França não quis, nem a Inglaterra, nem os Estados Unidos. Fez-se então o acordo com a Alemanha, incluindo o projeto das usinas e a tecnologia para enriquecer o urânio. Essa é em grandes linhas a gênese do Acordo Nuclear.

Os Estados Unidos chegaram a sugerir que o Brasil interrompesse as negociações com a Alemanha, não foi?

Sim, porque certamente queriam que tudo o que o Brasil fizesse em termos de uso de energia nuclear ficasse dependente deles.

Não admitiam que o Brasil viesse a produzir urânio enriquecido. No entanto, o Brasil tem grandes jazidas de urânio, particularmente em Itataia, no Ceará, em Lagoa Real, na Bahia, e em Poços de Caldas, Minas Gerais. Tínhamos matéria-prima mais do que suficiente para abastecer o país durante muitos anos, íamos ter as usinas, mas o elo intermediário, o beneficiamento da matéria-prima para ser usada na usina, isso não poderíamos ter. Seria um verdadeiro estrangulamento, algo que despreza a racionalidade. Mas era a política norte-americana.

Parece que os Estados Unidos também estavam temerosos porque o Brasil não tinha assinado o Tratado de Não Proliferação Nuclear em 1968, não era isso?

Era. Mas o tratado representava uma discriminação. O Brasil não podia ter tecnologia nuclear, mas os Estados Unidos, a Inglaterra, a França, a Rússia, e mais tarde a China, podiam? Considerou-se, para não assinar, o imperativo da soberania do país. O Brasil iria se colocar *a priori* numa posição de inferioridade em relação aos outros? Seria acertado? O sentimento nacional pode aceitar isso? Somos inferiores aos outros? No entanto, existe a Agência Internacional de Energia Nuclear, com sede em Viena, à qual o Brasil está filiado. Além de termos representantes nessa agência, sempre nos sujeitamos às suas normas e inspeções. Mas sempre houve, principalmente por parte dos Estados Unidos, o temor de que o Brasil viesse a produzir a bomba atômica. Presentemente, há livros e versões entre nós relativos à bomba atômica. Diz-se que o Figueiredo queria fazer a bomba atômica, que fizeram um poço profundo na Amazônia para fazer a sua experimentação, e lá foi o Collor para destruí-lo. Há em tudo isso muita fantasia e sensacionalismo. Para que o Brasil vai produzir a bomba atômica? Onde e em quem vai lançá-la?

Na época do seu governo, também se especulava se a Argentina estaria desenvolvendo a bomba atômica.

Pois é, falava-se nisso. A Argentina tem duas usinas nucleares, que usam o processo da água pesada. Nunca se imaginou honestamente que a Argentina quisesse produzir a bomba. Admito que alguns militares quisessem, como admito que alguns no Brasil também o desejassem. De qualquer forma, o Brasil deve conhecer a tecnologia do enriquecimento do urânio. Se algum dia, numa grave eventualidade, num caso extremo, necessitar da bomba atômica, conhecendo sua tecnologia poderá fazê-la. Suponham que o Brasil tenha uma guerra e nos bombardeiem com a bomba atômica. O Brasil vai abrir mão, *a priori*, de poder revidar? Será que isso é lógico? Mas impera a desconfiança contra nós. Enquanto isso os americanos, que são pacifistas, naquela época e muito depois continuaram a fazer experiências nucleares e inventaram um artefato ainda mais destruidor, que é a bomba H.

Quem participava das negociações relativas ao Acordo Nuclear? Por que foram negociações sigilosas?

Quem participava eram o Ministério das Relações Exteriores, do ponto de vista diplomático, e o das Minas e Energia. E as negociações foram sigilosas como todas em geral o são. Havia ainda a reação americana. Eles pressionaram a Alemanha para que não fizesse o acordo e pressionaram a nós. Pessoalmente não tenho nada contra os Estados Unidos, tenho é contra a orientação governamental americana de natureza imperialista. Admito que os Estados Unidos sejam poderosos, queiram se expandir. Devem, contudo, respeitar os direitos dos outros. O Brasil, depois do declínio do Império britânico, vinculou-se ao americano. Acho, entretanto, que essa vinculação deve atuar no interesse de ambos, sem menosprezo do mais forte com relação ao mais fraco, inclusive no que tange à soberania.

Após a assinatura do Acordo Nuclear, o voto do Brasil na ONU condenando o sionismo como forma de racismo gerou muita polêmica e deixou os Estados Unidos muito incomodados. O que aconteceu nessa ocasião?

Não aceitei uma forma evasiva que a diplomacia usa. O Itamarati, quando estava convicto do voto que devia proferir, mas sentia que com ele iria desagradar aos Estados Unidos, ou a outro país importante, adotava a política da abstenção, se abstinha de votar. Não aceitei isso, dizendo que era uma covardia. Se o Brasil tem uma opinião, ele tem que defender o seu ponto de vista e votar de acordo com a sua convicção. Estou convencido até hoje de que o sionismo é racista. Não sou inimigo dos judeus, inclusive porque em matéria religiosa sou muito tolerante. Mas como é que se qualifica o judeu, quando é que o indivíduo é judeu? Quando a mãe é judia. O judaísmo se transmite pela mãe. O que é isso? Não é racismo? Não é uma raça que assim se perpetua? Por que eu não posso declarar isso ao mundo? O que é que tem isso de mau? Contudo, nosso voto provocou uma celeuma danada. Agora o revogaram.

Pelo visto, o senhor não deve ter ficado muito preocupado com a desaprovação americana...

Não, absolutamente. Embora eu fosse solidário com os Estados Unidos na política geral contra o comunismo, não era caudatário deles. Admirava muito o povo americano, com o qual convivi seis meses, durante a guerra, fazendo cursos militares. Mas o povo é uma coisa, e o governo é outra. O povo americano é de primeira ordem, pelo menos nas áreas que frequentei. Mas o governo americano é imperialista: fez a guerra contra a Espanha, tomou Cuba, tomou Porto Rico, fez a independência do Panamá para fazer o canal do Panamá, tomou as Filipinas, tomou outras ilhas no Pacífico, apropriou-se de grande parte do México. A Califórnia toda era mexicana! O Texas! O que fizeram com ele? Quando se descobriu que o Texas tinha petróleo, o governo americano promoveu um movimento dentro do Texas para torná-lo independente, reconheceu a sua independência e, pouco tempo depois, a pedido da população, "aceitou" a sua anexação aos Estados Unidos! Essa é a história. Não tenho nada contra os Estados Unidos, mas tenho minhas reservas em relação à política do governo americano.

Como a comunidade judaica no Brasil reagiu ao voto antissionista? O senhor foi procurado para conversar?

Sim, os principais líderes da comunidade judaica no Brasil me procuraram, encaminhados pelo Golbery. Vieram com essa história: "Nós vivíamos tranquilos, em paz, aqui no Brasil, e agora estamos preocupados com o que vai acontecer conosco". Eu lhes respondi: "A vida de vocês no Brasil continua a mesma. Não há nenhuma alteração. Vocês vão viver e continuar a fazer os negócios aqui como vêm fazendo. Não há nem haverá no Brasil perseguição alguma aos judeus". Eles disseram: "Mas nas bancas de jornais estão exibindo *O protocolo dos sábios de Sião*". E eu: "É esse o problema que está incomodando os senhores?" Chamei o ajudante de ordens, disse-lhe para me ligar com o Falcão e, na frente deles, determinei: "Agora mesmo, mande a Polícia Federal ir a todas as bancas de jornais do Rio de Janeiro e de São Paulo recolher o livro *O protocolo dos sábios de Sião* e queimar todos os exemplares". E para a delegação: "Se é isso, está acabado. Não há mais problema. Podem ir para casa, trabalhar tranquilamente como antes, que eu lhes garanto que não haverá perseguição nenhuma aos judeus no Brasil. Judeu que entrou aqui durante a guerra ou antes, ou que vive aqui no Brasil, pode continuar a viver como vivia". Não havia nada contra eles. Creio que saíram satisfeitos, pois não voltaram mais, nem nenhum deles se queixou.

Consta que a mudança de posição do Brasil em relação ao Oriente Médio estaria ligada ao fato de que nessa época entramos com força no mercado internacional de armas.

Não vendemos muito. O Brasil não tinha quase nada para vender. Quem andou querendo vender foi a empresa Engesa, mas não conseguiu. Ela projetou o carro de combate *Osório* e quis vendê-lo, sem resultado, à Arábia Saudita. É evidente que, entre o Brasil e os Estados Unidos, a Arábia Saudita compra dos americanos. O Brasil não conseguiu desenvolver a indústria bélica para exportação. Pode ser que tenha exportado alguns produtos, mas nada relevante.

O Brasil também estava preocupado em não prejudicar o fornecimento de petróleo pelos países do Oriente Médio?

O óleo de que necessitávamos nós conseguíamos, não nos faltou. Evidentemente, o preço foi oneroso, tanto no primeiro choque do petróleo como depois, no segundo, durante o governo Figueiredo. Isso nos criou sérios problemas financeiros.

Em relação à África, o Brasil sempre mantivera o apoio a Portugal contra as resoluções anticolonialistas da ONU. Como se deu a retirada de apoio ao governo português nessa questão?

Embora eu procurasse ter boas relações com Portugal — dentro de um certo limite, por causa da Revolução portuguesa dos Cravos —, no caso da África achávamos que o colonialismo português estava acabado, ultrapassado. Não tínhamos por que apoiar Portugal nessa questão. As antigas colônias tinham-se libertado e passado a ser independentes. Procuramos manter boas relações, principalmente com os países da costa ocidental da África, Guiné-Bissau e outros. Já era assim no tempo do Castelo. Ele recebeu dirigentes africanos, e eu também recebi alguns deles em visita ao Brasil.

Logo no começo do meu governo, após a Revolução dos Cravos, tive um problema diplomático com Portugal. Havia sido nomeado embaixador em Lisboa, pelo Médici, o general Carlos Alberto de Fontoura, que fora chefe do SNI. Por problemas de saúde de uma filha, ele protelou sua ida para lá. O novo governo português, através de seu encarregado de negócios entre nós, manifestou o desejo de que o Fontoura não fosse o nosso representante. Certamente, os esquerdistas que haviam feito a revolução sabiam que ele vinha do SNI. Quando o Silveira me deu conhecimento dessa posição portuguesa, mandei que dissesse ao encarregado de negócios que ou o Fontoura iria como nosso embaixador ou então não iria ninguém. Os revolucionários portugueses acabaram cedendo e o receberam muito bem como representante do Brasil. Mais tarde, Mário Soares veio em caráter oficial ao Brasil, conversou amistosamente comigo e foi bem acolhido, como sempre os portugueses o foram entre nós.

Houve uma ocasião em que um grupo de militares portugueses queria invadir Portugal contra a Revolução dos Cravos, partindo do Brasil e com a nossa cooperação. Era uma loucura, uma fantasia. Coisa sem pé nem cabeça. Fizeram contato com o Itamarati e com militares nossos, mas foram francamente dissuadidos de qualquer ação dessa natureza.

Quando o Brasil reconheceu a independência de Angola, mais uma vez os Estados Unidos ficaram do outro lado...

Em Angola, eles estiveram insuflando a guerra. Falam tanto em paz mas insuflam a guerra. O que é a Unita? É uma tribo de Angola que faz a guerra contra o governo angolano, apoiada com armas, com dinheiro, com técnicas, com tudo, pelos americanos.

Quando o Brasil reconheceu a independência de Angola já se sabia que Cuba tinha tropas lá?

Já se sabia. Mas havia outros interesses. Em primeiro lugar, tratava-se de uma fronteira marítima nossa e, em segundo lugar, os angolanos falam português, a nossa língua. Já disse que éramos a favor das colônias portuguesas que se emancipavam de Portugal. Achávamos que o nosso apoio a Portugal nesse terreno tinha que mudar, inclusive porque somos anticolonialistas. Reconhecemos todos os países da costa oeste e, na costa leste, Moçambique. E o importante é que em Angola há petróleo! Presentemente estamos explorando petróleo no mar, em Angola, por intermédio da Braspetro, associada a outras empresas.

Em cada negociação dessas os Estados Unidos se pronunciavam?

Não se pronunciavam diretamente, davam a entender. Uma das medidas que o Silveira adotou foi estabelecer com os Estados Unidos um "memorando de entendimento", que estabelecia as bases de entendimento sem prejuízo da ação dos respectivos embaixadores em função. Um representante americano qualificado, enviado pelo respectivo Ministério das Relações Exteriores, vinha ao Brasil apresentar e discutir os problemas existentes. Periodicamente também ia um representante brasileiro a Washington. Ou ia o Silveira, ou outro ministro do Itamarati, e discutia os nossos problemas recíprocos. Havia trocas de informações, de reclamações, e essas conversações nem sempre eram agradáveis. Às vezes elas ficavam mais agudas, o desentendimento era maior. Mas muitas vezes se chegava ao entendimento, a bons resultados. Sempre procurávamos conviver com os Estados Unidos, do ponto de vista diplomático, em pé de igualdade.

Apesar das divergências, existia um alinhamento ideológico entre Brasil e Estados Unidos, não?

Existia, apesar de todos esses problemas. O Brasil estava de acordo em não permitir a expansão do comunismo dentro da América Latina e, nessa ação, sempre foi coerente. O Brasil não reatava relações com Cuba, entre outras razões, por solidariedade aos Estados Unidos. Mas o problema maior estava no nosso continente americano. Cuba procurava exportar sua revolução para outros países da América do Sul, seja com Che Guevara, seja financiando a subversão com Brizola, seja, enfim, formando e instruindo sediciosos brasileiros para agirem revolucionariamente aqui.

Em relação à América Latina, como foram definidas as prioridades da política externa brasileira? O que o Brasil pretendia?

Em primeiro lugar, procurava viver em paz com todos, ter boas relações. Umas mais profundas, mais íntimas, outras mais superficiais. Não tínhamos nenhum conflito propriamente, a não ser o problema com a Argentina, relativo a Itaipu. Ela era contra Itaipu porque o empreendimento consolidava nossas relações com o Paraguai. Além disso, Itaipu fica na área da fronteira argentina. Tinham a concepção de que iríamos ter ali um grande centro de desenvolvimento, o que poderia ser muito inconveniente para eles. Os obstáculos que eles puderam colocar à construção de Itaipu, puseram. Alegavam que a barragem podia se romper e a água armazenada na represa iria inundar a região argentina a jusante, principalmente a cidade de Rosário, que assim poderia ser destruída. Queriam limitar a capacidade da usina, ou seja, o número de turbinas, para assegurar, mesmo na época das cheias, um escoamento limitado das águas pelo rio Paraná. Nós havíamos acrescentado mais duas turbinas, partindo do princípio de que sempre um dos geradores fica paralisado para manutenção, inclusive preventiva. Eles reclamavam. Discutiam a quota da barragem referida ao nível do mar. Acontece que o zero altimétrico que considerávamos era o do paralelo que corresponde à usina de Itaipu, mais ou menos o do porto de Paranaguá, enquanto eles se referiam ao zero de Buenos Aires, que é diferente. Tinham aí novo assunto para discussão.

A seu ver os argentinos pensavam em problemas estratégicos?

Não sei. Acredito que era uma ação negativa, do contra. Eles tinham, naturalmente, restrições ao desenvolvimento do Brasil. O assunto só ficou inteiramente acertado no tempo do Figueiredo.

Quem fazia as negociações com a Argentina?

Era o ministro Silveira. Ele tinha sido, por vários anos, embaixador do Brasil em Buenos Aires. À noite, ia ao Alvorada com assessores e os documentos referentes aos entendimentos em curso para me relatar e trocar ideias sobre as negociações. Havia também reuniões de representantes do Itamarati com os argentinos, ora em Buenos Aires, ora no Brasil. Havia um Tratado da Bacia do Prata, firmado pelo Paraguai, Bolívia, Uruguai, Argentina e Brasil, destinado a garantir a harmonia no aproveitamento da bacia. Mas alguns argentinos viviam no mundo da lua, com concepções estratégicas baseadas em conceitos geopolíticos. Uma dessas concepções era organizar uma via navegável fluvial de Buenos Aires até a saída do Orenoco, na Venezuela, ligando a bacia do Paraná-Paraguai aos lagos mais ao norte, até um afluente sul do Amazonas, avançando pelo Solimões e depois o rio Negro, para acabar no Atlântico. Essa seria a grande via da América do Sul. E a base seria o porto de Buenos Aires. Há livros de geopolítica da Argentina defendendo esse projeto. Mudaram de ideia com o projeto de uma hidrelétrica a ser construída mais ao sul de Itaipu, em Yaceretá, na fronteira com o Paraguai. É uma usina ainda em obras, semelhante a Itaipu, porém maior.

Afora esses problemas relativos a Itaipu, nos entendíamos muito bem com a Argentina. Tínhamos boas relações com a Venezuela, cujo presidente veio em visita ao Brasil. Tínhamos interesse em conseguir maior suprimento de petróleo, o que afinal não conseguimos porque a Venezuela já vendia toda a sua produção para outros, principalmente os Estados Unidos. Mas, assim mesmo, assinamos alguns acordos sobre outros assuntos. Tínhamos boas relações com a Colômbia, mais remotas, talvez. Encontrei-me com o presidente do Peru no Amazonas. Fui a Tabatinga de avião, e lá havia um navio de guerra nosso. Na foz do Javari, havia um navio de guerra peruano, e a bordo desse navio estava o presidente do Peru. Tivemos uma parte das conversações num dos navios e a outra parte, inclusive o almoço, no outro. Com o Equador, com a Bolívia, também eram muito boas as relações. A Bolívia foi o país que eu visitei no início do meu governo. Banzer era presidente. Fui a Cochabamba, onde iniciamos conversações sobre a venda de gás boliviano para o Brasil. Com o Paraguai, as relações eram tradicionalmente muito boas, não somente pelo Tratado de Itaipu. Já há muitos anos o Brasil mantém no Paraguai uma missão de instrução militar. E cooperamos muito na construção de uma rodovia ligando a área de Assunção com a de Foz do Iguaçu. Com o Uruguai as relações também eram muito boas, sem nenhum problema. Com o Chile não tínhamos maiores relações, mas também não havia questões pendentes. Assim, na América do Sul, nossa posição era tranquila.

Uma relevante realização política do meu governo foi o Tratado da Bacia Amazônica, elaborado à semelhança do Tratado da Bacia do Prata. Nele se congregaram todos os países que partilhavam a bacia. Foi obra do ministro Silveira.

No seu governo surgiram rumores sobre a proposta de um pacto do Atlântico Sul entre Brasil e Argentina, com a participação da África do Sul. Há algum fundamento nisso?

Não. O Brasil participou do boicote internacional à África do Sul por causa da segregação racial que lá imperava. No meu governo surgiu um problema relativo a provas esportivas, principalmente náuticas, a que os desportistas do Brasil queriam concorrer. Não participamos porque foi decretado o boicote a essas competições.

Com relação a pactos, o que há são certos acordos dentro da OEA. Anualmente se fazem manobras navais conjuntas da Argentina, Brasil e Estados Unidos para a defesa do Atlântico. É a operação Unitas. Há também um relacionamento entre as forças terrestres, mas extensivo aos demais países da América. Periodicamente representantes do Estado-Maior se reúnem, ou no Brasil, ou nos Estados Unidos, ou num outro país americano. São consequências da guerra, que permaneceram depois, por causa do problema comunista. Até hoje existem. Em Washington funciona a Junta Interamericana de Defesa, integrada por militares dos países americanos.

Havia, durante seu governo, algum entendimento no sentido de uma política coordenada de combate à esquerda no continente americano?

A base da nossa organização continental é a OEA, que funciona nos Estados Unidos e procura fazer uma política para o conjunto da América. A OEA era muito influenciada pelos Estados Unidos, e a política geral era anticomunista. Nenhum país da América, a não ser Cuba, se comunizou. Na América Central houve vários movimentos revolucionários comunizantes, mas, de fato, os países ficaram solidários com o bloco ocidental, contra o comunismo.

Argentina, Uruguai e Chile também tiveram regimes militares mais ou menos na mesma época do regime militar brasileiro. Como o senhor via esses governos? Eram diferentes do Brasil? Havia identidade entre eles?

Cada um tinha suas características próprias. No caso do Chile, Pinochet é muito condenado, muito criticado pela repressão que fez, mas o fato é que o país se desenvolveu. Hoje em dia, o Chile é um dos países da América do Sul que tem melhor economia, em matéria de inflação, de crescimento do produto bruto. Pinochet continua lá, não é presidente, mas se reservou o lugar de chefe das Forças Armadas e continua a ter influência. O regime militar na Argentina acabou com a loucura da invasão das Malvinas. No Uruguai a vida pública se normalizou. Todos eram e são diferentes e, presentemente, segundo creio, não há mais problemas subversivos em nenhum deles.

Especificamente na América do Sul, em termos de combate à esquerda, houve naquela época alguma iniciativa comum?

Creio que não. Houve, desde o governo Médici, entendimentos com a Argentina e o Uruguai para o intercâmbio de informações. Na minha época houve uma tentativa de fazer uma espécie de união do Brasil com o Uruguai, Paraguai, Argentina e Bolívia para o combate das ações subversivas, mas eu fui contra, seja porque essas ações já eram muito reduzidas entre nós, seja porque essa união não me merecia muita confiança e envolvia relações que considerei indesejáveis. Recordo que recebi um oficial boliviano que veio a mim, em caráter oficial, propor a união das áreas militares dos nossos países numa ação comum e eu me opus, dizendo que cada um devia resolver o seu problema. Sempre me opus a isso, admitindo apenas a troca de informações.

Na época de seu governo houve uma grande campanha internacional em defesa dos direitos humanos. Com a posse do presidente Carter, em janeiro de 1977, essa questão também entrou na agenda das relações Brasil-Estados Unidos.

Sim, e aí surgiu novo problema. Tínhamos, desde o último governo do Getúlio, um Acordo Militar com os Estados Unidos. Em função desse acordo, eles mantinham uma missão militar e outra naval no Brasil, nos proporcionavam facilidades para a frequência de oficiais brasileiros em suas escolas militares e, bem assim, nos supriam com algum material bélico. O Brasil podia comprar ou receber armamentos dos Estados Unidos por preços especiais. A Marinha comprava navios que o americano desclassificava, já não usava mais, os recondicionava e trazia para cá.

Com a história dos direitos humanos, surgiram pelo mundo afora organizações não governamentais, como a Anistia Internacional, que começaram a querer influir nesses problemas. O Senado americano resolveu então estabelecer que todo auxílio que o governo americano prestasse na área militar dependeria de uma prévia apreciação da situação dos direitos humanos no país interessado. O Senado americano passava a ser juiz para decidir se o Brasil podia ou não receber os recursos previstos no Acordo Militar. Era uma intromissão dos Estados Unidos na nossa vida interna, à margem das cláusulas do acordo. Quando assinamos o acordo não havia nenhuma cláusula que fizesse sua execução depender da aprovação do Senado americano relativamente à situação interna do Brasil. Da mesma forma, o Brasil nunca se arrogou o direito de examinar a situação interna dos Estados Unidos, com o problema dos negros, dos porto-riquenhos, dos índios etc. Nunca nos preocupamos com isso. Era uma questão de independência, de autonomia nacional. Eu não aceitei a exigência do Senado americano e resolvi denunciar o Acordo Militar. Aliás, por cláusula do próprio acordo, ele, depois de um certo número de anos, podia ser denunciado.

A área militar do seu governo concordou com isso?

Concordou, claro. A Marinha reagiu um pouco, porque se beneficiava muito do acordo na questão dos navios. Mas, embora houvesse alguma ponderação, fui intransigente.

No momento em que foi denunciado, o Acordo Militar significava exatamente o quê?

Nada. Fornecimento de material, de armamento etc., mas o que eles nos mandavam não era o melhor armamento, o mais moderno. Mandavam aquilo que já era obsoleto para eles, quando já havia material muito melhor. Quanto às missões que mantinham aqui, uma do Exército e uma naval, na realidade elas funcionavam como uma agência de informações dos Estados Unidos. Tinham suas prerrogativas, isenção alfandegária e de outros impostos, e montaram aqui um PEx semelhante aos que havia nos Estados Unidos, um *shopping* em que tinham roupas e artigos americanos de toda natureza. Esse PEx — havia um em Brasília e outro no Rio — funcionava sob a alegação de que era apenas para uso pessoal deles, dos americanos. No dia seguinte à minha posse na presidência da República, eles mandaram um cartão para a dona Lucy que lhe permitia frequentar livremente o *shopping* para fazer suas compras. Devolvi o cartão. Era uma forma de corrupção! Por que a senhora do presidente da República pode comprar artigo americano barato e outros brasileiros não podem? É uma forma de agradar e de criar uma certa benevolência.

O Carter esteve em Brasília não sei se uma ou duas vezes, assim como a sra. Rosalyn,[73] e as conversas nem sempre foram agradáveis, embora fossem conduzidas com serenidade e com um certo respeito. Com a dona Rosalyn era mais difícil, porque ela trazia um caderninho com suas anotações. Ela tinha um professor que veio junto, o sr. Pastor, que a instruía. Ela sentava, abria o caderno e apresentava sucessivamente os itens da nossa conversa. Eram itens sobre direitos humanos, sobre energia nuclear... Ela se envolvia em tudo. Uma vez eu disse a ela: "A senhora está abordando um problema baseado apenas em suposições" — referia-me à energia nuclear — "e, enquanto isso, os Estados Unidos continuam fazendo experiências nucleares". Ela: "Ah, não! O Jimmy não faz isso!" Aí eu respondi: "Perdoe, mas faz. Está aqui, o jornal de ontem deu a notícia de uma experiência no deserto de Nevada". E ela: "Não, não é verdade". Depois ela me telefonou dizendo que tinha verificado e que a experiência nuclear tinha sido feita realmente, mas no mar. Eu disse: "Mas minha senhora, é experiência nuclear do mesmo jeito! Estão estourando bombas nucleares! Para quê? Para bombardear o mundo?"

Uma ocasião o Carter, ela e o secretário de Estado que os acompanhava fizeram uma chantagem comigo. Eles diziam que poderiam fazer isso ou aquilo pelo Brasil, mas que já estavam em negociações, se encaminhando para fazer tais favores à Argentina. Respondi: "Muito bem, os senhores façam os favores para a Argentina. O Brasil não tem nada com isso. Não temos incompatibilidades ou rivalidades com a Argentina. Se os senhores quiserem fazer, não há qualquer objeção". Que mediocridade! Pensavam que eu fosse me impressionar e ceder às suas pressões. Eles queriam que eu não cumprisse o Acordo Nuclear com a Alemanha. Havia naturalmente outras questões, e no meio eles vinham com os problemas dos direitos hu-

---

[73] Em junho de 1977, Jimmy Carter adiou sua viagem ao Brasil, mandando em seu lugar a primeira-dama, Rosalyn Carter. O presidente americano veio finalmente em março de 1978.

manos. Eu expliquei: "Nós estamos vivendo uma fase difícil, mas o problema dos direitos humanos progressivamente vai melhorando. Há realmente muitos problemas complexos de direitos humanos no Brasil, não só em relação aos subversivos, mas ao povo que passa fome, aos desempregados, aos que não têm instrução, não têm escola. Enfim, há uma série de deficiências que só com muita ação e com o tempo podem ser atendidas".

No jantar que ofereci no palácio da Alvorada, o Carter virou-se para mim e perguntou: "O senhor não estaria disposto a refazer o Acordo Militar?" Respondi: "Estou sim, mas com uma única condição: que se acabe com a intromissão do Senado americano, fiscalizando o Brasil. Se o senhor acabar com aquilo, faço com muito prazer um novo acordo militar. O que não posso fazer é um acordo que humilhe o meu país". Aí, ele desconversou. Não tinha força junto ao Senado, que é uma potência nos Estados Unidos. Nesse mesmo dia do jantar no Alvorada os jornais noticiavam um massacre de porto-riquenhos em Chicago! Será que os porto-riquenhos não faziam jus aos direitos humanos? E a ação da polícia americana, com a sua violência? Não era a primeira vez que aquilo acontecia! Por que não iam cuidar da sua gente, em vez de meter o nariz aqui dentro? Se eu fosse um homem completamente omisso, que não me preocupasse com esse problema, não tratasse de resolvê-lo e, ao contrário, incentivasse para que os direitos humanos não fossem respeitados, essa crítica poderia se justificar. Mas eram injustos comigo e, em vez de ajudar, atrapalhavam. Pelo menos eu tinha essa convicção. Pelo que eu procurava fazer, pelo que eu tinha feito para melhorar esse quadro, acho que a atitude deles deveria ser outra. As relações com os Estados Unidos tornaram-se muito desagradáveis. Mas as divergências vinham de antes, por problemas na área comercial e tarifária.

E quanto às pressões da Anistia Internacional? Como o senhor lidou com isso?

É a mesma coisa. O que a Anistia Internacional tem a ver com o Brasil? Por que não vão cuidar dos seus problemas? Por que a Inglaterra vem querer resolver o problema do Brasil e não vai resolver o seu problema com a Irlanda? Por que o americano não resolve adequadamente o problema dos negros, dos porto-riquenhos e de outros grupos étnicos que vivem nos Estados Unidos? Para mim, a

Anistia Internacional é constituída por um grupo que se formou em torno da tese do pleno respeito aos direitos humanos e acha que um belo campo para atuar é o Brasil ou outros países da América do Sul. Mas lá, onde está o problema, dentro dos seus próprios países, eles não atuam. Em vez de agir contra os novos nazistas da Alemanha, que estão incendiando e matando gente, de resolver os problemas da Iugoslávia, vêm se meter aqui. Não estou dizendo que não tenham certa razão, mas o nosso problema, cabe a nós resolvê-lo, e não à Anistia Internacional.

Os nossos graves problemas sociais, as favelas, os meninos de rua, a prostituição, a fome, o desemprego, o tráfico de entorpecentes, a violência, o sequestro, sem dúvida exigem solução, mas é ao governo e à própria sociedade brasileira, através de suas organizações, inclusive a Igreja, que cabe dar essa solução. Por ocasião da chacina de presos em São Paulo, na cadeia do Carandiru,[74] veio ao Brasil um representante da Anistia Internacional que passou a interrogar pessoas, ouvir os presos, entrevistar o governador. Por fim, com espalhafato, ele concluiu seu relatório pessoal. Eu, por mim, não permitiria essa ação. Dir-lhe-ia: "Vá cuidar do seu país! Aqui quem vai resolver o problema somos nós, e não vocês!" Não dou direito ao estrangeiro de vir aqui ditar regras do que devemos fazer com os nossos problemas. Nós é que temos que resolvê-los. Duvido muito da sinceridade dessa gente. Pode ser que eu esteja apaixonado nessa questão, mas não rezo por essa cartilha.

O senhor não acha que alguns órgãos internacionais, como a ONU, a Cruz Vermelha, são importantes? A Anistia Internacional não teria a mesma importância?

Mas ela não tem caráter oficial, ao passo que essas outras entidades têm. A Cruz Vermelha é uma entidade importante, embora às vezes se desvirtue. Agora estão descobrindo roubos na Cruz Vermelha aqui no Rio, estão destituindo a presidente que a dirigia havia muitos anos. De toda forma é um órgão importante, que se caracterizou pela ação humanitária nas guerras e em outras ocasiões. A ONU é um sonho, idealista. Vem desde a Liga das Nações do Wil-

---

[74] Em 2 de outubro de 1992 ocorreu uma rebelião no presídio do Carandiru, em São Paulo. A polícia interveio, matando 111 presos.

son, em decorrência do Tratado de Versalhes. A maior parte dos países hoje em dia não paga à ONU, deve a ela, inclusive o Brasil. Os Estados Unidos são os maiores devedores, segundo li nos jornais. Apesar de todos os países terem direito de voto na ONU, só quatro ou cinco decidem, com o seu poder de veto. Há, assim, países de primeira classe e países de segunda e terceira. Não aceito isso. Num organismo internacional, todos os países devem ser iguais. O Brasil não é um país independente? Os outros podem e o Brasil não pode? Querem que o Brasil volte a ser colônia? Não vejo por que um tem direito de veto e o outro não tem. Isso é imperialismo, prepotência. E dentro desse direito de veto, quem manda na ONU hoje em dia são os Estados Unidos. O que os Estados Unidos querem, os outros têm que aprovar. Tacitamente eles ficam de acordo, tal é o poder que os Estados Unidos adquiriram. Então, para mim, a ONU é uma instituição parcial. Não consegue resolver o problema da Iugoslávia, da Bósnia. Fazem uma violentíssima intervenção no Iraque, matam gente, bombardeiam etc., mas na Iugoslávia não mexem. Como se explica isso? Ainda medo da ação russa? Será que isso é justo? Será que aquele povo da Bósnia não merece tanta atenção quanto o do Kuwait? Entraram na Somália a pretexto de alimentar o povo que estava morrendo de fome. Aí, resolveram combater a guerrilha e fizeram uma verdadeira guerra na Somália. Isso é a ONU. Acho que a ONU corresponde a um ideal, mas o que está aí está muito longe desse ideal.

Falou-se aqui em geopolítica. Como é que o senhor via o desenho geopolítico do mundo na época de seu governo?

Estudei as doutrinas geopolíticas mas dou-lhes um valor relativo, porque, em essência, a geopolítica acaba dizendo que a história da humanidade é dada pela conformação geográfica, inclusive com relação aos oceanos. Conclui que o centro do mundo, por exemplo, é a Rússia. Essa é a área forte do mundo, que vai dominar o resto, pela sua posição. Já os países marítimos são prejudicados. Há uma série de outras doutrinas de origem alemã que também se baseiam no determinismo geográfico. Dou a isso um valor muito relativo. Conheço o teor do livro do Golbery, Meira Matos também gosta muito de escrever sobre geopolítica, há civis entre nós que escreveram igualmente sobre o assunto. Mas creio que o problema do Brasil é, principalmente, econômico. Dele derivam os demais, inclusive o social. A fome do povo, o desemprego do povo, os assaltos, os roubos, o tráfico de entorpecentes têm a sua raiz na nossa deficiência econômica. Seremos uma nação de maior expressão se conseguirmos desenvolver a nossa economia. E é no Hemisfério Norte que há mercados, tecnologia, ciência, tudo o que nos interessa e é necessário para o nosso desenvolvimento. Isso não quer dizer que se ignore o resto, mas numa escala de valores dou preponderância ao Hemisfério Norte, independentemente de considerações geopolíticas.

O senhor visitou alguns países durante seu governo. Quais são suas lembranças dessas viagens?

Gostei de todas elas. Estive na França, Inglaterra, Alemanha e Japão, além do Uruguai, Paraguai, Bolívia e México. A viagem ao Japão talvez tenha sido a de mais êxito. Na Inglaterra também se fez muita coisa. Na França foram mais visitas protocolares, muito amigas. Ali vi uma situação que também encontrei na Alemanha e que me chocou. Na França havia muitos operários portugueses. Portugal recebe muitos recursos financeiros dos portugueses que estão no exterior trabalhando, inclusive na África do Sul. Essa gente ganha o seu dinheiro e depois volta para Portugal, onde o aplica. Conversando com o presidente Giscard, ele se queixava de que o operário português era muito bom mas não gastava o salário que recebia. Gastava muito pouco, levava o dinheiro para o exterior. Perguntei-lhe: "Como é que o operário francês, que está em grande parte desempregado por causa da recessão, aceita o trabalho do operário português aqui? Vocês estão sustentando um operário estrangeiro em prejuízo de um operário nacional. Como se explica isso?" Respondeu-me que não havia problema porque o operário francês se entendia muito bem com o operário português. Fiquei intrigado, e ele me esclareceu: "O operário português faz o trabalho sujo, bruto, que o francês não faz mais". No meu juízo, os franceses, que são liberais e democratas, criaram castas dentro do operariado. Encontrei a mesma coisa na Alemanha. Num jantar, uma senhora se queixava da sujeira dos operários turcos que para lá haviam migrado. Perguntei a ela: "Como é que o operário alemão aceita o operário turco tomar o seu lugar?" E a resposta foi: "Ah, não, o operário turco não toma o lugar, porque ele é quem faz o trabalho sujo, o operário alemão não faz mais isso". Esses são os países civilizados!

O senhor já havia ido à Alemanha antes?

Não, foi a primeira vez. Fui bem recebido, trataram-me muito bem. No fim de uma recepção reuniram os meu parentes que lá viviam. Eu não conhecia nenhum deles. Conversei com alguma dificuldade, porque o meu alemão é muito fraco. Embora entenda perfeitamente, falo muito pouco. Depois disso nunca mais tive contato com esses parentes. Lucy esteve na Alemanha em outra ocasião e encontrou-se com eles. Havia lá uns 20 ou 30. Os mais velhos já morreram.

Quais foram as suas impressões do Japão?

O Japão é um país superpovoado, ilhado num pequeno território, sem recursos naturais, a não ser no mar. A população é formada por uma raça milenar que conservou sua pureza, tem padrões de vida e conduta extraordinários, principalmente na educação e no trabalho. De um modo geral são muito comedidos e disciplinados. Após a derrota militar que sofreram em 1945 e a destruição de duas grandes cidades pela bomba atômica, a nação tenazmente se reconstituiu e se tornou uma potência econômica que quase chegou a sobrepujar a economia norte-americana.

E quanto à viagem à Inglaterra?

A viagem à Inglaterra foi muito boa, lá também trataram-me muito bem. Fui recebido pela rainha em carruagem aberta e segui com ela para o palácio de Buckingham, onde me hospedaram e me ofereceram um jantar de gala. A rainha, quando regressei ao Brasil, veio se despedir muito gentilmente. Tive um almoço com o primeiro-ministro, que era do Partido Trabalhista e que também foi muito afável. Jantei na prefeitura de Londres e aí senti o quanto estão arraigados à tradição. A guarda com que me receberam estava trajada a caráter, com toda a indumentária da Idade Média, armaduras etc. Entregaram-me o título de cidadão de Londres, após o que, feitas as demais apresentações, fomos jantar. O prefeito fez um discurso meio jocoso, e o meu também foi no estilo. Houve muitos risos, e o ambiente tornou-se muito agradável. No fim do jantar, apareceu uma moça com um copo, e perguntei ao prefeito, que estava do meu lado, para que era. Respondeu: "É a caipirinha". Perguntei: "De onde o senhor conhece a caipirinha?" Ele: "Tenho uns amigos brasileiros e aos sábados vou lá tomar minha caipirinha". Acabamos tomando caipirinha. Quando voltei ao Brasil mandei escolher 12 marcas de cachaça, das melhores que havia, e as enviei de presente ao prefeito, para as suas caipirinhas...

Houve uma reunião com os empresários em que fiz uma exposição sobre a situação econômica do Brasil. Fizeram-se várias negociações com a indústria inglesa, inclusive para o fornecimento de equipamentos para a Açominas, cuja construção estava sendo iniciada. Fiz várias visitas, fui ver a rainha-mãe e estive no Museu Britânico e, por fim, houve uma recepção na embaixada do Brasil, que era chefiada pelo Roberto Campos. No último dia, fui passear no campo. Passei por Oxford, almocei num restaurante da zona rural e admirei a beleza dos campos, com sua cultura vegetal e a coloração das plantas. À tarde passamos pelo castelo onde Churchill tinha nascido. E, dali, para o aeroporto. Gostei muito da Inglaterra.

Como foi sua viagem ao México?

Foi bem. Hospedaram-me num hotel, num andar muito alto, de onde se descortinava grande parte da cidade e se podia ver e sentir a densa atmosfera poluída que a cobre. Na recepção no aeroporto havia uma demonstração de força do Partido Revolucionário Institucional, com numerosas representações que desfilaram. O México vive em torno de um partido único, e nisso há muita demagogia. Houve almoços e jantares com música, canto e representação teatral, quadros típicos, folclóricos. Estivemos no Museu de Antropologia, com muitos objetos relativos à civilização dos índios. Um dia, já fora da cidade, fomos ver as pirâmides dos astecas. Visitamos com o prefeito da cidade um centro hípico, onde exibiram cavalos adestrados em alta escola, montados por senhoritas da sociedade mexicana. Tudo sempre muito agradável e cordial.

Houve algum entendimento importante em termos econômicos?

Não, apenas conversamos sobre nossas relações econômicas, que não apresentavam maiores problemas. Eu me empenhava em aumentar as relações comerciais com o México, inclusive para o nosso suprimento de petróleo, já que eles produziam em grande escala.

Na América Latina, naquela época, o México seria o país mais poderoso?

Mais poderoso, eu não diria, mas o mais interessante para nós. Mais do que a Argentina. O México, entretanto, estava muito voltado e mesmo vinculado aos Estados Unidos. Presentemente, com o Tratado Nafta, está muito mais. Alguém — creio que foi o prefeito da Cidade do México — me disse o seguinte com relação aos Estados Unidos: "Nossa impressão, de noite, quando vamos dormir, é que dormimos ao lado de um elefante. A qualquer momento podemos ser esmagados. É só o elefante se virar..."

O senhor recebia muitos presentes nessas viagens?

A rainha-mãe, que é escocesa, nos deu uma manta escocesa de lã bordada. Ela dizia que era para eu usar quando andasse de carruagem no frio, para cobrir as pernas. No México me deram uma sela de montaria, toda bordada. No Japão, um quadro com o seu maior vulcão, no meio da neve. Eram presentes geralmente tradicionais, sem maior valor financeiro. Além disso, havia troca de condecorações.

Nessas ocasiões, quem preparava os discursos que o senhor fazia?

Nessas viagens, os discursos eram preparados com antecedência pelo Itamarati, pelo Golbery, que revia, pelo professor Heitor, por mim e às vezes pelo Petrônio. Depois, se fosse o caso, nos reuníamos, inclusive com o Figueiredo, o Moraes Rego, o Humberto, e analisávamos o projeto do discurso para aprimorá-lo no texto e nos conceitos e ideias que devia conter. Eu reexaminava tudo e dava as linhas mestras, o que mais ou menos a gente pensava dizer, e depois vinham as sugestões. Eles achavam que podiam colocar mais isso ou aquilo, ou que se podia abordar mais esse ou aquele ponto. Golbery, principalmente, era muito imaginoso. Às vezes o discurso estava feito e eu o refazia, conforme o que realmente queria dizer.

Quando se tratava de viagens ao interior do Brasil, eu procurava saber quais eram os problemas, qual a história da região que eu ia visitar, para que pudesse conversar e, eventualmente, discursar. Nesses casos, a própria Casa Militar ou a Secretaria do Conselho de Segurança me ajudavam. Isso dependia do local a ser visitado. Eu achava que nunca devia ser submetido a um improviso, sem alguma preparação, inclusive porque sempre fui sincero.

Além das informações do Itamarati, em questões de política externa, o senhor também recebia relatórios do SNI, ou do Conselho de Segurança Nacional?

Relatórios, propriamente, não. Às vezes vinham notas, observações. Podiam vir do SNI, da Casa Militar ou do Conselho de Segurança. Podiam vir do próprio Golbery. Qualquer um podia trazer. É claro que sempre com cuidado, para não causar melindres, mesmo porque o Itamarati é muito suscetível.

O senhor sempre aceitava as sugestões do ministro Silveira?

Nós conversávamos muito. Aos domingos ele me telefonava não sei quantas vezes, para falar sobre os problemas que tinha em pauta. Era insistente, mas disciplinado. Às vezes tinha divergências com o Golbery, outras com o Simonsen, com o Veloso, com o Ueki, o Ângelo etc. O problema às vezes vinha a mim, conversávamos e procurávamos encontrar soluções. O Silveira era um grande ministro, um apaixonado pela sua profissão, que exercia havia muitos anos. Dedicou-se inteiramente à carreira diplomática, vivendo com o Itamarati os problemas do exterior. Tinha um amor profundo às tarefas, às iniciativas e às prerrogativas que cabiam ao Itamarati, e por isso muitas vezes surgiam divergências. Com relação aos Estados Unidos, por exemplo, às vezes o Itamarati pensava de uma maneira e o Simonsen de outra. O Simonsen era mais conciliador, mais inclinado a ceder aos americanos em várias questões, para colher boa vontade e apoio para os nossos problemas financeiros, enquanto o Silveira era mais intransigente.

O senhor se identificava mais com o ministro Silveira?

Não propriamente, pois eu não menosprezava o interesse do Simonsen, que também era um interesse do governo. Quer dizer, nós não podíamos brigar demasiadamente com os Estados Unidos, não podíamos romper com eles. Nem os Estados Unidos queriam romper conosco. Contudo, tínhamos que encontrar fórmulas de atender aos interesses do Brasil sem nos aviltar. Tínhamos que manter uma posição de negociação que, às vezes, exigia um pouco mais de altivez.

21

Problemas com a linha dura

No início do governo, o senhor achava que teria problemas na área militar?

Poderia ter problemas com os generais por causa da questão a que já me referi de não manter meu irmão no ministério. Alguns, sobretudo os generais de exército, batalhavam e trabalhavam por isso, e eu os contrariei. Contrariei e achei, como acho até hoje, que era o que eu tinha que fazer, embora fosse muito desagradável para mim. Eu poderia assim ter uma certa resistência deles, mas isso não tinha maior expressão. Eu me sentia perfeitamente à vontade em relação ao Exército, onde tinha muitos amigos. Além do mais, os generais que eram mais antigos chegavam no limite de idade e passavam para a reserva. Iam saindo e permitindo, assim, a renovação. Devo recordar que houve uma grande modificação na carreira dos generais, feita por Castelo Branco. Antigamente os generais ficavam no último posto até os 66 anos de idade, quando eram reformados ou transferidos para a reserva. Isso dava lugar a que ficassem muito tempo na função. São exemplos Denys, Cordeiro, Zenóbio, que permaneceram muitos anos no serviço ativo como generais. Cada um deles passou a ser uma espécie de cacique, com o seu *entourage*, seu grupo de oficiais, seus amigos, o que não era bom. Como ficavam muito tempo, muitas vezes também não davam oportunidade a outros de chegar ao generalato. Oficiais de certo valor, muitos coronéis, tinham que ir compulsoriamente para a reserva aos 60 anos. Castelo modificou esse sistema.

Às vezes alguns militares criticam essa alteração, dizendo que no Exército não há mais lideranças.

Sim, de certa forma. Há prós e contras, mas o fato é que o sistema foi modificado. O general, no máximo, pode servir 12 anos, quatro no último posto. E mais: há um número mínimo obrigatório de vagas por ano. Se normalmente não se abrirem essas vagas, alguns dos mais velhos vão para a reserva para dar lugar aos mais novos. O quadro de generais passou a ter uma renovação muito grande, e até hoje é assim. Os generais antigos foram todos para a reserva durante o meu governo, inclusive o Frota.

Quando morreu o ministro Dale Coutinho, logo no início de seu governo, por que o senhor escolheu o general Sílvio Frota para substituí-lo?

O Frota, de modo geral, tinha um bom conceito dentro do Exército, era um bom soldado. Eu o conhecia, embora nunca tivesse servido com ele. Ele era da cavalaria, e eu da artilharia. Tinha sido chefe de gabinete do ministro Lyra Tavares no governo Costa e Silva e exercido o comando do I Exército. No início do meu governo, foi designado chefe do Estado-Maior do Exército. Era, assim, o substituto normal, interino, do ministro. Tinha boas relações comigo.

O general Frota era um membro da linha dura ou foi envolvido por ela?

De certa forma era da linha dura, mas não era extremado. Quando comandou o I Exército, aqui no Rio, muitas vezes ia à noite ao DOI-Codi para impedir a repressão, evitar atos de violência. O Frota era considerado, dentro da linha dura, um homem relativamente moderado. Mas ele também queria que o pessoal estivesse do seu lado, e por isso não era muito exigente. Procurou ter o apoio da linha dura.

O senhor não o identificava como uma pessoa que lhe pudesse ser desleal?

O que aconteceu com o Frota — estou fazendo aqui um juízo que pode ser um pouco subjetivo — é que ele era um homem modesto que se cercou de alguns auxiliares muito mais inteligentes do que ele, que procuraram se aproveitar dele. Meteram na cabeça do Frota que ele é que tinha que salvar o país do comunismo. Daí ele acabou endossando a campanha para fazê-lo presidente da República, por influência do ambiente em que vivia. Agora, problemas com o Frota, com o Exército, do ponto de vista militar, da organização militar, não havia. Eu não tinha nenhum programa de expansão ou de reaparelhamento para o Exército, que teria apenas que assegurar sua vida diária e seu funcionamento normal, inclusive na manutenção da ordem interna.

Mas o fato é que durante seu governo o senhor viveu vários momentos de tensão com o general Frota. Quando começaram os desentendimentos?

Não houve propriamente desentendimentos, havia apenas divergências. Ele aparentemente acatava o que eu dizia. Tinha que acatar. Toda vez que tínhamos despacho conversávamos. Além da rotina, dos papéis, conversávamos sobre a situação do país, as diferentes coisas que aconteciam.

Seus problemas com a área militar só começaram no momento da demissão do general Ednardo d'Ávila do comando do II Exército?

Esse não foi um problema com a área militar. Talvez tivesse sido com um setor, mas não com a área militar considerada no seu conjunto.

O primeiro problema que tive foi quando se resolveu reatar relações diplomáticas com a China, no começo do meu governo. Silveira tinha conversado sobre o assunto e, após analisá-lo, acabei concordando. O Frota veio a mim, manifestar-se contrário: achava que não era conveniente. Outro que no começo também foi contrário foi o Henning, da Marinha. O Araripe, da Aeronáutica, era mais ou menos contra e chegou a conversar ligeiramente sobre o assunto. Todos traziam as opiniões e o pensamento de escalões hierarquicamente inferiores. Reuni os três e lhes perguntei: "Por que nós não vamos reatar relações com a China?" A resposta foi que a China era um país comunista. "Por que então vocês não vêm me propor romper relações com a Rússia? Se o Brasil tem relações com a Rússia, por que não pode ter com a China? Se vocês querem ser coerentes, então vamos cortar relações com a Rússia também e vamos nos isolar, vamos virar mesmo uma colônia dos Estados Unidos." Tinha havido um problema no início da Revolução de 64 com uma missão chinesa que estava no Brasil tratando de relações comerciais e que foi presa e submetida a inquérito. Havia, desde então, um preconceito contra os chineses. Argumentei com a posição geográfica da China em relação ao Brasil, com o fato de que a China representava um grande mercado para os nossos produtos exportáveis. Estávamos liberalizando o país, que já era adulto, não se justificando um complexo de inferioridade. Tínhamos o próprio exemplo dos Estados Unidos, o campeão do anticomunismo, que mantinha relações com a China.

O senhor convenceu seus ministros ou decidiu sozinho?

Os ministros sofriam pressões da classe, mas apesar disso resolvi reatar com a China. Depois de conversar com eles, reuni formalmente o Conselho de Segurança Nacional, que aprovou a decisão. É preciso entender que o Conselho de Segurança não é um órgão deliberativo, é um órgão de consulta do presidente, em que cada ministro externa a sua opinião. Em função do que ali ouve e do que pensa, o presidente toma a decisão que achar melhor. É um fórum que permite que cada um diga seu ponto de vista, mas que não obriga o presidente a decidir de acordo com a maioria. Ele pode discordar. Aliás, seria um absurdo que os ministros, que são, pela Constituição, apenas auxiliares do presidente da República, pudessem impor-lhe uma decisão. É evidente que, no caso da China, a maioria do Conselho de Segurança foi a favor do reatamento das relações.

O mesmo problema surgiu quando reatei as relações com Angola. A mesma história: "É um país comunista, os Estados Unidos estão subsidiando a revolução contra o governo de Angola, e nós somos solidários com os Estados Unidos!" Respondi: "Não, nesse ponto eu não sou solidário. Acho que os Estados Unidos não têm o direito de fomentar a revolução em outro país. Não concordo com esse posicionamento. E tem mais: Angola é fronteira marítima com o Brasil. Nossa fronteira oriental é toda a costa oeste da África. Então não vamos ter relações com um país fronteiriço? Além disso, Angola é descendente de Portugal, fala como nós, a mesma língua! E há outro interesse: as perspectivas são de que o litoral angolano tenha petróleo, e nós poderemos obter suprimento em Angola". Respondiam: "Mas o governo é comunista!" E eu: "É, é subsidiado pela Rússia, mas a revolução que existe em Angola é subsidiada pelo americano. O americano está financiando uma revolução lá dentro!" A Unita, até hoje, ainda é subsidiada pelo americano em armamento, em munição, em dinheiro e tudo mais. "Que direito têm os Estados Unidos de intervir no país e lá provocar uma revolução? Não temos nada com isso, não temos nada com a Unita. No passado sempre transacionávamos com Angola e agora temos interesse em trazer petróleo de lá." Foi outra discussão. Eu dizia: "Vocês têm que abrir os olhos, o mundo é outro! Vocês não podem ficar nesse círculo estreito!" Eles engoliram a solução, mas evidentemente resmungando.

Como foi definida em seu governo a política de combate à subversão?

Nos focos subversivos que ainda existiam continuava a haver combate. Eu reagia muito com relação a certas ações repressivas isoladas e estabeleci que elas não podiam ser empreendidas sem o meu conhecimento. Certa vez, eu disse ao Frota: "Nós estamos, desde o levante de 35 na Praia Vermelha, combatendo o comunismo. E você vem me dizer, na nossa conversa, que o comunismo está cada vez mais ativo, cada vez mais forte e perigoso. Vamos admitir que isso seja verdade. Qual é a conclusão a que vamos chegar? Se o comunismo está sendo combatido desde 1935 e nós já estamos além de 1970 e ele está cada vez mais forte, cada vez mais poderoso, então o método de luta que estamos adotando não serve, está errado! A solução atual de matar, de esfolar, de brigar não serve. Vamos ter que encontrar outra solução, pois essa que estamos usando há 40 anos não resolve". O raciocínio claro era esse: vamos estudar, vamos ver uma outra maneira de enfrentar o adversário. É claro que, no fundo, isso não é um problema militar. É também um problema social, é um problema político. Há uma série de razões para que o comunismo possa proliferar.

No início de seu governo ainda havia a guerrilha do Araguaia. As operações de combate ficavam a cargo de quem?

No início do meu governo essa guerrilha estava praticamente eliminada, não restando quase nada por fazer. Quem cuidava do assunto era o ministro do Exército e o pessoal que estava lá.

O senhor acompanhava de perto o que se passava lá?

Com detalhes, não. Quem mais acompanhava e estava informado era o SNI. Eu era informado pelo SNI.

Durante seu governo houve uma grande investida contra o Partido Comunista. O senhor era informado disso?

Sempre se procurou acompanhar e conhecer o que o partido fazia, qual era a sua ação, como ele se conduzia, o que estava produzindo, qual era o seu grau de periculosidade. Isso aconteceu durante todo o período revolucionário. Mas não havia grande coisa, porque o partido estava muito enfraquecido. Ainda assim, continuava em atividade. Estavam sempre conspirando. No fim do governo, o Dilermando, já no comando do II Exército, atuou em São Paulo sobre uma grande reunião dos chefes comunistas. A questão não era mais a força que eles tinham, mas não podíamos deixar o comunismo recrudescer. Fizemos tudo para evitar um recrudescimento das ações comunistas. Porque houve época em que eles matavam, roubavam, faziam o diabo.

Mas o Partido Comunista nunca teve esse tipo de atitude. Quem fazia isso eram as outras organizações de esquerda.

Mas que eram ligadas aos comunistas. A Igreja também era, fez muita coisa com as tais organizações, explorando os estudantes. Os estudantes sempre foram explorados, acham que estão fazendo campanhas reivindicatórias, mas na verdade estão sendo explorados.

A ação repressiva contra o Partido Comunista não teria sido um tanto despropositada?

Pode ser que agora se ache aquela ação despropositada, mas na época, em face das informações que se tinha, não era.

Quando o general Frota mandava fazer prisões, ele comunicava ao senhor?

Mas ele não mandava fazer prisões, quem fazia era o CIE, às vezes mesmo à revelia dele. E ele também não me comunicava. Eu, como presidente da República, não ficava o dia inteiro com esse problema. Meus problemas eram muitos.

Mas esses assuntos chocavam a opinião pública.

Apenas parte da opinião pública. Havia muita gente que era a favor. Estávamos ainda em um regime de exceção, e esse era o lado negativo da história. Embora com um Congresso constitucional, era um regime em que se achava que o combate ainda não estava terminado. Eu considerava, contudo, que depois da liquidação de Xambioá o problema comunista estava em fase de extinção, estava progressivamente perdendo importância.

As informações que o senhor recebia vinham sempre pelo SNI?

Sim. E algumas informações eu achava que eram válidas, outras não. Quando o Figueiredo as apresentava, eu dizia: "Não concordo com isso, discordo daquilo". Eu conversava muito mais com ele sobre as coisas que aconteciam do que com o Frota. O SNI era o órgão de informação que eu tinha. O SNI informava sobre o que o CIE fazia, mas não tudo, porque havia muita coisa que o CIE fazia e não dizia. O grande erro dessa história toda foi a criação do CIE. Como já narrei, no governo Castelo propuseram a criação desse órgão, eu fui contra e o Castelo também não aceitou. Mas, assim que o Costa e Silva assumiu, ele foi criado.

E quanto às informações sobre a área militar? De onde vinham?

Além do SNI, eu tinha muitos amigos nas Forças Armadas que me visitavam, conversavam comigo no Alvorada ou no Riacho Fundo e me davam informações. Havia ainda os oficiais do Gabinete Militar. Durante as viagens que eu fazia pelo interior, conversava muito com os oficiais que lá serviam e assim colhia novos dados.

O senhor estava sempre informado do que os comandantes militares faziam?

Sim, mas apenas do essencial. Procurava não interferir nas Forças Armadas, para evitar o desprestígio dos ministros.

O senhor não recebia informações diretamente do CIE?

Às vezes o Ministério do Exército também me dava súmulas de informações, mas eu tinha que passá-las por um crivo, porque frequentemente eram apaixonadas, nem sempre eram isentas. Conseguir uma informação isenta, real, de um fato é muito difícil. Ela sempre traz algo da personalidade do informante, que, mesmo que não queira, insensivelmente a deforma. Um informante mais tímido tende a majorar o fato e a lhe atribuir um valor maior do que tem. Outro mais desleixado, que não esteja engajado no problema, pode menosprezá-lo, não lhe dar importância. A análise e avaliação de uma informação é um problema complexo. Há uma frase atribuída ao político mineiro José Maria Alkmin, que foi vice-presidente do Castelo, segundo a qual o que vale não é o fato, mas a sua versão. Esta é a realidade.

Uma informação que lhe fosse transmitida pelo CIE, o senhor checava com o SNI?

Muitas vezes eu procurava checar. Não digo que sempre desse a informação para o SNI, mas solicitava esclarecimentos sobre a matéria. Então comparava, fazia a minha análise e tirava a minha conclusão. Esse não era um trabalho pessoal, só meu. Muitas vezes Golbery e outros auxiliares cooperavam. Eu tinha um oficial de alto valor que trabalhava comigo, o Gleuber Vieira. Hoje em dia é um dos generais mais qualificados. Muito equilibrado, sensato e culto, me ajudou nessas análises. Também ajudavam Hugo Abreu, Heitor Aquino, Humberto Barreto, Moraes Rego. Eram pessoas mais chegadas a mim, que me tinham lealdade e com quem eu tinha identificação. Contudo, não era um problema fácil, porque nesse conjunto também influía a tendência que cada um tinha.

O senhor discutia com essas pessoas inclusive a decisão a ser tomada em cada caso?

Discutia os efeitos das diferentes decisões que se podia tomar. Mas na hora de decidir eu não podia vacilar e, uma vez a decisão tomada, não se discutia mais o assunto.

Resumindo, quem garantia o fluxo contínuo de informações para o presidente era o SNI.

Sim. O SNI tinha ação em todo o território nacional. Contudo, muitas vezes, era ultrapassado pelo DOI-Codi, era informado tardiamente, depois dos acontecimentos. Não é muito fácil o controle total num país do tamanho do Brasil. Nem pode o presidente da República ficar o dia inteiro cuidando desse problema. Havia toda a administração governamental, com suas prioridades.

O CIE chegou a fazer listas apontando "comunistas infiltrados" entre os funcionários públicos do seu governo.

Vocês não viram o manifesto final que o Frota publicou quando foi demitido, falando da "infiltração nos órgãos do governo"? Eles achavam isso. Quer dizer, eu tinha que lutar em duas frentes: contra os comunistas e contra os que combatiam os comunistas. Essa é que é a verdade. Eu sabia que a ação do Frota era exagerada, excessiva. Mas não era só o Frota, era sempre o grupo da linha dura.

O senhor dava alguma orientação, alguma diretriz, de como devia ser a atuação da repressão?

Não. Nas conversas eu estabelecia que as ações de força só deviam ser usadas quando fossem absolutamente necessárias, mas deviam ser limitadas. O problema se complicava por causa da organização que vinha do DOI-Codi. Havia as ações deles, havia as ações da Aeronáutica, havia as ações da Marinha. Não era possível, dentro do quadro criado, estancar o processo de vez. O que se fez foi reduzir progressivamente essa atividade. A situação se complicou, entretanto, em São Paulo.

Como o senhor reagiu ao episódio da morte do jornalista Wladimir Herzog numa cela do DOI do II Exército?

Eu conhecia o Ednardo, que comandava o II Exército, de outros tempos. Não acompanhei sua carreira militar, pois ele era oficial de infantaria, mas servimos juntos no Estado-Maior do Exército. Eu me dava bem com ele, achava que era um bom camarada. Quando foi comandar o II Exército, ele descentralizou, deixando o pessoal subordinado agir, enquanto se dedicava às relações sociais, à vida absorvente de São Paulo. Geralmente, nos fins de semana, ele saía da capital, ia para uma fazenda, e as coisas no comando ficavam abandonadas. Então os elementos mais radicais do seu estado-maior agiam.

Depois do enforcamento do Herzog, ia haver uma missa de sétimo dia em São Paulo, e eu já muito antes tinha programado uma ida lá. Haveria um evento na Federação do Comércio, a inauguração de uma área esportiva ou recreativa, para a qual eu fora convidado. Eu tinha me comprometido a comparecer, e a viagem estava marcada. Aconselharam-me a não ir, porque era o dia da missa, São Paulo estava muito agitado, mas resolvi ir assim mesmo. Moraes Rego me acompanhou. Assisti à inauguração, e à noite o Paulo Egídio deu uma recepção no palácio. Dormi essa noite em São Paulo e determinei ao Frota e ao Ednardo a imediata instauração de um inquérito sobre o enforcamento. Várias vezes, em encontros com o Ednardo em Brasília, eu havia dito: "Ednardo, olha São Paulo, vê lá o teu comando, as coisas não estão bem". Quando resolvi mandar abrir o inquérito, e o Ednardo opôs algumas dificuldades, vi que havia problemas. Mas exigi que o inquérito fosse feito e que tudo fosse apurado. Não sei se o inquérito estava certo ou não, mas o fato é que apurou que o Herzog tinha se enforcado. A partir daí o problema do Herzog, para mim, acabou.

Quer dizer que quando o senhor chegou a São Paulo, uma semana após a morte do Herzog, nem o ministro Frota nem o general Ednardo tinham mandado abrir inquérito?

Não. E eu achava que era fundamental fazer o inquérito. Cheguei lá e exigi, disse para o Frota e para o Ednardo: "Vamos apurar isso". Depois, no outro dia, quando eu estava me despedindo para ir embora, o Ednardo, conversando a sós comigo, pediu para não fazer o inquérito, sob o argumento de que iriam aparecer as pessoas de confiança que ele tinha naquele serviço todo, sargentos e outros. Essas pessoas naturalmente iam ser chamadas a depor, e aí o dispositivo de segurança ou de informação que ele tinha ia se tornar público. Ia-se queimar de certa forma esses auxiliares. Respondi que isso não tinha importância, pois se substituía por outros, mas que se tinha que fazer o inquérito. Quer dizer, a resistência a fazer o inquérito foi muito grande, o que para mim era muito suspeito. Se as coisas fossem limpas, se não tivesse havido nada, se o enforcamento do Herzog tivesse sido espontâneo da parte dele, qual o inconveniente do inquérito, de que se apurasse?

O senhor aceitou o resultado do inquérito. Mas ficou convencido dele?

É possível que aquilo tivesse sido feito para encobrir a verdade. Mas o inquérito tem seus trâmites normais, suas normas de ação, e eu não ia interferir no resultado. Não ia dizer: "Não, não concordo com esse resultado". O inquérito não vinha a mim, era resolvido na área administrativa. Eu não o examinei, não me preocupei se estava certo ou não. É preciso ver o seguinte: o presidente da República não pode passar dias, ou semanas, com um probleminha desses. É um probleminha em relação ao conjunto de problemas que ele tem. Nos múltiplos problemas que vêm à presidência, se se quiser fazer tudo, ver tudo, acaba-se não fazendo nada. Eu já era acusado de ser centralizador. Diziam que eu fazia o que queria, que não ouvia ninguém... A verdade também é que todo serviço de repressão em regra se corrompe. Vejam os acontecimentos depois da revolução de 35, com Filinto Müller, que era chefe de polícia no tempo do Getúlio: o que houve ali de repressão a civis, de maus tratos etc. Aquele alemão que era representante soviético ficou maluco, acabou doido de tanta coisa que fizeram com ele.[75]

---

[75] Trata-se de Harry Berger, codinome de Arthur Ernest Ewer, que veio a falecer em 1959, na República Democrática Alemã, sem ter recuperado a razão.

Nessa visita a São Paulo, o senhor também se reuniu com representantes da Arena no palácio Bandeirantes. Consta que o senhor teria dito então: "Agora a esquerda tem um herói. Nós não queremos dar um herói para a esquerda, queremos fazer a democracia".

Não me recordo dessa reunião. Pode ter havido, e é possível que eu tenha dito isso. De fato, criaram um herói. Pegaram uma pessoa relativamente sem importância e a transformaram num herói para a esquerda. Era uma vítima, e a vítima sempre é importante.

Pouco tempo depois da morte de Vladimir Herzog, o general Moraes Rego foi transferido para Campinas. Qual a razão dessa transferência?

Esse foi outro problema que tive com o Frota. Moraes Rego foi promovido a general e tinha que ser classificado. Onde é que o general iria servir? A regulamentação que existe é que a promoção e a classificação, ou a movimentação dos oficiais, até o posto de coronel, são feitas pelo ministro. Mas a movimentação e a promoção dos generais são feitas pelo presidente. Para a promoção de generais o Alto Comando faz uma lista, uma relação, e o presidente escolhe dentro dessa lista. Eu tinha uma má impressão do comando em Campinas e resolvi substituí-lo. Disse ao Frota que o Moraes Rego deveria ser designado para a Brigada em Campinas. O Frota não me fez qualquer ponderação, mas chamou o Moraes Rego e procurou convencê-lo de que não devia ir para Campinas. Disse que ele devia falar comigo para que eu mudasse de ideia. Moraes Rego veio a mim e me contou o ocorrido. Achei uma indignidade. No despacho seguinte com o Frota eu lhe disse: "Frota! Moraes Rego vai para Campinas! Quem classifica os generais sou eu e não você! Nunca questionei os coronéis que você classifica, mas os generais vão para onde eu quero!" Ele: "Ah, sim senhor..."

Por que era tão importante para o senhor colocar o general Moraes Rego em Campinas?

Eu queria tirar o general de lá e tinha que classificar o Moraes Rego em algum lugar. Por questão de saúde, eu não o poria no Sul, devido ao clima frio. E São Paulo era uma área que eu tinha interesse em progressivamente tomar conta, porque era uma área muito difícil, devido à ação subversiva que lá se havia manifestado e à intensa repressão que lá fora organizada.

Alguns analistas dizem que nessa ocasião os comandos mais importantes de tropa estavam nas mãos de pessoas fiéis ao general Frota. Designar um homem seu para Campinas significaria "furar o cerco"?

Não creio. Quando havia promoções de generais, geralmente os novos generais iam para comandos de tropa, e os que estavam comandando já há algum tempo eram transferidos para outras funções, em diretorias ou no Estado-Maior. Iam para cargos em Brasília, mais na área da administração do Exército. O Frota sempre trazia uma proposta para essa movimentação, mas havia dois generais no comando da tropa aqui no Rio de Janeiro que ele nunca propunha movimentar. Um era o general Mário O'Reilly de Sousa, que comandava uma brigada de infantaria em Petrópolis, e o outro era o general José Luís Coelho Neto, que comandava a Vila Militar. Eram dois generais de sua estrita confiança, e por isso ele não queria movimentá-los. Num despacho eu lhe disse: "Você sempre me traz na proposta de movimentação dos generais a substituição dos que estão há algum tempo em comando. Esses dois, você nunca propôs movimentar. Isso não está certo! São muito bons generais, mas não são melhores que os outros. Se os outros são movimentados, por que esses dois não são? Porque você tem mais confiança neles? Da próxima vez peço que você me traga a proposta de movimentação deles". No dia seguinte ele mandou o decreto movimentando os dois.

O general O'Reilly teria alguma ligação com a "casa dos horrores" de Petrópolis, denunciada pela revista Veja*?*

Não posso dizer se havia essa ligação, não tinha relacionamento com ele. Era um general bem mais moderno do que eu. Vi essa reportagem, inclusive com o depoimento de um médico, Amílcar Lobo. Não sei se o O'Reilly sabia, se participava. Acho também que, se havia isso em Petrópolis, era em uma dependência do CIE. Mas quando tirei o O'Reilly, não teve nada a ver com isso. Foi porque estava se formando um dispositivo do Frota, e eu achava que o Frota não podia ter dispositivo. E era uma incoerência, porque quando os generais eram promovidos, iam para os comandos, e os que estavam havia mais tempo saíam para dar lugar aos mais novos.

O ministro Frota mantinha esses dois generais em seus comandos porque seria uma maneira de preservar o sistema de informação e fazer resistência ao senhor?

Não sei dizer. Para mim, eles eram elementos de confiança do Frota. Quer dizer, o Frota, numa circunstância de emergência, poderia contar com aquela tropa, com aquele conjunto.

E o senhor fazia o cálculo político de que o Exército tinha que estar integrado por chefias da sua confiança, porque a situação era delicada?

Não digo da minha confiança, mas não podiam ser da confiança estrita de um ministro. Todos os generais deviam ser da confiança do ministro, não só aqueles dois. Eu pensava assim, não admitia que se quisesse fazer uma distinção.

Concretamente, o senhor estava preocupado com a atuação desses dois generais?

Eu procurava acompanhar o que acontecia. Tinha muitos amigos no Exército que conversavam naturalmente comigo e assim estava informado. Não estava tão preocupado com a atuação desses generais, mas interferi porque o procedimento do Frota não era correto! Eram dois generais da sua confiança, um deles muito radical, dando a impressão de que o Frota estava montando seu próprio dispositivo de apoio. Numa emergência, numa dificuldade, se eu tivesse um problema maior com o Frota, eles ficariam do lado dele!

Em janeiro de 1976 o operário Manuel Fiel Filho foi encontrado enforcado nas dependências do II Exército. Como o senhor tomou conhecimento do fato?

Eu estava no Riacho Fundo. Era um domingo, nove, 10 horas da noite, eu estava me preparando para dormir, quando tocou o telefone. Era o Paulo Egídio, governador de São Paulo. Ele me contou que tinha havido um segundo enforcamento. Passei uma noite de cão. Não dormi, irritado, pensando em como iria agir. Não falei com ninguém. Fiquei deitado, me virando na cama e matutando no que iria fazer. E vi que a solução era tirar o Ednardo do comando do II Exército. De manhã cedo mandei um recado para o Frota, o Hugo Abreu e o Figueiredo irem ao palácio da Alvorada, porque eu queria falar com eles. Cheguei ao palácio, contei ao Frota o que tinha havido e determinei que preparasse o decreto exonerando o Ednardo do comando de São Paulo.

O senhor não consultou ninguém?

Não, decidi sozinho durante a noite. Disse ao Frota: "Quero esse decreto agora de manhã. E manda o Dilermando falar comigo, porque ele vai ser o novo comandante em São Paulo e quero dar-lhe minhas instruções. E o teu chefe do CIE também deve ser exonerado,[76] porque ele devia saber o que estava acontecendo e ficou calado, quando devia ter informado a você, e você devia ter informado a mim. Parece que ele está envolvido nessa história e está querendo ocultar". Dali a pouco chegou o Dilermando, vieram os decretos, exonerei o Ednardo e mandei o Dilermando assumir imediatamente, com as instruções que lhe dei. O Ednardo se chocou. Houve alguns generais que talvez não estivessem bem a par do ocorrido e que acharam que eu estava desmoralizando um general. Mas tinha que ser assim.

Por que foi o governador Paulo Egídio que lhe deu a notícia? Não deveria ter sido o general Ednardo o primeiro a lhe comunicar?

A morte do operário ocorreu numa noite de domingo, e o Ednardo estava fora, numa fazenda no interior do estado passando o *weekend*. O Ednardo era uma boa pessoa, era meu amigo, mas o problema era que ele era displicente e sofreu uma influência que era comum em São Paulo: a atração dos generais pelo meio civil, pelo *society*. Então, o que acontecia? Aqueles magnatas de São Paulo convidavam o general comandante do Exército em São Paulo para um *weekend* na sua fazenda, na sua chácara, no seu sítio, o Ednardo era suscetível a isso, ia passar sábado e domingo lá e deixava o Exército à matroca. Num fim de semana ele não estava

---

[76] O chefe do CIE era o general de brigada Confúcio Danton de Paula Avelino.

em São Paulo, e mataram esse operário. Então veio esse argumento: "Ah, ele não sabia". Mas ele era o responsável! Naquela situação, ele não devia se afastar do comando, era displicência. O chefe nessa hora é o responsável. Não tem o direito, quando acontece uma coisa dessas, de dizer: "A culpa é do fulano porque eu dei ordem e ele não fez". Sempre que acontece um fato, o responsável é o chefe.

Mas existe também o argumento, por parte de alguns comandantes e chefes, de que, devido ao tamanho e à complexidade das Forças Armadas, a ordem dada às vezes não chega ao quinto escalão. Na sua visão, o comandante é responsável até pelo que ocorre no quinto escalão?

Sim. Ele é chefe, tem poderes. Às vezes uma coisa dessas acontece, mas o que não é possível admitir é que, tendo acontecido, depois possa acontecer de novo. O chefe tem que ficar alertado pelo fato que aconteceu e que escapou ao seu controle e ter cuidado para que não aconteça outra vez.

E por isso o senhor puniu o comandante, tirou o general Ednardo.

Eu não puni o comandante, eu procurei resolver um problema do Exército! Também pode ser que tenha sido uma punição. Há exemplos históricos dessas coisas, é claro que em situações completamente diferentes. Na França da Primeira Guerra, naquele drama da ameaça sobre Paris, que acabou com a batalha do Marne, no fim da história, Joffre, que comandava o Exército francês, destituiu não sei quantos generais do comando porque eram generais formados em tempo de paz e quando chegou a guerra só faziam bobagem. Mandou-os para uma cidade no interior da França chamada Limoges, e então ficou essa expressão: quando um general era afastado, dizia-se que tinha sido *limogé*. O que acontece é isso: na luta, na batalha, no combate, quando você tem um chefe que é inepto, você afasta. E às vezes afasta de uma maneira ostensiva para servir de exemplo aos outros. Como se dissesse: "Vocês tenham cuidado no procedimento, senão vai acontecer o mesmo com vocês". O Frota não quis compreender isso, e acabei tendo que tirá-lo.

Em sua opinião, o que aconteceu realmente com Herzog e Fiel Filho? O senhor acha que foi um "acidente de trabalho" da repressão ou uma provocação intencional de grupos interessados em desestabilizar o processo de abertura?

Não sei. Pode-se fazer todas as conjecturas. Mas a tendência é ficar com a pior hipótese. Inclusive porque, admitindo que o primeiro enforcamento tivesse sido voluntário, que o Herzog tivesse se enforcado, o que o chefe, o responsável, tinha que fazer daí por diante? Tinha que tomar todos os cuidados, todas as precauções, e observar todas as normas de controle, de fiscalização, para evitar que um fato desses pudesse se reproduzir. Pode-se fazer a suposição de que fizeram o enforcamento e resolveram continuar, talvez como um desafio. Porque o lógico seria que, tendo havido o fato com o Herzog, quem tomasse conta dos presos recebesse instruções para fiscalizar e vigiar, para evitar a reprodução de fatos semelhantes.

Esses dois casos seriam, então, um episódio da confrontação de setores militares com seu projeto de abertura?

Havia gente no Exército, nas Forças Armadas de um modo geral, que vivia com essa obsessão da conspiração, das coisas comunistas, da esquerda. E a situação se tornava mais complexa porque a oposição, sobretudo no Legislativo, em vez de compreender o caminho que eu estava seguindo, de progressivamente resolver esse problema, de vez em quando provocava e hostilizava. Toda vez que a oposição, nos seus discursos, nos seus pronunciamentos, fazia declarações ou reivindicava posições extremadas e investia contra as Forças Armadas, evidentemente vinha a reação do outro lado, e assim se criavam para mim grandes dificuldades.

No momento da demissão do comandante do II Exército, o ministro Frota apoiou a sua decisão?

Concordou. Concordou porque ele também estava indignado, porque não tinha sido avisado de nada. Nem o SNI, nem o chefe da Casa Militar, nem o Frota sabiam.

E que instruções o senhor deu ao general Dilermando?

Instruções para que ele procurasse evitar excessos. Se ele tivesse que montar alguma operação armada, uma ação contra comunistas atuantes, que analisasse adequadamente, para verificar se tinha fundamento. Evidentemente, eu não ia tolher sua liberdade de ação. Mas que procurasse examinar todos os casos. Não havia razões para problemas de enforcamento na prisão. Ele tinha que examinar. O Dilermando, no comando do II Exército, embora tivesse havido alguns casos, conduziu-se com muita moderação. O clima de São Paulo modificou-se completamente.

Foi necessário também fazer uma mudança nos escalões intermediários?

Não. Isso ficava por conta dele. Aliás, em relação a um dos principais responsáveis, um coronel do Estado-Maior do II Exército, eu também disse ao Frota: "Tira esse oficial de São Paulo, do contato com a tropa, e transfere para a área de serviços, onde ele não vai poder atuar dessa forma". Tempos depois o Frota veio me dizer: "O general Marcondes, que comanda em Mato Grosso, é amigo do coronel e pediu para o coronel servir com ele". Respondi: "Isso contraria o que eu queria fazer, mas quem classifica os coronéis, os tenentes-coronéis e os majores não sou eu. Isso é atribuição sua. Se você quiser colocá-lo em Mato Grosso, coloque, mas veja as consequências". Mais tarde aconteceu que o general Marcondes veio comandar aqui no Rio, e aí se deu o episódio do Riocentro. Na minha opinião esse coronel provavelmente estava envolvido.

É o coronel José Barros Paes, não é?

É. Era um exaltado, um dos que queriam levar a coisa a ferro e fogo.

Esses episódios revelavam a autonomia desses órgãos de repressão?

De certa forma. Era o problema dos DOI-Codi, do Cenimar, do Cisa...

E qual era o papel do SNI nisso tudo?

O SNI não era executante, o SNI era um órgão de informação. Ele acompanhava. É preciso ver que o SNI também tinha muita gente ligada à área da linha dura, que era uma área que vinha desde o começo, desde o tempo do Castelo, com o Costa e Silva. Era uma área difícil. Um dos fatores que é preciso levar em conta é que eu não podia ficar com as Forças Armadas e principalmente o Exército contra mim. Eu precisava que o Exército ficasse do meu lado, inclusive para chegar ao ponto final que foi a saída do Frota. Então eu não podia tomar uma série de medidas, nem policiar diretamente o general comandante que comandava aqui, ali ou acolá. Isso inclusive não era meu papel, mas dos ministros. Se eu fosse me aprofundar nesse sentido não fazia mais nada. O combate à subversão era um dentre os muitos temas que eu tinha que atender. Era *um* dos problemas. Eu também não podia ser radicalmente contrário ao combate. Podia ser contrário aos métodos, aos procedimentos, à maneira de combater, e sobre isso eu muito conversava, e muitas vezes procurava convencer.

22

Congresso, governadores e oposição civil

Como foi o seu relacionamento com a área política?

Na área da Arena, não tive maiores problemas. De vez em quando havia reivindicações pessoais, mas de um modo geral eu convivia bem com a Arena, inclusive pela ação do Petrônio Portela, que atuava principalmente no Senado com um grande poder de liderança. Na Câmara também havia elementos capazes, como Marco Maciel e Francelino Pereira. Havia ainda o José Bonifácio, que era um político hábil, e o Célio Borja, que às vezes divergia um pouco porque era mais liberal. O problema maior era a oposição. E na oposição destacavam-se os radicais, o que às vezes nos levava à cassação.

A Arena tinha convenções periódicas, nas quais eram escolhidos seus líderes. O senhor participava dessas convenções, orientava sobre quem deveria ser indicado?

Além daqueles mais ligados a mim, que já mencionei, eu tinha outras ligações na Arena por intermédio do Golbery e do próprio Falcão. Então, os problemas da Arena eram conversados e discutidos com essas pessoas. Houve várias convenções a que compareci. Houve uma sobre o problema da cidade e do campo. Também havia conversas para a escolha do presidente da Câmara, dos líderes etc., mas nunca forcei soluções. O líder na Câmara durante muito tempo foi o Zezinho Bonifácio. Era um homem que vinha de regimes anteriores, o que era muito bom porque ele não tinha cócegas, conduzia o seu problema facilmente. Mas de vez em quando desgarrava com uma loucura que destoava do que nós pretendíamos ou imaginávamos. Às vezes eu o chamava e, após minhas observações, ele se dispunha, sem dificuldades, à retificação. Era hábil, era do ramo, no qual já vivia havia muitos anos.

A Arena o auxiliou no seu projeto de distensão política, ou era um partido sem iniciativa?

Ela podia ter sido mais combativa. Tinha alguns elementos combativos. Não sei se o que houve foi falta de convicção, mas podia ter ajudado mais.

Nas eleições legislativas de 1974, no início do seu governo, houve um crescimento do MDB. Isso foi decorrência do seu projeto de distensão? Ou seja, a censura foi abrandando, e com isso a oposição ganhou uma oportunidade maior de se expressar?

Pode ter sido, não sei. Indiscutivelmente em 74 a oposição teve um bom avanço. Na Câmara dos Deputados nem tanto, mas no Senado conseguiram muitas cadeiras. Em parte isso se deveu à propaganda, mas houve também outras razões. Antes da eleição para o Congresso foram eleitos os novos governadores, e não sei como foi a sua ação política. Talvez os nomes escolhidos como candidatos da Arena ao Senado não fossem os melhores. Em São Paulo, o candidato era Carvalho Pinto, um homem de primeira ordem. Tinha sido governador do estado e ministro da Fazenda do Jango. Era considerado probo, capaz, com grandes qualidades morais. Pouco tempo antes da eleição, Carvalho Pinto teve um enfarte. Paulo Egídio me telefonou e perguntei-lhe por que não o substituía por outro candidato. Ele achou que não dava mais. Carvalho Pinto enfartado, no hospital, continuou candidato e, naturalmente, foi derrotado. Não podia fazer campanha. Aí criou-se a figura do Quércia, que era prefeito de Campinas e se elegeu senador. No Rio Grande do Sul foi o Brossard que se elegeu pela oposição. Acho que as escolhas dos nossos candidatos não foram boas. Embora continuássemos a ter a maioria no Senado e na Câmara, a vantagem da Arena diminuiu. Já não tínhamos mais o *quorum* necessário para fazer reformas constitucionais. E aí vieram críticas ao meu governo. Pode ser que o meu governo tivesse culpa por esse resultado eleitoral, não sei. Também não sei até que ponto pesou a influência do governo anterior. Mas encarei o resultado como um fato natural.

De que forma o governo anterior teria influído no resultado da eleição?

Não sei se o crescimento da oposição não era um reflexo do governo do Médici, que nos últimos tempos não se interessou pelo quadro político. Ele tinha tal superioridade numérica no Congresso e na opinião pública, a Arena estava tão poderosa, dominando a área política, que se acreditava que as vitórias anteriores iriam se repetir. Não houve a preocupação de fazer uma análise mais profunda da situação política. Não estou atribuindo a culpa ao Médici, mas, ao fazer uma análise fria, pode-se admitir essa hipótese.

O senhor fazia campanha para os candidatos da Arena?

Não fiz propriamente campanha. Procurei motivar os governadores. Às vezes, nos lugares aonde eu ia, abordava-se o problema eleitoral, e eu não podia me eximir.

O senhor achava que isso era um dever do presidente da República?

Era um dever naquelas circunstâncias. Eu era o presidente da República, mas a minha origem, a minha formação e a razão de eu ser presidente era que eu vinha da área revolucionária. Então, se como presidente eu tinha prerrogativas, também tinha responsabilidades. Além do mais, eu era presidente de honra da Arena. Para ser candidato à presidência da República, tive que me filiar à Arena.

Esse crescimento do MDB teve algum aspecto positivo para o seu governo?

Acho que não. Acho que a oposição, tendo crescido, se tornou mais virulenta, e essa virulência gerou uma reação e um fortalecimento da linha dura. Se a oposição tivesse uma melhor compreensão das minhas intenções e fosse menos radical, talvez se conduzisse de outra forma. Mas se exacerbaram: "Vamos aproveitar!"

Em 1975, foi feita a fusão do estado da Guanabara com o estado do Rio de Janeiro. Há uma versão segundo a qual o objetivo da fusão teria sido neutralizar a força do MDB na cidade do Rio de Janeiro.

Não é verdade, tanto assim que quando Faria Lima deixou o governo, o MDB ganhou de novo a eleição com Chagas Freitas.

Célio Borja, além de presidente da Câmara, teve um papel importante na fusão.

Não me recordo de detalhes da atuação do Célio Borja, mas participei, e muito, da questão da fusão. Procuramos atuar no sentido de melhorar a divisão administrativa do país. Na divisão em estados, que é uma divisão histórica, originada nas capitanias hereditárias, temos estados pequenos, como Sergipe e Alagoas, e temos monstros, como Mato Grosso, Amazonas, Pará, Minas Gerais, Bahia. A divisão é muito irregular. Acreditamos que, com o tempo, com a evolução, haverá fracionamentos. O Brasil vai ter, futuramente, 30, 40, ou mais estados.

No caso do Rio de Janeiro, quando a capital foi transferida para Brasília, ficamos com a aberração da Guanabara, que passou a ter o mesmo *status*, a mesma posição política que os outros estados e, no fundo, era apenas uma grande cidade. Do ponto de vista histórico, a Guanabara era parte do estado do Rio de Janeiro. No tempo do Império, tornou-se o Município Neutro, onde o imperador e seu primeiro-ministro mandavam. Depois, mandava o presidente da República. Achávamos que a solução lógica era incorporar a Guanabara ao Rio de Janeiro, e foi o que se fez. O Congresso aprovou a fusão, e escolhi para primeiro governador, a quem cabia fazer a fusão, o almirante Faria Lima. A operação não foi fácil: imaginem fundir as polícias, a área escolar, o professorado, a Justiça... Mas Faria Lima soube levar adiante. Havia resistências no estado do Rio. Ainda hoje em dia querem retornar à situação anterior. Com a fusão, perderam-se três senadores, um governador, um secretariado, um tribunal de justiça, uma assembleia estadual. Quantos empregos os políticos perderam! Reagem até hoje. Há jornais do antigo estado do Rio que ainda falam mal da fusão e querem o retorno com o desmembramento.

Quem foi o mentor da fusão?

Isso já estava nas minhas cogitações antes de assumir a presidência da República. Já era um assunto que se analisava e desde então foi acertado. Depois aprofundou-se o estudo. Golbery, Heitor e Petrônio prepararam a solução. Estudou-se como se tinha de fazer e preparou-se a legislação. Reclamam de eu não ter feito um plebiscito. Ia ser dispendioso e eu não pretendia mudar a minha decisão. Acho que a fusão foi uma solução adequada, que vem proporcionando bons resultados. O norte do estado adquiriu maior desenvolvimento, crescendo economicamente, apesar do distanciamento dos centros de consumo e dos portos de exportação.

Havia também o projeto de transformar o território de Rondônia num estado. Fui contrário, considerando que lá não havia ainda pessoas suficientemente habilitadas para formar uma assembleia legislativa, um tribunal de justiça, para serem eleitas senadores, deputados etc. Mais tarde, Figueiredo fez a mudança. Segundo o meu ponto de vista, cometeu-se um grave erro, uma barbaridade, ao se elevar prematuramente Rondônia, Amapá e Roraima a estados e ao se criar o estado de Tocantins.

Por que uma barbaridade?

Porque não há infraestrutura, não há gente. Um estado desses tem que fazer três senadores, oito deputados federais, tem que ter juízes, uma assembleia legislativa, uma universidade. Não há como, porque não há gente adequada. Passa a ser uma ficção de estado, própria para dar empregos à custa do governo federal, que continua a pagar os funcionários que lá existiam anteriormente. No Acre, até hoje é o governo federal que paga o funcionalismo. A massa do funcionalismo é constituída pelos antigos funcionários do governo federal. Foi pura demagogia da Constituinte.

No meu planejamento, íamos criar um território, que é esse atual estado de Tocantins. Como já estava quase no fim do meu governo, resolvi não fazer. Pois bem, acabaram criando um estado. Era uma região deficitária do estado de Goiás, que queria a separação porque se livrava dos encargos. A separação foi feita para atender ao deputado Siqueira Campos.

Que estados lhe deram mais trabalho em seu governo?

Houve governadores que me decepcionaram, por serem relativamente medíocres. No Maranhão, por exemplo, houve um problema difícil na indicação do candidato a governador, por causa do conflito existente entre Sarney e Vitorino Freire. Eu era amigo havia vários anos do Vitorino Freire, como também depois fui do Sarney. Eram completamente irreconciliáveis. E o Vitorino era muito desabrido. Dizia desaforos de todo jeito sobre o Sarney. Então acabei por escolher um governador por indicações. Era um homem probo, mas estabanado, relativamente medíocre.[77] Fui só uma ou duas vezes ao Maranhão. Era um estado que eu imaginava que podia ter maior desenvolvimento, como estado de transição entre a área da seca e a área amazônica, mas não foi possível fazer muita coisa, por causa do governador. Assim mesmo se fez alguma coisa, quando se resolveu explorar o minério de ferro de Carajás. Havia um problema entre o Pará e o Maranhão. O Pará queria que o escoamento do minério de Carajás fosse feito por Belém, queria fazer um terminal marítimo já fora do estuário do Amazonas, para onde o minério seria transportado em barcaças pelo Tocantins. A outra solução era fazer um porto em Itaqui, na área de São Luís do Maranhão, e levar o minério para lá por via férrea. Quando assumi o governo estava esse problema plantado. Minha decisão foi ir por Itaqui, porque transportar milhares de toneladas de minério de ferro em barcaças pelo rio Tocantins não me parecia viável. Não se teria rendimento. Então se fez a ferrovia para Itaqui, e isso ajudou a desenvolver o Maranhão.

No Amazonas, o candidato a governador foi indicado pelo Moraes Rego. Mas também era um problema, era um pobre de espírito, e por isso não se conseguiu fazer quase nada.[78] Rio Grande do Norte e Minas eram os dois únicos estados cujos governadores, pelas constituições estaduais, tinham mandatos de cinco anos e não de quatro. Era uma imitação do governo federal, onde o presidente tem mandato de cinco anos. Eu me empenhei em acabar com isso. Mandei fazer um entendimento com o governador de Minas, Rondon Pacheco, um homem de primeira ordem, que muito razoavelmente concordou com a redução do seu mandato. Fez-se uma emenda à

---

[77] Trata-se de Osvaldo da Costa Freire Nunes.
[78] Trata-se de Enoc Reis.

Constituição do estado e, para substituí-lo, foi eleito Aureliano Chaves. Quando se tratou do Rio Grande do Norte, o governador não concordou e foi passear no estrangeiro, gozando a vida. Pareceu-me um verdadeiro desafio. Afinal foi substituído, como os outros, e o novo governador, Tarcísio Maia, foi muito bom. Acabei cassando esse ex-governador com o AI-5.[79]

Os outros governadores, de um modo geral, eram bons. Com eles não tive maiores problemas. Alguns estados foram muito ajudados. Ao Espírito Santo, por exemplo, dei grande apoio. É um estado que tem muitas possibilidades para se desenvolver e que hoje em dia está muito bem. Outro estado que também teve muito apoio do meu governo foi Santa Catarina. Mato Grosso também. Piauí foi um estado muito ajudado, inclusive porque o Veloso é de lá e conhece sua penúria. Os governadores, de modo geral, me apoiavam e trabalhavam bem.

Com que governadores o senhor tinha um contato pessoal mais estreito?

Eu me dava muito bem com o governador de São Paulo, Paulo Egídio Martins. Era amigo meu, tinha pontos altos e pontos baixos, mas foi um bom governador. Seus maiores problemas eram com os excessos da área revolucionária, aos quais era contrário. Eu me dava muito bem, também, com o governador de Minas, Aureliano Chaves. É meu amigo até hoje. O governador do Rio de Janeiro, Faria Lima, era meu amigo, fora comigo diretor da Petrobras. Também me dava bem com o Élcio Álvares, do Espírito Santo, senador hoje em dia. De modo geral eu não fazia grande distinção entre eles. Procurava, sempre, conviver em harmonia.

Como eram suas relações com a Igreja?

Quando fui escolhido, um dos problemas que me preocupavam era o fato de que não sou católico. Por origem, embora não pratique muito a religião, sou luterano. Mas nunca fui muito apaixonado pelas divergências religiosas e tinha muitos amigos na Igreja católica, como ainda tenho. A Igreja tinha uma certa expectativa em relação a mim. Golbery andou conversando com dom Arns sobre a distensão. Na mi-

---

[79] Trata-se de José Cortez Pereira de Araújo.

nha posse, compareceram vários bispos e cardeais, o que me impressionou. Concluí que esse comparecimento traduzia a esperança da Igreja de que, no meu governo, a situação interna se normalizasse.

Tive boas relações com alguns bispos, principalmente com o cardeal do Rio de Janeiro, dom Eugênio Sales, que conheci quando era bispo auxiliar na Bahia. Outro com quem tinha boas relações era o cardeal Vicente Scherer, do Rio Grande do Sul. Havia alguns de quem eu não gostava, inclusive os dois Lorscheider. Dom Aloísio, que estava no Ceará, era mais tratável do que dom Ivo. Também não gostava do cardeal de São Paulo, dom Arns, e do bispo Casaldáliga. Os problemas que havia eram com a Igreja progressista, que era favorável às ações da esquerda subversiva e as fomentava. Essas questões eram analisadas e comentadas nas minhas audiências com o núncio. Nós nos entendíamos muito bem. Quando ia a Roma, ele me perguntava se havia alguma coisa que pudesse conversar com o santo padre. Eu mostrava o que o Casaldáliga estava fazendo, certas atividades da Conferência dos Bispos, e os problemas que surgiam. Quando voltava, ele vinha me visitar. Eu perguntava: "Conversou com o santo padre?" Ele: "Conversei e muito. Presidente, o senhor tenha paciência porque a Igreja resolve, mas é muito lenta". Eu concluía: "Vai resolver essa situação quando eu não for mais presidente, não é? Está muito bem!" Morreu poucos anos depois. Era um homem muito interessante, cordial e compreensivo.

Ao longo de seu governo o general Golbery continuou mantendo contatos com a Igreja?

Sim, quem conversava mais com eles era o Golbery. Podia conversar mais desembaraçadamente do que eu. Contudo, pessoalmente, não tive maiores conflitos. Uma ocasião tive uns problemas no Pará, porque o general Euclides Figueiredo, irmão do João, prendeu um bispo, que mandei soltar.

Outro bispo que teve problemas foi dom Adriano Hipólito, de Nova Iguaçu.

Foi o bispo que um dia apareceu nu depois de ser sequestrado. Aconteceu no meu governo, mas não se conseguiu apurar a autoria. Creio, contudo, que foi o pessoal da linha dura.

Quais eram exatamente as restrições que o senhor fazia a esses bispos de quem o senhor não gostava?

Era a ação que desenvolviam. Não ficavam confinados aos seus problemas religiosos, envolviam-se em problemas que eram atribuição inerente do Estado. Tinham uma atuação nitidamente de apoio à esquerda subversiva, faziam uso da palavra contra o governo, exploravam a classe estudantil, defendiam o asilo a subversivos, a invasão de terras etc.

As igrejas protestantes procuraram se aproximar do governo?

Alguns me procuraram, mas não me interessei. Recordo que uma vez fui a um culto na igreja protestante em Brasília. Como a Igreja católica, a protestante também tinha infiltrações da esquerda. Num seminário no Rio Grande do Sul, em São Leopoldo, havia muita infiltração esquerdista, fomentada por pastores alemães. Como muitos padres católicos, eles também exploravam o problema da reforma agrária, da distribuição de terras a colonos pobres.

No início de seu governo, quando o deputado baiano Francisco Pinto criticou a visita do general Pinochet ao Brasil, e o caso foi encaminhado ao Supremo Tribunal Federal, isso foi considerado um sinal de que o senhor não pretendia usar o AI-5. Era essa a sua ideia inicial?

Em relação a esse caso, entre os crimes que a Lei de Segurança Nacional capitulava estava a ofensa a chefes de Estado de países amigos. Esse deputado faltou com o respeito ao chefe de Estado de um país amigo, e, ainda mais, um chefe de Estado em visita ao Brasil. Era criminoso por crime capitulado em lei. Já que havia a lei, achei que ela devia ser aplicada. Por que iria usar a legislação excepcional se dispunha da lei normal?

Minha ideia, na verdade, era tanto quanto possível evitar o uso do AI-5. Mas aí se manifestou a falta de compreensão da oposição. Dei demonstrações, em discursos e em atos como esse do Francisco Pinto, de querer normalizar a vida do país, acabar com a censura à imprensa etc. Eles consideraram isso uma fraqueza e resolveram passar ao ataque. Foi uma manobra imprópria — pelo menos assim considero. Com isso, me obrigaram a reagir. Há um princípio de que a toda ação corresponde uma reação equivalente e de sentido oposto. Se eu não reagisse, evidentemente meu poder iria se enfraquecendo, e aí uma série de projetos que eu pretendia realizar, inclusive a abertura, talvez se tornassem impossíveis.

Quer dizer, o senhor precisava ter o controle da transição?

Sim, evidentemente. Mas quero reafirmar que nesse problema a oposição não quis saber de diálogo e não facilitou minha ação. Pelo contrário. Criou dificuldades. A abertura talvez tenha demorado muito por isso. Se a oposição se tivesse conduzido de outro modo, certamente a abertura se realizaria muito antes.

Há uma expressão sua, divulgada pela imprensa, de que o senhor "não morria de amores pelo AI-5".

É possível que eu tenha dito isso. De fato, eu não morria de amores por ele. Mas era um instrumento de que eu dispunha. Era preciso mostrar à oposição que, afinal de contas, havia poder. Que tinham que ser comedidos, porque eu tinha poder para reprimir.

O que, basicamente, o senhor não aceitava na oposição?

As expressões, o tom, a virulência das manifestações.

Uma certa falta de respeito para com a autoridade? É isso que o senhor quer dizer?

É. E a falta de respeito para com uma autoridade que tinha que vencer o problema da abertura na sua própria área. É evidente que se eu não agisse contra a oposição com determinadas formas de repressão, inclusive com a cassação, eu perderia terreno junto à área militar. Sobretudo na área mais exacerbada da linha dura. Era preciso de vez em quando dar um pouco de pasto às feras. Não pensem que sou maquiavélico, mas vamos analisar a realidade. Eu não podia dar-lhes argumentos contra mim: "O senhor está sendo tolerante, está sendo ridicularizado, está sendo desmoralizado pela oposição". Não podia deixar que chegássemos a isto.

Diante de que situações concretas o senhor chegava à decisão de que ia usar o AI-5 e fazer cassações?

Geralmente diante de críticas a militares, que tinham reflexos muito sensíveis na área militar revolucionária. Como já disse, eu sofria pressão dos dois lados: da oposição e da área militar, insatisfeita com as críticas e as expressões usadas. Quando eu verificava que o problema era mais grave, pela análise que eu fazia ou que o SNI me dava, ou pela conversa que tinha com o Golbery, às vezes eu chegava à conclusão de que a melhor solução era cassar. A cassação tinha suas vantagens, no sentido de arrefecer o ímpeto da oposição, que passava a ter receio das consequências se continuasse no mesmo estilo, e de arrefecer a pressão da área militar. Passei todo o meu governo nesse jogo. Foi isso que levou à demora da solução final, de acabar com o AI-5. Enquanto a oposição se mostrava agressiva, não era possível aliviar e satisfazê-la. Eu não podia me afastar dos militares, que, a despeito da cooperação da Arena, eram os principais sustentáculos do governo revolucionário.

E nesse jogo o senhor conseguia impor a sua autoridade como chefe político e como chefe militar?

Acredito que sim. É uma história muito difícil de ser conduzida e vivida por quem se considera responsável pela condução nacional. Não desejo isso a ninguém.

Em 1976 foi promulgada a Lei Falcão, também considerada uma maneira de calar a oposição. Como o senhor a via?

A propaganda no rádio e na televisão é um problema muito difícil. Quem assiste àqueles programas? São um bocado indigestos, não é? Muitas vezes, em vez de fazerem uma propaganda positiva, ela se torna negativa. Não sei se é assim com todos, mas acho que muita gente não gosta, inclusive porque fica privada daquele horário da televisão em que queria ver qualquer outra coisa.

Pela Lei Falcão, a participação dos políticos na televisão era muito sumária. É claro que, com isso, havia de certa forma a defesa da revolução. Porque deixar a televisão aberta para a oposição fazer a propaganda que quisesse, nos termos que ela gostaria de fazer, seria criar um maior número de áreas de conflito. A Lei Falcão foi muito criticada, porque seria como colocar uma rolha na boca da oposição.

Em abril de 1977, o governo colocou o Congresso em recesso por meio de um ato complementar e baixou uma série de medidas que ficaram conhecidas com o nome de "pacote de abril". Como foi esse processo?

Aconteceu o seguinte. Pouco tempo depois de eu ter assumido, fui fazer uma visita de cortesia ao Supremo Tribunal Federal, porque quase todos os ministros tinham ido à minha posse. Conversamos muito, e eu lhes disse que achava que a nossa Justiça não funcionava bem, sobretudo pela morosidade das decisões, pela possibilidade de muitos recursos nos diferentes níveis, que representavam delongas nos processos. Havia processos que rodavam anos e anos, como até hoje. Eu achava que era preciso estudar uma maneira de reformar o Judiciário e torná-lo mais ágil, sem prejuízo do valor das sentenças, que deviam ser justas e de acordo com a lei. Além disso, havia outro problema. O juiz, como é natural, goza de uma série de direitos. É inamovível, não pode ser demitido, tem uma série de garantias para o exercício da função. Mas deveria haver, ao lado dessas garantias, fórmulas ou maneiras de punir ou afastar o mau juiz. Era preciso fazer alguma coisa, providenciar uma reforma no Poder Judiciário, e eu achava que não havia ninguém mais capacitado para trabalhar nesse sentido do que os ministros do Supremo Tribunal Federal, não só porque eram a cúpula do poder, como porque eram homens que tinham larga experiência e cultura. Essa foi, mais ou menos, a abertura do problema.

Os ministros concordaram comigo e aí levaram um tempo enorme para chegar a certas conclusões. Fizeram um inquérito em todo o país sobre os problemas do Poder Judiciário e no fim chegaram a uma reforma que importava alterar alguns dispositivos da Constituição. Não era uma solução completa como eu desejava, mas sempre era um avanço, e o projeto de lei foi enviado ao Congresso. Antes disso, conversei com Petrônio Portela, e ele foi se entender com a oposição, que se mostrou, de certa maneira, favorável ao projeto, sugerindo algumas modificações que foram feitas por nós. Eu estava convicto de que assim o projeto da reforma iria ser aprovado. Não havia ali nada que se relacionasse com a revolução, nem com matéria partidária. Era uma medida que, realmente, podia trazer grande benefício ao país.

Contudo, na votação, eram necessários dois terços dos votos, e nós não tivemos esses dois terços. A oposição votou contra. Assim, não haveria reforma do Judiciário. Qual era a solução que eu tinha?

Pensei muito e achei que era um desafio da oposição. Era uma demonstração de força usada em detrimento do real interesse da nação. Eu também estava preocupado em permitir que o meu sucessor pudesse governar em melhores condições. Uma dessas condições estava ligada à eleição dos governadores, em 1978. Eu vinha matutando como isso podia ser feito. Em vez de voltar ao voto direto, eu achava mais conveniente manter o voto em dois níveis. A única maneira de fazer isso era realmente através de um ato de força. Creio que o problema da reforma do Judiciário me incentivou a fazê-lo de uma vez e então juntei as duas matérias. Para realizar a reforma e atender ao problema de viabilizar o novo governo, resolvi colocar o Congresso em recesso e baixar um novo ato que a oposição chamou de "pacote de abril". Há nele muita coisa que hoje em dia pode ser criticada, mas eu tinha reais motivos para fazer o que fiz. Fez-se a reforma do Judiciário, que, entretanto, não deu os resultados que se esperava, mas o general Figueiredo pôde levar avante o problema da abertura, até chegar a dar a anistia. Essa é a história, a gênese da reforma do Judiciário e do pacote de abril. Nele muita gente cooperou, principalmente Golbery, Petrônio, Marco Maciel e Falcão. Nós nos reunimos nos dias da Semana Santa no Riacho Fundo, tivemos muitos debates e por fim fomos redigindo a lei.

Uma das medidas tomadas foi aumentar o mandato presidencial para seis anos. Por que os senhores imaginaram que assim seria melhor?

Até hoje eu acho que é melhor. Agora, na reforma da Constituição, querem reduzir para quatro anos, acrescentando uma excrescência, ou seja, permitindo a reeleição do presidente da República, dos governadores, dos prefeitos. Todos podem ser reeleitos. Que pressão vai exercer o prefeito do município do interior para ser reeleito, que marmelada de favores vai conceder? O presidente da República, querendo ser reeleito, com os poderes que tem, o quanto irá manobrar? Um governador, querendo continuar? Será que isso se conjuga com a índole brasileira? Quatro anos, para quem quer realizar um programa de governo, é muito pouco. O presidente da República da França tem sete anos e pode ser reeleito por mais sete. Não sei se essa medida vai dar certo no Brasil. Acabar com o vice-presidente da República? O que vai acontecer? Se o presidente, em qualquer circunstância, fica impedido, ou porque morre, ou porque está doente, assume o presidente da Câmara, que dentro de um certo prazo tem que fazer nova eleição. Vem um novo período eleitoral, e muito dinheiro se vai gastar, porque uma eleição é cara. Gastam os candidatos e gasta o governo. E é mais uma fase de agitação dentro do país. Por que acabar com o vice-presidente? Por que acabar com o vice-governador? Será que é por economia de salário? Quando fiz reformas políticas, o objetivo foi criar condições favoráveis para o futuro governo, que, sem elas, teria sérias dificuldades. O que eu fiz foi com o conhecimento do Figueiredo. Eu queria habilitar politicamente o país para que o novo presidente pudesse enfrentar o problema da abertura e assim governar.

Por que o senador "biônico"?

Veio dentro desse mesmo objetivo. Houve ainda uma outra medida importante: acabou-se com a exigência do *quorum* de dois terços para a reforma da Constituição. Às vezes há necessidade de uma reforma da Constituição no interesse do país, e por questões de politicagem, de um partido em oposição, não se faz. O que aconteceu com a reforma instituída pelo pacote de abril? Levantou-se novamente a questão do divórcio, que fora proposto no Congresso muitas vezes, sobretudo pelo Nelson Carneiro, sem obter a aprovação de dois terços. O divórcio não passava nunca. Aí votaram, o divórcio obteve apenas a maioria de votos, e foi aprovada a correspondente reforma da Constituição. Deputados e senadores vinham a mim perguntar o que eu achava, qual era o meu ponto de vista, o que eu queria. Eu respondia que não queria nada, que votassem de acordo com as suas consciências. Cada um vote como quiser. Sou favorável ao divórcio, mas não influí. Posso ter influído indiretamente, estabelecendo o dispositivo da maioria simples, não com o objetivo do divórcio, mas das reformas de que o país precisava. Fiz mal ao Brasil? Quantos casais que estavam vivendo muito bem, mas em situação irregular perante a sociedade e a lei, hoje em dia legalizaram a sua situação e vivem felizes?

Antes de tomar a decisão de decretar o recesso do Congresso, o senhor reuniu o Conselho de Segurança Nacional?

Creio que não reuni, embora não tenha certeza. Contudo, muitas vezes eu já tinha discutido com o Golbery, com o Petrônio e com outros ministros a necessidade de assegurar condições melhores do que aquelas que eu tinha para governar ao presidente que me sucedesse, que teria mais dificuldades no governo. Eu, afinal, tinha o AI-5, tinha o poder de cassação, mas quem viesse depois de mim não teria mais nada disso. Era preciso que se desse a ele alguns instrumentos que lhe permitissem assegurar a sua autoridade e continuar no caminho de acabar com os resquícios próprios da revolução, principalmente decretando a anistia. Essa questão não surgiu inopinadamente. Já vinha sendo debatida e discutida entre nós.

Daí a sua ideia de salvaguardas constitucionais?

Sim. Foi uma outra fórmula para dar certo poder ao presidente. O estado de sítio era mais complexo, enquanto a imposição da salvaguarda era mais simples.

Na época do fechamento do Congresso o senhor sofreu pressões da área militar para cassar deputados?

Não. Mesmo porque minha resposta foi rápida. Houve a votação da reforma do Judiciário pelo Congresso, e a decisão de fechá-lo veio logo em seguida. Por isso é que eu creio que não houve reunião do Conselho de Segurança.

Pouco depois dessas medidas, o senhor utilizou em uma entrevista a expressão "democracia relativa".

E até hoje, para mim, a democracia é relativa. Temos uma democracia dos teóricos, dos homens do direito, que partem de Montesquieu e na sua imaginação idealizam a democracia. Mas essa democracia só é viável para o homem perfeito. Se você quiser adotar medidas democráticas e ao mesmo tempo garantir a viabilidade de um governo — estou dando uma opinião pessoal a respeito da questão, que difere muito do que é corrente por aí —, será necessário verificar o estágio de civilização do povo, ver o que é esse povo, quais as suas tendências, como se comporta, que nível cultural atingiu, quais as suas aspirações. Os democratas da democracia plena achavam que não, achavam que o grande problema da democracia era votar. Então, gritaram pelas "diretas já, vamos votar, temos que votar". Mas o problema não é apenas votar, não é apenas o povo escolher o seu dirigente através do voto. Escolheram deputados à vontade, mas escolheram deputados que são um bando de ladrões! Há muito deputado decente, correto, cumpridor dos seus deveres, mas também há muito deputado que não vale nada!

Eu não posso pegar o que se usa e se faz nos Estados Unidos, ou na Alemanha, ou na França, ou na Inglaterra, e transplantar integralmente para aqui. Não é judicioso. O país é diferente! É muito mais atrasado! O povo é mais inculto e de outra natureza! Quando eu falava em "democracia relativa", eles diziam: "Não, democracia não se adjetiva! Nós queremos democracia plena!" Como se esse "plena" não fosse uma adjetivação! Acho que um dos erros que o Brasil tem cometido, ao longo de sua história republicana, é viver nesse sonho de uma democracia no papel, mas que depois, na prática, não se cumpre. A diferença entre o estado ideal que se coloca nos papéis e aquele que realmente existe na vida cotidiana do povo é muito grande! Será que nós vamos querer viver nessa ficção? Não será melhor viver a realidade? E procurar modificar progressivamente a realidade até chegar a esse estágio mais avançado?

O senhor leu Oliveira Viana e Alberto Torres?

Li, e muito, Oliveira Viana e alguma coisa de Alberto Torres. Foram grandes homens. Posso não concordar com tudo o que pensavam mas, na essência, estão certos. O que eu trago em mim, de um lado, vem evidentemente das minhas observações, dos dados da minha vida, da minha experiência profissional. Mas sofro muito a influência natural dos livros que li. Muitos eu descartei, mas de outros incorporei certas ideias, certos princípios, certas análises. Sob esse ponto de vista Oliveira Viana é, talvez, uma das melhores figuras. Há uma grande diferença entre o mundo ideal e o mundo real. E nós temos que pensar e viver o mundo real. Claro que sem muito conformismo, e sempre tendo em mira o ideal que queremos algum dia atingir, nós ou as futuras gerações. Mas temos que ser realistas nas nossas ações. Não podemos sair voando. Quando se começa a voar, diz-se bobagem. E assim o país não progride, vive na inflação crescente, no desemprego e na miséria. O povo está com fome, e aí resolvem distribuir comida, o que, ao longo do tempo, não é solução. É medida momentânea, que não dura.

Para negociar a distensão, que era uma das principais metas de seu governo, foi criada a chamada "missão Portela". Como se definiu com quem o senador Petrônio Portela deveria conversar?

A história do Portela vem de mais longe. Logo depois que eu assumi, havia o problema da eleição dos novos governadores pelas assembleias estaduais. Tinha-se que examinar, dentro da Arena, quais os melhores candidatos, e pedi ao Portela que percorresse o país e procurasse nos quadros políticos do partido quais eram as figuras que poderiam aspirar aos governos estaduais. Portela viajou e trouxe relatórios com muitas informações que me facultaram escolher a maioria dos novos governadores. Nem todas as escolhas foram felizes. Houve algumas, como já mencionei, independentemente do Portela, que não satisfizeram. Mas desde aí o Portela sempre ficou muito ligado a mim. Quando eu tinha problemas no Congresso, no partido, o homem que eu chamava em primeiro lugar para conversar era ele. Também conversávamos sobre certos pontos dos meus discursos, certas reuniões que fazíamos, certas comemorações. Quando resolvi fazer a abertura, pedi a sua cooperação. Tivemos várias reuniões, inclusive com Golbery e Figueiredo, para trocar ideias sobre a extinção do AI-5 e a elaboração da necessária legislação. A colaboração do Portela, como em outras oportunidades, foi muito lúcida, objetiva e eficiente. No governo Figueiredo ele foi ministro da Justiça, mas pouco tempo depois faleceu, prematuramente.

Quanto à missão Portela, não havia agenda. Ele conversava muito com os diferentes setores políticos, inclusive com a OAB e o clero. Politicamente tinha muita influência, como presidente da Arena e do Senado, e trânsito fácil nas diferentes áreas. Costumava dar-me conhecimento das suas conversações em relatórios verbais.

Ele conversava com as pessoas dizendo da sua intenção de acabar com o AI-5?

Sim, naturalmente. Era sabido, publicamente, que o meu governo estava empenhado em normalizar a vida do país, acabando com o AI-5.

Alguns dirigentes da Arena eram contra o fim do AI-5. O senhor reuniu o partido para tratar disso?

É possível que tenha reunido, mas não me recordo. Pode-se comparar essas organizações coletivas — como o Colégio Militar, a Escola Militar ou um partido político — a um jardim zoológico: tem bicho de toda espécie! É possível que muitos membros da Arena não quisessem o fim do AI-5: um governador de estado podia desejar continuar a governar com o AI-5, que o favorecia. Mas os principais chefes, e incluo aí Portela, Francelino e Marco Maciel, eram francamente favoráveis a que se acabasse com o AI-5. Achavam que o país não podia continuar a viver eternamente num regime anormal.

Entre as pessoas que foram chamadas a conversar sobre o fim do AI-5, estavam Lula e dom Paulo Evaristo Arns.

É possível que tenha havido uma conversa do Portela com o Lula, mas não me lembro. Quanto a dom Evaristo Arns, quem conversou muitas vezes com ele foi o Golbery. Eu nunca quis conversar com ele e até hoje não quero. Acho que é um farsante, com aquela vozinha... Mas é um homem muito querido lá em São Paulo.

Por que o senhor não deu a anistia no seu governo?

Não dei porque achava que o processo devia ser gradual. Era necessário, antes de prosseguir, inclusive com a anistia, sentir e acompanhar a reação, o comportamento das duas forças antagônicas: a área militar, sobretudo a mais radical, e a área política da esquerda e dos remanescentes subversivos. Era um problema de solução progressiva. O compromisso que o Figueiredo tinha comigo era prosseguir na normalização do país. Como fazer, a maneira de fazer e quando, era problema dele. A anistia passou a ser assunto do governo dele, no qual eu não interferia.

O senhor não deixou nem indicações?

Não. Do ponto de vista ético era contraindicado. Médici também não me deixou. Escolhido o presidente da República, a decisão e a responsabilidade passam a ser dele. Como responsável, ele tem o direito de fazer o que lhe parecer mais adequado.

E o senhor acha que a anistia devia ser gradual?

Sim. Mas realmente não me detive nesse problema. Confesso que não o estudei a fundo. Talvez a anistia devesse ser feita por lances, por partes.

Ao final do seu governo, ressurgiram as greves e o movimento sindical. Como o senhor encarava isso?

As perturbações ocorreram principalmente em São Paulo. E aí ficaram a cargo do Paulo Egídio, que era o governador e acabou tendo que prender o Lula. É claro que incomodavam. O país tinha vivido relativamente tranquilo nesse setor durante muito tempo e estava começando a ser novamente perturbado com greves. Havia a Justiça do Trabalho, que começou a julgar os casos, se eram razoáveis ou não. Era o primeiro ônus da distensão. Eram fatos desagradáveis, mas que faziam parte da liberdade que a distensão procurava assegurar.

Em outubro de 1978, o ex-deputado Francisco Pinto mencionou a existência do "relatório Saraiva", sobre irregularidades que teriam sido cometidas por Delfim Neto enquanto foi embaixador na França. O senhor acompanhou esse caso?

O relatório Saraiva surgiu ainda na época da minha presidência, mas o problema foi apurado, por uma comissão de inquérito, no governo do Figueiredo. Sinceramente não sei o grau de sua veracidade. Conheci os irmãos do Saraiva, que eram militares com muito bom conceito. Há outros problemas irregulares que são abordados no livro da senhora Tupinambá,[80] cujo conceito, ao contrário, era ruim. Em função das denúncias e como medida preliminar, retirei de Paris e transferi para o Canadá um diplomata suspeito de envolvimento em negociatas. Não tomei outras providências porque estava no fim do meu governo e o do Figueiredo iria investigar o que realmente havia ocorrido.

Qual era a sua opinião sobre o papel do Congresso? Qual é a sua concepção de um Poder Legislativo?

É uma questão muito complicada. O Poder Legislativo existe principalmente para fazer leis. Mas, de um modo geral, ele se preocupa com uma infinidade de questões, e as leis, muitas vezes, ficam relegadas. Eu me preocupei, no meu tempo, que os projetos de lei que enviássemos ao Legislativo tivessem um curso. Podiam ter suas emendas, ser discutidos, desde que isso não comprometesse o que pretendíamos fazer. Hoje em dia, as críticas ao Legislativo são por isso: ele faz tudo, menos lei. Fez uma Constituição onde estão previs-

---

[80] Marisa Tupinambá, pianista e ex-funcionária da embaixada do Brasil em Paris, publicou, pela editora Alfa-Ômega (São Paulo, 1983), o livro *Minha vida com o embaixador Roberto Campos*, que teve sua circulação proibida pela Justiça.

tas uma série de leis complementares, que até hoje estão por fazer. O orçamento deste ano, que o governo resolveu emendar, ainda não saiu. O orçamento tinha que ser sancionado antes de 31 de dezembro do ano passado! Nós vamos entrar no mês de março e não temos orçamento![81] A comissão de inquérito que apurou a fraude de alguns deputados foi concluída há um mês. Já se passou um mês e não se fez nada.

No meu tempo, creio que os deputados permaneciam mais tempo em Brasília do que agora. Então, se trabalhava mais. O Legislativo tinha absoluta liberdade nos discursos. Nunca interferi nos discursos que se faziam. Houve casos de discursos muito acalorados, ou contra o regime ou contra a revolução, houve até casos em que fui praticamente obrigado a cassar. Mas isso cabia dentro daquele quadro que já comentei aqui. Afinal, o governo era um governo revolucionário. Se, de um lado, eu tinha que atender ao problema político, ao problema da liberdade de expressão, às prerrogativas próprias da democracia, de outro lado, eu tinha que atender ao setor revolucionário. Como já manifestei aqui várias vezes, subsistia a linha dura com a sua intransigência. Assim, eu tinha que enfrentar o problema em duas partes: a da oposição e, paralelamente, a da área revolucionária mais exacerbada. Abrir uma guerra com o lado revolucionário não era boa manobra. Resultavam soluções às vezes pendentes para um lado, às vezes para o outro, mas sempre procurando assegurar a adequada sobrevivência. Muita gente acha que é preciso ter uma linha rígida, traçar essa linha e seguir por ela inflexivelmente. Não! A política exige sempre alguma flexibilidade. Ela não se resume a uma única pessoa, a não ser que o chefe seja um ditador. Desde que não se perca a noção da direção final, nem o sentido moral da ação, pode-se entrar por certos desvios e retomar depois o caminho que se havia traçado. Querer fazer política com rigidez? É absolutamente impossível.

---

[81] Entrevista complementar concedida em 26 de fevereiro de 1994.

23

Preparando a sucessão

Na área militar, a impressão que se tem é de que havia uma parte da oficialidade favorável ao seu projeto de abertura, uma parte contrária e outra, talvez a maior, neutra, propensa a se definir de acordo com o rumo dos acontecimentos. Qual era a sua visão a respeito das posições da oficialidade?

Eu já disse aqui que, em todas as situações, há sempre uma grande massa relativamente indiferente, vendo para que lado vai pender o prato da balança. Na Revolução de 64, o problema era esse. Havia um grupo, aliás um grupo bem selecionado, que havia muito tempo vinha querendo fazer a revolução contra o Jango e captou alguns adeptos, como o próprio Castelo. Havia um outro grupo, formado pelos "generais do povo", que eram os extremados e queriam apoiar o Jango de qualquer forma. E havia 70, 80% do Exército que não tinham opinião formada, que estavam lá no seu trabalho diário, na sua rotina. Aconteceu que as coisas que o Jango fez no final — o comício da Central do Brasil, a revolta dos marinheiros, a reunião com os sargentos no Automóvel Club —, tudo isso fez com que essa massa, que era indiferente, pendesse para o lado da revolução. Ela se definiu nessa ocasião.

Na época do meu governo, uma parte do pessoal, aquela que nós chamávamos de linha dura, era mais extremada e queria fazer inquéritos, punir, prender, queria levar as coisas mais ou menos a ferro e fogo. Uma outra massa era contra isso e, poder-se-ia dizer, a favor da abertura, da normalização da vida do país. Já estava cansada da permanência do Exército no poder, da responsabilidade de governar o país. Mas a grande maioria que estava no meio era indiferente, não acompanhava o processo. Era gente que estava voltada para os seus deveres, para a sua profissão, para o seu trabalho. Era difícil, nessa massa toda, chegar a uma conclusão. O que ainda valia, e muito, era a hierarquia e o espírito de disciplina, porque muitas vezes o subordinado segue o caminho do chefe. O importante para mim era a cabeça do Exército, eram os generais, os coronéis, mas era sobretudo o pessoal que estava nas funções de chefia e de mando. Tanto que basta ver o seguinte: quando tirei o Frota, todos ficaram comigo.

Entre Castelo Branco e Costa e Silva havia uma proximidade hierárquica e geracional muito maior do que entre o senhor e o general Frota. Talvez por isso, para o presidente Castelo Branco, fosse mais constrangedor demitir seu ministro do Exército do que foi para o senhor.

É possível. Costa e Silva e Castelo caminharam juntos desde meninos no Colégio Militar, ao passo que o Frota, além da diferença de idade, não havia feito carreira junto comigo. Frota foi aluno do Colégio Pedro II, e não do Colégio Militar. Era da cavalaria, uma arma que não era a minha. Ao longo da carreira nós só viemos a ter contato como oficiais de estado-maior, porque até então cada um vivia no quadro da sua arma. Só quando se é oficial de estado-maior é que se começa a conviver com o conjunto. Contudo, o conceito do Frota era bom, era um oficial dedicado, e até então não tinha sido muito extremado. Ele fazia parte do nosso grupo, que já desde o Juscelino era contra a situação, embora não participasse de certas loucuras que a Aeronáutica fez em Jacareacanga e Aragarças, nem das que o Pena Boto e o Portela queriam fazer, com seus planos de revolta. A maioria do nosso grupo não participava disso, e acredito que o Frota tampouco. Ele se ligou depois ao grupo do Costa e Silva e se tornou chefe de gabinete do ministro do Exército, general Lyra Tavares. Pela posição que ocupava, possivelmente começou a entrar mais no conjunto dos problemas. Mas o que alterou o Frota nesse quadro, como já disse, foi que meteram na cabeça dele que ele ia ser o salvador da pátria contra o comunismo. Que eu estava transigindo com o comunismo e que, para evitar que o país caísse na mão dos comunistas, tinha que haver um chefe que tomasse a si o problema. Que esse chefe só poderia ser ele. Foi mordido pela mosca azul. Começou a receber deputados, foi visitar a Câmara...

Como se iniciou o processo de distanciamento do general Frota em relação ao senhor? Parece que ele começou a fazer críticas ao governo?

Muitas vezes as coisas eram dissimuladas. Sabíamos, entretanto, o que havia. Quando ele despachava comigo era muito cordial, nós nos tratávamos muito bem, divergíamos em uma série de coisas, mas em outras concordávamos. Mas eu sentia que não havia sinceridade da parte dele. Como já disse, tenho a impressão de que meteram na cabeça dele que ele iria ser o salvador da pátria, iria ser o presidente. E aí ele perdeu o controle. Recebeu adeptos. Jaime Portela foi a Brasília montar o gabinete de propaganda e aliciamento a favor da candidatura Frota, e assim por diante.

Parece que certo dia ele faltou a um despacho alegando que não tinha nada a tratar com o senhor?

É, não foi a um despacho. Mandou dizer que não tinha assunto. Podia ser mesmo que não tivesse, mas esse procedimento não era normal. Reagi da seguinte forma: "Não tem nada? Está bem". Eu iria passar recibo? Havia algum tempo eu já estava resolvido a exonerar o Frota, desde que ele começou a sua campanha eu havia tomado essa resolução. Mas, para mim, qual era o grande problema? Era, ao tirar o Frota, o Exército ficar comigo e não com ele. O Exército, a Marinha e a Aeronáutica, mas principalmente o Exército. Então — não pensem que isso é uma atitude maquiavélica —, deixei que ele se afundasse na campanha. Em vez de chamá-lo e adverti-lo, deixei que fizesse o que bem quisesse, e ele foi se afundando. Quando estava bem afundado, e senti que os generais nos principais comandos não concordavam com ele, achei que estava em condições de tirá-lo. Os comandantes do I Exército, aqui no Rio, que era o José Pinto, do II Exército, em São Paulo, que era o Dilermando, do III Exército, no Sul, que era o Bethlem, e do IV Exército, no Nordeste, que era o Argus Lima, estavam comigo. O chefe do

Estado-Maior, que era o Potiguara, também. Quase todos os generais de quatro estrelas estavam comigo. Não tive, portanto, maior trabalho com os chefes militares.

Frota foi realmente se enterrando, à medida que ia se engajando na ideia da candidatura. Fizeram comitês, e os piores deputados iam lá prestar-lhe solidariedade. Havia já um grupo de 30 ou 40 deputados na Câmara do seu lado. Ele recebeu, no ministério, senadores da Comissão de Agricultura. Eu indaguei: "Frota, que história é essa de você estar recebendo senadores em comissão no seu ministério? Você não tem nada com isso! Que é isso?" E ele, para mim: "Eles pediram para ir lá e então eu recebi". Mas já era o conluio da campanha, e ele querendo ser simpático com os políticos.

Não houve também o episódio de um discurso que o general Frota ia ler no Dia do Soldado e que o senhor pediu para ler antes?

Sim. Ele não gostou, mas me mandou a minuta do discurso. Há um antecedente a que vou me referir. Em 76 já constava que o Frota ia ser candidato a presidente e, num despacho, ele me disse: "Veja, presidente, estão querendo me intrigar com o senhor com essa história de dizer que sou candidato à presidência da República. É uma intriga, é uma coisa que não tem cabimento". Respondi: "Fique tranquilo, porque no fim do ano, no almoço tradicional que os generais, os almirantes e os brigadeiros oferecem ao presidente, terei a oportunidade de abordar o assunto no meu discurso". Nesse discurso, eu disse que me reservava o direito ou a prerrogativa de, no momento oportuno, interferir na sucessão presidencial, visando às melhores condições para o país. Havia, assim, um antecedente no problema da sucessão, mas apesar disso ele depois caiu na esparrela, foi mordido pela mosca azul e resolveu ser candidato, inteiramente à minha revelia. Ia ser o candidato dos que eram pela repressão.

Demitir o ministro do Exército foi um ato de coragem...

Mas um presidente não pode tirar um ministro!? O ministro, pela Constituição, é um auxiliar do presidente, é demissível *ad nutum*.

Sim, mas o senhor há de convir que ministro do Exército era uma peça muito importante do governo...

Sim. No quadro revolucionário, como o Exército era a força armada mais poderosa, com mais meios, mais do que a Marinha e do que a Aeronáutica, o Ministério do Exército adquiriu uma posição de destaque, a começar pelo Costa e Silva.

O senhor acha que a candidatura Frota seria uma tentativa de criar um fato consumado, como foi o caso de Costa e Silva com Castelo Branco?

Acho que sim. Se o Frota conseguisse que os generais de quatro estrelas e outros viessem a mim e dissessem: "O presidente tem que ser o Frota, nós queremos o Frota", e se eu desse um balanço e verificasse que a maioria do Exército estava contra mim, o máximo que eu poderia fazer era lavar as mãos e dizer: "Está bem, se vocês querem o Frota, façam-no presidente".

O general Frota foi exonerado no dia 12 de outubro de 1977. Como o senhor soube qual era o momento certo para tirá-lo?

Como já disse, quando verifiquei que tinha a maioria dos generais comigo, pelo menos os generais mais graduados, senti que era a hora de afastá-lo. Senti também que não podia demorar mais, porque o problema ia ficar mais difícil, com as adesões que ele iria ter. Não pude tirá-lo antes porque eu não sabia, ou não tinha ainda a certeza, de que o Exército ficaria comigo. Com a avaliação que fiz, foi aquele o momento que achei mais adequado.

Essa decisão foi pessoal?

Foi. A decisão final.

Na véspera o senhor ficou outra noite sem dormir?

Não, a decisão de tirar o Frota já estava acertada. Golbery e eu sabíamos que eu ia tirá-lo. O dia, entretanto, foi decidido por mim.

O senhor leu O príncipe, *de Maquiavel?*

Sim, como não: "O primeiro dever do príncipe é assegurar os meios para se manter no poder". É um livro realista para aquela época, e hoje em dia mal interpretado.

Poderia nos contar como foi esse "dia D"?

Eu já tinha resolvido fazer a demissão no dia 12 de outubro, que era um feriado. Não haveria grande movimento em Brasília, e me pareceu um dia apropriado. Lembro que na véspera avisei ao chefe da Casa Militar, Hugo Abreu, que era, de certa maneira, ligado ao Frota, mas até então tinha sido fiel a mim, muito dedicado. Eu lhe disse: "Vou tirar o Frota". Ele ainda ponderou: "Não faça isso..." Respondi: "Já está resolvido, não adianta você falar porque eu vou tirar". Aí o Hugo ajudou, conversou com vários generais avisando, alertando. Inclusive gente da Casa Militar foi ao IV Exército, o Moraes Rego foi conversar com o Dilermando, e eu, antes de voltar para Brasília — eu tinha vindo ao Rio —, conversei com o general José Pinto, que era o comandante do I Exército. Entrei com ele numa sala da estação de embarque da área militar no Galeão e disse: "Zé Pinto" — ele tinha servido comigo no Grupo-Escola, eu capitão e ele tenente — "vou tirar o Frota agora, dia 12, de modo que você se prepare". Ele se virou para mim e respondeu: "Já vai tarde, já devia ter tirado há muito tempo". Era a opinião que já se tinha formado dentro do Exército sobre a ação do Frota. E continuou: "Não há problema. Isso aqui está garantido, é área minha".

No dia 12, pela manhã, mandei chamar o Frota. Ele veio, pensando que era a propósito de um relatório do III Exército. Eu disse a ele: "Frota, cheguei à conclusão, depois de uma série de coisas que andei vendo, que nós dois não nos entendemos mais. De maneira que você se quiser peça a sua demissão". Ele disse: "Não, eu não peço demissão. Se o senhor quiser, me demita". Respondi: "É o que vou fazer. Pode ir que eu agora mesmo mandarei lavrar o decreto da demissão". Ele foi embora. O que iria dizer? Foi para o Quartel-General. O comandante da tropa em Brasília e Goiás era o general França, meu amigo, casado com uma sobrinha, filha do Orlando. Ele havia sido avisado por mim e assim tomou todas as providências para o controle da tropa local. Um ou dois oficiais do gabinete do ministro procuraram se infiltrar nessa tropa, numa tentativa de subversão contra o governo, mas não obtiveram resultado.

Frota resolveu convocar o Alto Comando, certamente com o objetivo de obter o seu apoio. Tomando conhecimento dessa convocação, providenciou-se para que os generais que chegassem ao aeroporto de Brasília, em vez de irem para o Ministério do Exército, viessem para a Presidência se encontrar comigo. E, assim, todos vieram falar comigo. No ministério, Frota estava procurando ganhar tempo, relutando em passar o cargo ao novo ministro nomeado, o general Bethlem. O general Potiguara foi a ele e disse: "Frota, deixa de bobagem e passa logo esse ministério!"

Mas havia oficiais no gabinete do ministro conclamando-o a reagir.

Sim. Eram os que tinham posto nele a mosca azul. Eram o coronel que chefiava o DOI-Codi no Rio, o Fiúza de Castro, e possivelmente mais alguns. O general Bento, chefe de gabinete do ministro, entretanto, estava a meu favor.

Havia também o general Jaime Portela, o coronel Ênio Pinheiro...

O Portela já não dizia mais nada, não tinha expressão. Ênio Pinheiro foi, na minha opinião, um dos principais entre os que fizeram a cabeça do Frota. Ênio Pinheiro era um coronel de engenharia, muito inteligente, capaz, mas ambicioso. Terrivelmente ambicioso. Já na reserva foi trabalhar com o Maluf, então governador de São Paulo, onde dirigiu a construção da duplicação de um trecho da rodovia Dutra, a rodovia dos Trabalhadores. Até hoje participa de um grupo radical.

Alguns agiam por convicção, outros, por interesse. Mas vamos ser justos: se alguns podiam estar engajados por motivos mais subalternos, muitos, certamente, tinham a convicção de que estavam atendendo a uma necessidade vital do país.

O senhor teve logo acesso ao manifesto que o general Frota divulgou quando foi demitido?

Tive. Recebi o manifesto, e me disseram que o Frota estava procurando divulgá-lo no rádio ou na televisão. O general Hugo Abreu queria trancar o manifesto, impedir sua publicação. Não concordei e disse-lhe: "Pelo contrário, deixa publicar, porque esse manifesto é tão ruim que trabalha a meu favor". O manifesto é muito radical, faccioso e mentiroso. Retomava a história do reconhecimento da China, de Angola, de comunistas que estariam no governo. Pintava um quadro completamente irreal. Frota dizia que o meu governo estava caminhando para a comunização, que eu era tolerante com o comunismo.

Nesse episódio, existia risco de haver algum levante?

Risco sempre pode haver. A gente não pode garantir, mas eu me mantinha inteiramente tranquilo, porque estava convencido de que aquilo que estava fazendo era o certo. Quando se tem a consciência de que o procedimento ou a ação que se está desenvolvendo é a que corresponde à realidade, é o que deve ser feito, fica-se tranquilo. Além disso, eu tinha apoios, no governo, na maioria política, e um relativo grau de apoio militar. Podia haver surpresas, reações inesperadas, golpes de força. Se, por exemplo, a guarnição de Brasília não estivesse sendo controlada pelo general França, alguém podia querer dominá-la e lançá-la ao ataque do Planalto. Mas isso não tinha nenhuma probabilidade de acontecer. Eu tinha o meu esquema de segurança, com o coronel Germano Pedroso, que estava devidamente alertado. O general Hugo, que havia comandado os paraquedistas, resolveu alertar a brigada no Rio e deslocar uma tropa de paraquedistas para Brasília. Quando eu soube, disse: "Não precisa". Ele estava preocupado e querendo agir.

Ou seja, o risco não era tão grande. O senhor sabia que tinha o apoio das Forças Armadas.

Sim, mas quando me refiro às Forças Armadas, penso nos principais chefes, porque a tropa, na hora da ação, normalmente acompanha o seu chefe. Se o chefe é capaz, a tropa segue atrás dele. Daí a importância da escolha dos chefes.

Ainda em relação ao general Frota, houve realmente um episódio em que ele impediu a entrada do Brizola no Rio Grande do Sul, ou isso é lenda? Consta que ele teria deslocado tropas para a fronteira para impedir a entrada do Brizola no Brasil.

Não sei. Às vezes ouço falar nisso, mas realmente não tomei conhecimento. Há, entretanto, um fato que até hoje não consegui esclarecer. Foi o seguinte: Brizola vivia homiziado no Uruguai. Certo dia o Uruguai proibiu sua permanência no país, e ele teve que sair. Foi, então, para os Estados Unidos. Não sei até hoje o que houve, que motivos o governo do Uruguai teve para expulsar o Brizola. Não sei se foi pressão de alguma área do Brasil, se foi pressão do pessoal do Frota. O Uruguai, assim como a Argentina, naquela época estava com governo revolucionário.

Consta também que o senhor teria permitido que João Goulart entrasse no Brasil.

Não, ele não podia entrar no Brasil. Se entrasse seria preso. Quando ele morreu pediram para trazer o corpo para o Brasil e enterrá-lo em São Borja. Concordei, com a condição de que não houvesse manifestações políticas. O Exército acompanhou a entrada do corpo, para evitar que os adeptos do janguismo explorassem o cadáver, como nós estamos acostumados a ver, para fazer um grande movimento contra a revolução, a favor do Jango.

O senhor recebia pedidos de exilados para voltar ao país?

O único pedido que veio a mim e que resolvi atender foi o do atual senador pelo Rio de Janeiro Darcy Ribeiro. Havia um pedido da mãe dele, da família, dizendo que ele, com câncer no pulmão, estava à morte e queria vir para o Brasil para morrer aqui. Está vivo até hoje.[82]

Que bom que a vida dele foi salva, não é?

Sim. Mas se tivesse ficado lá, também teria sido salvo. Não sei se não fizeram uma chantagem comigo, se não me exploraram. Outro que eu acho que também entrou nessa ocasião foi o ministro da Justiça do Jango, Abelardo Jurema, da Paraíba. Esse eu não me lembro como entrou. Sei que depois ele me elogiava muito.

Por que o senhor escolheu o general Bethlem para substituir o general Frota? Ele também não era considerado da linha dura?

De certa forma, sim. Mas o Bethlem era meu amigo, de outros tempos. Era bem mais moderno do que eu e se relacionava comigo. E

---

[82] O senador Darcy Ribeiro faleceu no dia 17 de fevereiro de 1997.

depois havia o seguinte: o Bethlem comandava o Exército, do ponto de vista militar, mais importante do país. Era o III Exército, do Rio Grande do Sul. Hoje em dia não é mais porque já houve reduções, mas era o Exército mais importante, não só porque estava na fronteira da Argentina e do Uruguai, como porque era o que tinha o maior efetivo e a maior tradição. Como o Bethlem era meu amigo e devia estar com bastante prestígio no III Exército, embora fosse um pouco namorado pela linha dura, achei que era o homem mais indicado.

Portanto entrou no seu cálculo o fato de ele ser uma pessoa "palatável" para a linha dura.

Sim, claro. Porque se eu fosse me orientar mais pela questão da amizade, nomearia o José Pinto ou o Dilermando, que também eram muito eficientes e eram os dois mais chegados a mim.

O senhor não temia que a linha dura também tentasse fazer do general Bethlem candidato?

Não. O tempo já era pouco... E o Bethlem nunca tinha manifestado aspirações políticas. Além disso, havia o exemplo negativo do Frota.

Após o general Bethlem assumir o ministério, foi feito um remanejamento de comandos?

Não. Os comandos de um modo geral continuaram os mesmos. Nomeou-se um novo comandante para o III Exército, mas não houve maiores modificações. O Bethlem, como era natural, organizou seu gabinete no ministério. Escolheu seus auxiliares, problema em que não me envolvi, nem fiz qualquer indicação.

O senhor não teve mais problemas na área militar até a demissão do general Hugo Abreu?

Não. O Hugo Abreu criou uma série de casos. Já disse aqui qual era a psicose dele. Era um bom soldado, mas não tinha muitas luzes. Dizia-se que a família era muito ambiciosa e talvez também tenha posto a mosca azul na sua cabeça. Não posso afirmar. São impressões sem uma base concreta, ilações que a gente pode fazer em razão dos fatos. O Hugo estava vendo que eu ia encontrar dificuldades para conciliar entre a candidatura do Frota e a candidatura do Figueiredo. Seria possível que eu caminhasse para um *tertius*, e por que não ele? Era mais antigo que o Figueiredo, tinha a Cruz de Combate de Primeira Classe, conferida na Itália, era dedicado na função de chefe da Casa Militar, logo, podia alimentar esse sonho. Quando eliminei o Frota e indiquei o Figueiredo como o candidato à presidência, ele se decepcionou, resolveu romper e ir embora. Minha conclusão é essa: ele se julgava um possível candidato. Mas realmente não tinha condições para tanto, não tinha cultura nem qualidades para dirigir o país.

Ele alega em seus livros que o senhor lhe teria garantido que a demissão do general Frota não beneficiaria o general Figueiredo.[83]

Eu não disse a ele que não ia ser o Figueiredo. Ele reclama sempre que eu tinha dito que a sucessão presidencial só seria tratada em certa época e tratei dela antes. É uma questão em que não há rigidez, e com a qual ele nada tinha a ver. Creio que ficou frustrado. Creio que já estava doente. Nas reuniões que havia de manhã, era comum ele cochilar. Veio a morrer, tempos depois.

É interessante observar que as duas grandes crises militares que o senhor teve, com os generais Sílvio Frota e Hugo Abreu, foram crises relacionadas com a sucessão.

Não considero a saída do Hugo Abreu da Casa Militar e suas gestões posteriores, como a candidatura do general Euler etc., inclusive os dois livros escritos em seu nome e as punições que sofreu, como crise militar.

Na escolha do seu sucessor o senhor chegou a cogitar de um candidato civil?

Um civil que me procurou e pensou em ser candidato, e que depois o Hugo Abreu procurou seduzir, foi Magalhães Pinto. Mas o Magalhães Pinto era um eterno candidato à presidência da Repúbli-

---

[83] *O outro lado do poder* e *Tempo de crise* (Rio de Janeiro, Nova Fronteira, 1979 e 1980).

ca, desde a Revolução de 64. O problema fundamental na escolha do meu sucessor, com a abertura que se pretendia fazer, era assegurar a continuidade dessa ação e, bem assim, assegurar ao novo governo a indispensável estabilidade. Reuni então o Petrônio e vários líderes da Arena e lhes perguntei se achavam que já era possível termos um candidato civil, se achavam que um civil poderia ter condições de conduzir o país sem maiores tropeços. Todos eles responderam que não. Um homem que, na minha opinião, poderia ser presidente da República era o Petrônio. Era um nome de primeira ordem. Mas a opinião de todos era de que o próximo presidente ainda deveria ser um militar. Achavam que um civil não teria força ou poder para implantar as medidas decorrentes da abertura, como a anistia etc. Não havia nenhum civil que tivesse adequada identificação com as Forças Armadas para levar a termo esses problemas. Fiz essa consulta depois da demissão do Frota mas antes da indicação do Figueiredo. Acredito que a resposta unânime que eles me deram fosse sincera.

Como resultado dessas conversas, vi que a solução ainda teria que ser um militar. E dentro da área militar quem se sobressaía era o Figueiredo. Quais eram as credenciais do Figueiredo? Ele tinha assistido a boa parte do governo do Castelo, pois desde o começo foi levado pelo Golbery para a Agência Central do SNI no Rio. Depois, quando se cassou o Ademar de Barros, para assegurar maior tranquilidade em São Paulo, foi comandar a Força Pública do estado, onde saiu-se muito bem. Depois, foi servir com o Médici e o acompanhou no governo como chefe da Casa Militar. Acompanhou também o meu governo do primeiro ao último dia. Quer dizer, acompanhou três governos, sendo que dois no dia a dia. Tinha uma experiência e uma visão muito grande das coisas, da estrutura governamental, dos problemas nacionais. Inclusive, tinha conhecimento dos homens. Sua chefia no SNI lhe permitiu acompanhar a atuação dos remanescentes da subversão e de grande parte dos homens públicos do país. A pessoa mais qualificada, do ponto de vista de conhecimento dos problemas nacionais, era portanto o Figueiredo. Não havia ninguém que tivesse tanta identificação com o governo do Brasil. E ele tinha sido excelente oficial, nos três cursos do Exército sempre tirou o primeiro lugar: era "tríplice coroado". Tinha muito bom conceito dentro do Exército e estava identificado com o meu projeto de abertura. Na minha área, de modo geral, o nome que sempre surgia era o do Figueiredo. Golbery e Heitor Aquino também apoiavam a sua indicação.

O senhor também conversou com alguém da oposição?

Não. A oposição não queria conversa comigo. Creio que esse diálogo teria sido difícil, inclusive pela intransigência dos líderes oposicionistas e, consequentemente, a minha.

O fato de o general Figueiredo ter estado afastado da tropa por vários anos, ter tido uma carreira em boa parte palaciana, não incomodava os militares?

Não. No governo do Costa e Silva, Figueiredo esteve na tropa, no comando do Regimento dos Dragões no Rio e depois em Brasília. Depois foi chefiar o Estado-Maior do Médici no III Exército e aí tinha contatos com a oficialidade e a tropa. Cultivava muitos amigos no Exército, era muito bem relacionado. Foi para a presidência com elevado conceito. Depois houve surpresas.

O senhor não chegou a cogitar de outro candidato militar, na época?

Não. O nome era Figueiredo.

Qual foi a reação do general Figueiredo quando o senhor o convidou para ser candidato?

Convidei-o para ir à Granja do Torto, onde eu estava passando o fim de semana. Expus-lhe o problema e o convidei. Ele reagiu, disse que não, que não queria, que não seria. Argumentei: "Figueiredo, vá pensar e me dê uma resposta porque tem que ser você. Eu não tenho outra solução". Isso ocorreu em fins de 1977, novembro ou dezembro, e eu o lancei no começo de 78.

Como foi o episódio da promoção do general Figueiredo?

Esse foi um problema em que fui praticamente vencido. Vinham a mim e diziam: "O Figueiredo tem que ser promovido a general de exército". Ele era general de divisão, e havia alguns mais antigos do que ele. Eu perguntava: "Mas por que ele tem que ser promovido? Ele não pode ser presidente da República como general de divisão? Não tem nada que ver com o posto. Ele é um cidadão como outro qualquer. Não se coloca um civil na presidência da República? Por que ele não pode ser presidente como general de divisão?" Um dia vieram ameaçar: se o Figueiredo não for promovido a general de exército, para ter ascendência sobre os outros, ele não quer ser candidato. Manobraram no Alto Comando, e ele veio na cabeça da lista. Foi promovido. Eu achava isso irrelevante, mas me rendi. Achava que não era importante. O que vale é a pessoa, não a roupagem que está vestindo.

Mas parece que já tinha havido um problema com o general Albuquerque Lima, não?

Pois é. Ele tinha o exemplo do Albuquerque Lima, que quando quis ser candidato, surgiu a questão de que não tinha hierarquia. Alguém disse ao Figueiredo, não sei se foi o meu irmão, que os generais de exército não iam bater continência para ele. Mas ele ia ser presidente da República! O que tem uma coisa a ver com a outra? É bem verdade que, naquela época, os tempos eram outros.

Escolhido o general Figueiredo como candidato à sua sucessão, o senhor enfrentou algum problema dentro da área política?

Aí houve um outro episódio, que foi a escolha do candidato ao governo de São Paulo. A eleição dos governadores em 78 ainda seria feita por via indireta, ou seja, pelas assembleias e mais outros elementos. Analisei a situação nos estados com Figueiredo e os políticos, e foram sendo identificados os candidatos da Arena. Um dos possíveis candidatos ao governo de São Paulo era o prefeito da capital, o homem do Banco Itaú, Olavo Setúbal. Eu achava que o Olavo Setúbal era um homem de muito valor, tinha sido muito bom prefeito. Mas o Golbery vinha me dizendo: "O Figueiredo quer o Natel". Eu respondia: "Mas não é possível!" Eu estava vendo que aí não nos entenderíamos. Fui deixando São Paulo para o fim e afinal chamei o Figueiredo e disse-lhe: "Temos que resolver agora quem a Arena vai indicar para governador de São Paulo". Disse ele: "Tem que ser o Natel. Ele tem muito prestígio político, já foi governador..." Respondi: "Pois é, já foi governador duas vezes. O prestígio dele vem do futebol. Ele é líder do São Paulo, mas foi um governador medíocre". Figueiredo: "Mas ele é meu amigo e tem apoio". E ficamos numa discussão desagradável. Acrescentei: "Figueiredo, você não está vendo que está menosprezando e ofendendo os paulistas? Não existe ninguém que possa governar o estado a não ser o Natel, que é medíocre!? Mesmo que ele fosse bom, já governou duas vezes! Vamos escolher outro! Você quer comparar o Natel com o Olavo Setúbal?" Ele insistiu, e afinal concluí: "Olha, quem vai governar o país é você, quem vai viver com o governador de São Paulo é você, eu não tenho mais nada com isso. Vamos fazer o que você quer. Bota o Natel".

Natel foi o candidato indicado, mas enquanto isso Maluf manobrou de todo jeito, comprou votos e acabou ganhando a eleição. Quando viu o resultado, Figueiredo me telefonou: "E agora?" Respondi: "Agora vamos cumprir a lei. O governador vai ser o Maluf". A turma que era contra o Maluf começou a mover ações na Justiça, alegando irregularidades no pleito, querendo anulá-lo. Vieram falar comigo, querendo ver se eu, com as relações que tinha no Poder Judiciário, podia influir. Respondi: "Negativo. Não peço nada à Justiça. A Justiça vota como acha que deve votar". E acabou o Maluf sendo governador.

TERCEIRA PARTE

O Brasil da Transição

24

Balanço de governo

Fazendo um balanço de seu governo, o senhor realmente deve ter tido trabalho para levar adiante um projeto de abertura política que desagradava a amplos setores militares...

E desagradava também à oposição, que queria liquidar o assunto logo. Era difícil. Evidentemente, havia a minha autoridade, que devia se sobrepor, tanto que, quando a oposição resolveu ir para a luta, recusando aprovação ao projeto de reforma do Judiciário que ela antes tinha endossado, eu também tive que ir para a luta e usar o meu poder. Eu tinha poder, o AI-5 estava em vigor. Se estava em vigor, eu não podia usá-lo? Eu não poderia dizer amanhã que não fiz isso, não fiz aquilo, porque não tinha instrumento de ação. Os instrumentos estão aí para serem usados de acordo com as necessidades e quando oportuno. Mas me omitir, não fazer? Dizer: "Não quiseram aprovar, então não se fez a reforma judiciária. Não querem isso, então não se faz". Que governo seria esse? Seria um presidente que não resolve problema nenhum, fica comodamente no seu gabinete e diz: "Não posso fazer porque a oposição é contra, não posso fazer porque os militares não querem..." Pelo menos não é do meu temperamento, do meu caráter.

O general Moraes Rego, em seu depoimento ao CPDOC, declara que a oposição e os setores civis que queriam a transição política não entenderam o tamanho do problema que o governo estaria vivendo para enfrentar e controlar os setores militares mais radicais.

Eles não entenderam e creio que não queriam entender. Achavam que com ações às vezes desabridas, no Congresso ou na imprensa, captavam a opinião pública a favor deles. Se entendessem e honestamente quisessem ver o problema resolvido, se comportariam de outro modo. Eles adquiriram um pouco mais de ação quando se realizou a eleição de 74 em que o MDB conseguiu um grande avanço. Com isso, acredito que na cabeça de muita gente surgiu a impressão de que o MDB estava prestes a tomar conta do poder. E aí eles se excediam no combate ao governo, o que levava sempre a uma reação. E cada vez que se fazia uma reação se estava praticamente dando um passo atrás na abertura. Várias vezes nós tivemos retrocessos, provocados, em grande parte, por essa atuação da oposição.

A meta original da abertura era mais ou menos a que foi cumprida?

Mais ou menos: Golbery queria maior rapidez e eu, por precaução, maior lentidão. A meta que foi cumprida, inclusive no *timing* e na forma, sofreu a influência dos fatos supervenientes durante os anos de governo. As pressões da oposição, a atitude de certos oposicionistas no Congresso ou nos jornais retardavam a distensão. Se a oposição se tivesse conduzido com mais cautela, sem exercer determinadas ações, possivelmente a abertura teria sido feita muito antes.

Não sei se está claro e compreensível o que estou dizendo. Mas é lógico: se o adversário começa a deblaterar contra o governo, a falar mal do governo, a reagir contra o governo, a conspirar contra o governo, necessariamente vem a reação. Tanto que eu tive de fazer várias cassações. As ações da oposição exacerbavam a área da linha dura, daqueles que de certa forma estavam ao lado do governo, mas eram a outra parte que eu necessitava vencer. Minha luta se travava em duas frentes. Não era uma tarefa fácil! Era necessário agir com muita reflexão.

O que era mais difícil: enquadrar os setores mais radicais ou conviver com a oposição política?

A situação toda era muito difícil, muito complexa. Havia certas atuações da oposição, havia o problema militar da área mais extremada, mas havia também os problemas econômicos, os problemas sociais etc. O governo é um complexo tremendo, terrível. E a gente não pode pensar em isolar um problema sem ter uma visão do conjunto. Poder-se-ia dizer: "Mas o senhor era presidente, estava com a faca e o queijo na mão, podia dar ordens". Mas não é assim. Muitos cansam de dar ordens que não são cumpridas. Quando se dá uma ordem é porque se tem meios ou condições de exigir o seu cumprimento. Quando não se tem esses meios é inútil. Ao dar uma ordem sem ter a certeza de que vai ser cumprida, o chefe se desmoraliza. Por isso, quando se dá uma ordem é necessário ter muito cuidado. Não se pode ser abrupto, é necessário examinar, estudar, ponderar, para ter a certeza do cumprimento. E mais: é necessário que se tenha meios ou formas de fiscalizar esse cumprimento. Isso, com o tamanho do Brasil, não é nada fácil.

Ainda antes de terminar o governo, o senhor deu uma entrevista dizendo que o dia mais feliz da sua vida seria quando passasse a presidência. Quais são seus sentimentos pessoais em relação à presidência?

Sem dúvida, ser presidente de uma nação é uma honra a que poucos podem aspirar ou que poucos podem ter na vida. A presidência é um fardo de enormes responsabilidades, é uma preocupação constante. Não se dorme direito com os graves problemas, criam-se inimigos. Há necessidade de tomar decisões por vezes difíceis e que desagradam. Eu disse que o dia mais feliz da minha vida seria quando saísse da presidência e não errei ao dizê-lo. Muita gente pensa que o presidente da República goza a vida cercado de cortesãos e é um homem feliz, que tem tudo o que quer. Mas não é assim! A responsabilidade é enorme. Qualquer coisa que faça tem repercussão, inclusive sobre os outros. As medidas que toma vão influir na vida de muita gente, e aí é que vêm os dramas de consciência. Para poder resolver, há necessidade de se esclarecer, de ter informações, de saber qual é a realidade, o que está acontecendo, quais os verdadeiros dados do problema, e nada disso é fácil. Contudo, se o presidente não é consciente, só quer ver a face agradável do emprego e não se preocupa com os ônus e a responsabilidade, aí pode ser que o cargo seja uma delícia. Empregar a família, permitir o roubo pelos amigos, passear muito no estrangeiro etc. será uma delícia. A avaliação do que é a presidência da República constitui problema de consciência para quem está no cargo.

O senhor saiu satisfeito com o fim do seu mandato?

Saí satisfeito por ter chegado ao fim. Creio que cumpri com o meu dever. Podia ter feito outro governo, podia talvez ter errado menos, ter feito mais, e coisas melhores, mas nas circunstâncias que se me apresentaram, procurei não me deixar levar, nas decisões, pela paixão, pela simpatia ou pela animosidade. Sempre procurei me conservar, tanto quanto possível, sereno. Às vezes podia me exaltar, mas sempre procurei fazer o que achava ser justo. Fiz algumas coisas boas para o país. Dei alguns impulsos no progresso material, na melhoria do quadro social e político, e consegui vencer todas as resistências e acabar com o AI-5, que era uma das excrescências que tínhamos.

Há algo que o senhor se arrependa de ter feito, ou de não ter feito?

Há muitas coisas mais que eu queria fazer e não fiz. O ideal está sempre mais longe do que a realidade. Mesmo na nossa vida privada, queremos fazer muito mais do que realmente fazemos. A presidência também é assim. Parti do princípio — era uma ideia arraigada — de que não se governa com parentes nem com amigos. Pode-se fazer amigos na presidência, mas não se deve levar pessoas para junto do poder apenas porque são amigas, nem distribuir cargos entre parentes. São fatores negativos para quem quer governar. É preciso ter muita isenção e capacidade para resistir. A escolha da pessoa é feita em função da sua capacidade para o cargo. Ela tem que ter qualidades, méritos, ideias que justifiquem a escolha. Sempre pensei assim e procurei, dentro do meu governo, fazer isso.

A pressão para nomear amigos é muito grande?

É, há insinuações. É um problema! Saber escolher auxiliares, pessoas para os diferentes postos do governo, é fundamental.

O senhor ganhou muitos presentes enquanto esteve na presidência?

Alguns. A Fiat deu um carro para a minha mulher, e ela imediatamente fez sua doação à Associação dos Candangos de Brasília, que o leiloou. Ganhei várias vezes animais, bezerro, boi, cavalo etc., e sempre os doei para serem leiloados, para que o dinheiro revertesse para o candango. Recebi alguns quadros e tapetes, inclusive dos ministros, por ocasião dos meus aniversários, sem grande valor material, mas de valor estimativo como lembrança. Levei-os para minha casa em Teresópolis.

Os empresários, em geral, gostam de presentear com seus produtos, até como forma de propaganda. Isso era muito comum?

Não comigo. Não sei se minha fisionomia era muito severa ou inspirava respeito. Em Porto Alegre estive na Confederação das Indústrias, onde estavam muitas pessoas amigas e conhecidas. Presentearam-me com um quadro de um trecho da cidade, como era antigamente, quando eu lá estudava no Colégio Militar. Era apenas uma recordação do passado.

Como foi seu último dia de governo? Como foi a sensação de deixar a presidência?

O último dia, aliás, os últimos dias de governo foram de muita alegria, porque eu ia me ver livre do cargo. Um dos dias mais felizes para mim foi aquele em que passei o governo e fui de tarde para a minha casa em Teresópolis. Havia lá muita gente amiga me recebendo, e tive uma grande satisfação em estar liberado. O exercício da função pública depende muito de como ela é entendida. Uns gostam da função pública para gozá-la, outros pela oportunidade de ganhar dinheiro, outros — e eu me incluo entre esses — a veem como uma função de responsabilidade, cheia de problemas que não se pode evitar, mas que se tem de resolver, nem sempre com soluções agradáveis. Ao contrário, muitas vezes não há solução boa. Entre um leque de soluções possíveis, escolhe-se a menos ruim. É um drama saber que aquela solução não é boa, mas não há outra que se possa adotar. O governo é, de certa forma, quase uma tortura, e por isso me senti muito feliz quando saí. Não tive nenhuma saudade.

O senhor foi para Teresópolis no próprio dia 15 de março de 1979?

Sim. Passei o governo em Brasília, peguei o avião para o Rio e daqui fui de automóvel para Teresópolis. Deixar Brasília no mesmo dia da transmissão do poder é um procedimento normal. Todos os presidentes que acompanhei, quando passaram o governo, deixaram Brasília e vieram para o Rio. O presidente Castelo fez isso, acho que o Médici também. É, inclusive, uma questão de ética, porque se o presidente que sai lá ficar, tira a atenção geral do novo presidente. O normal é que aquele dia seja todo do novo presidente: ele assume o governo, recebe os seus amigos, os representantes dos governos amigos, possivelmente vai a uma recepção no Itamarati. O presidente anterior ficaria ali atrapalhando. A norma que conheço e que pratiquei foi a de sair logo.

Como passou a ser sua rotina diária após a presidência?

Fiquei na minha casa em Teresópolis. Um dos primeiros trabalhos que tive foi o de arrumação, porque tudo ali estava meio atabalhoado. Encontrei meus livros empilhados no chão e tive que arrumá-los nas estantes. Também fazia caminhadas. Saía de manhã cedo, lá pelas cinco horas, e dava uma caminhada grande, de alguns quilômetros, subindo morro, descendo morro. Depois voltava para casa para tomar o meu café. Ia ler os jornais, passeava um pouco pela horta, aí vinha a hora do almoço e depois eu dormia uma pequena sesta. Era uma vida comum.

Na época da presidência eu também caminhava com a dona Lucy no próprio Alvorada, sobretudo na parte dos fundos, que confina com os lagos. Aos sábados e domingos, quando ia para o Riacho Fundo, havia uma área bem grande, e lá eu fazia uma caminhada de manhã e outra de tarde. Havia piscina no Alvorada e no Riacho Fundo, mas eu nadava pouco. Hoje minhas caminhadas já estão muito reduzidas. Quase não há áreas planas em Teresópolis, é preciso caminhar subindo ou descendo, e aí o meu problema da idade vai criando restrições. Há também mais comodismo.

O senhor tem essa casa em Teresópolis há muito tempo?

Não. Desde o tempo da Petrobras eu ia a Teresópolis, e uma certa época comprei lá um apartamento em construção. Quando fui para a presidência, logo no dia seguinte mandei vender o apartamento e comecei a cogitar na construção dessa casa. Fui vendendo tudo o que eu tinha por aí — eu tinha terreno na Barra, outro no Recreio dos Bandeirantes, um terreno na ilha do Governador, um grande terreno em Brasília — para poder construir. A obra levou alguns anos, e eu tinha a preocupação de que a casa estivesse pronta no dia em que saísse da presidência. Eu tinha também um apartamento em Ipanema, que agora é da minha filha. Comprei-o trocando por outro que eu possuía no Leblon.

Quem deu as coordenadas em termos de estilo na casa de Teresópolis?

Foi um amigo, arquiteto do Paraná, Sérgio Bopp. É originário do Rio Grande do Sul. Era cunhado de um dos meus ajudantes de ordens, e, numa conversa que tivemos, se ofereceu para fazer o projeto. Dissemos-lhe em linhas gerais o que desejávamos, e ele, depois de examinar o terreno, apresentou dois ou três esboços, entre os quais fizemos nossa escolha. A partir daí, nada foi modificado. Parece-me que a casa ficou grande demais. Podia ser bem menor, mas naquela época a ideia do arquiteto era essa e prevaleceu.

Hoje em dia passo praticamente quatro dias por semana em Teresópolis e três aqui no Rio.

Quanto tempo o senhor demorou para voltar a ter atividades profissionais?

Tempos depois, acho que em meados de 1980, eu já estava ansioso. Não fazia nada, apenas lia muito. Minha ocupação era ler. Foi quando um pessoal da Petrobras que tinha trabalhado comigo quando eu era presidente da empresa me procurou. Havia a ideia de desenvolver no país a produção da química fina. É uma área da química que se caracteriza por produzir artigos ou produtos de pequeno volume, mas de alto custo. Havia uma série de projetos nesse sentido. Essas pessoas resolveram então organizar uma empresa sob a minha presidência, a Norquisa, cujo capital principal resultava de ações da Central Petroquímica da Bahia, a Copene.[84] Com esses recursos se iniciaram as atividades, às vezes com bom resultado, outras vezes com insucesso. É uma área muito difícil e, hoje em dia, com a situação do mercado, com a alta taxa de juros, com a liberação de importações, com esse quadro todo, o problema tor-

---

[84] Companhia Petroquímica do Nordeste.

na-se mais complexo. Mas estamos trabalhando, lutando, e em algumas coisas temos tido êxito.

Esse foi o primeiro convite que o senhor recebeu para trabalhar na área empresarial?

Foi. Eu não pretendia trabalhar. Mas fizeram um apelo, e acabei vindo. Achei que seria bom para mim, porque eu iria ter uma ocupação, iria ter com o que me preocupar. O pior é a pessoa estar ociosa, sobretudo aquela que se habituou a trabalhar a vida toda. A ociosidade é muito desagradável. Além do mais, eu ia trabalhar numa área sobre a qual conhecia alguma coisa, pois tinha lidado com o problema da petroquímica quando estive na Petrobras. Não quis saber de nenhuma outra empresa. Houve outros convites, solicitações, mas não me interessei.

Normalmente, um ex-presidente recebe muitos convites da iniciativa privada.

Sim. É solicitado porque, na prática, procura-se fazer do ex-presidente um cartaz, um chamariz. Acho que isso não é muito certo e não pretendia fazer esse papel.

O senhor já conhecia toda a equipe da Norquisa?

Conhecia muitos. O pessoal da direção e muita gente da área técnica era da própria Petrobras. Licenciavam-se ou saíam da Petrobras para vir trabalhar na empresa. A Norquisa é uma empresa privada, não tem nada a ver com a Petrobras. Mas a Petroquisa, que é a área de petroquímica da Petrobras, é, de certa forma, acionista da Norquisa.

O que nós fazíamos na Norquisa era estudar os projetos, ver os planos, analisar como se podia fazer a montagem das indústrias e obter financiamento, examinar os problemas da matéria-prima e do mercado. Esses problemas todos eram discutidos, digeridos e formulados, e depois os projetos eram aprovados no âmbito da diretoria. A diretoria éramos eu, que era o presidente, e mais dois diretores. Depois chegamos a ter três. E havia também os técnicos. Geralmente levava-se meses para montar um projeto desses, discutindo-se e analisando-se os prós e os contras, a localização, a matéria-prima, o mercado, o que se precisava importar, o que o Brasil já tinha. Havia sempre um elenco de estudos a fazer e de medidas a tomar.

Quando o senhor deixou a presidência da Norquisa?

Renunciei ao cargo há uns dois ou três anos. Permaneci como presidente do conselho de administração. Eu queria, inclusive, renunciar ao conselho, achava que já não tinha mais o que fazer e também considerava a minha idade. Mas os acionistas insistiram para que eu ficasse pelo menos na presidência do conselho, e estou lá até hoje. É mais suave. O presidente da Norquisa hoje é Otto Perrone, que trabalhou mais de 30 anos como engenheiro químico da Petrobras e se aposentou.

Quando o senhor estava na presidência da empresa, fez alguma viagem ao exterior?

Fui ao Japão. Era do interesse da empresa, e fiz a viagem com um diretor. Depois do Japão estive na Europa, passei pela França. Parte da despesa da viagem foi paga por mim.

O senhor não viaja com a família para passar férias no exterior?

Estive em Portugal quando o Silveira era embaixador em Lisboa. Fiz-lhe uma visita e andei uns dias pelo interior, conhecendo o país. Logo que saí da Presidência da República, antes de ir para a Norquisa, fui aos Estados Unidos, onde passei uns 15 dias, sobretudo na Califórnia.

Como presidente da República o senhor não quis ir aos Estados Unidos, mas foi depois como turista...

Como turista, sim. Há poucos anos fiz um passeio de automóvel pela Europa que foi muito agradável, em pleno outono. Às vezes tiro férias e vou a Caxambu, onde fico 10 ou 15 dias. Outras vezes vou ao Rio Grande ver os parentes, principalmente os irmãos e demais parentes da minha mulher. Fico lá 20 dias, um mês, visitando-os em Estrela, Taquari, Passo Fundo. Gosto muito de viajar de automóvel. Embora seja mais cansativo, pode-se ver melhor os lugares por onde se passa e fica-se tendo uma ideia do interior do país. Nessas viagens costumo passar por Bento Gonçalves e rever os lugares da minha infância.

O senhor também visita parentes do seu lado?

Com esses não tenho muito contato. Tenho sobrinhos em Porto Alegre e quando vou ao Sul passo por lá para visitá-los, além de uma cunhada que era mulher do meu irmão Bernardo. Há um filho do Henrique que às vezes me visita em Teresópolis. O filho do Orlando que mora em Niterói e tem um curso de inglês seguidamente nos visita. Tenho uma sobrinha que mora em Brasília, às vezes vem ao Rio, e aí nos encontramos.

O senhor tem algum tipo de vida social, vai a festas, lançamentos...?

Não, evito muito a vida social, não quero ter compromissos. Em Teresópolis, moro bem fora da cidade, a 15 ou 20 minutos, e fico na total dependência do automóvel. Mas isso tem uma vantagem, porque recebo poucas visitas. Se eu morasse na cidade, minha vida ia ser um inferno, com visitas todos os dias, pedidos e compromissos. Fujo muito de compromissos sociais, inaugurações, recepções, almoços, jantares, casamentos etc. Evito frequentar a sociedade e me relacionar, porque tudo isso cria obrigações que não pretendo assumir nessa altura da vida, na idade em que me encontro atualmente.

Como são hoje seus contatos com a imprensa?

A imprensa telefona muito. Geralmente não dou a informação que eles querem. Qualquer coisa que acontece eles me telefonam: "O que o senhor acha?" Eu não digo nada, não dou entrevistas. Por que iria dar entrevista? Quando morre uma pessoa destacada, é hábito pedir às figuras importantes para darem um conceito sobre ela. Então me telefonam: "Qual é a sua frase?" E eu: "Não digo nada!"

Ainda lhe telefonam, mesmo após tantos anos de negativas?

Telefonam, são muito insistentes. Agora mesmo telefonaram vários, insistindo para que eu escrevesse um artigo, desse uma entrevista ou respondesse a um questionário sobre a Revolução de 64, que está fazendo 30 anos. Não vou dizer nada. Está tudo escrito nos livros. Por que eu vou dar entrevista?

Mas o senhor recebe algumas pessoas em Teresópolis. Quem são elas?

Pessoas que trabalharam comigo na Presidência, às vezes pessoas locais. Quem quer conversar comigo me telefona, marca hora e eu recebo. Mas não procuro, para não criar obrigações.

Que pessoas partilham mais de sua vida pessoal, privada? Qual é o grupo da sua intimidade?

Encontro-me muito pouco com o Mario Simonsen, mas sempre que nos encontramos é com prazer, somos muito amigos. Outros que vejo são o Humberto Barreto e seus filhos, o Moraes Rego, os ex-ajudantes de ordens. O general Gleuber Vieira, com quem há muitos anos sou identificado, às vezes também vai me visitar. Outro ainda é o Falcão, com quem converso principalmente sobre os acontecimentos atuais. Os generais Reinaldo Almeida, Ivan de Sousa Mendes e Wilberto Lima são meus amigos. Essas são as pessoas mais íntimas, mais chegadas. Por esse limitado círculo de amizades, vocês podem avaliar como é o meu temperamento.

25

O governo Figueiredo

Na montagem de seu governo, o presidente Figueiredo reuniu gente ligada ao senhor — Golbery, Simonsen, Petrônio Portela — e gente ligada ao presidente Médici. Como o senhor viu isso?

É preciso ver o seguinte: Figueiredo escolheu quem ele quis. Eu não interferi absolutamente na formação do seu governo, não lhe disse: "Aproveite fulano, ponha o Petrônio como ministro da Justiça". Absolutamente. Fiz questão de não participar. E por que eu fiz isso? Nossa discordância, e parte do meu desencanto, começou com a escolha do candidato a governador de São Paulo, ainda no meu governo. Depois veio a notícia de que Figueiredo tinha escolhido Andreazza e Delfim para o ministério. Senti que ele estava voltando a escolher pessoas que tinham trabalhado nos governos anteriores. Tinham trabalhado bem, mas dentro do meu gabarito, dentro da minha organização, eu não os queria. Andreazza, muito inteligente e capaz, era um gastador. Só pensava em fazer obra e mais obra, e não queria saber de onde vinha o dinheiro. E Delfim, muito inteligente, me parecia muito personalista e absorvente. Nos governos do Costa e Silva e do Médici, só ele mandava no setor econômico, só ele sabia das coisas. Eu imaginava que o Figueiredo devia ter um pouco de originalidade e escolher nomes novos. Quando o vi escolher Delfim e Andreazza, não dei mais nenhum palpite, não falei mais nesse assunto.

Mas ele também escolheu o general Golbery.

Tinha que escolher! Escolheu o Golbery não somente por mim, escolheu o Golbery por si mesmo, porque foi o Golbery quem lhe deu relevo. Quando Golbery fundou o SNI, o chefe da agência do SNI no Rio de Janeiro foi o Figueiredo. Quando das confabulações, na época da conspiração, Figueiredo sempre estava ligado ao Golbery. Depois ele se ligou ao Médici. Mas quando veio trabalhar comigo, sua ligação, em grande parte, era através do Golbery.

O general Golbery simbolizava também a continuidade do projeto de abertura.

Sim. Na primeira fase do governo, Figueiredo teve dois colaboradores que perseveraram no problema da liberalização: Petrônio, como ministro da Justiça, e Golbery, na Casa Civil. O próprio Figueiredo estava comprometido com esse objetivo. Fizeram a anistia, e também resolveram aliviar o quadro político, encerrando o sistema de dois partidos.

Quando o general Golbery deixou o Gabinete Civil, o presidente Figueiredo voltou ao grupo ligado ao general Médici, chamando para seu lugar Leitão de Abreu.

Sempre que tinha um problema, Figueiredo voltava à cata de gente do Médici, que já tinha conhecido anteriormente. Não tenho nada contra o Leitão. Era um bom jurista e foi para o Supremo Tribunal por minha indicação. Teve uma grande predominância no governo Figueiredo. O mesmo se deu com o Delfim. O Delfim criou logo um problema com o Simonsen, que resolveu sair. O Andreazza também tinha problemas com o Simonsen, sempre querendo mais dinheiro, mais dinheiro, e o Simonsen dizendo: "Não tem. Não pode ser". Depois do Leitão de Abreu, Figueiredo ainda trouxe o Jarbas Passarinho. Aos poucos foi fazendo o governo com a equipe que tinha sido do Médici. Eu achava que isso era comodismo. Para não ter o trabalho de procurar auxiliares entre os homens públicos ou os políticos que existiam, por comodismo, por excesso de camaradagem e amizade, ele escolhia os que tinha conhecido no governo Médici. Mas não se faz um governo à base de amigos. Faz-se um governo escolhendo criteriosamente. Aí é que está o problema.

A impressão que se tem é que mesmo fazendo essa composição, o presidente Figueiredo não agradou a ninguém. Havia grandes rivalidades entre ele e o grupo do ex-presidente Médici.

Já contei aqui que o Médici, ao longo da vida, sempre esteve ligado mais ou menos a nós. Mas já contei também que, quando Costa e Silva foi escolhido presidente, Médici foi indicado para o SNI e surgiu uma divergência entre ele e o Golbery. Dizem, mas não sei qual é o grau de verdade, que quando eu estava para assumir a presidência o Médici, conversando com o Figueiredo — que era seu chefe da Casa Militar —, teria dito que achava que eu ia levar o Golbery para o meu governo e dar-lhe uma função de destaque, mas que ele, Médici, não gostaria que isso ocorresse. Nessa ocasião, o Figueiredo teria assegurado: "Não, o Geisel não vai levar o Golbery para o governo". Seria uma afirmação inverídica. Quando se constituiu o meu governo, o Golbery foi para a chefia da Casa Civil, e o Médici se zangou com o Figueiredo. Isso é o que consta, é o que se diz, mas não sei se é verdade. Nunca procurei esclarecer, nunca procurei o Médici para saber se tinha havido isso ou não. É evidente que eu não podia admitir que o Médici quisesse interferir ou vetar um nome no meu governo. Era uma prerrogativa minha. O fato que consta sobre a divergência entre o Figueiredo e o Médici é essa intriga.

Quando o presidente Figueiredo levou o general Golbery para participar do seu próprio governo, isso também foi considerado uma traição pelo pessoal do general Médici?

Podem ter achado. Não sei. Não procurei ter contato com eles para pôr a questão em pratos limpos. Nunca me preocupei com isso. Mas aí há também uma coisa que até hoje não se sabe direito: qual foi a influência dos filhos do Médici? Principalmente de um dos filhos, o Roberto? Nunca tive contato com ele, não o conheço. Posteriormente, no velório do Médici, no Clube Militar, houve um desacato ao Figueiredo, segundo consta. Eu estive lá, falei com a senhora do Médici, dona Scila, mas me retirei logo. Aquela entrevista, na qual ela dizia que o Médici, no fim do governo, tinha resolvido abolir o Ato Institucional nº 5 e que eu reagi dizendo que, se ele acabasse, eu não seria presidente da República, foi evidentemente fabricada. Botaram isso na boca dessa senhora, que é muito distinta, muito modesta, muito boa e o tempo todo se manteve afastada do governo.

Depois me disseram: "Não, isso foi o filho dele que fez". Eu poderia ter desmentido pelo jornal, mas não tomei conhecimento.

O grupo ligado ao general Médici faz realmente muitas críticas ao senhor. Alguns inclusive dizem que o senhor nunca foi um revolucionário.

Pois é. Como é que podem dizer isso? Qual é a base que eles têm? Mas se eu for me preocupar com isso estou perdido. Isso são coisas próprias da vida. A não ser que seja uma ofensa pessoal, sempre adotei a norma de ignorar coisas desse tipo. O melhor é o desprezo. Por que o Médici me nomeou presidente da Petrobras e por que me escolheu para seu substituto?

Além dessas divergências iniciais com o presidente Figueiredo, o senhor teve outras decepções, outras surpresas?

Sim, de duas naturezas: uma, por causa de certos amigos que, no modo de ver de alguns e no meu, não estavam qualificados para serem seus amigos. Apresentavam, no meu modo de ver, deficiências de caráter. Parece-me que ele não seguia a minha norma de que não se governa com amigos. O segundo problema surgiu quando ele teve um enfarte. Depois do enfarte passou a ser outro homem. Naquela ocasião, eu preconizava que ele deveria renunciar. Um homem enfartado, mesmo que vá curar esse enfarte, vá se operar como ele foi, não é mais a mesma pessoa. Por isso, eu achava que ele deveria ter renunciado. Mas não! Ao contrário, resolveu continuar. A realidade é que depois do enfarte ele se tornou outro homem, se desinteressou de muitas coisas do governo.

Em seu governo o senhor estava muito preocupado com o problema do desenvolvimento. A seu ver, o governo Figueiredo se desinteressou dessa questão?

Figueiredo teve suas dificuldades, e aí influiu a mentalidade do Delfim, que voltou a ser o mago das finanças. Forçaram de certa maneira a saída do Simonsen, e o Delfim tomou conta. Não me cabe defender o governo Figueiredo. Ele teve dois problemas sérios que dificultaram sua ação. Um foi o segundo choque do petróleo. No fim do governo Médici o petróleo sofreu um grande aumento de preço, que coube a mim enfrentar. Quando eu era presidente da Petrobras, nós comprávamos o barril de óleo por dois dólares e pouco, às vezes até por menos. Passou depois a custar 10, 12. E quando chegou no tempo do Figueiredo, parece que o preço multiplicou por quatro de novo. O segundo problema foi provocado pelo governo americano, que, diante da recessão com inflação, resolveu aumentar consideravelmente a taxa de juros.

A imagem pública do presidente Figueiredo sempre foi a de uma pessoa truculenta. Houve, por exemplo, aquele incidente de Florianópolis, quando ele tentou agredir um estudante, reagindo a uma provocação...

É, ele teve problemas com os estudantes e resolveu partir para a luta. Foi a reação a uma agressão que, por sua vez, foi facultada por deficiência da sua segurança. Isso é um problema de temperamento. Mas ele não tinha revelado essas características antes. Na época dos problemas do Clube Militar, da chapa azul e da chapa amarela, ele era um dos líderes da chapa azul e era muito bem-visto pelo nosso grupo. Depois fez a revolução e, dentro da revolução, sempre esteve conosco, do nosso lado. Mas naquela época Figueiredo era outro, não era o Figueiredo que surgiu no governo.

O senhor acompanhou o rompimento do general Golbery com o presidente Figueiredo?

Golbery deixou o governo por causa do problema do Riocentro.[85] Ele achava que o Figueiredo tinha que mandar apurar direito o que tinha acontecido e punir os responsáveis, isto é, que ele tinha que enfrentar a área militar, ou a área radical que tinha atuado nesse episódio. O problema do Riocentro era o fato em si. Com a abertura, deveria estar encerrado o problema da repressão. O Riocentro foi um recrudescimento, uma nova explosão reacionária contra a abertura.

---

[85] Em 30 de abril de 1981, durante *show* comemorativo do Dia do Trabalho, no Riocentro, Rio de Janeiro, um capitão ficou ferido e um sargento morreu na explosão de uma bomba que transportavam em seu carro, visando a um atentado. Ambos serviam no DOI do I Exército. Apesar de todas as evidências em contrário, o inquérito oficial concluiu que os militares haviam sido vítimas de um atentado terrorista.

O episódio do Riocentro ocorreu em 1981, mas desde o ano anterior tinha havido uma série de episódios atribuídos ao terrorismo de direita: explosões de bombas em bancas de jornal, casos de cartas-bomba...

Consta que isso foi coisa do Burnier. Não tenho provas, mas, na minha ideia, e a partir de conversas com os companheiros, creio que foi ele. Uma união que era importante preservar era essa do Golbery com o Figueiredo. Golbery tinha ascendência e tinha expressão. Mas o Figueiredo não quis atendê-lo e Golbery rompeu com o governo.

Por que o presidente Figueiredo não quis atendê-lo?

Sempre fazendo ilação, pois não tenho dados positivos, acho que o Figueiredo preferiu ficar com os companheiros do Exército em vez de apurar direito o fato. Mandou apurar mas a apuração foi tendenciosa. É o que se pode deduzir do que houve com o Golbery: ali o Figueiredo fez uma opção. Figueiredo tinha sido muito soldado, tinha suas ligações com o Exército e possivelmente colocou isso em primeiro lugar.

Será que se houvesse uma apuração correta, com a punição dos envolvidos, isso seria tão traumático para a instituição militar?

Para a instituição como um todo não, mas para muitos setores dela seria.

Talvez o comandante do I Exército fosse envolvido, por ser o responsável pela área.

É. Talvez também tenha sido isso. Agora, o comandante do I Exército, o general Gentil, era um general muito conceituado. Entretanto, ficou envolvido.

Pelo que o senhor nos contou sobre o caso de São Paulo, no seu governo os comandos foram sempre considerados responsáveis...

Mas acontece que cada homem é uma sentença. Eu possivelmente agiria de um certo modo, mas o Figueiredo resolveu agir de outro. Note-se que eu procurei não ter interferência no governo do Figueiredo. Estive com ele várias vezes antes de ele assumir, encontrei-me com ele algumas vezes durante seu governo, e ele sempre se mostrou muito amistoso. Mas nunca procurei interferir ou criticar. Achei que não tinha esse direito.

Quer dizer que o senhor acha que o caso do Riocentro realmente não foi apurado direito?

Creio que não. O problema não foi apurado como devia ser. Passaram a mão pela cabeça dos culpados. Hoje em dia poucos são os que têm dúvidas. Golbery achava que nós já estávamos suficientemente adiantados nessa questão da abertura, na tendência à normalização da vida do país, para podermos apurar direito. Achava que tínhamos que apurar e tomar medidas para evitar, inclusive, a reprodução futura de fatos semelhantes. Figueiredo, nessa hora, deve ter tido um drama de consciência muito grande. Achou que era mais recomendável ficar com a classe, ficar com os companheiros do Exército — se bem que não com o Exército como um todo, porque acho que grande parte não aprovava aquilo. Conhecem a história do Floriano e do visconde de Ouro Preto na Proclamação da República? Floriano era o quartel-mestre-general, era o responsável pela segurança do governo. Todos os soldados que ele tinha dentro do quartel-general estavam às ordens do gabinete. E Ouro Preto estava convencido de que Floriano ia defender o governo. Em dado momento, interpelou-o: que o Floriano era isso, era aquilo, que tinha que fazer, tinha que acontecer. Aí o Floriano disse: "Não, o senhor está equivocado. Eu sou tudo isso mas também sou a ovelha do batalhão". A ovelha é o mascote do batalhão, que sempre o acompanha. Floriano queria dizer: antes de mais nada eu sou homem da minha classe. E ficou com Deodoro na Proclamação da República.

O senhor acha que o presidente Figueiredo teve a mesma reação?

É apenas uma interpretação que faço.

Nesse episódio, as Forças Armadas perderam a grande oportunidade histórica de dar uma demonstração ao país de um compromisso com a ordem...

É, acho que foi. São as tais coisas! É o espírito de classe, que tem seu lado bom, mas tem também seu reverso. Golbery era quem estava certo. Eu tenho a cópia da carta que ele entregou ao Figueiredo e que o Figueiredo diz que não recebeu. Ele recebeu e devolveu.

Nessa carta o general Golbery pedia a apuração do caso?

Acho que já não pedia mais. Ele pediu verbalmente, e o Figueiredo não atendeu. Ele aí fez uma carta se demitindo.

Dentro do governo, Golbery não teve um outro aliado forte nesse caso do Riocentro?

Não sei. Creio que ele também não procurou. Petrônio Portela já tinha morrido. Esse seria uma figura...

O senhor sabia que comandos pressionavam para que o caso não fosse apurado?

Ah, não sei se alguém pressionou, não sei dizer. Creio que houve conivência para não apurar devidamente.

Se aquilo tivesse dado certo, seria uma tragédia. Foi muita irresponsabilidade.

Sim.

O senhor não sabe realmente quem impediu a apuração?

Não. Como já disse, eu vivia retraído. Desde que saí da presidência da República me retraí. Recebo cartas de amigos do Exército, cartão de natal, cartão de aniversário etc., mas não os procuro. Não é porque eu tenha divergências ou mágoas. O que há é que considero que já acabei com a minha missão e agora quero tranquilidade, não quero me envolver. Para que o faria? Com que objetivo?

O presidente Figueiredo o procurava?

Às vezes nos encontrávamos. Mas procurar, por exemplo, para discutir coisas relacionadas a assuntos do governo ou pedir minha opinião, meu conselho, isso não. Até presentemente eu me encontro com o Figueiredo e nos tratamos bem. Mas não o visito, nem ele a mim, embora ele tenha uma casa em Nogueira, perto de Teresópolis. Não estamos brigados, mas não temos relações íntimas.

E os senhores eram amigos antes?

Sim. Tínhamos bom contato. Contudo, não tínhamos relações de família. Minha senhora, dona Lucy, não tinha maiores relações com a senhora do Figueiredo, dona Dulce. Quando eu era presidente houve alguns jantares ou recepções no palácio da Alvorada para os quais dona Dulce era convidada e vinha. Mas relações familiares não havia. Com o Golbery também não. Às vezes eu ia à casa dele, conhecia a senhora e os filhos, mas relações de família nós não tínhamos.

Quando me encontro com Figueiredo, nossa conversa é amistosa, conversa de companheiros. Nos encontramos há algum tempo, numa missa pelo Castelo, e conversamos. Ele me contou das suas mazelas, problemas da coluna, dos olhos, do coração. Conversamos sobre o irmão dele, que tinha tido um acidente de automóvel no qual falecera a senhora. Uma ocasião tivemos uma longa conversa, quando ele ainda estava no governo. O general Otávio Medeiros, que era o chefe do SNI, me telefonou dizendo que o Figueiredo precisava conversar comigo e pedia para eu ir a Brasília. Combinou-se então o dia, eles mandaram um avião, o general Medeiros veio nesse avião, e eu fui. Passei praticamente quase todo o dia conversando com o Figueiredo no palácio da Alvorada. O problema que havia era a sucessão, que estava muito complicada. Havia a candidatura do Maluf, de um lado, e a do Andreazza, do outro. Era um conflito, uma divisão dentro do PDS, o que era muito ruim. Era a primeira vez que o partido do governo se fragmentava. Figueiredo não queria nenhum dos dois. Dizia que o Maluf, uma ocasião, tinha procurado corromper um dos seus filhos, que era engenheiro em São Paulo. Ele tinha horror do Maluf. Naquele tempo o Maluf era muito apoiado pelo Golbery, que já estava fora do governo. Golbery era contra o Andreazza. Havia conversado comigo e eu lhe tinha dito: "Não quero Maluf nem Andreazza. Não quero nenhum dos dois".

Quem o senhor queria?

Queria o Aureliano. Achava que o Aureliano era o mais indicado. Mas o Maluf ganhou na convenção do PDS, e aí uma grande parte do partido, inconformada, foi fundar a Frente Liberal, juntando-se com a oposição. Daí resultou a escolha do Tancredo e do Sarney.

Mas antes de essa história ser acertada, tive aquela conversa com o Figueiredo. A situação estava muito embrulhada, e o Figueiredo não queria o Aureliano. Eu disse: "Nesse impasse, você tem que usar a sua posição, a sua autoridade, a sua influência, e encaminhar uma solução. Se é que você acha que é preciso assegurar a continuidade, se é que você acha que é preciso evitar que o Brasil caia nas mãos do Tancredo". Ele não gostava do Tancredo. Sua resposta foi: "Não, eu não vou fazer isso, porque não é democrático". Perguntei: "Mas vem cá, Figueiredo, desde quando você é democrata? Você está querendo usar essa bandeira democrática porque seu pai era democrata. Seu pai lutou contra o Getúlio, fez horrores na base da democracia, inclusive a Revolução de 32". Saí de lá muito deprimido. Voltei para o Rio sem entender realmente qual era o objetivo da minha viagem a Brasília. Era para me expor o quadro e não querer adotar uma solução?

Não ficou muito claro que solução exatamente o senhor via para sair do impasse.

Ele tinha que usar o seu poder, escolher alguém viável e criar apoios em torno desse candidato. Trabalhar para um candidato usando o poder e o prestígio que ainda tinha como presidente. Ele ainda ia ser presidente por um bom tempo e realmente podia influir. Mas o que era aquele encontro? Qual era o fato? Não entendi. Tempos depois vieram com uma explicação que pode ser verdadeira ou não. Havia uma corrente, dentro do Exército — e talvez dentro da Marinha ou dentro da Aeronáutica, não sei — e também no governo, que queria prorrogar o mandato do Figueiredo: não fazer eleição, apenas prorrogar. Era um golpe de força. Não sei se eles queriam me sondar ou queriam me vender essa ideia. Mas sei que não tiveram coragem de me abordar.

O senhor acha que o presidente Figueiredo pensou nessa possibilidade?

Ele ou o *entourage*. Medeiros e outros podiam ter pensado, e ele e outros podiam ter embarcado nisso. Mas também não sei se isso é verdade. Minha ida lá seria para ver se eu embarcava nessa solução? Não tiveram a coragem de expor a solução, mas pensaram que eu pudesse, numa certa hora, dizer: "Figueiredo, por que você não continua?" Podia ser que gostassem.

O senhor não diria isso?

Não disse e não diria. Não era uma solução. Não era, inclusive, dentro da ideia de levar adiante a abertura. Ele já tinha dado a anistia, e era preciso avançar mais.

O general Otávio Medeiros era uma pessoa muito influente no governo Figueiredo, não?

Sim, foi. Medeiros era um oficial muito bom, mas depois não sei o que houve e ele deu para beber.

Uma certa época se noticiou que ele queria ser candidato a presidente. E o SNI, durante o período dele, se expandiu muito. O senhor acompanhou isso?

Não acompanhei. Mas o que diziam, e dizem até hoje, é que o candidato do Figueiredo era o Costa Cavalcanti. A mim o Figueiredo disse que o Costa Cavalcanti era um intrigante. São coisas desconexas que não fazem sentido. De um lado, Costa Cavalcanti seria o candidato dele, de outro lado, não servia porque era um intrigante...

Por que o general Figueiredo não queria Aureliano Chaves?

Ali houve uma intriga muito grande. Na época em que o Figueiredo esteve doente e foi para os Estados Unidos, o Aureliano ficou interinamente na presidência e se movimentou muito no cargo. Houve, inclusive, uma enchente no Rio Grande do Sul, e ele foi lá. Aí encheram a cabeça do Figueiredo dizendo que o Aureliano tinha procurado mostrar o contraste entre ele, que era dinâmico e trabalhador, e o Figueiredo, que era estático. Intrigaram, como se o Aureliano quisesse se sobressair na opinião pública em relação ao Figueiredo. Aureliano não gozava das benesses do palácio. Era, de certa forma, hostilizado pelo governo do Figueiredo.

A imprensa noticiou que quando o presidente Figueiredo foi para Cleveland, houve uma reação militar para não deixar Aureliano assumir. O general Otávio Medeiros teria pedido uma reunião com ele.

Isso eu não sei. Sei que por ocasião do enfarte houve uma reunião aqui no Rio com esse grupo, para discutir o que se tinha de fazer naquela emergência. E houve muitas ideias. Mas o Leitão de Abreu, que já era o chefe da Casa Civil, chegou e disse: "A solução é o vice assumir". E aí todo mundo acatou. Essa fase depois do enfarte do Figueiredo, dali para diante, é muito nebulosa.

Na fase da sucessão, o senhor foi procurado por Maluf ou Tancredo?

Maluf tinha me procurado muito antes. Foi a Teresópolis e saiu dizendo mais ou menos que teria o meu apoio. Fiz uma declaração dizendo que não era assim, que eu não o apoiava. Tancredo me procurou umas duas vezes na Norquisa, mas também não o apoiei. Meu candidato era o Aureliano.

Mas entre os dois quem o senhor preferia, Tancredo ou Maluf?

Eu preferia o Tancredo. Não gosto do Maluf. Acho-o muito arrogante, muito ambicioso. Mas este é um ponto de vista pessoal.

Parece que Tancredo procurou muitos militares para conversar.

Sim. Creio que seu objetivo, quando me procurou, fosse me sondar sobre os boatos que havia, relativos a possíveis hostilidades militares contra a sua candidatura. Havia alguma coisa, mas sem maior projeção. Eram grupos mais radicais, tipo Burnier, que não queriam a abertura e achavam que a revolução devia continuar *ad infinitum*.

Quando o senhor tomava conhecimento desses boatos, tentava esvaziá-los?

Eu evitava me imiscuir no problema. Não tinha mais nada com isso, não interferia. A única interferência que tive, além de querer apoiar o Aureliano, foi ir a Brasília quando me pediram. Como já disse, passei um dia lá conversando com o Figueiredo sem saber direito o que eles queriam. Uma vez vi uma declaração do Figueiredo em que ele teria dito: "Tancredo nunca!"

O general Leônidas Pires Gonçalves conta que dentro do Exército houve uma campanha contra Tancredo.

Houve gente dentro do Exército que realmente, em outras fases da revolução, queria cassá-lo porque ele tinha sido solidário com o

Jango e depois foi primeiro-ministro, no regime parlamentar. Antes da posse do Jango, Tancredo foi a Montevidéu se encontrar com ele, depois de conversar comigo. Eu era chefe da Casa Militar do Mazzilli e proporcionei um avião para que ele fosse. Por isso, Tancredo era visado por muita gente. Na verdade essa coisa vinha ainda de mais longe: Tancredo foi ministro da Justiça do Getúlio, e quando praticamente se fez a deposição do Getúlio, quando o Getúlio se suicidou, ele fez um discurso atacando as Forças Armadas. Eu me lembro que um dos que defenderam o Tancredo e impediram que ele fosse cassado foi o meu irmão, o general Orlando.

Mas em 1984/85, o que havia contra Tancredo além dessas histórias?

Nada, mas essas histórias ficavam.

Como o senhor viu a campanha das "Diretas já"?

As coisas se complicaram um pouco quando a oposição fez a campanha das "Diretas já", insurgindo-se contra o sistema eleitoral instituído para a escolha do presidente. Em vez da eleição indireta, através do Colégio Eleitoral, lutavam pela eleição popular. Fizeram uma campanha enorme pelo país afora, gastando muito dinheiro, não sei de quem, e afinal não tiveram êxito. Quando o projeto chegou no Congresso foi rejeitado.[86] Era sempre a forma de agir da oposição: quando o governo procurava avançar no processo da normalização, embora lentamente, de forma gradual, para se poder chegar a uma solução final sem maiores dificuldades, quando se revelava a tendência de que se ia para uma abertura de fato, a oposição pressionava e queria muito mais. Essa foi a dificuldade no relacionamento.

O senhor era contrário às eleições diretas naquela época?

Sou até hoje. O que deram as eleições diretas no Brasil? Collor e Itamar! Não discordo da importância de se ouvir a popu-

---

[86] Em 25 de abril de 1984 a emenda Dante de Oliveira, propondo eleições diretas para presidente da República, foi rejeitada no Congresso: 298 deputados votaram a favor, 65 contra, três se abstiveram e 112, do PDS, não compareceram ao plenário. Faltaram 22 votos para a aprovação.

lação, mas creio que a nossa população está ainda num nível muito baixo, do ponto de vista cultural e do ponto de vista econômico. Não se pode querer aplicar no Brasil um sistema eleitoral que pode ser ótimo na Alemanha, ou que funciona muito bem na Inglaterra. Quantos anos levou a Alemanha para chegar ao que é? Quantos anos levou a Inglaterra para ser o que é? Os próprios Estados Unidos? Nós vamos copiando tudo o que eles fazem, sem verificar os caminhos que percorreram e se as nossas condições básicas estão aptas para o exercício da prerrogativa daquela forma. Por que não os imitamos evitando ou impedindo a proliferação de partidos que nada representam, mas atrapalham e só servem aos seus donos?

Devemos estudar e refletir muito sobre o que é o Brasil. Qual é o nível educacional, o nível mental, o nível de discernimento, o nível econômico do povo brasileiro nas diferentes regiões do país. Esse é um problema que até hoje nenhuma área política quis abordar. Vivemos sem nos preocupar com essas questões. Mas não é assim que vamos governar o país, nem é assim que vamos fazer este país progredir e chegar ao que pode ser. Vejam por exemplo: o ministro do Trabalho está insistindo agora num salário mínimo alto, da ordem de 100 dólares.[87] Essa ideia, teoricamente, está muito bem. O Nordeste, todavia, não pode pagar isso de jeito nenhum. Ainda ontem eu estava vendo na televisão uma professora do Nordeste que ganhava meio salário mínimo por mês! Então essa história de salário mínimo de 100 dólares passa a ser uma ficção. Aqui no Sul, em São Paulo e no Rio, talvez ainda se possa pagar, mas na maior parte do Brasil não se pode. Antigamente tínhamos salários mínimos diferentes, regionais. Acabou-se com isso: "Vamos equalizar, é democracia, e se é democracia tem que ser tudo igual". De que adianta dizer que o salário mínimo é de 100 dólares se depois a professora recebe 50, 40 ou 30? E que professora é essa, no fim da história? Ou é uma abnegada, que está ali por vocação ou por sentimento de apoio à mocidade, ou é uma analfabeta, péssima professora. Vamos resolver o problema do Brasil assim? Não só não vamos, como vamos piorar.

Essa história de democracia plena, absoluta, para o Brasil, é uma ficção. Temos que ter democracia, temos que evoluir à procura

---

[87] Este trecho do depoimento foi concedido em 26 de fevereiro de 1994. O ministro do Trabalho era Walter Barelli.

de uma democracia plena, mas no estágio em que estamos impõem-se certas limitações. Qual é o estímulo, em muitas regiões do país, para o povo votar? São os favores que ele recebe. No Nordeste eu ouvi histórias de que o eleitorado, quando chega a eleição, começa a receber botinas, roupas e o mais para votar em certos candidatos. Eu, por exemplo, vivi um caso quando era secretário de Fazenda e Obras Públicas na Paraíba. O diretor de Obras Públicas era meu subordinado e veio a mim, dizendo que havia recebido uma ordem para pôr à disposição de chefes políticos os caminhões das obras públicas do estado, para o transporte dos eleitores do partido do governo. Ele achava que isso não era razoável e veio a mim. Eu lhe disse: "Você tem razão, não ceda os caminhões. E pode dizer que é ordem minha". Algumas horas depois, eu soube que o outro secretário, que era quem cuidava da área política, tinha criticado a minha decisão, dizendo que eu era inadaptado, porque eu não era da Paraíba e não conhecia o sistema. Na hora do almoço, no palácio, encontrei-o conversando numa roda de políticos e lhe disse: "Você declarou que eu era um inadaptado, a propósito desse problema de caminhões. Quero lhe dizer que eu não sou como você, que está agindo como um homem corrompido. No estado todos pagam imposto, seja os seus companheiros de partido, seja os adversários. E assim não é justo que os caminhões só sirvam a você. Se você viesse propor que esses caminhões transportassem todos os eleitores, independentemente de partido, eu poderia concordar. Mas transportar só os seus eleitores e não os da oposição, eu não concordo, acho que é uma forma de corrupção". A mentalidade no Brasil é essa! Usar as coisas do governo em favor da sua facção, e os outros que se danem! Será que isso é democracia? Eles vão dizer: "Pode não ser, mas que é prático é. E que é proveitoso é". Proveitoso para o bolso deles.

O senhor acha até hoje que a eleição para presidente deveria ser indireta, feita pelo Congresso Nacional?

Ou por um Colégio Eleitoral. Podia ser o Congresso com mais representantes das assembleias dos estados. Eu faria dois turnos.

Como no sistema americano?

Não. O sistema americano é por estado. Já houve nos Estados Unidos caso de candidato que, apesar de ter o menor número de votos populares, foi o escolhido para presidente. Minha ideia era ter no Colégio representantes do Congresso, representantes de certas entidades, de certos organismos. Esses elegeriam o presidente.

A eleição para governador de estado também deveria ser indireta?

Sim, também deveria ser feita por um Colégio Eleitoral, nucleado pela Assembleia Legislativa, que é quem legitima a eleição. A Assembleia ou o Congresso são o quê, afinal? São os representantes do povo. A Câmara representa o povo, enquanto o Senado representa os estados.

Antes da campanha das "Diretas já", houve as eleições de 1982, com a vitória do PMDB em vários estados, e de Leonel Brizola aqui no Rio. O senhor acompanhou os debates e comentários da área militar sobre a posse desses eleitos?

Não participei de qualquer debate, de qualquer coisa sobre essa eleição. Até hoje, embora não seja mais obrigado a votar por causa da minha idade, eu voto. Toda eleição vou à seção eleitoral, entro na fila e dou o meu voto. Ora, o Brizola estava anistiado, podia ser eleito. O problema não era meu, era do povo que o elegia, do povo que lhe dava o voto sabendo o que podia ser. E tanto gostaram que o reelegeram! Depois vêm se queixar de que o Rio de Janeiro é isso, não tem aquilo... O eleitor tem que se compenetrar e tem que escolher muito bem. Essa história de voto obrigatório é outra calamidade à qual sou contrário. Acho que devia votar quem quisesse. Aí, nem um décimo dos votantes de hoje iria votar.

26

Os governos civis

Quando Tancredo Neves foi eleito presidente da República, em 1985, a ideia que se tinha era de que ele fizera costuras políticas e acordos tão complicados que só ele mesmo daria conta de lidar com aquilo. Como o senhor via a situação?

Tancredo nunca foi um executivo, sempre foi um político maneiroso. Caracterizava-se pela habilidade política, mas de obra, de realização, como ministro da Justiça do Getúlio ou como primeiro-ministro do Jango, não deixou nada, deixou um vazio. Fazia muitos discursos, era considerado um homem hábil em negociações, um grande articulador, mas como administrador era nulo. Tanto que basta ver o ministério que preparou. Havia ministérios e mais ministérios. Quando foram falar com o Sarney, logo no primeiro dia, porque ele tinha nomeado um determinado ministro cuja reputação era muito ruim, o Sarney disse: "O que vocês querem que eu faça? Está no caderno da dona Antônia!" A dona Antônia tinha a lista dos ministros. Entre eles, realmente, não sei quantos e quais foram escolhidos pelo Tancredo e quantos o foram pela dona Antônia.

Tancredo lhe pediu alguma indicação para a Petrobras?

Não. Ele esteve comigo antes da eleição, quando ainda estava acesa a campanha, mas depois de eleito não me pediu indicações nem eu sugeri qualquer nome. O que é preciso considerar é o seguinte: depois que saí da presidência, me afastei e fiz questão de não me envolver e não participar em uma série de acontecimentos, porque considerava que a minha fase tinha acabado. Minha atuação na área política, ou na área do governo, depois que saí, sempre foi muito limitada. Houve um pouco de atuação ainda no tempo do Figueiredo, depois não. Estive várias vezes com o Sarney, mas nunca interferi no governo.

O presidente Sarney o procurava?

Sim, às vezes. Uma vez fui a Brasília, por ocasião do enterro do Golbery, ele soube e pediu que eu fosse ao palácio. Ofereceu-me um almoço e conversamos longamente sobre questões do governo, claro. Ele tinha o problema do Ulysses, que mandava e desmandava. Uma vez Sarney convidou Tasso Jereissati para ser ministro da Fazenda, e o Ulysses obrigou-o a desmanchar o convite. Tasso chegou a ir a Brasília para tomar posse, mas, quando chegou lá, já não era mais ministro.

O problema inicial do governo Sarney foi que ele, como vice de Tancredo, não tinha muita força.

Puseram em dúvida, e o próprio Figueiredo também, se cabia a ele assumir a presidência. Bastava ler direito a Constituição e interpretá-la devidamente para ver que ele tinha direito. Porque, embora Tancredo não tivesse tomado posse, Sarney tinha. Tinha prestado juramento perante o Congresso. Era realmente o substituto legítimo, cabia a ele assumir o governo. Figueiredo achava que não e resolveu não ir à posse. Dizem que saiu pelos fundos do palácio.

Qual era sua impressão geral do governo Sarney?

Eu não gostava. Achava um governo relativamente fraco, com muita interferência familiar, coisa que também considero altamente inconveniente. Eram a filha, o genro, o filho, a senhora, muita gente interferindo. Para mim, a família não tem nada que se meter nas questões do governo. Às vezes, ficam deslumbrados. Um presidente também não pode avançar certas coisas tomado de entusiasmo porque acaba se desmoralizando. Quando o Funaro fez o Plano Cruzado, o Sarney se entusiasmou tanto que chegou a ir para a televisão e dizer: "Inflação, nunca mais!" Uma coisa completamente irreal.

Sarney é uma pessoa muito gentil, amável, agradável de se conversar. Uma ocasião mandou um avião me buscar para uma inauguração em Itaipu, não me lembro mais que fase era. Ficamos no mesmo hotel e ele me convidou para jantar. Uma das vezes que conversamos, naquela ocasião do enterro do Golbery, ele me disse que estava todo entusiasmado com o relacionamento com o presidente da Argentina, sobretudo com o entendimento sobre as questões nucleares. Tinham permitido que visitasse as usinas nucleares que a Argentina tem, e ele estava muito entusiasmado com isso. Perguntou minha opinião, e eu disse a ele francamente o que pensava: "Acho ótimo nos relacionarmos bem com a Argentina. Essa história de querer criar antagonismo entre o Brasil e a Argentina é bobagem. Temos que tratar de viver bem, ser bons vizinhos. Contudo, não podemos atrelar os interesses do Brasil aos da Argentina. O interesse maior do Brasil não está na Argentina, nem no Uruguai, nem no Chile, nem no Paraguai. O interesse do Brasil está, como já tive a oportunidade de dizer, no Hemisfério Norte, nos Estados Unidos, no Canadá, na Inglaterra, na França, na Alemanha, no Japão. É para lá que temos que nos virar. Lá vamos conseguir tecnologia, mercados, investimentos e financiamentos. O Brasil é um país muito grande, já tem uma expressão importante no mundo, não só pela extensão do seu território mas também pelo seu desenvolvimento que está aí desabrochando, pela sua produção agrícola e industrial, e tem que se virar para o Hemisfério Norte para crescer mais. Com a Argentina nós não vamos conseguir nada para crescer". Ele não gostou. Fui muito franco. Era o meu ponto de vista pessoal.

O que o senhor acha então do Mercosul?

Não acredito nisso, porque o comércio e o desenvolvimento dos países envolvidos são relativamente pequenos. Há pouco tempo a Argentina começou a importar grande quantidade de produtos do Brasil, o ministro Cavallo achou ruim por causa do déficit na balança comercial e começou a taxar o produto brasileiro. Em que ficou a ideia do Mercosul?

Sua objeção principal vem do fato de os países do Mercosul representarem um mercado incipiente?

É um mercado relativamente pequeno. Qual é a população do Uruguai? Qual é a população da Argentina? A população da Argentina é estável, não cresce. Como mercado, comparado com o Brasil, é limitado. Depois, há outros problemas que já estão acontecendo, pelo menos com produtos químicos. O produto europeu ou americano entra no Uruguai, que é um país livre-cambista, onde tudo entra à vontade. Colocam um rótulo no produto como se fosse produzido no Uruguai, e aí ele entra livremente no Brasil. Essa é uma das fraudes. E assim como essa há outras. É claro que a gente pode se defender, mas o problema principal é que esse mercado é relativamente insignificante comparado com o europeu, o americano ou o japonês. Por isso eu sou cético, não acredito muito no êxito do Mercosul.

Voltando ao governo Sarney, houve uma batalha na Constituinte pelo mandato de cinco anos. Sarney chegou a dizer que precisava de cinco anos porque os militares estavam muito inquietos, havia ameaças...

Não, acho que não havia isso. O mandato dele, inicialmente, era de seis anos. Queriam reduzir para quatro e ele então pleiteou cinco. Mas pelo menos a mim não consta que houvesse problemas com os militares. Não sei o que o Leônidas, que era ministro do Exército, teria dito a ele. Não sei o que havia de real nisso.

Como o senhor recebeu o Plano Cruzado?

No começo fiquei com a impressão de que era um alívio, mas quando se faz uma análise mais detalhada, chega-se à conclusão de que era uma utopia que não podia durar. Acabou em fracasso, apesar de todo o charme do Funaro. A mesma coisa aconteceu com o Collor, que congelou os depósitos nos bancos, enquanto os amigos e os mais avisados, na véspera, desblequearam o seu dinheiro. Como já disse, Sarney sempre foi muito amável comigo. É um homem muito educado, um homem civilizado. Seu governo, entretanto, foi outra coisa. Terminou com uma inflação da ordem de 80% ao mês!

Qual teria sido o principal erro do Plano Cruzado?

Não tinha sustentação. O governo não podia sustentá-lo por muito tempo, não podia durar. Mas nesse problema de inflação, as causas são inúmeras. A inflação cresce quando o governo gasta mais do que arrecada e põe a maquininha para funcionar, fabricando dinheiro. Quando os impostos não dão para pagar o que se deve, o governo emite para custear as suas despesas, porque é fácil emitir. Aí a oferta de dinheiro passa a ser maior do que a de produtos. Para se estabelecer o equilíbrio, eleva-se o preço dos produtos. Essa é a primeira causa, a mais simples. É claro que depois existem outros fatores que interferem e vão complicando, mas a origem é essa. Há uma falta de confiança. Nesse campo, os governos sucessivos que tivemos, Sarney, Collor e agora Itamar, não gozam da confiança pública. Itamar já teve quatro ministros da Fazenda. Quem é que pode ter confiança com essa instabilidade ministerial?

Qual sua opinião sobre Fernando Collor? O que aconteceu com ele?

Era um incapaz. Andou vivendo muito no estrangeiro com o cunhado, embaixador Marcos Coimbra, e adquiriu outras concepções sobre o país. Desde garoto, em Brasília, Collor era superficial, tinha mania de grandeza. Já como rapazola, consta que foi chegado ao tóxico. É inteligente, falante, bem-apresentado, e enganou o povo todo. O que mais contribuiu para a sua vitória foi o número e a mediocridade dos outros candidatos. Em segundo lugar foi o espantalho do Lula. Eu, que tinha um péssimo juízo dele, inclusive pelo governo muito ruim que fez em Alagoas, votei nele no segundo turno para não votar no Lula. No primeiro turno votei no Aureliano. Era um candidato que não tinha chance, mas votei nele porque tinha que votar.

Aí vem novamente o velho problema da democracia. Todo mundo vota no Brasil, o voto é obrigatório. Vota o analfabeto, vota o favelado, o flagelado do Nordeste, e votam os jovens de 16 anos que ainda não têm a cidadania. Qual é o discernimento que essa gente tem para escolher? Eles se deixam deslumbrar pela propaganda. E a propaganda do Collor foi uma coisa muito séria, com muito dinheiro, muito avião para cá e para lá, muito comício, muito discurso de manga arregaçada. Ele ainda era moço, bem-apresentado, e isso impressiona. Muita gente é levada a votar pelas aparências. Muita mocinha de 16 anos que podia votar votou no Collor pela sua estampa. O voto consciente implica saber o que é um presidente da República no nosso regime presidencial, que atribuições tem, o que pode fazer, o que tem que fazer, quais são suas responsabilidades. Mas essas são coisas que a massa dos eleitores não sabe, e, por isso, na quase generalidade, ela vota pelas aparências.

O que o senhor acha da propaganda gratuita na televisão?

Não sou contrário, desde que limitada. Mas a maioria do povo não vê mais essa propaganda. Nem gosta, porque não pode ver a novela, não pode ver o futebol. E agora há a propaganda dos partidos. De vez em quando assisto, é lamentável. Por esses dias[88] vi a propaganda do partido do Collor, dizendo que era preciso lavar o Brasil. O Collor nem tinha partido, fabricou um! Sua candidatura surgiu quando ele passeava na China com um grupinho de amigos. Alguém disse que ele devia ser candidato, e a coisa pegou. Ele embarcou nessa história.

Pelo que ficou claro depois, houve quase que uma quadrilha tomando conta do governo. Os empresários e outros que apoiaram a candidatura Collor não desconfiavam disso?

Um dos problemas que existem e que a gente tem que levar em conta é o poder do sol que nasce. Muitos procuram receber alguns raios e se beneficiar do calor que dali se irradia. Collor durante bastante tempo teve apoio de toda essa gente, apesar das loucuras que fez. O problema da Zélia: ele concentrou grande soma de poder na mão daquela senhora. Um verdadeiro absurdo! Ela não tinha experiência para o cargo! Collor lhe deu a gestão do Ministério da Fazenda, do Ministério do Planejamento, do Ministério da Indústria e Comércio, fez dela uma superministra. Mas quem era ela? No Plano Cruzado, do Funaro, estava lá embaixo. Era uma economista que estava no quarto escalão. Nunca se destacou. Chegou a ser professora da Universidade de São Paulo, mas isso não diz muito. Collor entregou todo o poder a ela, e daí saiu muita coisa errada, muita bobagem e, segundo dizem, muitos negócios particulares.

O governo Collor foi um verdadeiro desastre. Mas conseguiu enganar. O discurso de posse no Congresso veio com essa noção de modernidade, assunto de que já tratei aqui anteriormente. É claro que se a gente puder ser moderno será uma grande coisa, mas vamos ver o que é o Brasil hoje, quais são as deficiências, e vamos entender que vão ser necessários muitos anos para que o

---

[88] Este trecho do depoimento foi concedido em 9 de março de 1994.

Brasil seja um país moderno. Em matéria de automóveis, ele veio com a história de que os fabricados aqui eram "carroças". Isto é, depreciou a indústria nacional. O carro nacional é carroça por quê? Porque não anda a 200 ou 300 quilômetros por hora? Mas é um carro adaptado às condições das nossas estradas. A velocidade máxima permitida é de 80 quilômetros por hora! Para que querer um carro que ande a 200, se a estrada não comporta que eu ande a essa velocidade? Com isso ele resolveu abrir as portas e importar tudo que era carro estrangeiro. Há muitos que estão felizes porque podem andar de Mercedes, BMW, não sei o quê. Será que o Brasil precisa disso? Depois, dizer que a nossa indústria de automóveis produz carroças é bobagem. Basta ver a quantidade de carros que são exportados. Collor sempre foi muito superficial, cheio de frases feitas, coisas que agradavam a certa categoria da nossa população. A elite que está lá no alto sempre gostou disso. Mas não conseguiu fazer nada de útil, não produziu nada. O que ele fez foi no sentido negativo. Era apresentável, na televisão empolgava muita gente, falava com desembaraço. Foi uma ilusão e um desastre para o Brasil.

O discurso da modernidade incomodou muita gente, inclusive setores nacionalistas das Forças Armadas. Em função disso seria possível pensar numa aproximação dos militares com o PT, que também é nacionalista?

Não sei. Não estou a par nem dos problemas do PT nem dos da área militar. Converso muito pouco hoje em dia, apenas alguns companheiros mais íntimos. Há dias saiu uma notícia na imprensa dizendo que o Lula estava prometendo dobrar o orçamento militar, o que se explicaria pelo fato de que um dos sérios problemas que as Forças Armadas têm hoje em dia é a restrição orçamentária, a penúria de recursos. Essa notícia, evidentemente, era para agradar, para ver se com isso ele teria o apoio da área militar. Mas o que acontece é que a área militar, creio que muito razoavelmente, já há bastante tempo está alheia a esses problemas. Há muito descontentamento, ninguém está satisfeito com o soldo, com os vencimentos, com a falta de recursos materiais — houve até um longo período em que não havia dinheiro nem para comida nos quartéis —, mas a área militar está quieta e não interfere.

Se Lula vier a ganhar a eleição deste ano de 1994, por exemplo, o senhor acha que não haverá problema militar?

Não. Mas aí as vivandeiras que rondam os quartéis, como dizia o Castelo, virão insuflar a área militar. Os políticos, os industriais, o alto comércio etc. começarão a procurar os militares e a encher a cabeça deles para derrubar o governo.

Vários militares lembram que Jango não tinha um serviço de informações eficiente, e por isso não foi informado sobre a conspiração que levou à sua deposição. Se Collor também fosse bem informado, não teria chegado ao impeachment?

Acho que não foi um problema de informação. E depois, ele não tinha informações porque não queria ter. Devia ter informações dos amigos, mas não tinha um serviço de informações organizado. Aquele incidente com o Ivan de Sousa Mendes aconteceu porque a audiência estava marcada, o Collor compareceu após ter criticado violentamente o governo ainda no aeroporto, quis ser recebido, e o Ivan não o recebeu.[89] Aí ele saiu com desaforo e chamou o Ivan de "generaleco". Como o SNI era malvisto, quando assumiu a presidência resolveu fazer a bobagem de acabar com o órgão. Não há governo que possa funcionar sem um serviço de informações. O que os Estados Unidos têm? O que a Inglaterra tem? Todo mundo tem o seu serviço de informações. Agora, o que é preciso fazer é evitar que o serviço de informações se deturpe e se ponha a serviço de determinadas pessoas, de determinadas coisas que não são propriamente afeitas ao governo. Mas tem que haver serviço de informações.

Creio que o SNI deve ter tido muita coisa errada, mas o problema não era acabar com o órgão: o problema era corrigir, o que é difícil e exige coragem, decisão, persistência e conhecimento. Era evitar que o órgão se deturpasse, se deformasse, se pusesse a serviço de outras causas. Mas todos os governos necessitam e todos sempre tiveram serviços de informações, ainda que informais. Getúlio tinha lá o seu serviço, que não era oficial, mas existia. Um industrial que dirige uma indústria tem que ter um serviço de informações voltado

---

[89] O incidente entre o então governador de Alagoas, Fernando Collor, e o chefe do SNI, general Ivan de Sousa Mendes, ocorreu em fevereiro de 1988.

para os problemas da sua empresa. Todos nós procuramos nos informar, saber o que ocorre. Dentro de um país como o Brasil, isso é uma necessidade crucial. Mas o que acontece é que os serviços geralmente se deformam. As pessoas o utilizam no seu interesse próprio. O problema do Collor não foi falta de informações. O problema era ele mesmo: ele, a família, a mulher, o *entourage*, os amigos...

Quais foram suas impressões sobre o impeachment *de Collor?*

Achei muito bom. Houve uma mobilização popular muito grande, no Rio, em São Paulo e em outros lugares, e as coisas foram num crescendo até chegar ao fim. Os inquéritos da polícia foram desvendando fatos cada vez mais escabrosos. A situação começou a se definir com o depoimento do motorista, que era quem levava os cheques. Aí a opinião pública começou a se formar. Um assunto que foi muito discutido, e que finalmente o Supremo acabou resolvendo, foi a cassação dos direitos políticos do Collor depois de ele ter renunciado. No dia do julgamento, quando o advogado viu que não conseguiria nada, ele entregou a carta de renúncia, achando que com isso pararia o processo. Mas o Senado resolveu, com o beneplácito do presidente do Supremo, continuar o processo e cassou os direitos políticos por oito anos. Depois ele entrou com recurso, mas foi mantida a decisão do Senado. Foi uma grande coisa e muito acertada.

O senhor até hoje é procurado pelos políticos. Muita gente o procurou quando da posse do presidente Itamar Franco?

Muita gente conversou comigo, e eu respondia que não tinha objeções ao Itamar, apesar de sua maneira de pensar ser diferente da nossa. Era um homem de esquerda, tinha uma série de posições adotadas no Senado que agora, no governo, talvez não possa sustentar, mesmo porque é muito diferente estar no Senado fazendo discurso e depois ir para o palácio do Planalto, sentar na poltrona e resolver os problemas do Brasil.

27

Este país tem jeito?

Uma questão importante destes últimos tempos foi o plebiscito de 1993. O que o senhor pensa do parlamentarismo e do presidencialismo?

Sou presidencialista. O parlamentarismo é próprio de países mais desenvolvidos, mais avançados, de países pequenos, que vivem em um regime unitário, e não em um regime federativo como o nosso. A França, por exemplo, é um país unitário. A Inglaterra, a Itália, a Espanha, também. Nós somos um país que adotou o modelo americano, federativo e presidencialista. O único país federativo que adotou o regime parlamentarista foi a Alemanha, mas lá o sistema eleitoral e a própria organização dos estados federados são muito diferentes dos nossos. Tivemos uma curta experiência de regime parlamentar na República e, antes disso, a experiência do Império. Em um sistema parlamentar, a toda hora muda o governo. Vem o voto de desconfiança, e o governo cai. A instabilidade, a falta de continuidade administrativa são terríveis. Um país como a França suporta isso porque as bases estão feitas, está tudo organizado, não há nada mais por fazer. Mas e um país como o Brasil? Ter um gabinete durante dois meses, depois vir outro e durar três, quatro meses? Outro problema é a nossa formação, a nossa educação política. O nível dos nossos políticos. Há uma boa coleção de elementos capazes, mas a grande massa dos deputados deixa muito a desejar.

Em relação ao sistema eleitoral, o senhor é a favor do voto proporcional ou do voto distrital?

Sou a favor do sistema misto. Acho que melhora a representação, porque parte dos deputados, em vez de ser escolhida por todo o estado, é escolhida pelo distrito em que o candidato atua, vive, tem maiores vinculações. Ele aí é mais conhecido dos eleitores, que podem escolher melhor. No sistema proporcional o deputado é eleito por todo o estado, e a maioria vota nele sem conhecer, sem saber quem ele é. Creio que não se tenciona fazer um sistema distrital amplo, único, como já houve no Brasil, no Império e no começo da República, porque aí o problema seria mais complicado. Já temos a tradição do voto proporcional e, além disso, o voto distrital puro traria a quebra dos pequenos partidos.

Nosso problema maior é a proliferação de partidos. É um absurdo essa quantidade que está aí. São partidos que não têm consistência, com programas inteiramente irreais ou que funcionam apenas como um chamariz. Não há convicção em relação aos programas. Há partidos que estão aí apenas para fazer dinheiro vendendo legenda: a pessoa quer ser candidata a deputado, não consegue legenda, e então compra uma num desses partidos pequenos, para poder se candidatar. Houve até o caso dos deputados cassados que receberam dinheiro para mudar de partido. Aí entra outro problema: o da fidelidade partidária, que, para mim, é fundamental. Se se é de um partido por convicção, tem-se que ser fiel a esse partido. Se o partido fecha questão em torno de uma determinada proposta, o deputado é obrigado a votar com o partido. Não pode ser de um partido e querer ter o direito de ser um livre-pensador. Durante o período revolucionário, ainda no meu governo, havia fidelidade partidária.

Em sua opinião deve haver um mínimo de votos para que um partido consiga se fazer representar?

Ah, sim: o partido que não conseguisse um determinado número de votos em uma ou duas eleições devia ser extinto. Mas deve haver ainda muito mais restrições para a Justiça Eleitoral aprovar um partido. Nas condições mínimas para a constituição de um partido, para que ele tenha vida legal, é preciso haver maiores exigências. E depois, no curso das eleições, mesmo que seja um partido aprovado, legalizado, ele deve poder ser eliminado se não conseguir um determinado resultado.

Como o senhor vê a discussão atual sobre a desestatização?

A desestatização está em plena moda. É praticada em vários países, como a Inglaterra, um pouco a França, o México, a Argentina etc., quase radicalmente. Alguns podem e talvez devam desfazer-se de suas empresas estatais, como a Inglaterra, que tem muitos capitais, adquiridos ao longo de séculos de domínio universal. Outros, porém, como o México, não tendo esses recursos, se valem da poderosa interferência de seu vizinho, os Estados Unidos. A Argentina vende o patrimônio formado pelas suas empresas, inclusive a de petróleo, a fim de obter recursos financeiros para o seu minguado erário. E quanto ao Brasil? Aqui também resolveram privatizar, a exemplo dos outros, e possivelmente há muita coisa que pode e deve ser privatizada. Contudo, o processo não pode ser generalizado, executado integralmente, mas deve levar em conta o que pode e deve ser vendido e, principalmente, o que não deve. É preciso ver também quais os recursos efetivamente disponíveis para o custeio da privatização. São poucas as disponibilidades, as quais, além disso, encontram normalmente no mercado financeiro aplicações mais rentáveis. Essa situação conduziu o governo, empenhado em levar a termo a privatização, a aceitar, no pagamento das aquisições, títulos da dívida pública, inclusive da reforma agrária, de longo prazo e baixo rendimento, que eram adquiridos de intermediários espertos com grande deságio e aplicados no leilão pelo seu valor nominal. O governo lançou mão ainda de financiamentos a juros relativamente reduzidos para o eventual complemento do custeio da aquisição. Há ainda a considerar o prejuízo de acionistas privados de empresas de capital misto, como a Petrobras, a qual tem grande parte de suas subsidiárias vendidas nas condições fixadas.

Qual sua opinião sobre a aposentadoria: deve ser por idade ou tempo de serviço?

Minha opinião é que tem que ser por idade. A pessoa começa a trabalhar aos 14, 15 anos, contribui para a Previdência, e quando atinge os quarenta e poucos se aposenta e vai trabalhar noutro emprego. A aposentadoria aos 40 anos é um absurdo, a não ser que se trate de um inválido. Acho que devia haver uma idade mínima para a aposentadoria: 60, 65 anos. E isso para todo mundo, civis e militares. O militar conta tempo desde a Escola Militar, porque o cadete já é considerado soldado. Então, se quiser, ele se aposenta com quarenta e poucos anos. Mas aí deixa de fazer carreira.

O sindicato deve ser único ou plural?

Não vejo por que deva ser único. As áreas, os lugares, são diferentes. Assim como não se é obrigado a ter um partido único, pessoas com ideias diferentes devem poder fundar um outro sindicato. Preferem, contudo, ter o sindicato único, para ter mais força, maior poder de argumentação junto ao governo. Num confronto, num debate com o governo, o sindicato único tem maior representatividade.

Qual deve ser hoje o papel das Forças Armadas?

A missão das Forças Armadas é a que está na Constituição. Não há nada mais fora disso. No entanto, essa missão se desvirtuou com uma série de outras atribuições. Houve agora, por exemplo, um acordo do Exército com a prefeitura do Rio de Janeiro para formar a Guarda Municipal. Sou contra isso. O Exército não tem nada com isso.

Alguns militares acham que seria pertinente as Forças Armadas colaborarem no combate ao tráfico, na questão social...

Isso são atividades emergenciais que o Exército pode fazer, sem prejuízo da sua função principal, e não em caráter obrigatório. Às vezes, no quartel, há interesse pelas crianças de rua, procura-se orientá-las, discipliná-las, alimentá-las. Isso não é papel do Exército. Pode ser feito ocasionalmente, mas não é sua atribuição. Hoje em dia contudo, dada a situação do país, todo mundo deve estar aberto para cooperar.

Uma outra função do Exército que se verifica na prática, embora não esteja escrito em lugar algum, é a de instrumento da coesão nacional. O Exército serve para assegurar a integridade da nação. Num regime federativo, como nós temos, a tendência dos estados é ter cada vez mais autonomia. Eles gostam da União, do governo federal, para sugar recursos, mas afora isso querem ter o máximo de autonomia, quase independência — ainda recentemente o Paraná e o Rio Grande do Sul quiseram separar-se da União e fazer a República dos Pampas. O Exército é um fator de coesão porque o oficial, que é originário de uma região, de um determinado estado, perde a sua característica regional, já que durante a carreira serve em diferentes lugares e aprende a conhecer o país. Talvez o oficial do Exército seja quem melhor conhece este país. Hoje ele está no Rio Grande, amanhã está no Nordeste, depois na Amazônia, depois vai para o Mato Grosso, depois vem para o Rio. Quer dizer, ao longo da vida vai carregando a mala nas costas, apesar do problema da família, da educação dos filhos. Na realidade, ele passa a ser um cidadão brasileiro. Conserva um vínculo familiar com o seu estado de origem, mas não mais tão forte como primitivamente.

Como o senhor vê a questão da defesa da Amazônia e de suas reservas naturais?

Vai ser muito difícil para o Brasil. É uma região distante, desabitada, atrasada, com grandes recursos naturais, mas sem agricultura. Será um problema complexo que o Brasil irá enfrentar. Tomara que eu esteja enganado, mas acho que o futuro brasileiro ali será muito difícil. Recordemos um pouco de história — dizem que a história é a mestra da vida. Vejamos, por exemplo, o problema do Acre. Na época do *rush* da borracha, lá por mil novecentos e pouco, a Amazônia contava com muitos retirantes do flagelo da seca, principalmente cearenses, que lá chegavam atraídos por esse produto. Foram entrando, invadiram terras da Bolívia, e houve combates com as forças bolivianas, que não conseguiram evitar a invasão dos brasileiros comandados pelo gaúcho Plácido de Castro. A Bolívia, sem maiores forças, resolveu conceder o território do Acre a um sindicato americano que viria explorar a borracha. Assim, a Bolívia traria o americano para o interior da Amazônia. É evidente que, se o sindicato americano conseguisse entrar no Acre e explorá-lo, os brasileiros não teriam condições de continuar na sua tentativa de permanecer naquele território, isso porque, atrás do sindicato americano estaria certamente o governo dos Estados Unidos, protegendo e defendendo os interesses dos cidadãos americanos. O que nos salvou foi a sabedoria de Rio Branco, que se entendeu com a Bolívia e comprou o Acre. Deu dois milhões e meio de libras para a

Bolívia, e o Acre se tornou brasileiro. E o sindicato americano teve que ir embora. Foi a primeira incursão americana dentro da Amazônia. Acho que a Bolívia foi esperta, inteligente. Foi buscar o irmão mais forte para tomar conta. Se não fosse a ação de Rio Branco, possivelmente os americanos estariam lá, a exemplo da conquista parcial do território mexicano.

O que o senhor acha da criação do Ministério da Defesa?

É um bom exemplo de outros países. O ideal seria podermos organizar o nosso, mas há reações. Quem mais reagia era a Marinha — não sei como ela está pensando presentemente. A Marinha reagia porque achava que, diante das condições existentes, da diferença na quantidade dos efetivos, o Exército teria a supremacia e ela ficaria relegada ao segundo plano. Mas também há problemas históricos. No tempo do Império, o Exército era uma instituição miserável, desfavorecida, que pouco valia. O soldado do Exército era recrutado no meio dos malandros da cidade, das favelas, ao passo que a Marinha era a força armada nobre. Os netos do imperador iam para a Marinha. Com a República, veio o Floriano, que em seguida dominou a Revolta da Armada. Aí a Marinha se acabou e o Exército cresceu. E desde então criou-se um complexo. Não sei, atualmente, que valor isso tem. Contudo, pode ser um fator contra a criação do Ministério da Defesa. Mas sou de opinião que se deve unificar as Forças Armadas num único ministério.

Qual seria a vantagem?

Primeiro, se asseguraria uma maior cooperação entre as Forças Armadas. Hoje em dia a guerra não é do Exército, da Marinha, da Aeronáutica, isoladamente. A cooperação e a coordenação entre essas forças numa guerra é essencial, exigindo maior entrosamento entre elas. Além disso, poderia ser muito mais econômico. Há uma série de órgãos em cada um desses ministérios que poderiam ser fundidos. Teríamos uma solução menos dispendiosa, mais econômica. E, do ponto de vista de emprego das Forças Armadas, em vez de haver tendências para o individualismo, haveria cooperação no planejamento. Contudo, não sei se a situação atual está suficientemente madura para isso.

Depois do impeachment de Collor, fortaleceu-se no país um movimento pela ética, pela moralização da vida pública. O senhor acha que isso realmente está funcionando? As pessoas passaram a ser mais cuidadosas com a coisa pública?

Não sei. Acredito que o governo do Itamar seja um governo honesto. Tenho essa impressão. Do ponto de vista de negociatas, de favores, de desvio de dinheiro, não está havendo nada. O governo está moralizado, mas quantos devedores de impostos ainda existem? O diretor da Receita está querendo prender um monte de gente que deve dinheiro. Mas é difícil corrigir isso. Outro problema difícil que existe é o do fiscal. Supõe-se que o fiscal seja um homem correto, direito, que vai examinar as contas e aplicar as multas quando forem devidas. Mas a tentação é grande, e há muito fiscal corrupto ou que é fator de corrupção. O sistema de fiscalização é uma das coisas mais difíceis de controlar no Brasil. Uma solução é remunerar bem o fiscal, e é o que se está procurando fazer. Mas ainda há muita corrupção. Como o comércio age em relação às notas fiscais? Simplesmente não dá a nota. Resolveram multar e, para obter resultados, vieram com a história de premiar com uma parte da multa quem denunciar. Chegou-se a esse ponto! Quer dizer, quando há inflação e quando há pobreza e miséria, a corrupção encontra um campo propício para agir.

Este país tem jeito?

Tem, mas vai levar tempo. É um problema de educação do povo.

Presidente, estamos chegando ao final de seu depoimento. Embora o senhor tenha sido sempre avesso a entrevistas, conseguimos convencê-lo a conversar conosco. O que o levou a conceder este depoimento histórico ao CPDOC?

Não sei se o que fui e o que fiz ao longo da vida, e principalmente na presidência, tem realmente valor histórico. Sei que dei este depoimento com prazer, após muita insistência de vocês e do Moraes Rego, que me falou sobre isso várias vezes. Outra razão é que, como nunca dei entrevistas, nem escrevi autobiografia, achei que talvez fosse interessante deixar um registro. E achei que o CPDOC, como instituição acadêmica, seria o lugar apropriado. Meu depoimento poderia ficar como uma documentação arquivada, que poderia ser útil futuramente.

E o que o senhor achou deste trabalho? Foi cansativo?

Não é cansativo, ao contrário, quando estou aqui sinto prazer e converso muito livremente, à vontade. Mas é uma obrigação a mais, um compromisso. E ainda pior é a segunda obrigação: fazer a revisão de tantas horas de entrevistas. Mas me senti muito bem, falei sem inibição e sem esconder nada. Aliás, não tenho nada para esconder. Conto as coisas como são ou como foram. Falo com franqueza, não há segunda intenção. Também no meu governo, em regra, não havia segunda intenção. As coisas vinham e tinham que ser claras. Não podia haver maquiavelismo ou manobras escusas. Sempre procurei viver às claras.

Cronologia

1907
- Nasce em Bento Gonçalves, no Rio Grande do Sul (3/8), filho do imigrante alemão Augusto Guilherme Geisel e de Lydia Beckmann Geisel. É o mais moço de cinco irmãos: Amália, Bernardo, Henrique, Orlando e Ernesto.

1921
- Ingressa por concurso no terceiro ano do Colégio Militar de Porto Alegre, onde estuda durante quatro anos.

1925
- Ingressa na Escola Militar do Realengo, no Rio de Janeiro (31/3), onde seus irmãos Henrique e Orlando cursavam o terceiro e último ano.

1928
- Declarado aspirante a oficial da arma de artilharia (20/1).
- Classificado no 1º Regimento de Artilharia Montada, na Vila Militar do Rio de Janeiro (2/2).
- Promovido a segundo-tenente (9/8).

1929

- Transferido para o 4º Grupo de Artilharia a Cavalo, em Santo Ângelo, no Rio Grande do Sul (6/4), comandado por seu ex-instrutor na Escola Militar, capitão Júlio Teles de Meneses.

1930

- Promovido a primeiro-tenente (14/8).
- Adere ao movimento revolucionário deflagrado em 3 de outubro contra o governo de Washington Luís e segue, comandando uma bateria, para a frente de Itararé, na fronteira de Paraná e São Paulo. Vai em seguida para o Rio de Janeiro, onde encontra os amigos Juracy Magalhães, Jurandir Mamede e Agildo Barata, que haviam feito a revolução no Nordeste.

1931

- Escalado para levar uma bateria de artilharia para a Paraíba, segue para o Nordeste e, por indicação de Juarez Távora, é nomeado diretor-geral do Departamento de Segurança Pública e secretário--geral do governo do Rio Grande do Norte, na interventoria de Aluísio Moura (17/3).
- Retorna à sua bateria de artilharia na Paraíba (19/6).
- Participa em Recife do combate ao levante do 21º Batalhão de Caçadores, que visava a depor o interventor federal em Pernambuco, Carlos de Lima Cavalcanti (29/10).
- Nomeado membro do Conselho Consultivo do Estado da Paraíba na interventoria de Antenor Navarro (dezembro).

1932

- Segue com sua bateria para o vale do Paraíba para dar combate aos revolucionários paulistas e se integra ao destacamento comandado pelo coronel Daltro Filho (julho).
- De volta à Paraíba, é nomeado secretário da Fazenda, Agricultura e Obras Públicas do estado pelo novo interventor Gratuliano de Brito.

1935

- Classificado no Grupo-Escola de Artilharia, no Rio de Janeiro, então comandado pelo general Álcio Souto (26/2).
- Promovido a capitão (12/9).
- Participa do combate ao levante comunista na Escola de Aviação Militar, no Campo dos Afonsos, no Rio de Janeiro (27/11).

1938
- Matriculado na Escola das Armas, hoje Escola de Aperfeiçoamento de Oficiais (março).

1939
- Conclui o curso da Escola das Armas em primeiro lugar (3/2).
- Designado instrutor chefe de artilharia e comandante da bateria dos cadetes que faziam o curso da arma de artilharia na Escola Militar do Realengo (8/2).

1940
- Casa-se com sua prima, Lucy Markus (10/1). O casal mora primeiro numa pensão, na rua Conde de Bonfim, e depois aluga uma casa no Realengo.
- Nasce seu filho Orlando (novembro).

1941
- Ingressa junto com seu irmão Orlando na Escola de Estado-Maior (2/4) e divide com este e as respectivas famílias uma casa alugada em Botafogo. Na Escola de Estado-Maior conhece o capitão Golbery do Couto e Silva.

1943
- Muda-se para um apartamento alugado em Ipanema.
- Promovido a major (14/5).
- Conclui o curso da Escola de Estado-Maior (30/7), que é abreviado devido à entrada do Brasil na guerra e à organização da FEB. Assim como seus irmãos Henrique e Orlando, não é convocado para participar da FEB, fato que atribui ao preconceito por ser a família de origem alemã.
- Designado adjunto do estado-maior da 3ª Região Militar, em Porto Alegre, então comandada pelo general Salvador César Obino (22/9).

1944
- Vai para os Estados Unidos (16/9), onde faz o curso de comando e estado-maior em Fort Leavenworth e o curso de ligação com a força aérea em Key Field, além de estágios em outras escolas militares.

1945
- Nasce sua filha Amália Lucy (janeiro) em Estrela, no Rio Grande do Sul, onde dona Lucy aguardava, junto dos pais, sua volta dos Estados Unidos.
- Retorna dos Estados Unidos (maio).
- Designado chefe de gabinete do general Álcio Souto na Diretoria de Motomecanização do Ministério da Guerra (28/6).
- Auxilia o coronel Ulhoa Cintra nas operações militares feitas no Rio de Janeiro por ocasião da deposição de Vargas (29/10).

1946
- Designado para a 1ª Seção da Secretaria Geral do Conselho de Segurança Nacional (11/7). A função de secretário-geral do Conselho de Segurança cabe ao chefe do Gabinete Militar da Presidência da República, na época o general Álcio Souto.

1947
- Designado adido militar junto à embaixada do Brasil em Montevidéu (30/7), onde permanece dois anos e meio com a família.

1948
- Promovido a tenente-coronel (25/6).

1950
- Retorna do Uruguai e é designado adjunto da 3ª Seção (de operações) do Estado-Maior das Forças Armadas (28/2), então chefiado pelo general Salvador César Obino.

1952
- Já no segundo governo Vargas, acompanha o então chefe do Emfa, general Góes Monteiro, em viagem diplomática a Buenos Aires.
- Matriculado na Escola Superior de Guerra.

1953
- Membro do corpo permanente da ESG (12/1), aí reencontra Golbery do Couto e Silva.
- Promovido a coronel (8/4).
- Diploma-se no Curso Superior de Guerra (15/12).

1954

- Recusa-se a assinar o "Manifesto dos coronéis" por considerá-lo um ato de indisciplina (fevereiro).
- Designado comandante do 8º Grupo de Artilharia de Costa Motorizada, no Rio (27/4).

1955

- Nomeado subchefe do Gabinete Militar da Presidência da República no governo João Café Filho (1/2). O chefe do Gabinete Militar era Juarez Távora, e o ministro da Guerra era o general Lott.
- Designado comandante do Regimento-Escola de Artilharia em Deodoro, no Rio de Janeiro, onde servira como capitão (28/5).
- Assume a superintendência geral da refinaria Presidente Bernardes, em Cubatão, São Paulo (17/9).
- Não aprova o golpe de 11 de novembro, chefiado pelo general Lott, colocando-se em campo oposto ao de seu irmão Orlando, que apoia o movimento.

1956

- Designado comandante do 2º Grupo de Canhões Antiaéreos, em Quitaúna, São Paulo (19/3).

1957

- Morte de seu filho Orlando aos 16 anos, atropelado por um trem (28/3).
- Designado chefe da 2ª Seção (de informações) do Estado-Maior do Exército (30/4). Na ocasião o coronel Golbery era subchefe da 3ª Seção (de operações).
- Nomeado membro do Conselho Nacional do Petróleo como representante do Ministério da Guerra (15/7), torna-se a partir de então partidário do monopólio e defensor da Petrobras.

1960

- Nomeado chefe da 2ª divisão do gabinete do ministro da Guerra, marechal Odílio Denys, quando este substitui Lott, que se desincompatibiliza para se lançar candidato à presidência da República (16/2). Seu irmão Orlando é o chefe de gabinete do ministro Denys.

1961
- Promovido a general de brigada (29/3) no início do governo Jânio Quadros. Jânio mantém Denys no Ministério da Guerra e Orlando Geisel como chefe de gabinete deste.
- Assume o Comando Militar de Brasília e o comando da 11ª Região Militar (13/4).
- Diante da renúncia de Jânio (25/8), é nomeado pelo presidente interino Ranieri Mazzilli chefe do Gabinete Militar da Presidência da República.
- Com a posse de João Goulart exonera-se e fica adido à Secretaria do Ministério da Guerra (11/9), aguardando função.

1962
- É convocado pelo ministro da Guerra, João de Segadas Viana, ao lado de quem tinha lutado na Revolução de 1932, que lhe oferece o comando da Artilharia Divisionária da 5ª Divisão de Infantaria, em Curitiba (19/2). Nessa função, ocupa interinamente em várias ocasiões o comando da 5ª Região Militar e entra em atrito com o comandante do III Exército, general Jair Dantas Ribeiro.

1963
- Com a volta do presidencialismo, determinada pelo plebiscito (6/1), e a nomeação de Jair Dantas Ribeiro para o Ministério da Guerra, é nomeado subdiretor da Diretoria da Reserva. Algum tempo depois é designado subchefe do Departamento de Provisão Geral do Exército (8/10).

1964
- Assim como seus irmãos Henrique (já na reserva) e Orlando, e seu amigo Golbery, integra o grupo militar que se opõe a Goulart e tem como líder o general Castelo Branco, então chefe do Estado--Maior do Exército.
- Após o golpe militar e a eleição de Castelo Branco pelo Congresso (11/4), é nomeado chefe do Gabinete Militar da Presidência da República, passando automaticamente a chefiar também a Secretaria Geral do Conselho de Segurança Nacional (15/4). Orlando Geisel exerce sucessivamente importantes comandos e Golbery passa a chefiar o SNI quando este é criado (13/6). João Batista Figueiredo dirige a Agência Central do SNI, no Rio de Janeiro.
- Promovido a general de divisão (25/11).

1966
◆ Promovido a general de exército (25/11).

1967
◆ Pouco antes da posse de Costa e Silva (15/3) é nomeado ministro do Superior Tribunal Militar (8/3). Na mesma época Golbery vai para o Tribunal de Contas.

1969
◆ Problemas de saúde o afastam de suas funções de maio a novembro, razão pela qual acompanha a distância os problemas da doença e morte de Costa e Silva e da escolha do general Médici para sucedê-lo.
◆ Convalescente, recebe e aceita o convite de Médici para exercer a presidência da Petrobras. Aposenta-se do Superior Tribunal Militar (27/10), passa para a reserva e assume a seguir o novo posto (14/11). Orlando Geisel é nomeado ministro da Guerra, Golbery permanece a princípio no Tribunal de Contas e Figueiredo é nomeado chefe do Gabinete Militar.
◆ Nos três anos e meio em que preside a Petrobras são diretores da empresa Shigeaki Ueki, Leopoldo Miguez de Melo, Faria Lima e Haroldo Ramos; por seu gabinete passam, entre outros, Ivan de Sousa Mendes, Moraes Rego, Humberto Barreto e Heitor Aquino. No final do período retoma o contato com Golbery, que se aposenta do Tribunal de Contas e se torna conselheiro e diretor da Dow Chemical.

1973
◆ Anunciado oficialmente por Médici como seu candidato à sucessão presidencial (18/6), demite-se da Petrobras para se desincompatibilizar (11/7).
◆ Homologadas, pela Arena, as candidaturas de Geisel à presidência e do general Adalberto Pereira dos Santos à vice-presidência da República (14/9).
◆ Muda-se para a casa pertencente ao Ministério da Agricultura, no Jardim Botânico do Rio, e aí começa a preparar o governo, com a ajuda de Golbery, Moraes Rego e Heitor Aquino. Na escolha dos ministros, decide não manter seu irmão Orlando à frente do Ministério da Guerra.

1974

- São eleitos, pelo Congresso Nacional, Geisel e Adalberto Pereira dos Santos, por 400 votos contra 76 dados ao deputado Ulysses Guimarães e ao jornalista Barbosa Lima Sobrinho, do Movimento Democrático Brasileiro (MDB) (15/1).
- Posse na Presidência da República (15/3).
- Primeira reunião do ministério (19/3). Foram os seguintes os ministros escolhidos por Geisel: Gabinete Civil — general Golbery do Couto e Silva; Gabinete Militar — general Hugo Abreu; Ministério do Exército — general Vicente Paulo Dale Coutinho (substituído em 24/5 por Sílvio Frota); Marinha — almirante Geraldo Henning; Aeronáutica — brigadeiro Joelmir de Araripe Macedo; Fazenda — Mario Henrique Simonsen; Planejamento — João Paulo dos Reis Veloso; Justiça — Armando Falcão; Relações Exteriores — Antônio Azeredo da Silveira; Trabalho — Arnaldo Prieto; Educação — Nei Braga; Saúde — Paulo Almeida Machado; Agricultura — Alysson Paulinelli; Indústria e Comércio — Severo Gomes; Minas e Energia — Shigeaki Ueki; Transportes — Dirceu Nogueira; Comunicações — Euclides Quandt de Oliveira; Interior — Rangel Reis.
- O chefe do SNI, general João Batista Figueiredo, adquire *status* de ministro (1/5).
- Luís Gonzaga do Nascimento e Silva é nomeado primeiro titular do recém-criado Ministério da Previdência e Assistência Social (1/7).
- Reatamento das relações diplomáticas com a República Popular da China (15/8).
- A Lei nº 6.151 estabelece o II Plano Nacional de Desenvolvimento (II PND) (4/12).

1975

- Assinado em Bonn o Acordo Nuclear Brasil-Alemanha (27/6).
- Anunciada a autorização para contratos de risco entre a Petrobras e empresas estrangeiras para a prospecção de petróleo na plataforma continental do país (9/10).
- Divulgada nota oficial do II Exército comunicando que o jornalista Wladimir Herzog fora encontrado morto em uma das celas do DOI--Codi em São Paulo (26/10).
- O Brasil reconhece o governo angolano pró-comunista do Movimento Popular pela Libertação de Angola (10/11).

1976

- Divulgada nota oficial do II Exército comunicando que o operário José Manuel Fiel Filho fora encontrado morto nas dependências do DOI-Codi em São Paulo (19/1).
- Exonera o general Ednardo d'Ávila Melo do comando do II Exército, em São Paulo, e nomeia para seu lugar o general Dilermando Gomes Monteiro (19/1).
- Sancionada a chamada Lei Falcão, que reduzia a propaganda política no rádio e na televisão (24/6).

1977

- Severo Gomes deixa o Ministério da Indústria e Comércio (8/2) e para seu lugar vai Ângelo Calmon de Sá.
- Levado à votação no Congresso o anteprojeto elaborado pelo governo para a reforma do Poder Judiciário, que acaba não obtendo os dois terços necessários à sua aprovação (30/3).
- Anuncia, após reunião com o Conselho de Segurança Nacional, o recesso do Congresso Nacional, por força do Ato Complementar nº 102 (1/4). O Congresso ficou fechado por 14 dias, durante os quais o presidente decretou a reforma do Judiciário e baixou uma série de medidas políticas que ficaram conhecidas como "pacote de abril". Uma dessas medidas foi a extensão do mandato presidencial para seis anos, a partir do sucessor de Geisel.
- Demite o ministro do Exército, general Sílvio Frota, aspirante a candidato à presidência da República, e o substitui pelo general Fernando Belfort Bethlem, comandante do III Exército (12/10).
- Comunica oficialmente que o general João Figueiredo, chefe do SNI, será indicado como seu sucessor (31/12).

1978

- O presidente norte-americano Jimmy Carter visita o Brasil, deixando clara a insatisfação com a política brasileira de direitos humanos e com o Acordo Nuclear Brasil-Alemanha (janeiro).
- Greve dos metalúrgicos de São Bernardo do Campo (SP) projeta Luís Inácio da Silva, o Lula, como nova liderança no cenário nacional (maio).

* O Congresso aprova as medidas políticas propostas pelo governo: revogação do AI-5 e do Decreto-lei nº 477, restabelecimento do *habeas-corpus* para crimes políticos, permissão para o reinício das atividades políticas de cidadãos cassados há mais de 10 anos, entre outras (20/9).

1979
* Posse do general Figueiredo na Presidência da República (15/3).

1980
* Assume a presidência da Norquisa — Nordeste Química S.A., tornando-se posteriormente presidente do Conselho de Administração da Companhia Petroquímica do Nordeste — Copene (junho).

1996
* Falece no Rio de Janeiro, vítima de câncer (12/9).

Índice onomástico e remissivo

A

Abreu, Hugo de Andrade. 268-9, 272, 368, 375, 406-8, 410-1, 472

Abreu, João Leitão de 220-1, 233, 258-9, 263, 284, 286, 432, 442

Acesita — Companhia de Aços Especiais de Itabira 301

Açominas — Aço Minas Gerais S.A. . . .302, 357

Acordo Militar Brasil-Estados Unidos (1952) . . . 94, 106, 126-7, 349-50, 352

Acordo Nuclear Brasil-Alemanha. . . .304-5, 339, 341, 351, 472-3

Acre 385, 461-2

Adalberto: ver Santos, Adalberto Pereira dos

Ademar: ver Queirós, Ademar de

Aerp — Assessoria Especial de Relações Públicas 223

Afonso: ver Lima, Afonso Augusto de Albuquerque

África do Sul 348, 355

Agência Internacional de Energia Nuclear 305, 340

Agildo: ver Ribeiro, Agildo Barata

AI-1: ver Ato Institucional nº 1

AI-2: ver Ato Institucional nº 2

AI-5: ver Ato Institucional nº 5

AIB. 71

Alagoas. 306, 332, 384, 451, 454

Alberto, *João*: ver Barros, João Alberto Lins de

Álcio: ver Souto, Álcio

Aleixo, Pedro 179, 201, 209-10

Alemanha. 15-6, 29, 32, 71, 80-1, 87, 90-1, 252, 289, 297, 300, 304-5, 337, 339, 341, 351, 353, 355-6, 396, 444, 449, 457

Alencar, José de. 26

Alexínio: ver Bittencourt, Alexínio

Alkmin, José Maria 167, 201, 368

Almeida, Antônio Gil de 41, 45

Almeida, José Américo de. 52, 60, 69, 74-6, 81, 249

Almeida, Pedro Geraldo de 136

Almeida, Reinaldo de Melo 226, 429

Almeida, Rômulo Barreto de 129

Almeida, Sebastião *Paes de* *177*
Aluísio: ver Moura, Aluísio de Andrade
Álvares, Élcio *387*
Alves, Francisco de Paula *Rodrigues*. *.263*
Alves, Márcio Moreira *207-9*
Alves, Osvino Ferreira........... *159*
Amália: ver Geisel, Amália
Amália Lucy: ver Geisel, Amália Lucy
Aman — Academia Militar das Agulhas Negras.................. *25, 157*
Amapá *67, 123, 314, 385*
Amaral: ver Peixoto, Ernani do Amaral
Amazonas *67, 116, 164, 181, 312, 318, 347, 384, 386*
Amazônia. ...*132, 164, 240, 244, 246, 261, 265, 306, 313-4, 324, 331-2, 340, 461-2*
Âncora, Armando de Morais ... *157, 160*
Andrade, Auro de Moura......... *175*
Andreazza, Mario..... *154, 182, 198, 203, 221, 263, 313-4, 431-2, 439*
Ângelo: ver Sá, Ângelo Calmon de
Angola *245, 307, 344-5, 364-5, 408*
Angra I.............. *239, 305, 339*
Anistia Internacional .. *231-2, 349, 352-3*
ANL *72*
Antenor: ver Navarro, Antenor da França
Antônia: ver Araújo, Antônia Gonçalves de
Antônio Neto, José................ *27*
Antunes, Azevedo............. *314-5*
Aquino Ferreira, *Heitor*......*240, 261, 263, 269, 358, 368, 385, 412, 471*
Arábia Saudita................. *343*
Aragão, Cândido............... *148*
Aragão, Raimundo Augusto de Castro Muniz de*160, 166-7, 210*

Araguaia, guerrilha do *224, 366*
Aranha, Osvaldo Euclides de Sousa. . .*47, 50, 59, 76, 96, 164*
Araripe: ver Macedo, Joelmir Campos de Araripe
Araújo, *Antônia* Gonçalves de...... *447*
Araújo, *José Cortez Pereira de*...... *387*
Arena *262, 273, 372, 381-3, 391, 397, 412, 414, 471*
Argélia *245, 336*
Argentina *275, 277, 332, 335, 337, 340, 346-9, 351, 358, 409-10, 449-50, 459*
Arinos, Afonso: ver Franco, Afonso Arinos de Melo
Arns, *Paulo Evaristo* *387-8, 398*
Arraes, *Miguel*.............. *185, 227*
Assembleia Nacional Constituinte....*69, 101*
Assis, *Machado de* *26*
Associação dos Candangos de Brasília................... *423*
Assunção *347*
Ato Institucional nº 1........ *196, 230*
Ato Institucional nº 2......*189-93, 196*
Ato Institucional nº 5....... *200, 203, 207-10, 233, 264, 387, 389-91, 394, 397-8, 419, 422, 433, 477*
Áustria....................... *25*
Automóvel Club do Brasil....*148, 157, 159, 401*
Avelino, Confúcio Danton de Paula .. *375*

B

Bahia. . . *.52, 60, 67, 75-6, 133, 164, 172, 181, 185, 235, 239, 244, 265, 306, 313, 332, 340, 384, 388*

Balbo, Italo 60
Baltazar, aluno da Escola Militar, 1925. . .39
Banco Central 270, 296-7
Banco do Brasil . . .115, 204, 296, 311-2
Banco Halles 296
Bandeira, Antônio 227
Banzer, Hugo 347
Barata, Agildo: ver Ribeiro, Agildo Barata
Barata, Joaquim de Magalhães Cardoso
. . . . 181
Barbacena, Felisberto Caldeira Brant Pontes, 1º visconde e marquês de. . 113
Barbosa, Júlio Caetano Horta. . 102, 105
Barbosa, Mário Gibson Alves 335
Barbosa, Rui. 113
Barelli, Walter. 444
Barreto, Humberto Esmeraldo. . . .240, 286, 358, 368, 429, 471
Barreto, João de Deus Mena. 50
Barros, Ademar Pereira de 150-1, 166, 179, 272, 412
Barros, João Alberto Lins de. 50, 58, 65, 95, 181
Bastos, Joaquim Justino Alves. . . .105, 195, 219
Batista, Ernesto de Melo. 195
Battle y Ordóñez, José 103
Beckman, Henrique. 16
Bejo: ver Vargas, Benjamim Dornelles
Belém 195, 261, 265, 303, 386
Bélgica 289
Benjamim: ver Vargas, Benjamim Dornelles
Bentes Monteiro, Euler 411
Bento, José Bandeira de Melo 407
Berger, Harry: ver Ewer, Arthur Ernest

Bernardes, Artur da Silva 28-9, 67, 74, 78
Bernardo: ver Geisel, Bernardo
Bethlem, Fernando Belfort 473
Bethlem, Hugo Manhães. 92, 403, 407, 409-10
Betinho: ver Souza, Herbert de
Beviláqua, Peri Constant. 166
Bezerra, Gregório 185
Bird — Banco Internacional de Reconstrução e Desenvolvimento 243
Bittencourt, Alexínio 128
BNDE — Banco Nacional de Desenvolvimento Econômico 173, 243, 260
BNH — Banco Nacional de Habitação. .196, 267, 318
Boaventura Cavalcanti, Francisco . . . 203
Bolívia 28, 58, 275, 332, 346-7, 349, 355, 461-2
Bolsonaro, Jair 112-3
Bonifácio Lafayette de Andrada, José 381-2
Bonn 472
Bopp, Sérgio 425
Borges: ver Medeiros, Antônio Augusto Borges de
Borges, Mauro 188
Borges, Tomás Pompeu Acióli 59
Borja, Célio de Oliveira 381, 384
Bosísio, Paulo 174, 195
Bósnia 354
Boto, Carlos Pena 134, 402
Braga, Nei Amintas de Barros. . . .151, 166, 267, 321, 325, 472
Branco, Newton Castelo 84
Brandini, Roberto 185-6

Brasil, Ptolomeu de *Assis*. *23, 27,*
158-60

Brasília. *131-3, 135-6, 138,
140, 143-4, 148-9, 159, 178-9, 186,
188-9, 191, 204, 209, 275-7, 313, 332,
350-1, 370, 373, 384, 389, 400, 403,
406-8, 413, 424-5, 428, 439-40, 442,
448, 451*

Braspetro — Petrobras Internacional S . A 245-6, 307, 345

Brito, Gratuliano de. . . 60-1, 70, 74, 466

Brizola, Leonel de Moura *18, 124,
138-40, 142, 150, 160, 183, 224, 345,
408-9, 446*

Buenos Aires *58, 103-4, 106, 169,
346-7, 468*

Bulhões, Otávio Gouveia de *173,
222, 296*

Burnier, João Paulo Moreira. . . .*230-1,
436, 442*

Buzaid, Alfredo. *221*

C

Cacex — Carteira de Comércio Exterior do Banco do Brasil 244

Café Filho, João *55, 115-7, 120,
122-3, 183, 306, 469*

Caic — Centro de Atenção Integral à Criança 18

Caio: ver Cavalcanti, Caio de Lima

Caixa Econômica Federal 318

Calógeras, João *Pandiá* 44

Câmara, Antônio José de *Lima*. . . .*84,
122*

Câmara dos Deputados. *42, 115,
187, 189, 201, 207, 294, 299, 381-2,
384, 394, 403-4, 446*

Camargo, José Maria de *Toledo* 286

Camoirano, Carlos. 84

Campelo Junior, Manuel *Neto* Carneiro 262

Campos, Antônio de *Siqueira*. *28,
58, 385*

Campos, *Francisco* Luís da Silva . . . 196

Campos, *Milton* Soares *141, 193*

Campos, *Roberto* de Oliveira *173,
177, 222, 249, 257, 261, 288, 314,
318, 357*

Canadá. *219, 399, 449*

Candal, Marcolino 235

Canrobert: ver Costa, Canrobert Pereira da

Caparaó, guerrilha do . . . *206, 224, 232*

Carandiru, massacre do. 353

Cardim, Jefferson: ver Osório, Jefferson Cardim de Alencar

Cardoso, Adauto Lúcio 189

Cardoso, Ciro do *Espírito Santo* 110

Cardoso, Fernando Henrique. . . *295, 298*

Cardoso, Valdemar *Levi* *236, 244*

Carlos: ver Cavalcanti, Carlos de Lima

Carneiro, Dionísio Dias 300

Carneiro, Nelson de Souza 394

Carter, Jimmy *94, 349, 351-2, 473*

Carter, Rosalyn. 351

Carvalho, Sérgio Ribeiro Miranda de. . .230

Casa da Moeda do Brasil 55

Casaldáliga, Pedro 388

Cascardo, Hercolino 106

Castelo Branco, Humberto de Alencar. . .*73,
105, 111-2, 115, 123, 139, 151-5, 157-8,
161, 163-83, 185-202, 204, 206, 208,
211, 217, 219, 222, 227, 237, 240, 248,
250, 259-61, 263-5, 267-8, 272, 276, 278,
288, 305, 314-5, 318, 325, 336, 344, 361-
2, 367-8, 379, 401-2, 405, 412, 424, 439,
454, 470*

Castilhos, Júlio de 24, 42
Castro, Álvaro Fiúza de 40, 121, 225, 407
Castro, José Monteiro de. 116
Castro, José Plácido de. 461
Castro, Peixoto de 64
Cavalcanti, Caio de Lima 56
Cavalcanti, Carlos de Lima 56-7, 75-6, 466
Cavalcanti, José Costa . . . 203, 221, 441
Cavalcanti, Mário 219
Cavalcanti, Newton de Andrade 82
Cavallo, Roberto 449
Caxias, Luís Alves de Lima e Silva, duque de. 40, 113, 129
Ceará 36, 52-3, 164, 181, 340, 388
Cenimar — Centro de Informações da Marinha 217, 227, 243, 378
Central Petroquímica da Bahia. 425
Cepal — Comissão Econômica para a América Latina 299
CGI — Comissão Geral de Investigação 174-6
CGT — Comando Geral dos Trabalhadores. 145, 149, 161
Chagas, Carlos 286
Chateaubriand Bandeira de Melo, Francisco de Assis 177
Chaves de Mendonça, Antônio Aureliano 387, 439-42, 451
Chile. 275, 347-8, 449
China . . .137, 141, 339-40, 363-4, 407, 452, 472
Churchill, Winston. 357
CIA — Agência Central de Inteligência, EUA 188

Ciac — Centro Integrado de Apoio à Criança. 18, 323
Cidade do México. 358
CIE — Centro de Informações do Exército. . . 217, 227, 230, 367-9, 373, 375
Ciep — Centro Integrado de Educação Pública 18, 252, 322-3
Cintra, José Ulhoa . . . 91, 95, 97, 149, 153, 468
Cisa — Centro de Informações da Aeronáutica. 217, 227, 378
Claudionor, aluno da Escola Militar, 1925 39
Clube 3 de Outubro. 68, 72
CMN — Conselho Monetário Nacional. .296
CNBB — Conferência Nacional dos Bispos do Brasil 388
Codi — Centro de Operações de Defesa Interna 229
Coelho Neto, José Luís 373
Cofap — Comissão Federal de Abastecimento e Preços. 117
Coimbra, Marcos. 451
Colégio Eleitoral 443, 445-6
Colégio Militar de Porto Alegre. 28, 36, 73, 169-70, 465
Colégio Pedro II 402
Collor de Melo, Fernando . . . 18, 169, 253-4, 278, 285, 294, 298, 340, 443, 450-5, 463
Colômbia 240, 245, 347
Coluna Miguel Costa-Prestes: ver Coluna Prestes
Coluna Prestes 28, 42, 44, 48-9
Comando Militar de Brasília. . . 135, 470

Comando Revolucionário: ver Comando Supremo da Revolução de 1964

Comando Supremo da Revolução de 1964 .... *165, 168-9, 173, 219*

Comício da Central (1964)... *148, 153, 160, 401*

Comissão Nacional de Energia Nuclear 305

Companhia Hidrelétrica do São Francisco 200

Companhia Siderúrgica Belgo-Mineira. *.301*

Companhia Vale do Rio Doce..... *253, 297, 315*

Congresso Nacional *46, 81, 100, 102, 113, 132, 136-7, 139-40, 151, 167, 169, 179, 187, 189, 191, 196, 207-8, 262, 273, 290, 294, 299, 367, 381-4, 392-5, 397, 399, 420, 443, 445-6, 448, 452, 470, 472-4*

Conselho Consultivo do Estado da Paraíba *59, 60, 62, 466*

Conselho de Desenvolvimento Econômico............... *279, 282*

Conselho de Desenvolvimento Social.. *317*

Conselho de Segurança Nacional. *.100-3, 107, 127, 139, 152, 172, 176, 178, 185-7, 359, 364, 394-5, 468, 470, 473*

Conselho Nacional do Petróleo *102, 127, 129, 469*

Constituição Federal, de 1934 ..... *71, 75, 80*

Constituição Federal, de 1937 ..... *196*

Constituição Federal, de 1988 ..... *245*

Copam — Companhia de Petróleo da Amazônia 246

Cordeiro: ver Farias, Osvaldo Cordeiro de

Correia, Antônio *Jorge* 271

Cortes, Geraldo de *Meneses* 92

Costa, Canrobert Pereira da. ..... *.70, 79-80, 101, 121*

Costa, Euclides Zenóbio da.... *112, 361*

Costa e Silva, Artur da..... *.130, 134, 153-4, 158, 163, 165-70, 173, 175-7, 180-2, 185, 189-91, 196-205, 207-11, 213, 217, 219-22, 227, 235, 245, 259-60, 264, 267, 286, 324, 336, 362, 367, 379, 402, 405, 413, 433, 471*

Costa e Silva, *Yolanda* 201

Costa Rodrigues, *Miguel* Alberto Crispim da...................... *49, 58*

Coutinho, Vicente de Paulo *Dale*... *268, 271, 362, 472*

Couto, Élcio Costa............... 290

Couto e Silva, Golbery do... *88-9, 108, 110, 121-2, 125, 130, 139, 149-52, 154, 158, 171-2, 176, 179-81, 186-8, 191-3, 197, 202, 209, 211-2, 217, 233, 240, 257, 260-1, 263-4, 268-9, 272-3, 280-2, 285-6, 317, 342, 354, 358-9, 368, 381, 385, 387-8, 391, 393-4, 397-8, 405, 412, 414, 420, 431-3, 435-9, 448-9, 467-72*

CPDOC — Centro de Pesquisa e Documentação de História Contemporânea do Brasil...... *131, 420, 463*

Crimmins, John Hugh............ 336

Cruzada Democrática............ 124

Cuba *137, 223, 342, 344-5, 348*

Cubatão (refinaria) *117-20, 122, 127-9, 134, 235-6, 303, 469*

Cunha, José Antônio *Flores* da... *.47, 76-9*

Curitiba *138, 154, 156, 183, 470*

D

Daltro Filho, Manuel de Cerqueira *66, 78, 181, 466*

Dantas, Francisco Clementino de *San Tiago*.................... *87, 108*

D'Araujo, Maria Celina *193*
Darcy: ver Vargas, Darcy Sarmanho
De Gaulle, Charles *207*
Decreto-lei nº 200 .... *173, 196*
Delfim Neto, Antônio...... *211, 220-2, 239, 263, 272, 293, 301, 317, 328, 399, 431-2, 434*
Denys, Odílio........ *95, 112, 121-2, 130, 133, 135-40, 143, 150, 158, 220, 266, 268, 361, 469-70*
Deodoro: ver Fonseca, Manuel Deodoro da
d'Eu, Louis Philippe Ferdinand Gaston d'Orleans, conde *247*
18 do Forte: ver Revolta de 1922, RJ
Dilermando: ver Monteiro, Dilermando Gomes....... *268-9, 366, 375, 378, 403, 406, 410, 473*
Dionnes *219*
Diretas já *443, 446*
DOI-Codi — Destacamento de Operações de Informações — Centro de Operações de Defesa Interna........ *225, 228-9, 362, 369, 378, 407, 472-3*
Dow Chemical *260, 471*
Duet, general italiano *92*
Dulce: ver Figueiredo, Dulce
Dumas, Alexandre................ *26*
Dutra, Eurico Gaspar........ *71, 74, 78-80, 82, 88-91, 94-102, 152, 262*

E

Ednardo: ver Melo, Ednardo d'Ávila
Eduardo: ver Gomes, Eduardo
Egídio, Paulo: ver Martins, Paulo Egídio
Eisenhower, Dwight *89*

Eliezer: ver Magalhães, Eliezer Montenegro
Emater — Empresa de Assistência Técnica e Extensão Rural...... *297, 311*
Embrapa — Empresa Brasileira de Pesquisa Agropecuária.... *284, 297, 311*
EME — Estado-Maior do Exército...*41, 75, 90, 125-6, 152, 157, 166-7, 171, 176, 193, 197, 225, 362, 370, 469-70*
Emenda Dante de Oliveira *443*
Emfa — Estado-Maior das Forças Armadas...... *91, 104-7, 112, 114, 121, 127, 271, 279, 468*
Emílio: ver Médici, Emílio Garrastazu
Engesa — Engenheiros Especializados S.A....................... *343*
Epitácio: ver Pessoa, Epitácio Lindolfo da Silva
Equador..................... *347*
Ernanny, Drault: ver Silva, Drault Ernanny de Melo e
Escola das Armas........ *83, 153, 467*
Escola de Aperfeiçoamento de Oficiais *87-9, 170, 272, 467*
Escola de Aviação.......... *73-4, 466*
Escola de Comando e Estado-Maior do Exército........ *51, 86-9, 92, 123, 149, 152, 157-8, 170, 272, 467*
Escola de Estado-Maior: ver Escola de Comando e Estado-Maior do Exército
Escola Militar... *25, 27-34, 36, 39-45, 48, 51, 53, 72, 83-5, 87-8, 122, 130, 157, 167, 170, 186, 225, 229, 231, 272, 397, 460, 465-7*
Escola Naval................... *39*
ESG — Escola Superior de Guerra..... *107-11, 114, 149, 170, 287, 468*
Esmeraldo, Adauto *92*
Espanha.......... *81, 288, 342, 457*

Espírito Santo. . . .*133, 206, 302, 307,
   315, 387*
Esso Brasileira de Petróleo S.A. *308*
Estado Novo (1937-45). *71, 75-7,
   81, 96, 100, 192*
Estados Unidos *51, 76, 80, 87,
   89, 90-1, 93-4, 104, 106, 109, 126,
   145, 152, 155, 187-8, 194, 231, 243,
   250, 266, 275, 289, 293-4, 297, 300,
   304-6, 308, 310, 316, 335-7, 339-45,
   347-52, 354, 358-60, 364, 366, 396,
   408, 427, 441, 444-5, 449, 454, 459,
   461, 467-8*
Estatuto do Índio *331*
Estatuto do Petróleo *102*
Etchegoyen, Alcides Gonçalves *134*
Euler: ver Bentes Monteiro, Euler
Evita: ver Perón, Eva
Ewer, Arthur Ernest (codinome: Harry
   Berger) *371*
Exército, I. . .*121, 130, 208, 225-6, 362,
   403, 406, 435-6*
Exército, II. . .*125, 215, 226, 363, 366,
   370, 374-5, 377-8, 403, 472-3*
Exército, III. *138-9, 143, 403, 406,
   410, 413, 470, 473*
Exército, IV. *197, 227, 403, 406-8,
   410-1, 472*

F

FAB — Força Aérea Brasileira . . . *101, 195*
Fabor — Fábrica de Borracha
   Sintética *129, 221*
Falcão, Armando Ribeiro. . .*131, 265-6,
   281, 343, 381, 393, 429, 472*
Farias, Osvaldo Cordeiro de . . . *77, 95,
   97-8, 105, 107, 112, 118, 138-9, 149,
   151, 153-4, 158, 163, 181, 198-9,
   211, 361*

FEB — Força Expedicionária Brasileira .
   *87, 90, 94, 96, 126-7, 141, 155, 170,
   180, 198, 467*
Fernandes, Nelson *200*
Fernando de Noronha. . . . *126, 185, 265*
Ferrovia do Aço *315-6*
Fiat Automóveis S.A. *132, 423*
Fiel Filho, José Manuel . . *225, 374, 377,
   473*
Figueiredo, Argemiro de. *69*
Figueiredo, Dulce *439*
Figueiredo, Euclides de Oliveira . . . *65-6*
Figueiredo, João Batista de Oliveira.
   *105, 186, 204, 220-1, 231, 236,
   258, 272, 286, 292-3, 305, 331,
   340, 343, 346, 358, 367, 375, 385,
   393-4, 397-9, 411-5, 431-42, 448,
   470-4*
Figueiredo Filho, Euclides de Oliveira. . .*388*
Filipinas *342*
Fiúza, Iedo *101-2*
Flores: ver Cunha, José Antônio Flores
   da
Floriano: ver Peixoto, Floriano
Florianópolis. *31, 54, 435*
FMI — Fundo Monetário Internacional. .
   133, 295
Fonseca, Ariel Paca da *172, 178*
Fonseca, Hermes da *80, 113*
Fonseca, Manuel Deodoro da. *113,
   166, 437*
Fontoura, Carlos Alberto de. . . *220-1,
   243, 258, 275, 344*
Fragoso, Augusto Tasso *50*
Fragoso, Heleno *205*
França. *41, 80, 87, 90, 126, 170,
   194, 196, 207, 268, 289, 304, 308,
   320, 336-7, 339-40, 355, 376, 393,
   396, 399, 427, 449, 457, 459*

França Domingues, Roberto . . . *406, 408*

Francelino: ver Pereira dos Santos, Francelino

Francisco José [imperador austríaco] . *25*

Franco, *Afonso Arinos* de Melo *263*

Franco, *Itamar* Augusto Cautiero *18, 112, 253, 285, 443, 451, 455, 463*

Freire, *Vitorino* de Brito. *386*

Freitas, Antônio de Pádua *Chagas* . . *384*

Frente Liberal. *439*

Fronape — Frota Nacional de Petroleiros *237, 244*

Frota, Sílvio Couto Coelho da. *204, 216, 224-7, 241, 266, 271, 362-3, 365, 367, 369-70, 372-9, 402-12, 472-3*

Funaro, *Dílson* *448, 450, 452*

Fundo de Garantia por Tempo de Serviço *250*

G

Gagarin, Yuri *64*

Gama, Saldanha da *219*

Gamelin, Maurice *80*

Geisel, Amália. *16, 23, 33-4, 465*

Geisel, Amália Lucy *87, 468*

Geisel, Augusto Guilherme. *15, 465*

Geisel, Bernardo. *16, 23, 25, 29, 85-6, 428, 465*

Geisel, Carolina *15*

Geisel, Ernesto. *26, 36, 94, 124, 152, 172, 258, 433, 465, 471-3*

Geisel, Ernesto (tio). *15*

Geisel, Henrique. . . *16, 24, 29, 31, 39, 48, 50, 86-7, 149, 152, 428, 465, 467, 470*

Geisel, Lucy Markus. . *85-6, 101, 103-4, 275, 277-8, 350, 356, 424, 439, 467-8*

Geisel, Lydia Beckmann *16, 465*

Geisel, Maria *15*

Geisel, Orlando *16, 24, 26-7, 29, 31, 39, 48, 50, 56, 86-9, 92, 122, 130, 134, 138-40, 149-50, 152-3, 201, 204, 211-2, 220-1, 227, 241, 258, 269-71, 406, 428, 443, 465, 467, 469-71*

Geisel, Orlando (filho) *87, 467, 469*

Geisel, Teresa *15*

Geisel Filho, Bernardo. *270*

Gentil: ver Marcondes Filho, Gentil

Getúlio: ver Vargas, Getúlio Dornelles

Giscard D'Estaing, Valery *355*

Góes: ver Monteiro, Pedro Aurélio de Góes

Góes, Walder de *286*

Goiás *132, 188, 311, 332, 385, 406*

Golbery: ver Couto e Silva, Golbery do

Golpe de 1937 . . . . *75-6, 78, 80, 82*

Gomes, Eduardo. *28, 73, 94, 96-8, 121, 183, 191, 199, 230-1*

Gomes, João. *71, 78-9*

Gomes, Severo Fagundes. *265-6, 280, 284-5, 472-3*

Gonçalves, Leônidas Pires *442, 450*

Gordon, Lincoln. *155, 336*

Goulart, João Belchior Marques . . . *79, 110, 115, 133, 135,137-53, 158-67, 173, 176-7, 179, 188, 199, 204, 220, 241, 248, 273, 382, 401, 409, 443, 447, 454, 470*

Granja do Torto *148, 188, 272, 413*

Gualberto, João. *92*

Guanabara *136, 165, 237, 384*

Gudin Filho, Eugênio............ 117
Guedes, Carlos Luís............. 151
Gueiros, Nehemias.............. 191
Gueiros Leite, Eraldo............ 191
Guerra da Coreia............... 155
Guerra do Paraguai (1864-70)...... 35
Guerra do Vietnã............... 155
Guevara, Ernesto Che........ 137, 345
Guimarães, Ulysses Silveira..... 262, 448, 472
Guiné-Bissau.................. 344
Guilhermina: ver Wiebusch, Guilhermina

H

Heck, Sílvio de Azevedo....... 140, 180
Heitor: ver Aquino, Heitor
Henning, Geraldo de Azevedo..... 268, 363, 472
Henrique: ver Geisel, Henrique
Henriques, Afonso............... 116
Hercolino: ver Cascardo, Hercolino
Herrera, Heitor de Almeida........ 261
Herzog, Wladimir....... 225, 370-2, 377, 472
Hipólito, dom Adriano............ 388
Hitler, Adolf..................... 90
Holanda................... 194, 289
Horta, Oscar Pedroso............ 136
Hugo: ver Abreu, Hugo de Andrade
Humberto: ver Barreto, Humberto
Huntington, Samuel.............. 233

I

IAA — Instituto do Açúcar e do Álcool. .279

Ibad — Instituto Brasileiro de Ação Democrática................. 151
IBC — Instituto Brasileiro do Café.. 279
Incra — Instituto Nacional de Colonização e Reforma Agrária........ 329
Inglaterra........ 99, 125, 127, 188, 194, 225, 231, 244, 304, 308, 337, 339-40, 352, 355-7, 396, 444, 449, 454, 457, 459
Instituto Nacional de Pesquisa da Amazônia.................... 265
Instituto Oswaldo Cruz........... 320
Interbrás...................... 246
Ipea — Instituto de Planejamento Econômico e Social... 290, 298, 317-8, 329
Ipes — Instituto de Pesquisa e Estudos Sociais................. 150, 167
Iraque.................... 245, 354
Irlanda.................... 231, 352
Itaipu... 277, 291, 297, 302, 304, 313, 346-7, 449
Itália. .15, 60, 71, 81, 87, 94, 127, 153, 155, 167, 170, 180, 268, 411, 457
Itamar: ver Franco, Itamar Augusto Cautiero
Itamarati.. .108, 275, 278, 341, 344-6, 358-9, 424
Iugoslávia.................. 353-4

J

Jair: ver Ribeiro, Jair Dantas
Janary: ver Nunes, Janary Gentil
Jango: ver Goulart, João Belchior Marques
Jânio: ver Quadros, Jânio da Silva
Japão....252, 266, 293, 304, 316, 331, 337, 339, 355-6, 358, 427, 449
Jefferson: ver Osório, Jefferson Cardim de Alencar

Jereissati, Tasso 448
Jesus: ver Pereira, Jesus Soares
João Manuel, professor da Escola Militar, 192539
João Pessoa 59
Joffre, Joseph Jacques Césaire 376
José Américo: ver Almeida, José Américo de
Juarez: ver Távora, Juarez do Nascimento Fernandes
Junta Interamericana de Defesa . . . 348
Junta Revolucionária: ver Comando Supremo da Revolução de 1964
Juracy: ver Magalhães, Juracy Montenegro
Jurema, Abelardo de Araújo 409
Juruna, Mário 333
Juscelino: ver Kubitschek de Oliveira, Juscelino
Justiça do Trabalho 399

K

Kissinger, Henry 337
Klinger, Bertoldo 65-6
Krieger, Daniel 207
Kruel, Amaury 153, 190
Kubitschek de Oliveira, Juscelino . . 109, 116, 121-3, 125, 127-8, 131-5, 137, 140-1, 156, 167, 173, 177, 179, 183, 194, 220, 225, 243, 247-8, 266, 295, 301-2, 312, 402
Kuwait 354

L

Lacerda, Carlos Frederico Werneck de 114-5, 133, 136, 149-50, 158-9, 166-7, 177-9, 192
Lamarca, Carlos 223, 232

Leal, Newton Estillac 105, 124, 126
Leal, Zeno Estillac 126
Le Bon, Gustave 190
Legiões de Outubro 68
Lei de Segurança Nacional 389
Lei Falcão (1976) 266, 391, 473
Leitão: ver Abreu, João Leitão de
Lemes da Silva, Honório 27
Leônidas: ver Gonçalves, Leônidas Pires
Levante de 1922: ver Revolta de 1922, RJ
Levante de 24 de Outubro: ver Revolução de 1930
Levante de 35: ver Revolta Comunista (1935)
Levante no 21º Batalhão de Caçadores (Recife): ver Revolta Comunista (1935)
Levante no 3º Regimento na Praia Vermelha: ver Revolta Comunista (1935)
Líbia 245
Liga das Nações 353
Ligas Camponesas 227
Light and Power Co. Ltd. . . . 248, 268, 303
Lima, Afonso Augusto de Albuquerque 57, 180-1, 203, 211, 213, 414
Lima, Argus 403
Lima, Carlos de: ver Cavalcanti, Carlos de Lima
Lima, Floriano Peixoto Faria 136-7, 155, 236, 283, 384, 387, 471
Lima, Francisco Negrão de 18
Lima, Hermes 147
Lima, João de Mendonça 49
Lima, Valdomiro Castilho de 78, 181
Lima, Wilberto 429

Lima Sobrinho, Alexandre José Barbosa............100-1, 262, 472

Linhares, José................97-8

Link, Walter..................306

Lisboa................116, 344, 427

Lisboa Larragoiti, Rosalina Coelho ...35

Lloyd Brasileiro................32

Lobo, Amílcar..................373

Londres.......................356

Lopes, José Machado...138, 140, 143, 166

Lopes, Lucas..............116, 131

Lorscheider, dom Aloísio..........388

Lorscheider, dom Ivo.............388

Lott, Henrique Batista Duffles Teixeira..75, 112, 118, 120-5, 127-30, 133, 141, 149, 151, 153, 170, 183, 201, 204, 269, 469

Lucy: ver Geisel, Lucy Markus

Ludwig, Daniel Keith.........261, 314

Luís Pereira de Sousa, Washington.. 29, 46-8, 50-2, 57, 64, 78-9, 163-4, 466

Lula: ver Silva, Luís Inácio da

Luz, Carlos Coimbra da...........121

Luzardo, João Batista....47, 76, 106-7

Lydia: ver Geisel, Lydia Beckmann

Lyra: ver Tavares, Aurélio de Lyra

M

Macedo, Joaquim Manuel de........26

Macedo, Joelmir Campos de Araripe..231, 268, 271, 363, 472

Machado, Brasil Pinheiro..........46

Machado, José Bina..............118

Machado, Paulo Almeida......265, 472

Maciel, Marco Antônio de Oliveira..381, 393, 397

Magalhães, Agamenon Sérgio Godói...262

Magalhães, Eliezer Montenegro......59

Magalhães, Juracy Montenegro....43, 51-2, 59, 67, 75-6, 88, 119, 131, 133, 166, 172, 181, 191, 193-4, 199, 306, 466

Maia, Tarcísio de Vasconcelos......387

Maluf, Paulo Salim..407, 415, 439, 442

Mamede, Jurandir de Bizarria....43, 51, 57, 88, 108, 110, 121, 149, 153, 157, 199, 466

Manaus..........116, 246, 265, 306

Manifesto dos coronéis (1954)....110, 141, 469

Maquiavel, Nicolau..............406

Maranhão.........193, 303, 332, 386

Márcio: ver Alves, Márcio Moreira

Marcondes Filho, Gentil..........378

Mariante, Álvaro Guilherme........48

Marighella, Carlos..............223

Markus, Arno..................270

Markus, Augusto Frederico.........85

Markus, Joana..................85

Markus, Lucy: ver Geisel, Lucy Markus

Marshall, George................93

Martins, Francisco Saraiva.........84

Martins, Gaspar Silveira.......24, 113

Martins, Paulo Egídio......318, 370, 374-5, 382, 387, 398

Mato Grosso......65, 86, 151, 159, 261, 265, 276, 311, 313, 328, 332, 378, 384, 387, 461

Matos, Carlos de Meira.....159, 172, 188, 189, 354

Matos, Délio Jardim de...........155

Mazzilli, Pascoal *Ranieri*. 135, 137, 148, 165, 168, 443, 470

MDB. 382-4, 420, 472

Medeiros, Antônio Augusto *Borges de*. .22-3, 27, 29, 42, 44, 76

Medeiros, Otávio Figueiredo de . . . 439-41

Medeiros Silva, *Carlos* 196

Médici, Emílio *Garrastazu*. . . .40, 157, 203, 210-2, 214, 219-23, 227, 230-3, 235-6, 238, 241, 257-60, 263, 265-7, 271-2, 275, 277, 281-2, 284-6, 288-9, 292-3, 302-4, 311-3, 317-8, 323, 328, 331-2, 335-6, 344, 349, 383, 398, 412-3, 424, 431-4, 471

Médici, Scila 433

Melo, Ednardo d'*Ávila*. . .125, 225, 363, 370-1, 375-6, 473

Melo, Humberto de Souza 225

Melo, Leopoldo Miguez de . . .129, 236, 242-3, 471

Melo, Luís Tavares da *Cunha* . . 152, 158

Melo, Márcio de Souza 221, 231

Melo, Zélia Cardoso de 298, 452

Mendes, Ivan de Sousa. 239, 429, 454, 471

Mendonça, Alberto Duarte de 57

Meneghetti, Ildo. 150-1, 166

Meneses, Júlio Teles de 41, 44, 466

Meneses, Sotero de 57

Mercosul — Mercado Comum do Sul. . . 449-50

México. . . 214, 250, 342, 355, 357-8, 459

Miguel, padre 35

Minas Gerais. . . .47, 77, 132-3, 156, 164, 180, 190, 206, 227, 244, 248, 276, 303, 313, 315, 324, 331, 340, 384

Miranda, Salm de 92

Missão Militar Francesa. 40-2, 80, 87, 170

Missão Portela 396-7

Mobral — Movimento Brasileiro de Alfabetização 323-4

Moçambique 345

Monteiro, Dilermando Gomes. . .268-9, 366, 375, 378, 403, 406, 410, 473

Monteiro, Pedro Aurélio de *Góes*. . . .48, 51, 66, 76-80, 90-1, 96-8, 102, 105-7, 112, 154, 187, 199, 468

Montesquieu, barão de 395

Montevidéu. 91, 102, 104, 124, 443, 468

Moraes, Henrique 152

Morais, Antônio Ermírio de 283, 328

Morais, Fernando 63

Morais, João Batista *Mascarenhas de*. .71, 87

Morais, Olacir de. 328

Moss, Gabriel *Grüm* 140

Moura, Aluísio de Andrade. . .53-4, 106, 466

Mourão Filho, Olímpio . . . 153, 156-8, 248

Mozart, Wolfgang 55

MPLA — Movimento Popular pela Libertação de Angola 472

Müller, Filinto *Strübing*. 371

Muricy, Antônio Carlos da Silva. . . 108, 149, 153, 158, 181, 185, 211, 214

Mussolini, Benito. 60, 90

N

Nafta — Acordo de Livre-Comércio da América do Norte 250, 358

Nascimento e Silva, Luís Gonzaga do. .267, 472

Natel, Laudo 272, 414-5
Navarro, Antenor da França. 52, 58-60, 466
Neves, Tancredo de Almeida. 147, 439-40, 442-3, 447-8
Neves da Fontoura, João 47
Newton: ver Leal, Newton Estillac
Nixon, Patricia. 275
Nobre, Napoleão 152
Nogueira, Dirceu de Araújo 268, 472
Noronha, José Isaías de 50
Norquisa — Nordeste Química S.A. .425-7, 442, 474
Noruega 307
Nunes, Adalberto de Barros . .240-1, 268
Nunes, Janary Gentil 122-3, 128
Nunes, Osvaldo da Costa Freire 386

O

OAB — Ordem dos Advogados do Brasil 397
Oban — Operação Bandeirantes. . .215, 223
Obino, Salvador César. . . .104-5, 107, 467-8
OEA — Organização dos Estados Americanos 348
Oliveira, Euclides Quandt de. . . . 174, 248, 268, 472
Oliveira, Guilhermino de 260
Oliveira, João Adil de 41
ONU — Organização das Nações Unidas 341, 343, 353-4
Opep — Organização dos Países Exportadores de Petróleo 245, 293
Operação Mosquito. 148
O'Reilly de Sousa, Mário. 373

Orlando: ver Geisel, Orlando
Osório, Jefferson Cardim de Alencar. . . 124, 183, 232
Osório, Manuel Luís da Rocha. 113
Osório, Oromar 160
Osvino: ver Alves, Osvino Ferreira
Ouro Preto, visconde de. 437

P

Pacheco, Rondon. 386
Pacote de abril (1977). 392-4, 473
Pacto de Pedras Altas. 23
Paes, José Barros 378
Palácio da Alvorada. 276-8, 281, 346, 352, 367, 375, 424, 439
Palácio do Catete. . . .74, 95, 116, 121, 129, 133, 248
Palácio do Planalto. . .275-8, 281, 408, 455
Palácio Guanabara 82, 95, 97, 166
Palácio Laranjeiras 171, 248
Palmeira, Vladimir Gracindo Soares . .207
Panamá 342
Panchaud, Henri. 40
Pantaleão: ver Pessoa, Pantaleão da Silva . . . .
Paquet, Renato 95-6
Pará. . . .132, 181, 193, 261, 303, 314, 331, 384, 386, 388
Paraguai. 24, 177, 261, 302, 304, 332, 346-7, 349, 355, 449
Paraíba. . .46-7, 51-3, 55-65, 67-70, 72, 74, 81, 86, 134, 311, 409, 445, 466
Paraná. . .48, 50, 72, 124, 132, 138-9, 142-3, 149, 151, 153-4, 156, 163, 183, 244, 267, 289, 296, 303, 321, 324, 326, 330, 332, 425, 461, 466

Para-Sar — 1ª Esquadrilha Aeroterrestre de Salvamento. 230
Paris. 123, 137, 376, 399
Partido Comunista 72, 99, 101, 366
Partido Democrático Paulista 65, 80
Partido Libertador 23, 259
Partido Progressista 69
Partido Republicano Paulista 57, 69
Partido Republicano Rio-Grandense. .23, 69
Passarinho, Jarbas Gonçalves. 263, 432
Passeata dos Cem Mil 207
Passos, Nestor Sezefredo dos 48
Pastor, Robert 351
Paulinelli, Alysson. 264-5, 280, 284, 311-2, 472
Paulo Afonso 265, 303
PDS 439, 443
Pedro I, dom 113
Pedroso, Germano Arnoldi 408
Peixoto, Ernani do Amaral 173, 188, 192, 196
Peixoto, Floriano Vieira. . . . 24, 67, 113, 166, 437, 462
Pellacani, Dante 148, 162
Pereira, Antônio Pires 25-6
Pereira, Jesus Soares 128-30
Pereira, José Canavarro 118
Pereira dos Santos, Francelino. . . 381, 397
Pernambuco. . . .47, 52-3, 63, 73, 75-6, 100-1, 118, 134, 164, 181, 191, 198, 227, 262, 265, 466
Perón, Eva 106
Perón, Juan Domingo 103, 106-7
Perrone, Otto. 427

Peru 240, 312-3, 347
Pessoa, Epitácio Lindolfo da Silva. .29, 74
Pessoa, Pantaleão da Silva . . 75, 79, 117
Pessoa Cavalcanti de Albuquerque, Aristarco 95
Pessoa Cavalcanti de Albuquerque, João 47, 52, 95
Pessoa Cavalcanti de Albuquerque, José. 95
Petrobras — Petróleo Brasileiro S.A. .76, 102, 119, 122-3, 128-9, 131, 199, 210, 220-1, 227, 230, 232, 235-47, 253, 257, 260-3, 266-8, 270, 306-9, 314, 336-8, 387, 424-7, 434-5, 447, 459, 469, 471-2
Petroflex Indústria e Comércio S.A. . . 221
Petrônio: ver Portela Nunes, Petrônio
Petroquímica União 238, 245-6
Petroquisa — Petrobras Química S.A. 221, 237, 246, 270, 426
Petros 242
Piauí. 181, 273, 326, 387
Pinheiro, Ênio dos Santos 407
Pinheiro Neto, João 162
Pinochet, Augusto 348-9, 389
Pinto, Carlos Alberto Alves de Carvalho 382
Pinto, Heráclito Fontoura Sobral 205
Pinto, José 403, 406, 410
Pinto, José de Magalhães. .150, 166-7, 177, 411
Pinto, Olavo Bilac Pereira 196
Pinto dos Santos, Francisco José. .389, 399
Pires, Sérgio Ari 130-1
PIS — Programa de Integração Social . . 250
Pitaluga, Plínio 180

Plano Cohen.................... 156

Plano Cruzado 448, 450, 452

Plano do Carvão Nacional 29

Plano Nacional de Desenvolvimento, II ...
289, 290-2, 298, 312, 327, 472

Plano Salte.................... 100

Polônia 87

Portela de Melo, Jaime... 134, 153, 165,
172, 182, 200, 203-4, 211, 402-3, 407

Portela Nunes, Petrônio. 273,
277, 281, 286, 358, 381, 385, 392-4,
396-8, 412, 431-2, 438

Porto Alegre. . . .16, 19, 23-6, 28-9, 32,
37-8, 40-1, 53-4, 56, 77, 86-7, 89, 101,
104-5, 138, 150, 156, 169, 337, 423,
428, 467

Porto Rico..................... 342

Porto Velho.................... 312

Portugal 67, 116, 343-5, 355-6, 427

Potiguara, Moacyr Barcelos 404, 407

Prestes, Luís Carlos ..... .28, 58, 72-3,
77, 101-2, 133, 205

Prestes de Albuquerque, Júlio. 47

Prieto, Arnaldo da Costa. 267, 317,
325, 472

Primeira Guerra Mundial 24, 80,
107, 376

Proclamação da República 437

Programa do Álcool 279, 308, 310

Projeto Jari............... 261, 314-5

Projeto Rondon.................. 324

Prússia....................... 15

PSD 101, 167, 177, 188, 191-2, 262

PT........................... 453

PTB 191

Pulcherio, Hoche 92

Q

Quadros, Jânio da Silva. 117, 120,
124, 133, 135-7, 141, 150, 176, 220,
235, 470

Quandt: ver Oliveira, Euclides Quandt
de

Queirós, Ademar de. 110, 151-3,
170-2, 176, 193, 236

Queirós, Eça de 26

Queirós, Raquel de 173

R

Rademaker Grünewald, Augusto
Hamann........... 180, 208, 219

Ramos da Silva, Haroldo...... 237, 471

Ramos, Rodrigo Otávio Jordão ... 108,
115-6, 211

Recife. 47, 52, 56-7, 65, 101, 127,
164, 181, 185, 200, 262, 279, 466

Rede Ferroviária de São Paulo 131

Região Militar, 1ª 64, 74

Região Militar, 2ª 142, 190

Região Militar, 3ª ... 41, 45, 87, 89, 467

Região Militar, 4ª 156

Região Militar, 5ª 142-3, 470

Região Militar, 7ª 57, 100

Região Militar, 8ª 195

Região Militar, 9ª 65

Região Militar, 11ª 140, 470

Régis, Édson.................... 200

Rego Reis, Gustavo Moraes...... 163-4,
185, 189, 191, 239-40, 263, 265, 286,
358, 368, 370, 372, 386, 406, 420, 429,
463, 471

Reinaldo: ver Almeida, Reinaldo de Melo

Reis, Enoc da Silva.............. 386

Reis, Levi Aarão 219

Reis, Maurício Rangel. . . . 265, 280, 472

Relatório Saraiva 399

República dos Pampas 461

Resende Neto, Estevão Taurino de . . 174

Reserva Ianomami 333

Revolta Comunista (1935) 73, 365

Revolta de 1922, RJ 28, 98

Revolta de 1923, RS. .23, 27-8, 42, 44, 76

Revolta de 1924, SP 28, 44, 71, 151

Revolta do Forte de Copacabana: ver Revolta de 1922, RJ

Revolta dos marinheiros de 1964 . . 148, 157, 401

Revolução Constitucionalista. 36, 61, 65, 68, 78-9, 142, 440, 470

Revolução de 1923: ver Revolta de 1923, RS

Revolução de 1924: ver Revolta de 1924, SP

Revolução de 1930. . . . . . .17, 41-3, 46, 49-53, 56-8, 65, 67-8, 76, 78-9, 86, 91, 96, 98, 112, 164, 181, 247, 249

Revolução de 1932: ver Revolução Constitucionalista

Revolução dos Cravos. 344

Revolução Farroupilha, RS 24, 77

Revolução Federalista, RS (1893-95). .24, 42, 77

Revolução Paulista: ver Revolução Constitucionalista

Riacho Fundo. 276-7, 367, 374, 393, 424

Ribas Júnior, Emílio Rodrigues 105

Ribeiro, Agildo Barata. 27, 43, 51, 58-9, 67, 72, 88, 466

Ribeiro, Darcy 409

Ribeiro, Jair Dantas. 143-4, 156, 159-61, 470

Rio Branco, barão do 461-2

Rio de Janeiro. 18, 25, 27-9, 31-3, 36-8, 41, 44, 48, 50-5, 58-60, 64-8, 70, 72-3, 79, 85-6, 95, 101, 106, 115, 117, 120, 122, 125, 131, 136-9, 142, 144, 149-51, 154-8, 160, 164, 171, 178, 180, 186, 188-90, 192, 209, 212, 223-5, 228-9, 237, 244, 247, 249, 251-2, 261, 265, 283, 285, 294, 296-7, 302, 307, 315, 321-3, 332, 343, 350, 353, 362, 373, 378, 384, 387-8, 403, 406-9, 412-3, 424-5, 428, 432, 435, 440-1, 444, 446, 455, 460-1, 465-6, 468-71, 474

Rio Grande do Norte. . .53-5, 62, 73, 106, 116, 306-7, 386-7, 466

Rio Grande do Sul. . .16, 18, 22-4, 29, 31-2, 34, 36, 41-2, 44, 47-9, 53-4, 58-9, 69-70, 72, 76-9, 86, 89-90, 95-6, 99-100, 106, 113, 124, 133, 138, 140, 143, 149, 164-5, 169, 181, 183, 187, 193, 195, 198, 211-2, 237, 244, 247-8, 259, 267, 303, 311, 313, 324, 330-2, 382, 388-9, 408, 410, 425, 427, 441, 461, 465-6, 468

Riocentro, atentado do 378, 435-8

Rocha, José Diogo Brochado da 147

Rodrigo: ver Ramos, Rodrigo Otávio Jordão

Rolim, Inácio. 92

Roma 60, 388

Rondônia 313, 385

Roosevelt, Franklin Delano 93

Roraima 385

Rússia . .101, 145, 215, 340, 354, 364-5

S

Sá, Ângelo Calmon de. 473

Sá, Mem de 259

Sabesp — Companhia de Saneamento Básico do Estado de São Paulo ... 318

Sales, dom Eugênio de Araújo 388

Sales Oliveira, Armando de ... 75, 80-1

Salgado, Plínio 71, 79, 82

Salgado Filho, Joaquim Pedro 194

Santa Catarina. . .49, 77, 90, 133, 138, 143, 156, 183, 244, 303, 324, 330, 387

Santarém 312-3

Santos, Adalberto Pereira dos. 40, 258, 471-2

São Luís 303, 386

São Paulo. 28, 47-50, 54, 65, 67, 71, 75, 77-9, 81, 117-8, 120, 123-5, 131-3, 138, 141-2, 149-51, 153, 156-8, 164, 175-7, 181, 185-6, 189-90, 204, 215, 223-5, 228-9, 232, 237, 244-6, 252, 266, 272, 276, 282-3, 285, 294, 296-7, 303-5, 309-10, 315, 318, 320, 324, 326, 330, 343, 353, 366, 369-70, 372, 374-6, 378, 382, 387-8, 398, 403, 407, 412, 414-5, 431, 436, 439, 444, 455, 466, 469, 472-3

Saraiva Martins, Raimundo 399

Sarmento, Sizeno. 149, 151, 165, 203, 208

Sarney, José Ribamar. . .233, 238, 316, 386, 439, 447-51

Scherer, dom Vicente 388

Schulman, Maurício 318

Scila: ver Médici, Scila

Segadas: ver Viana, João de Segadas

Segunda Guerra Mundial. .... .93, 106, 145, 308

Senado Federal. .... .42, 175, 292, 299, 381-2, 397, 446, 455

Sérgio "Macaco": ver Carvalho, Sérgio Ribeiro Miranda de

Sergipe .... .238, 306-7, 384

Setúbal, Olavo Egídio 414-5

Severo: ver Gomes, Severo

SFICI — Serviço Federal de Informações e Contra-Informações 127

Shell Brasil S.A. 283, 307-8

Silva, Drault Ernanny de Melo e . .64, 131

Silva, Luís Antônio da Gama e ... 208-9

Silva, Luís Inácio da. 267, 398-9, 451, 453-4, 473

Silva, Técio Lins e 205

Silveira, Antônio Francisco Azeredo da. . . .265, 277, 281, 335, 337, 344-7, 359-60, 363, 427, 472

Simonsen, Mario Henrique. ..264, 266, 280, 282, 284, 292-4, 296-9, 311-2, 315, 324-5, 359-60, 429, 431-2, 434, 472

Sizeno: ver Sarmento, Sizeno

SNI — Serviço Nacional de Informações. 171, 186-8, 211-2, 217, 221, 227-8, 242-3, 257, 261, 272, 275, 279, 281, 344, 354, 359, 366-9, 377, 379, 391, 412, 432-3, 439, 441, 454, 470, 472-3

Soares, Mário 344

Soares e Silva, Edmundo de Macedo. . .118

Somália 354

Sorbonne 110

Sousa, Nicanor Guimarães de 124

Souto, Álcio ...94-8, 100-4, 152, 466, 468

Souza, Herbert de 250

STF — Supremo Tribunal Federal. . .97, 132, 190, 259, 389, 392

Stroessner, Alfredo 177

Sudam — Superintendência do Desenvolvimento da Amazônia ... 279

Sudene — Superintendência do Desenvolvimento do Nordeste 279

Suécia 80

Suíça 103, 249

Sunab — Superintendência Nacional de Abastecimento................ 117

Superior Tribunal Militar . . . 197, 204, 209, 471

Suplicy de Lacerda, Flávio 173

Sussekind, Arnaldo Lopes.......... 267

T

Tasso: ver Jereissati, Tasso

Taurino: ver Resende Neto, Estevão Taurino de

Tavares, Aurélio de Lyra . . . 208, 210, 214-5, 259, 362, 402

Tavares de Sousa, Milton 227

Távora, Juarez do Nascimento Fernandes. 44, 51-3, 67, 108, 115-8, 121, 125, 166-7, 173, 466, 469

Teixeira, Anísio Spínola............ 322

Teixeira, Pedro Ludovico 188

Telebrás — Telecomunicações Brasileiras S.A......................... 268

Teles: ver Meneses, Júlio Teles de

Tocantins 385

Toledo, Pedro Manuel de........... 65

Torres, Alberto Francisco 396

Transamazônica 265, 313-4

Tratado da Bacia Amazônica 347

Tratado da Bacia do Prata 346-7

Tratado de Itaipu 302, 347

Tratado de Não Proliferação Nuclear ... 339-40

Tratado de Versalhes 354

Tratado Interamericano de Assistência Recíproca 126

Tribunal de Contas. 209, 212, 260, 264, 471

Tribunal de Segurança Nacional. 72

Tribunal Superior do Trabalho..... 250

Tubarão (siderúrgica) 302, 315

Tucuruí................... 297, 303

Tupinambá, Marisa............... 399

U

UDN. 101, 133, 141, 177, 188, 191-2, 199, 262

Ueki, Shigeaki. . . .236, 240, 266, 280, 359, 471-2

Ulysses: ver Guimarães, Ulysses Silveira

UNE — União Nacional dos Estudantes............ 206-7, 324

União Soviética..... 102, 109, 145, 161

Unita 344, 365

Universidade de Brasília.......... 267

Universidade de Uberlândia 324

Uruguai. 24, 77, 96, 102-4, 107, 124, 126, 183, 275, 332-3, 346-9, 355, 408-10, 449-50, 468

Usiminas — Usinas Siderúrgicas de Minas Gerais S.A........ 247, 301-2

V

Valdomiro: ver Lima, Valdomiro Castilho de

Vargas, Benjamim Dornelles . . 95-6, 115

Vargas, Darcy Sarmanho 78

Vargas, Getúlio Dornelles. 29, 47, 50, 53, 59, 65, 68, 70-1, 74-8, 80-3, 90, 94-7, 100, 102, 105-7, 109-10, 114-5, 136, 141, 156, 183, 187, 194, 198, 253, 301, 309, 371, 440, 447, 454, 468

Varig — Viação Aérea Rio-Grandense S.A. . 53

Vaticano 69

Vaz, Rubens Florentino 114-5

Veloso, João Paulo dos Reis. . . . 263-4, 273, 280, 282, 284, 289, 298-9, 307, 317, 325, 359, 387, 472

Venezuela 333, 347

Vergara, Luís Fernandes 97

Verne, Júlio 26

Viana, Francisco José de Oliveira . . . 396

Viana, João de Segadas. . . 79, 124, 142, 144, 470

Viana Filho, Luís 172, 176, 191, 235, 257

Vieira, Gleuber 368, 429

Vieira, José Eduardo Andrade 254

Viena 305, 340

Vilar, Menescal 84

Vitória 53

Volvo 132

Votorantim, grupo 283, 303

W

Wainer, Samuel 115

Walters, Vernon Anthony 155

Wanderley, Nélson Lavenère 195

Washington 92, 345, 348

Westinghouse 239, 305

Wiebusch, Guilhermina 16

Wilson, Woodrow 353

X

Xambioá, guerrilha. 224, 227, 232, 269, 287, 367

Z

Zélia: ver Melo, Zélia Cardoso de

Zenóbio: ver Costa, Euclides Zenóbio da

Zevaco, Michel 41

Esta obra foi impressa em papel Offset 90g/m² (miolo),
Couché Fosco 115g/m² (encarte) e Cartão Supremo 250g/m² (capa)
pela Gráfica e Editora Copiart, também responsável pelo acabamento.
Com 512 páginas e tiragem de 1.000 exemplares, no ano de 2021.